FUNDAMENTOS
DA LINGÜÍSTICA CONTEMPORÂNEA

EDWARD LOPES

FUNDAMENTOS DA LINGÜÍSTICA CONTEMPORÂNEA

Prefácio de
EDUARDO PEÑUELA CAÑIZAL
(da Universidade de S. Paulo)

Editora Cultrix
SÃO PAULO

Copyright © Editora Cultrix.

Copyright da edição brasileira © 1988 Editora Pensamento-Cultrix Ltda.

22ª edição 2012.

Todos os direitos reservados. Nenhuma parte deste livro pode ser reproduzida ou usada de qualquer forma ou por qualquer meio, eletrônico ou mecânico, inclusive fotocópias, gravações ou sistema de armazenamento em banco de dados, sem permissão por escrito, exceto nos casos de trechos curtos citados em resenhas críticas ou artigos de revistas.

Dados Internacionais de Catalogação na Publicação (CIP)
(Câmara Brasileira do Livro, SP, Brasil)

Lopes, Edward
   Fundamentos da lingüística contemporânea / Edward Lopes ; prefácio de Eduardo Peñuela Cañizal. -- 20. ed. -- São Paulo : Cultrix, 2008.

   Bibliografia.
   ISBN 978-85-316-0174-3

   1. Lingüística I. Peñuela Cañizal, Eduardo. II. Título.

08-04627   CDD-410

Índices para catálogo sistemático:

1. Lingüística   410

Direitos reservados
EDITORA PENSAMENTO-CULTRIX LTDA.
Rua Dr. Mário Vicente, 368 – 04270-000 – São Paulo, SP
Fone: (11) 2066-9000 – Fax: (11) 2066-9008
E-mail: atendimento@editoracultrix.com.br
http://www.editoracultrix.com.br
Foi feito o depósito legal.

Impressão e acabamento: *Orgrafic Gráfica e Editora*

"A informação só pode ser recebida onde haja dúvida; e dúvida implica a existência de alternativas."

CHERRY, 1971.261

"Un libro que no encierra su contralibro es considerado incompleto."

J. L. BORGES — *"Tlön, Uqbar, Orbis Tertius"*

"Si la lengua es esencialmente aquello que nos hace hombres, la lingüística... debería considerarse, en grado eminente, como una ciencia del hombre y, por lo tanto, como una ciencia humanística, quizá la más genuina de todas ellas."

B. MALMBERG, 1972.25.

NOTAÇÕES CONVENCIONAIS

[ ] Indica uma *transcrição fonética,* representando *fones* cuja pronunciação se transcreve tal como é ouvida, sem representar, necessariamente, os traços distintivos.

/ / Indica uma *transcrição fonológica,* representando *fonemas* cuja pronunciação se transcreve de modo a representar todos os traços distintivos.

{ } Indica uma *representação morfológica* de morfemas e alomorfes, não fornecendo diretamente nenhuma informação a respeito da pronunciação.

Itálico Indica a *ortografia,* não a pronunciação.

" " Indica a tradução portuguesa de um exemplo fornecido em outro idioma, vindo este em itálico.

* Indica que a forma a seguir é agramatical, não-documentada ou hipotética.

/ Indica *oposição* ou *distinção.*

SUMÁRIO

Prefácio   9

1.   DEFINIÇÃO DO CAMPO   15
1.1.   Semiologia e Lingüística   15
1.2.   Descrição dos Sistemas Semióticos   17
1.3.   Sistemas Modelizantes Primário e Secundário   18
1.3.1.   Língua-Objeto e Metalíngua   18
1.3.2.   A Hierarquia dos Sistemas Semióticos   19
1.4.   As Línguas Naturais e a Cultura ·   21
1.5.   A Lingüística como Ciência Interdisciplinar   24
1.5.1.   Lingüística, Filologia e Gramática   25
1.5.1.1.   O Problema da Normatividade   26
1.5.2.   Lingüística, Cinésica e Paralingüística   29
1.6.   Linguagem Falada e Linguagem Escrita   32
1.7.   A Linguagem Humana e a Linguagem Animal   35
1.8.   A Estrutura Lingüística   38
1.8.1.   A Estrutura Elementar   40
1.9.   O Simbolismo Lingüístico   41
1.9.1.   Primeira Noção de Signo   41
1.9.2.   Signos Naturais: os Índices   42
1.9.3.   Signos Artificiais   44
1.9.3.1.   Signos Não-lingüísticos: o Símbolo   44
1.9.3.2.   Os Signos Lingüísticos   44
1.9.4.   Sinais Não-sígnicos: o Ícone ou Imagem   45
1.10.   A Dupla Articulação   47
1.10.1.   Primeira Noção de Morfema   47
1.10.2.   Primeira Noção de Fonema   48
1.10.3.   A Preservação da Arbitrariedade do Signo   49
1.10.4.   A Economia da Dupla Articulação   50
1.11.   Os Níveis da Descrição Lingüística   50
1.11.1.   Forma e Sentido   50

1.11.2. Relações Distribucionais e Relações Integrativas	51
1.11.3. Níveis na Lingüística Frasal e na Lingüística Transfrasal	52
1.12. As Funções da Linguagem na Comunicação	55
1.12.1. Definição de "Função", "Comutação" e "Substituição"	55
1.12.2. Os Fatores da Comunicação	56
1.12.3. Funções Monológicas da Linguagem	57
1.12.3.1. A Função Outrativa	57
1.12.3.2. A Função Autoconativa	57
1.12.4. Funções Dialógicas da Linguagem	59
1.12.4.1. Hierarquia Funcional	59
1.12.4.2. A Função Referencial: Ênfase no Contexto	60
1.12.4.3. A Função Emotiva: Ênfase no Remetente	61
1.12.4.4. A Função Conativa: Ênfase no Destinatário	62
1.12.4.4.1. A Função Encantatória	62
1.12.4.5. A Função Fática: Ênfase no Contato	63
1.12.4.6. A Função Metalingüística: Ênfase no Código	65
1.12.4.7. A Função Poética: Ênfase na Mensagem	66
1.12.4.7.1. A Função Poética e o seu Papel Metalingüístico	66

2.	A CONTRIBUIÇÃO DE FERDINAND DE SAUSSURE	72
	2.1. Sincronia e Diacronia	73
	2.2. Linguagem, *Langue* (Língua) e *Parole* (Discurso ou fala)	76
	2.2.1. Primeira Noção de Forma e Substância	79
	2.2.2. Contribuição de E. Coseriu: a Noção de Norma	80
	2.3. O Signo Lingüístico: Significante $+$ Significado	82
	2.4. Características do Signo Lingüístico	83
	2.4.1. A Arbitrariedade do Signo	83
	2.4.2. A Linearidade dos Significantes	85
	2.4.2.1. A Noção de Distribuição	86
	2.5. Os Dois Eixos da Linguagem	88
	2.5.1. Relações Sintagmáticas	88
	2.5.2. Correlações Paradigmáticas	90
	2.5.3. Metonímia e Metáfora	92
	2.6. Forma e Substância Lingüística	94

3.	FONÉTICA E FONOLOGIA	97
	3.1. Três Abordagens Fonéticas	98
	3.2. Fonética Articulatória	99
	3.2.1. Os Órgãos que Intervêm na Fonação	99
	3.2.2. Fonemas Orais (Inspirados, Sonoros, Aspirados e Surdos) e Fonemas Nasais	100
	3.2.3. Classificação dos Fonemas em Português	101

3.2.3.1. O Modo de Articulação 101
3.2.3.1.1. Fonemas Consonantais 102
3.2.3.1.2. Fonemas Semiconsonantais ou Semivocálicos 104
3.2.3.2. O Ponto de Articulação 105
3.2.3.3. O Papel das Cordas Vocais 107
3.2.3.4. O Papel das Cavidades Bucal e Nasal 107
3.2.4. Comparação entre o Sistema das Oclusivas e Nasais do Português com os Sistemas Equivalentes no Inglês e no Grego 107
3.2.5. Alofones Contextuais 109
3.2.6. Os Fonemas Vocálicos 111
3.2.6.1. Critérios Para a Classificação dos Fonemas Vocálicos do Português Falado no Brasil 111
3.2.6.2. A Zona de Articulação 112
3.2.6.3. A Altura da Língua 112
3.2.6.4. A Posição dos Lábios 113
3.2.6.5. A Forma do Ressonador 113
3.2.6.6. O Papel das Cavidades Bucal e Nasal 113
3.2.7. Comparação entre o Sistema Vocálico do Italiano, do Português, do Espanhol e do Tagalog 113
3.2.8. Fonemas Consonantais do Português do Brasil 115
3.2.9. Fonemas Vocálicos do Português do Brasil 116
3.2.10. Transcrição Fonética e Transcrição Fonológica 117
3.2.11. O Alfabeto Fonético Internacional 117
3.3. Fonologia 120
3.3.1. Dois Tipos de Traços Distintivos: Traços Prosódicos e Traços Inerentes 120
3.3.1.1. A Entonação e os Tons 121
3.3.1.2. O Acento 122
3.3.1.3. A Função Demarcatória do Acento e das Pausas 124
3.3.2. O Fonema e os Traços Distintivos 126
3.3.3. A Pertinência 129
3.3.4. Fonema e Alofone 130
3.3.4.1. Como Decidir entre Fonema e Alofone, ao Classificar Fones 131
3.3.5. A Análise Fonológica 133
3.3.6. Alofones e Distribuição Complementar 134
3.3.7. Neutralização e Arquifonema 137
3.3.8. Funções dos Elementos Fônicos: Função Distintiva ou Opositiva 138
3.3.9. Classificação das Oposições 140
3.3.9.1. Oposições Bilaterais e Multilaterais 140
3.3.9.2. Oposições Proporcionais e Isoladas 140
3.3.9.3. Oposições Privativas 141
3.3.9.4. Oposições Eqüipolentes 142
3.3.9.5. Oposições Constantes 142

3.3.9.6. Oposições Suprimíveis ou Neutralizáveis 142
3.3.10. Noção de Marca 143
3.3.10.1. Elementos Marcados e Não-marcados 143
3.3.10.2. A Marca e a Noção de Extensividade 143
3.3.11. A Função Contrastiva 145
3.3.12. A Sílaba 146

4. MORFOLOGIA 150

4.1. Morfologia ou Morfossintaxe? 150
4.2. O Morfema 151
4.2.1. Lexemas e Gramemas 153
4.2.2. Dimensões dos Significantes 155
4.2.2.1. O Morfema Zero 155
4.2.3. A Não-isomorfia dos Dois Planos 156
4.2.3.1. Primeira Noção de Alomorfes 156
4.2.3.2. Primeira Noção de Morfemas Homófonos 157
4.2.3.3. Primeira Noção de Morfemas Redundantes 157
4.2.3.4. Exemplo de Alomorfia: O Plural dos Nomes em Inglês e em Português 158
4.2.3.4.1. Noção de Morfe 158
4.3. Identificação de Morfemas 162
4.4. Gramemas Dependentes e Independentes 164
4.4.1. A Ordem Funcional da Contigüidade Sintagmática 164
4.4.2. Gramemas Dependentes: Aumentos e Formantes 165
4.5. A Palavra e a Oração 166
4.5.1. Constituição Morfológica da Palavra 169
4.6. Alomorfes 169
4.6.1. Morfofonêmica 169
4.7. Homofonia e Neutralização 171
4.8. Cumulação ou Amálgama 172
4.9. Redundância 173
4.10. Tipos de Morfemas 174
4.10.1. Morfemas Táticos (Morfemas Sem Forma) 174
4.10.2. Morfemas Supra-segmentais 176
4.10.3. Morfemas Presos 176
4.10.3.1. Prefixos 177
4.10.3.2. Infixos 177
4.10.3.3. Sufixos 177
4.10.4. Reduplicação ou Redobro 178
4.10.5. A Alternância 179
4.10.5.1. Alternância Vocálica 179
4.10.5.2. Alternância Consonântica 180
4.10.5.3. Alternância de Acentos 181

4.10.5.3.1. Alternância Quantitativa	181
4.10.5.3.2. Alternância Posicional do Acento	181
4.10.5.3.3. Alternância Tonal	181
4.10.6. Morfema Zero	182

5. MODALIDADES DE GRAMÁTICA

5.1. Gramáticas Nocionais e Gramáticas Formais	183
5.1.1. A Gramática Distribucional	185
5.2. Limitações das Gramáticas Formais	188
5.3. A Gramática Estrutural e a Gramática Gerativo-Transformacional	190
5.4. A Gramática Gerativo-Transformacional	193
5.4.1. A Noção de Produtividade	194
5.4.2. Competência (*Competence*) e Atuação (*Performance*)	194
5.4.3. Primeira Noção de Gramática Gerativa	195
5.4.3.1. A Designação "Gerativo-Transformacional"	195
5.4.4. Primeira Noção de Transformação	196
5.4.5. Gramaticalidade / Agramaticalidade, Aceitabilidade / Inaceitabilidade	197
5.4.5.1. Graus de Agramaticalidade	198
5.4.6. Estrutura de Superfície e Estrutura Profunda	199
5.4.6.1. Indicadores Sintagmáticos	199
5.4.6.2. Frases Nucleares	199
5.4.7. Os Três Modelos de Descrição Gramatical de uma Língua, Segundo Chomsky	202
5.4.7.1. A Gramática de Estados Finitos	202
5.4.7.2. A Gramática Sintagmática	203
5.4.7.3. A Gramática Transformacional	204
5.4.8. Os Três Componentes Gramaticais: Sintático, Fonológico e Semântico	205
5.4.8.1. Os Dois Subcomponentes Sintáticos	206
5.4.8.1.1. O Componente Sintagmático	206
5.4.8.1.1.1. Regras de Reescrita	207
5.4.8.1.1.1.1. Regras Dependentes do Contexto e Regras Independentes do Contexto	207
5.4.8.1.1.2. O Componente de Base (PS) Situa-se na Estrutura Profunda	207
5.4.8.1.1.3. Regras de Substituição Lexical e Sistemas de Reescrita	209
5.4.8.1.1.4. Regras de Subcategorização e Seleção Lexical	210
5.4.8.1.1.5. Os Traços Gramaticais	212
5.4.8.1.1.6. Dois Tipos de Representação Diagramática do Componente de Base: a Árvore e a Parentetização Rotulada	214
5.4.8.1.1.7. Regras Alternantes	217
5.4.8.1.1.8. Regras Obrigatórias e Regras Facultativas	218

5.4.8.1.1.9. Regras Recursivas 219
5.4.8.1.1.10. Frases Complexas 220
5.4.9. Limitações da Gramática Sintagmática 221
5.4.10. A Transformação 224
5.4.10.1. Componentes da Gramática Transformacional 225
5.4.10.2. Tipos de Transformação: Substituição, Permuta, Adição e Supressão 226
5.4.10.3. Transformações Obrigatórias e Transformações Facultativas 226
5.4.10.3.1. Frases Nucleares e Frases Derivadas 226
5.4.10.4. Transformações Elementares 227
5.5. Limites da Gramática Transformacional 228

6. SEMÂNTICA 232

6.1. A Linha Semântica de Saussure 234
6.2. A Linha da Semântica Componencial de Hjelmslev 237
6.2.1. Primeira Noção de Sema e de Semema 237
6.3. A Linha da Semântica Lógica ou da Palavra Isolada 241
6.3.1. Os Campos Semânticos 242
6.3.1.1. A Sinestesia 242
6.3.2. A Semântica Lógica de Frege 245
6.3.2.1. Referência, Sentido e Imagem Associada 245
6.3.3. O Problema do Referente 247
6.3.3.1. Diferença entre Referente (*Denotatum*) e *Designatum* 247
6.3.3.2. Primeira Noção de Interpretante 250
6.3.4. O Problema do Interpretante 250
6.3.4.1. Tradução Intracódigo: *Definição* e *Denominação* 250
6.3.4.2. Tradução Entre Códigos 250
6.3.4.3. O Problema da Sinonímia e da Antonímia 252
6.3.4.3.1. Isomorfia e Isotopia 252
6.3.4.3.2. Sinônimos e Antônimos 252
6.3.4.4. Metáfora e Metonímia 259
6.3.4.5. Sinédoque Particularizante e Sinédoque Generalizante 259
6.3.4.6. Polissemia 259
6.3.5. A Descrição Semântica de Pottier 264
6.3.5.1. Sema, Semema, Semema Absoluto e Semema Relativo 264
6.3.5.2. A Definição do Arquissemema 268
6.3.5.3. Arquissemema e Arquilexema 268
6.3.5.4. Classemas 271
6.3.5.5. Ambigüidade Classemática 271
6.3.5.6. Arquilexemas e Classemas 275
6.3.5.7. O Virtuema 275
6.3.5.8. A Definição do Semema Ocorrencial 277
6.3.5.9. Semas Invariantes: Específicos e Genéricos 277

6.3.5.10. Limites da Descrição Semântica da Palavra Isolada 279
6.3.5.11. Denotação e Conotação 279
6.3.6. A Semântica Contexto-Situacional 283
6.3.6.1. A Semântica de Ducrot 284
6.3.6.2. Pressupostos e Subentendidos 287
6.3.6.3. Limitações da Linha Semântica Contexto-Situacional de Ducrot 289
6.3.7. A Linha da Semântica Gerativa, na Versão KF 294
6.3.7.1. Componentes da Teoria Semântica, Segundo Katz e Fodor 298
6.3.7.2. O Componente Regras de Projeção 302
6.3.7.3. Limitações da Semântica Gerativa na Versão KF 305
6.4. A Semântica Estrutural de Greimas 310
6.4.1. Classificação dos Significantes 310
6.4.2. Níveis Hierárquicos da Linguagem 311
6.4.2.1. Língua-Objeto e Metalíngua 311
6.4.3. A Estrutura Elementar da Significação 312
6.4.4. Os Eixos Semânticos 313
6.4.5. A Relação 314
6.4.6. As Articulações Sêmicas 314
6.4.6.1. Noção de Sema 314
6.4.7. Modos de Articulação Sêmica 315
6.4.8. O "Quadrado Lógico" (Semiótico) de Greimas e Rastier 317
6.4.9. A Semântica das Línguas Naturais, Segundo Greimas 322
6.4.10. O Semema 327
6.4.10.1. Núcleo Sêmico 327
6.4.10.2. Semas Contextuais 327
6.4.10.3. A Figura Nuclear 329
6.4.10.4. Os Classemas 332
6.4.10.4.1. Os Classemas Constituem uma Unidade do Discurso Superior aos Lexemas 335

BIBLIOGRAFIA 337

PREFÁCIO

Fundamentos da Lingüística Contemporânea *é a obra mais inteira que, sobre as premissas básicas da ciência do signo verbal, se tenha escrito, até o momento, em língua portuguesa. Uma consulta sistemática à bibliografia lingüística luso-brasileira seria suficiente para pôr em evidência os fatores em que tal assertiva se assenta. O caráter panorâmico do livro de Edward Lopes poderia, se se tomar como referência a constituição de estudos mais especializados, ser usado por alguns como argumento relevante para diminuir a dose do merecimento apontado. Mas, mesmo que isso ocorresse, a obra que inspira o presente prefácio projeta, no conjunto dos mecanismos que subjazem à sua organicidade, princípios de sistematização de que emergem propriedades altamente positivas. Em relação a produções estrangeiras de idêntica envergadura — manuais já consagrados ou publicados recentemente como por exemplo,* Fundamentos de Lingüística General, *editado pela Gredos —, o livro que lança a* Cultrix *revela algumas vantagens que convém assinalar.*

A disposição da matéria deixa a descoberto uma boa parcela de originalidade. O primeiro capítulo fixa uma segura plataforma a partir da qual será mais cômodo atingir a teoria de de Saussure, cuidadosamente desenvolvida, com base nas célebres dicotomias, no segundo capítulo; e, ainda nele, solidifica-se o pensamento saussureano com as mais consistentes contribuições a ele trazidas pelo engenho de Hjelmslev. Essa esquematização propiciará ao leitor os meios com que penetrar nas intrincadas relações de semiose instauradoras do signo lingüístico. Segue-se a esse dado a explanação do sistema fonológico, o que se justifica plenamente se se tiver em mente que a entidade sígnica somente adquire o estatuto de objeto científico quando situada na estrutura a que pertence. O quarto e o quinto capítulos — "Morfologia" e "Modalidades de Gramática" — en-

9

globam assuntos polêmicos em regras formalizadoras que dimensionam o espaço sintático de modo a afastá-lo do irracional normativismo das modalidades dogmáticas da gramática tradicional. Causa *estranheza, de início, ter sido reservado à Morfologia um capítulo inteiro.* Mas quando está é *vista em seu relacionamento com a análise crítica que se faz no sexto e último capítulo das principais correntes semânticas, a estranheza desaparece.* Isto *porque a Morfologia oculta, ao que se depreende de uma leitura cuidadosa do livro de Edward Lopes, uma dimensão gramatical por meio da qual se chega à captação de um espaço sintático que a rotina dos fenômenos de* parole *não deixa perceber.* Ocorre, *no entanto, que tal espaço sintático não é, em sua rica variabilidade, tão-somente o lugar restrito à manifestação de formas do conteúdo cristalizadas pela repetição de uso imposta por uma coletividade; ele é, também, materialidade semiótica capaz de produzir elementos semânticos com que relativizar as formas do conteúdo cristalizadas pelo uso, atribuindo--lhes, por conseguinte, uma original revigorização.* E em virtude *disso, o quarto e o quinto capítulos se tornam indispensáveis à compreensão de mecanismos estritamente lingüísticos sobre os quais se deslocam algumas das principais constelações semânticas.*

Esse resumo feito com alguns dos princípios que determinam a organicidade dos Fundamentos da Lingüística Contemporânea *ficaria despojado de calor humano se a ele não se somasse a índole de quem escreveu esse livro deixando prova — de vida e de cultura — de um conflito nascido da responsabilidade assumida diante do confronto constante entre docência e investigação.* Percebe-se isso *quando a preocupação docente, no geral camuflada na metalinguagem rigorosa do investigador, ultrapassa os limites da contenção a serviço do afã explicativo.* O sentido atribuído a linguagem *e es-*trutura, *principalmente em várias passagens do primeiro capítulo, denotam essa atitude.* Em outras *passagens, ao contrário, o domínio teórico do investigador desrespeita, em nome de uma coerência globalizante, a lentidão de passo exigida pela estratégia do didatismo.* É o caso, *para dar um exemplo, do emprego de termos, sem terem sido previamente esclarecidos, que antecipam, de algum modo, aspectos metalingüísticos cujas bases teóricas somente são fornecidas em etapas posteriores.* Observa-se isso em 6.3.4.5, *quando se estuda a sinédoque particularizante e a generalizante com o auxílio de modelos, de fundamentação greimasiana, construídos no livro* Retórica Geral. *É verdade, também, que a intuição didática de Edward Lopes*

10

se realiza positivamente na organicidade de seu livro, pois esta permite a superação de boa parte dos equívocos advindos do uso, em lugar impróprio, de termos metalingüísticos. Dois momentos fundamentais da obra elucidarão esse mecanismo: 1.º) em 1.8.1, quando se vale do conceito greimasiano de estrutura elementar para firmar uma primeira noção de signo —1.9.1—, cuja definição completa será dada no capítulo segundo; 2.º) quando em 6.3.1 define um esquema, *que já se anuncia em 2.5.3, no estudo do polo metafórico e do metonímico. A utilidade desse esquema se deixará sentir na síntese brilhante que se faz da* Semântica Estrutural, *de 6.4 a 6.4.10.4.1.*

O mecanismo assinalado constitui uma chave para a leitura de Fundamentos da Lingüística Contemporânea. *Dele deriva uma forte capacidade de integração e, por isso mesmo, de superação de contradições. É significativo que uma das citações com que se abre a obra de Edward Lopes seja uma passagem de Borges — "Un libro que no encierra su contralibro es considerado incompleto". Livro e contralivro são termos de uma estrutura elementar: eles se relacionam num jogo constante de conjunções e disjunções. No caso de* Fundamentos da Lingüística Contemporânea, *o princípio regulador desse jogo constante deve ser procurado na posição metateorética assumida pelo seu Autor. Ela projeta o eixo em que se integram de maneira coerente as mais diversas tendências da ciência lingüística de nossos dias. Esse eixo tem origem na obra de Greimas, na* Semântica Estrutural *e no* Du Sens, *livros estudados cuidadosamente por Edward Lopes de modo a destacar-lhes singularidades teóricas que servirão para fundamentar as passagens mais originais do livro que aqui se comenta. Vejamos algumas dessas passagens.*

Ao estudar as funções lingüísticas, Edward Lopes chega a uma posição privilegiada ao caracterizar a função poética como termo de uma estrutura elementar cujo eixo substancial encontra sua determinação nas funções metalingüísticas. A função poética, entendida como interpretante do contexto — 1.12.4.7.1 —, representa, em relação ao conhecido ensaio de Jakobson sobre o assunto, um avanço considerável. Quando afirma que a função poética "pressupõe uma escolha para estabelecer equivalências, isto é, para saber o que vai equivaler a quê, entre a mensagem e as potencialidades do código...", Edward Lopes rompe por completo a estreiteza dos mecanismos figurativos de que se utiliza a retórica de linha semiótica para resumir a complexidade metafórica num simples processo de subtituição entre lexemas ou, melhor dito, entre unidades do conteúdo ou metassememas. Na condição de interpretante do contexto, a função poética, ao desencadear as energias do sistema, canaliza a produtividade da linguagem. *A relevância dada aos processos de produção observados nas línguas naturais — 1.5.1.1 — deixa surpreender o compromisso com a abertura assumido pelo Autor.* A gramaticalidade, nessa perspectiva, tem sua origem reguladora nos princípios da produtividade que o sistema da língua engendra. *E é por isso que a gramaticalidade não é tão-somente, como muitos ainda pensam, uma combinatória de signos feita de conformidade com as normas; a gramaticalidade se mostra também em combinatórias que se organizam em desobediência às normas ditadas pelo uso dos esquemas lingüísticos.* Vista desse ângulo, a produtividade coloca o receptor da mensagem diante de dúvidas e, conseqüentemente, diante de alternativas, pois, se de um lado, a função metalingüística reduz ao máximo a legibilidade da mensagem, de outro, a função poética, na condição de interpretante do contexto, realça o grau de legibilidade que a caracteriza.

A noção de interpretante está, ainda, insuficientemente explorada. Mas, como reconhece Edward Lopes, é "tentadora a idéia de que o conceito de interpretante poderia ser utilizado para unificar numa teoria coerente toda a problemática concernente à polissemia, à sinonímia, à antonímia, à ambigüidade, etc., de tal modo que todos esses fenômenos pudessem ser encarados, como já sugeriu Hjelmslev (1971a, 71), como manifestações particulares de um fenômeno mais geral." *Decorre disso a possibilidade de pensar o interpretante, tendo em mente o conceito de valor relacionante, como um operador semântico capaz de traspassar a opacidade das mensagens poéticas.* Nesse caso, o interpretante designa também um código a posteriori, isto é, um código formulado na mensagem poética propriamente dita. *É verdade que Edward Lopes não afirma exatamente isso, mas as premissas em que ele se situa legitimam tal conclusão, já que o interpretante, como funtivo de uma relação de semiose, contrai uma função de solidariedade, no sistema de conotação caracterizador das linguagens artísticas, com uma forma do conteúdo que não determine — nos moldes da glossemática — exatamente o plano do conteúdo de um código ou subcódigo da língua utilizada como sistema primeiro da linguagem artística em questão; mas, ao contrário, que determine o plano do conteúdo de um código semiótico outro, que por ventura, tenha sido instaurado pelo trabalho modelizante da função poética. Um dos suportes em que apóia Edward Lopes sua posição metateorética corrobora esse entendimento: o conceito de nível semântico, tal como formulado por Greimas* na Semântica Estrutural.

Interpretante e produtividade se interrelacionam de modo a deixar perceber alguns dos processos mais importantes dos recursos criativos subjacentes a qualquer sistema semiótico. O *Autor de* Fundamentos da Lingüística Contemporânea *se vale, entre outras, dessas intuições para introduzir a lingüística nos esquemas mais amplos da ciência semiológica. Os vínculos que essas intuições mantêm, em várias oportunidades, com a rigidez de algumas normas erigidas pela lingüística limitam, às vezes, o raio de abertura com que se orienta, tão freqüentemente, Edward Lopes. O comentário a duas passagens servirá para ilustrar o que se acaba de afirmar.*

Em 1.9.2., ao estudar os signos naturais, o Autor, tendo em mira as propriedades do signo lingüístico, reporta-se a um conceito de comunicação para afirmar que os índices ou signos naturais carecem da convenção que institui a semiose. Esta, no ato comunicativo, faz parte da mensagem; é, em decorrência, o objeto lingüístico da comunicação. Nesse sentido, o arranjo de signos que estabelece a relação entre remetente e destinatário não pode, em termos semióticos, reduzir o valor social dessa relação à limitação da intencionalidade do remetente. Proceder dessa maneira implica em anular boa parte da eficácia dos processos de produção de um sistema semiótico, de um lado, e, de outro, minimizar o relevante papel que neles desempenha o interpretante. A função poética da linguagem não é, como se sabe, exclusiva da poesia; ela se manifesta em produções semiótico-linguísticas da mais variada natureza. Na linguagem cotidiana, nos atos de parole *aparentemente insignificantes, torna-se necessário distinguir, a partir dos processos de significação instaurados pela função poética como interpretante do contexto, a informação da mensagem da informação da linguagem. Feita essa distinção, o problema da intencionalidade não é mais a condição necessária — como pensam alguns lingüistas: Martinet, Buyssens, Prieto — à definição correta de ato comunicativo.*

6.3.3.2, antes de estabelecer a primeira noção de interpretante, Edward Lopes afirma, ao criticar o problema da referência, *que a* linguagem tem o papel de "funcionar como uma instância de mediação entre o homem e o mundo e é essa mesma propriedade, intrín-

13

seca à função semiótica, que investe as diferentes práticas sociais do seu papel de códigos e que instaura as unidades desses códigos, os signos. Assim como o signo não é o objeto ou coisa que ele representa, a linguagem não é o mundo; ela é, apenas, um saber sobre o mundo, capaz de fazer-se intersubjetivo e de relacionar consciências." *(O grifo é do Autor). Semelhante intersubjetividade denota que o ser humano é, antes de tudo, uma consciência lingüística e, em razão disso, a linguagem não funciona tão-somente como instância de mediação entre o homem e o mundo. Ela é, também, algo atribuído pelo homem ao mundo e, por conseguinte, a subjetividade ou intersubjetividade de que se constrói a materia significante constituidora do plano da expressão de um sistema semiótico. Ver na linguagem também essa propriedade pressupõe, de um lado, encarar a tradução como uma produtividade advinda de invariantes significantes que o trabalho modelizante do ser humano veio transformando em inúmeras variáveis no transcorrer dos tempos e, de outro, admitir uma teoria do sujeito montada sobre as propriedades somáticas do significante, o que, aliás, é insinuado por Greimas em* Du Sens. *Interpretante e produtividade, tal como intuídos por Edward Lopes, permitirão reformular, em futuro não muito remoto, algumas das posições fundamentais da lingüística contemporânea. Em virtude disso, parece inadmissível que se veiculem em 1.9.3.2 e em 1.9.4., respectivamente, conceitos de* tradução *e de* ícone *tão afastados da verticalidade que ganhariam se tivessem como suportes os conceitos de interpretante e produtividade tal como vislumbrados em* Fundamentos da Lingüística Contemporânea.

Tanto os méritos quanto os deméritos deste livro deixam prever, contudo, o contralivro que Edward Lopes saberá produzir.

EDUARDO PEÑUELA CAÑIZAL
Universidade de São Paulo,
novembro de 1975.

1. DEFINIÇÃO DO CAMPO

> "... on peut donc concevoir une science qui étudie la vie des signes au sein de la vie sociale... nous la nommerons *sémiologie* (du grec séméion "signe")."
> SAUSSURE, 1972.33

1.1. Semiologia e Lingüística

Em várias passagens de suas obras, Claude Lévi-Strauss sugere que uma *regra elementar*, a da proibição do incesto, ao ordenar um "instinto" biológico, efetua uma ruptura entre o universo das coisas naturais — domínio da Natureza —, e o universo das práticas sociais humanas — domínio da Cultura —. Se aceitarmos tal distinção, poderemos isolar duas características da cultura:

(*a*) pertence ao universo da cultura tudo o que o homem acrescentou à Natureza, através do seu trabalho transformador;

(*b*) pertence ao universo da cultura tudo o que não é hereditário, mas é aprendido pelo homem.

A aprendizagem, a conservação, a transformação e a transmissão da cultura realizam-se através de uma grande variedade de *práticas sociais*. As práticas sociais organizam-se para expressar a cultura das comunidades humanas assumindo a condição de *sistemas de signos* para transmitir essa cultura de um indivíduo para outro, de uma geração para a geração seguinte.

A ciência que estuda os sistemas de signos, quaisquer que eles sejam e quaisquer que sejam as suas esferas de utilização, chama-se *Semiologia* ou *Semiótica*. (¹)

---

(1) Sob o nome de *Semiologia*, Saussure (1972.33) concebia uma disciplina que seria "parte da Psicologia Social e, conseqüentemente, da

A Semiótica não estuda, como se vê, nenhum tipo de "realidade natural", mas sim a "realidade cultural" de uma comunidade, todas as espécies de sistemas sígnicos que o homem construiu ao longo dos séculos. O objeto da Semiótica é estudar um "conhecimento" da realidade fenomênica, tal como ele se espelha nos diferentes sistemas linguísticos que re-criam — no sentido literal, criam de novo — essa realidade. Os mitos e os quadros de pintura, o alfabeto Morse e os sistemas de relações de parentesco, os cardápios e as peças musicais, as modas indumentárias e os processos de adivinhação, as instituições, como o Direito e os jogos desportivos, possuem todos uma série de propriedades específicas que os investe de um papel social: são, todos, linguagens no sentido mais vasto da palavra. Essas linguagens são capazes de expressar, sob diferentes modalidades de substâncias significantes, o mesmo significado básico; todos esses sistemas sígnicos exprimem aspectos de uma particular modelização do mundo, uma imago mundi intuída pela sociedade que criou esses sistemas. É na medida em que estuda tais sistemas que a Semiótica "constitui a ciência das ideologias" (Rey-Debove, 1971a, 6-7), no seu plano de conteúdo, constituindo, ao mesmo tempo, a ciência das retóricas, no seu plano de expressão.

Assim como a relação entre o homem e o mundo vem mediatizada pelo pensamento, a relação entre um homem e outro homem, dentro de uma sociedade, vem mediatizada pelos signos. Para que o pensamento transite de uma para outra subjetividade, deve ele formalizar-se em signos. Os signos são, por um lado, suportes exteriores e materiais da comunicação entre as pessoas e, por outro lado, são o meio pelo qual se exprime a relação entre o homem e o mundo que o cerca. A organização social dessas mediações atribui às linguagens a função de sistemas modelizantes.

Com relação ao caráter ideológico dos sistemas sígnicos em geral e das línguas naturais (português, francês, italiano, etc.) em particular, ressaltemos, com Ivanov (1969.41 ss.) que a sociedade é a fonte produtora das ideologias. Internalizada como mecanismo de primeira sociabilização no psiquismo de cada indivíduo na fase da sua aprendizagem, a língua natural carrega consigo os valores da sociedade de que esse indivíduo é membro; assim, ao aprender a

---

Psicologia Geral". Sob o nome de Semiótica, Charles Sanders Peirce concebia uma disciplina que se confundia com a Lógica: "A Lógica é, em seu sentido geral, ... apenas um outro nome da Semiótica, a doutrina quase-necessária ou formal dos signos." (Apud Kristeva, 1971.2).

língua do seu grupo, cada indivíduo assimila também a sua ideologia (= sistema de valores grupalmente compartilhados).

Desse modo, o comportamento dos indivíduos sociais é duplamente "programado" (no sentido cibernético):

(a) por um *código genético,* herdado de seus antepassados;
(b) por um *código lingüístico-ideológico,* aprendido do seu grupo.

É assim que a língua falada por cada um de nós equivale, também, a um instrumento a serviço do controle comportamental que cada grupo social exerce sobre a atuação de cada um de seus membros. Este é um dos sentidos mais importantes das palavras *modelização* e *sistemas modelizantes,* aplicadas aos códigos simbólicos.

É claro que os falantes dessas linguagens não têm consciência da complexa interação de fatores psicossociais envolvidos no mais simples processo de comunicação. E esta é, talvez, a mais importante tarefa dos estudos semióticos: fazer-nos tomar consciência da *condição mental* (e cultural) da existência humana. (Cf. Weisgerber, *apud* Hörmann, 1972.47)

A Lingüística, que faz parte da Semiótica, estuda a principal modalidade dos sistemas sígnicos, a das *línguas naturais.*

1.2. Descrição dos Sistemas Semióticos

Charles Sanders Peirce e Charles Morris propunham que se fizesse a descrição dos sistemas sígnicos de acordo com três pontos de vista:

(a) *do ponto de vista das relações inter-sígnicas,* ou seja, do ponto de vista das relações que um signo qualquer mantém para com os demais signos pertencentes ao mesmo enunciado. Seria o estudo da *função sintática.*

(b) *do ponto de vista das relações de um signo para com o seu objeto,* ou melhor, relação do signo enquanto veículo de informação para com o seu *denotatum.* Seria o estudo da *função semântica;*

(c) *do ponto de vista das relações do signo para com os seus usuários,* quer dizer, relação do signo com o remetente e o destinatário. Seria o estudo da *função pragmática.*

Essa tripartição de um sistema semiótico em Sintaxe, Semântica e Pragmática (ou Praxiologia) corresponde a três níveis da semiose. Embora alguns autores não a julguem a mais apropriada — é especialmente controvertida, como veremos, a definição da função semântica a partir da relação do signo com o seu *denotatum* —, essa subdivisão tem orientado, de modo geral, os estudos do campo. Na sua qualidade de níveis, os subcomponentes sintático, semântico e pragmático estão hierarquizados: o nível semântico engloba o nível sintático e é, por sua vez, englobado pelo nível pragmático. "À Pragmática concernem os aspectos funcionais de todos os processos de informação possíveis. Por isso ela é o estrato mais complexo e abrangedor da Semiótica: a Sintaxe e a Semântica podem englobar-se nele" (Nauta, 1972.40).

1.3. Sistemas Modelizantes Primário e Secundário

1.3.1. Língua-Objeto e Metalíngua

> "... cuando el doctor Morgenthaler se interesaba por el sentido de la obra de Wölfli y éste se dignaba hablar, cosa poco frecuente, sucedía a veces que en respuesta al consabido: "¿Qué representa?", el gigante contestaba: "Esto", y tomando su rollo de papel soplaba una melodía que para él no sólo era la explicación de la pintura sino también la pintura..."
>
> Julio Cortázar, *La Vuelta Al Día en Ochenta Mundos*, 50.

Os sistemas semióticos, verdadeiros *códigos* culturais são *transcodificáveis*: eles se deixam traduzir, com maior ou menor grau de adequação, uns em outros. O sistema lingüístico traduzido chama-se *língua-objeto;* a língua tradutora de uma língua-objeto chama-se *metalíngua*.

Se alguém realiza um filme baseado num romance, pratica uma operação de transcodificação na qual o romance é a língua-objeto traduzida, e o filme é a metalíngua tradutora. Essa primeira transcodificação pode ser seguida por outras; se eu vi o filme do exemplo acima, posso, digamos, contá-lo com minhas próprias palavras, a um amigo que não o tenha visto. Nesse caso, o filme, que era a metalíngua tradutora do romance, passa a ser língua-objeto para a nova metalíngua que é a minha narração do filme (segunda transcodificação).

Isso indica que uma propriedade essencial do signo é a de poder comportar-se tanto como signo-objeto — quando substitui, por assim dizer, o "objeto" do qual esse signo é signo —, quanto poder comportar-se como meta-signo — quando substitui não já um "objeto", diretamente, mas, sim, outros signos.

Qualquer modalidade de sistema semiótico está formada de signos dotados dessa propriedade de *semiose ilimitada* (U. Eco). Pense-se, por exemplo, num dicionário monolíngüe, onde as palavras — que são signos-objeto quando tomadas isoladamente —, funcionando como *denominações,* traduzem-se umas às outras, valendo, então, como meta-signos.

Essa propriedade dos sistemas lingüísticos permite às pessoas saber do que é que estão falando, ao se comunicar. Há até mesmo casos de tradução do "sentido" de uma pintura através de um poema — como fez Rainer Maria Rilke na sua *Quinta Elegia do Duíno,* interpretando nela a emoção que lhe havia suscitado um quadro de Picasso, *Les Saltimbanques* — sem contar, é claro, o caso extremo da tradução de uma pintura através da música, narrado por Cortázar na epígrafe que encima estas linhas. Tais casos dão, num limite, ocasião para infindas controvérsias sobre a legitimidade das equivalências estabelecidas pelos intérpretes entre os signos dos diferentes sistemas semióticos, mas não invalidam, de nenhum modo, a possibilidade de transcodificação, já que, complementares em seus processos e substâncias, todas elas exprimem, como vimos, um mesmo complexo modelizante, no interior da mesma cultura.

1.3.2. A Hierarquia dos Sistemas Semióticos

Tudo isso é outro modo de dizer que, além de *modelizantes,* porque imprimem nos indivíduos de um mesmo grupo social o mesmo *modelo do mundo,* uma mesma visão ideológica —, os sistemas semióticos são também *modelizáveis,* quer dizer: eles se convêm reciprocamente porque, afinal de contas, não fazem mais do que simular as funções e propriedades do *sistema modelizante primário* ao qual refletem, e que é constituído por uma *língua natural.*

Os sistemas semióticos podem traduzir-se reciprocamente porque, à parte os desvios semânticos originários da peculiar organização do conteúdo que cada um deles possui (cf. 1.4.), o significado que eles exprimem recobre a área da mesma cultura e é expresso, antes, em

19

última instância, pela língua natural que os modelizou. Um mesmo sentido, "ordem de parar", digamos, numa situação de trânsito urbano, pode expressar-se, assim, por diferentes subcódigos semióticos: por uma "linguagem gestual" (quando o guarda de trânsito estende o braço à frente, abrindo a palma da mão, na posição vertical), por um código de luzes e cores (quando se acende a luz vermelha do semáforo), por um código paralingüístico (apitos convencionados), ou pelo código verbal (a palavra "pare!", pronunciada pelo guarda).

As línguas naturais ocupam a posição hierárquica predominante entre todos os sistemas semióticos porque elas constituem *a única realidade imediata para o pensamento de cada um de nós*, seres humanos. Esse posto lhes cabe não só em virtude da extrema adaptabilidade que possuem para exprimir as particulares circunstâncias das experiências pelas quais o homem passa, mas também em virtude de derivarem delas todos os demais sistemas semióticos. As línguas naturais constituem o único código capaz de traduzir com a máxima eficiência e adequação qualquer outro sistema semiótico; mas o inverso não é verdadeiro: não se vê bem, por exemplo, como um *ballet* poderia traduzir um *Sermão* do Padre Vieira, nem como uma pintura traduziria todos os valores significativos do *Quincas Borba*, de Machado de Assis.

Por outro lado, um sistema sígnico *A* só pode ser interpretado por outro sistema sígnico *B*, quando o significado de *B* já é conhecido; sendo as línguas naturais a única realidade cultural imediatamente dada ao homem e o primeiro sistema modelizante que o homem aprende a manejar, depois de nascer, o conteúdo das línguas naturais se torna a suprema instância de homologação das interpretações de todo e qualquer outro sistema semiótico. Assim, as línguas naturais são também uma espécie de metalinguagem universal, capaz de traduzir todos os códigos que elas mesmas *modelaram*.

Decorre daí a importância da Lingüística, ciência que estuda as línguas naturais, no quadro das ciências humanas e no interior da Semiologia. É fácil de ver porque, sendo a mais bem formalizada das ciências humanas, a Lingüística assumiu, nestes últimos anos, o papel de *ciência-piloto*, fornecendo subsídios para uma imensa quantidade de outras disciplinas.

A atribuição dessa condição à Lingüística não importa, é claro, numa diminuição do papel representado por qualquer outra ciência no contexto das ciências humanas. Assim, os semiólogos da Escola de Tartu (Estônia), preocupam-se sobretudo com os sistemas modelizantes secundários que, tendo embora alguma língua natural na sua base, constituem-se como estruturas complementares, secundárias ou desviatórias em relação àquela, prestando-se, por isso, às descrições inspiradas no modelo lógico ou no modelo informacional. Aliás, não são poucos, nos últimos anos, os que convertem a Semiologia, de puro "estudo da semiose" (Morris), em uma espécie de "fisiologia dos processos informacionais" (Nauta, 1972.23).

Como quer que seja, uma importante (mas controvertida) diferença entre as línguas naturais, enquanto sistemas semióticos primários, e os demais sistemas modelizantes secundários, repousa no critério da dupla articulação (cf. 1.10): as línguas naturais são um sistema de signos (monemas, na terminologia de Martinet), sobre o qual se arma um sistema de elementos diacríticos (os fonemas); alguns teóricos, como Šaumjan (1969.73 ss), por exemplo, pensam que os sistemas secundários não possuem a propriedade da dupla articulação, sendo um puro sistema de signos.

1.4. As Línguas Naturais e a Cultura

"Ora, toda a terra tinha uma só linguagem e um só modo de falar. Viajando os homens para o Oriente, acharam uma planície na terra de Shinar; e ali habitaram. (...) Disseram uns aos outros: (...) Vinde, edifiquemos para nós uma cidade e uma torre, cujo cume chegue até o céu, e façamo-nos um nome; para que não sejamos espalhados sobre a face de toda a terra. Porém, desceu Jeová para ver a cidade e a torre (...) Disse Jeová: Eis que o povo é um só e todos eles têm uma só linguagem. Isto é o que começam a fazer: agora nada lhes será vedado de quanto intentam fazer. Vinde, desçamos e confundamos ali a sua linguagem, para que não entendam a linguagem um do outro. Assim Jeová os espalhou dali sobre a face de toda a terra; e cessaram de edificar a cidade. Por isso se chamou o seu nome Babel (...)"

GÊNESIS, 11

Se, em face do resto da cultura, "uma língua é o seu resultado ou súmula; o meio para ela operar; a condição para ela subsistir" (Mattoso Câmara, 1969a.22), cada língua natural é um microcosmo do macrocosmo que é o total da cultura dessa sociedade. Nos termos de Benjamim L. Whorf, cada língua "recorta a realidade" de um modo particular. A "tese de Whorf", como é conhecida, contraria a impressão ingênua de que as línguas seriam meras variações de expressões que remeteriam a significados universalmente válidos e estáveis (Peterfalvi, 1970.98). Assim, as línguas naturais não são um decalque nem uma rotulação da realidade; elas delimitam aspectos de experiências vividas por cada povo, e estas experiências, como as línguas, não coincidem, necessariamente, de uma região para outra.

O indivíduo que guia um automóvel é chamado, em francês, de *chauffeur,* em espanhol de *conductor,* em inglês de *driver,* em português de *motorista;* isto significa que os franceses associam tal indivíduo com a sua atividade de aquecer o motor para pôr a máquina em movimento; os espanhóis e ingleses o associam com o ato de dirigir o carro, enquanto que nós, falantes do português, o associamos diretamente com o motor do veículo. Trata-se de uma mesma atividade, mas a análise que cada língua pratica nessa realidade resulta na apreensão de um aspecto particular de uma série de operações, e esse aspecto focalizado difere de uma para outra comunidade de falantes. Outro exemplo da re-criação da realidade pelas línguas naturais pode ser dado através da descrição das cores do arco-íris:

<table>
<tr><th>Português</th><th>Inglês</th><th>Bassa (2)</th></tr>
<tr><td>roxo</td><td rowspan="2">purple</td><td rowspan="4">hui</td></tr>
<tr><td>anilado</td></tr>
<tr><td>azul</td><td>blue</td></tr>
<tr><td>verde</td><td>green</td></tr>
<tr><td>amarelo</td><td>yellow</td><td rowspan="3">ziza</td></tr>
<tr><td>alaranjado</td><td>orange</td></tr>
<tr><td>vermelho</td><td>red</td></tr>
</table>

FIG. 1

A Fig. 1 mostra que ali onde o falante do português vale-se de sete nomes para designar o espectro solar, um falante do inglês se vale de seis e um falante do bassa se vale de dois. É claro que a diferença no modo de dividir o espectro não corresponde a nenhuma diferença na capacidade visual desses povos para perceber

(2) Bassa é uma língua indígena da Libéria, África.

as cores, mas tão-somente a uma diferença no modo de representá-
-las, através da sua língua. Em bassa, por exemplo (Gleason), há
vários termos para a indicação específica de certas nuanças, mas
só se empregam os dois termos acima para faixas gerais de cores.

Do mesmo modo que as línguas diferem na análise da realidade, elas diferem também entre si por possuírem *sons típicos* (=
fonemas). Os fonemas de que se valem os falantes de diferentes
idiomas, para expressar-se, são semelhantes, mas não são, absolutamente, iguais. O inglês, por exemplo, distingue entre duas realizações vocais do *i*, em *see* e *it*, cada uma delas não sendo senão
aproximadamente igual à realização do *i* francês (cf. *souris*), ou
italiano (cf. *chi*). O espanhol grafa *s* uma consoante que é, na
pronunciação madrilenha, um som intermediário entre o *s* e o *š*
(grafado *ch*) do francês cf. (*sien / chien*): (esp.) *salero* [šaˈlero];
ainda o *t* português e o *t* inglês (cf. *tal, two*), diferem no ponto de
articulação (apicodental em português, palatal em inglês).

Na realidade, os fonemas de duas línguas diferem tanto, que
uma pessoa, ao escutar uma língua que lhe é desconhecida, é incapaz de reproduzi-la com exatidão. Eis a razão de ter escrito Gleason
(1961.10) que "se o que se diz acerca dos fonemas de uma língua
puder ser aplicado aos fonemas de outra, devemos considerar tal
coisa como fortuita".

Essa observação pode ser aplicada, com o mesmo valor, a não
importa qual elemento estejamos comparando no interior de duas
línguas. Daí derivam todas as dificuldades que experimentamos
quando falamos, ouvimos ou traduzimos uma língua estrangeira.
Um último exemplo demonstrará o que afirmamos.

Hass (1972.379) diz que um famoso poema que Goethe escreveu sobre a Itália, o qual principia com o verso *Kennst du das
Land, wo die Zitronen blühn?* "você conhece a terra onde floresce
o limoeiro?", foi mal traduzido para o inglês porque ali começa
Knowst thou the land... E Hass se explica assim: *Kennst du...*
é uma frase coloquial (*du*, em alemão, é um tratamento informal de
pessoa, utilizado de modo familiar), ao passo que *knowst thou...*
é uma forma de tratamento que se utiliza em inglês apenas para a
poesia (não nos discursos informais) ou para dirigir-se a Deus. Do
mesmo modo, (al.) *Land* é uma forma que em muitos contextos
(por exemplo, *Stadt und Land, Ausland, von Land zu Land* etc.),
corresponde à forma inglesa *country* "campo", país (por ex.,
nos contextos *town and country, foreign country, from country to
country,* etc.), em que o inglês não utiliza *land*. Em outras frases,

23

no entanto, o *Land* alemão traduz-se perfeitamente bem pelo *land* inglês, como se vê nas expressões (ing.) *landscape* '= (al.) *Landschaft* "paisagem", (ing.) *land of promise* = (al.) *gelobtes Land* "terra da promissão", (ing.) *land of dreams* = (al.) *Land der träume* "país dos sonhos", etc. — De qualquer forma, uma possível tradução inglesa *Do you know the country*... seria inaceitável porque se perderia com ela o importante e original ritmo do poema, estabelecido no primeiro verso e que uma boa tradução deveria a todo custo manter.

Vê-se, por aí, que nenhuma língua pode expressar, com inteira justeza, senão a sua própria cultura, e que ela falha, lamentavelmente, quando pretende traduzir a língua (e a cultura nela implícita) de uma outra sociedade. Cabe à Lingüística, como ciência interdisciplinar, dar conta de tais fatos.

1.5. A Lingüística como Ciência Interdisciplinar

> "La ciencia no tiene frontera: las materias y parcelas de investigación se superponen y necesitan mutuamente (...) La ciencia es *una* ..."
>
> MALMBERG, 1972.28-29

A Lingüística é uma ciência interdisciplinar. Ela toma emprestada a sua instrumentação metalingüística dos dados elaborados pela Estatística, pela Teoria da Informação, pela Lógica Matemática, etc., e, por outro lado, na sua qualidade de ciência-piloto, ela empresta os métodos e conceitos que elaborou à Psicanálise, à Musicologia, à Antropologia, à Teoria e Crítica Literária, etc.; enfim, ela se dá, como Lingüística Aplicada, ao Ensino das Línguas e à Tradução Mecânica. Sem pretender ser exaustiva, a Fig. 2, adaptada de Peytard (1971.73), mostra o posto que lhe corresponde no interior do campo semiológico.

A Fíg. 2 mostra que seria contra-indicado pretender *isolar* a Lingüística das demais ciências limítrofes, dentro do território coberto pela Semiologia. Mas essa figura mostra, também, que é possível — e do ponto de vista didático, desejável —, reivindicar a *autonomia* da Lingüística, sempre que se compreenda que a autonomia de uma ciência não afasta nem minimiza o relacionamento interdisciplinar. Nem poderia ser diferente já que a Lingüística se interessa "pela linguagem em ato, pela linguagem em evolução,

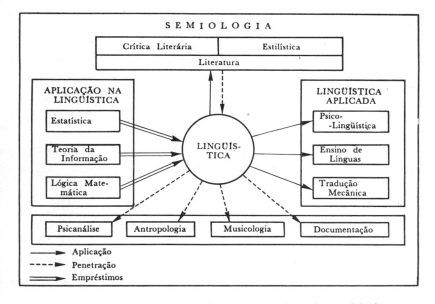

Fig. 2 — Posição da Lingüística nos quadros da Semiologia

pela linguagem em estado nascente, pela linguagem em dissolução", no dizer de Jakobson (1969.34, 1970.43).

1.5.1. Lingüística, Filologia e Gramática

Se é relativamente fácil, para qualquer pessoa medianamente esclarecida, delimitar os territórios cobertos pela pintura, de um lado, e a literatura, de outro, nem sempre é fácil, ainda mesmo para pessoas afeitas ao trato dos fenômenos apresentados pelas línguas, estabelecer os limites entre ciências tão afins quanto a Lingüística,

25

a Filologia e a Gramática. Sob um certo prisma é possível dizer que a Filologia constitui uma modalidade e uma etapa histórica da Lingüística (Lingüística Diacrônica). Mas, se ambas as disciplinas se interessam pelo mesmo "objeto material", a linguagem, cada uma delas se distingue da outra pela especificidade do seu "objeto formal", isto é, pelo seu particular ângulo de enfoque.

O primeiro interesse do filólogo não coincide com o primeiro interesse do lingüista. Aquele busca encontrar num *texto antigo* (um documento escrito) o seu significado, à luz dos conhecimentos daquela etapa cultural. Mas o lingüista antepõe ao estudo da modalidade escrita de um idioma o estudo da sua *modalidade oral* e (embora julguemos mais do que discutível a legitimidade desse desideratum) pode antepor, igualmente, ao estudo do significado a investigação exclusiva da *forma* de expressão desse idioma.

De modo análogo, o lingüista não vê por que deva estudar, com a exclusividade do gramático, a *norma culta* de uma única língua.

1.5.1.1. O Problema da Normatividade

> "Les puristes sont des gens qui s'irritent d'entendre des formes auxquelles ils ne sont pas habitués. A la limite, ils risquent de détruire la langue, car ils en refusent l'évolution."
>
> MARTINET, *in* Barthes *et al.*, 1973.146

Os primeiros estudos lingüísticos sistematicamente conduzidos foram os dos hindus e as principais observações lingüísticas da Antiguidade são devidas a esses investigadores, notadamente a Panini (Séc. IV a. C.). Inspirados na convicção de que os textos sagrados dos *Vedas* somente surtiriam o efeito desejado pelo fiel se eles fossem corretamente recitados, os hindus deram início à Prosódia e à Ortoépia, prestando um auxílio capital para a constituição, no século XIX, da Gramática Comparada. Desse modo eles se adiantaram aos gregos, cujas pesquisas lingüísticas — deixando de lado as especulações filosóficas dos pensadores do V séc. a. C., e entre outros Platão e Aristóteles —, só se organizam por volta do I.º séc., com Dionísio Trácio.

Boa parte do relativo descaso dos primeiros pensadores gregos para com os fenômenos lingüísticos pode ser imputada ao preconceito cultural com que esse povo mirou sempre os estrangeiros com que entrava em contato, e aos quais se referia com a onomatopéia pejorativa *barbaroi*, palavra com que designavam as línguas de outros povos como ininteligíveis e rudes, à semelhança do gorjeio das aves. Guardadas as devidas proporções, pode-se ver, na intransigência com que certos gramáticos se esforçam por incutir no povo as regras da norma culta de suas línguas, uma sobrevivência daquele mesmo preconceito lingüístico dos primeiros gregos. Essa atitude impositiva de uma normatividade permeou toda a Lingüística, de Panini até o século XIX (Haugen, 1971.50).

Parece-nos sensato observar que *não cabe ao lingüista ser contra a normatividade, ou a favor dela*: o que lhe compete é insistir no fato de que a problemática da *gramaticalidade* (não confundir com o problema da *correção* ou do *purismo* da linguagem) é matéria legitimamente lingüística, porque:

(*a*) as línguas são um produto das convenções e dos valores sociais, de onde derivam as *regras* que tornam compreensíveis as intercomunicações dos indivíduos e asseguram a sobrevivência e coesão das sociedades;

(*b*) qualquer utilização da língua por um falante tem de ser por ele planejada para que sua mensagem atinja determinados objetivos, com exclusão de outros.

Daí a dupla perspectiva que torna necessária a regra: no seu aspecto social, as *regras* lingüísticas são regras do comportamento social dos indivíduos e, sob esse título, fazem parte da tábua de valores que uma geração transmite àquela que a sucede; (boa parte da Sócio-Lingüística contemporânea trata, desse ângulo de enfoque, os problemas correlacionados com as regras); de outro lado, no seu aspecto individual, ou o falante se conforma às regras indispensáveis à consecução dos objetivos que pretende alcançar, ou deverá resignar-se a conseqüências imprevisíveis que fatalmente derivarão de uma mensagem equivocada.

O problema da gramaticalidade não pode ser confundido, todavia, com o problema diferente do *bon usage*. A *norma culta* de uma língua é, do ponto de vista histórico-geográfico, apenas o falar próprio de uma região, e do ponto de vista social, é apenas o falar de um grupo (o dos escritores, políticos, etc.), que, "tendo adquirido certo prestígio", tornaram-se "o instrumento da administração, da educação e da literatura" (Lyons, 1971.26).

Nem sempre é fácil distinguir os verdadeiros limites entre o que é, numa língua, admissível, aceitável, gramatical, e o que é simplesmente matéria de escolha e decisão pessoal por parte ·do falante. Mas sempre se pode afirmar que o que é *aceitável* — ainda que não seja *castiço* — concerne à Lingüística, e o que é *opcional,* entre duas probabilidades igualmente aceitáveis concerne à Estilística. Percebemos a importância dessa distinção quando nos capacitamos de que "o *erro* de hoje pode ser o acerto de amanhã"; de que mesmo a fala das elites culturais e dos melhores escritores inclui infrações às normas cultas, sob a forma de anacolutos, concordâncias elípticas, redundâncias, "sintaxe ideológica ou afetiva" etc., de modo que nos deparamos constantemente, mesmo na obra de grandes escritores, com orações "mal construídas", que os gramáticos se apressam zelosamente em justificar, como "sintaxe de exceção" como se elas não fossem, para além dessas discutíveis homologações, perfeitamente aceitáveis e compreensíveis. Como pergunta Arcaini (1972.204-205), por qual razão um escritor não teria o direito de empregar uma construção *ainda* interdita por uma regra gramatical se o contexto a reclama para traduzir uma situação? Em tal caso, não utilizar a construção apropriada é que seria um erro. Esse critério estilístico preponderou sempre, aos olhos dos bons escritores, sobre o critério da mera correção gramatical, pois ele deriva dos mecanismos produtivos das línguas naturais.

Um critério estreito terá de ser afastado, em julgamento desse tipo. *A gramática de uma língua é,* nos seus níveis mais particulares de descrição, *indeterminada,* e as numerosas "exceções" que enchem as gramáticas e em torno das quais as pessoas polemizam dão a melhor prova disso. E, finalmente, ao contrário do que afirmam os mais apressados, a linguagem popular, freqüentemente acoimada de solecista, errada, *bárbara* (o mesmo termo grego), *não é arbitrária*: *ela possui as suas regras.* Diz-se, no Brasil, por exemplo, "nós mora em São Paudo", "o negócio que te falei", mas não se diz * "nós São mora Paulo 'em", nem * "negócio falei te que o". Não há nada de estranho, pois, no fato de os diferentes grupos sociais divergirem no tocante a aspectos particulares da língua que eles utilizam: tais grupos *são* diferentes e a sua cultura só coincide parcialmente.

Por tudo isso, perante construções do tipo "nós mora em São Paulo", "o negócio que te falei", o lingüista se encontra com *fatos lingüísticos,* que deve descrever e, explicar, mas que não deve "corrigir": a Lingüística não é prescritiva nem normativa, ela é uma ciência descritiva e explicativa. E, contrariamente ao que ocorre com a Gramática, ela não visa a uma única língua, mas se interessa por *todas* as línguas, vivas ou "mortas", não importando que o número de seus falantes se conte por milhões ou por dezenas, nem o grau de desenvolvimento econômico porventura alcançado pelas sociedades que a falam.

Ainda as impropriamente chamadas "línguas primitivas" — as dos indígenas —, são sistemas de alta complexidade: em *kaiwá*, por exemplo, língua indígena brasileira, há três categorias de discurso: discurso de doutrinação, discurso de instrução e discurso de conversação, cada um deles possuindo a sua própria estrutura interna, e suas próprias regras. Por isso a Lingüística estuda todas as línguas naturais em pé de igualdade, não tendo nenhum sentido discutir, no seu âmbito, sobre qual seja a mais "rica" ou a mais "pobre". Só uma ótica etnocentrista das mais anacrônicas poderia inspirar juízos comparáveis ao de Ch. Haguenauer (cf. Coyaud, 1972.10) quando escreveu que "o japonês freqüentemente remedeia a ausência de relativos com o emprego do chamado processo de anteposição", como se a língua japonesa sofresse, por causa disso, de uma imperfeição. Repetindo Coyaud, por que não dizer, com base no mesmo preconceito colonialista e etnocentrista, que as línguas latinas e neolatinas suprem a falta do processo muito simples e belo da anteposição mediante o auxílio dos pronomes relativos?

1.5.2. Lingüística, Cinésica e Paralingüística

A comunicação lingüística beneficia-se do concurso dos gestos, dos movimentos corporais e das produções fônicas que não são fonológicas. Darwin já havia notado que há um relacionamento estreito entre os movimentos da boca e os das mãos, e R. L. Birdwhistell, o pioneiro dos estudos da *Cinésica* (*Kinesics*) — uso estruturado dos movimentos do corpo e das mãos na comunicação —, assim se expressa: "A comunicação não é um processo formado de um conjunto de expressões individuais em uma seqüência ação-reação. É um sistema de interação com uma estrutura independente do comportamento de seus participantes individuais. Uma pessoa não se "comunica com" outra pessoa; ela entra em comunicação com a outra. Um ser humano não inventa seu sistema de comunicação... ele já existe há gerações. O homem deve aprendê-lo a fim de tornar-se membro de sua sociedade". (Lee Smith, 1972.95)

29

Todos conhecem, de um ou outro modo, a "linguagem dos surdos-mudos", ou a de certas ordens de monges que fazem voto de silêncio, ou o código dos escoteiros, e sabem interpretar, perfeitamente bem, a mímica estilizada dos atores, os gestos ritualizados das cerimônias religiosas e os que a etiqueta social tornou obrigatórios: inclinar-se para demonstrar cortesia, apertar as mãos de conhecidos para demonstrar bom acolhimento, beijar os íntimos para indicar carinho, bater palmas para aplaudir, etc.

Todos nós manejamos com proficiência esse pequeno código e temos, ainda que intuitivamente, o conhecimento de certas regras suas, por exemplo, a da *ênfase*. Para demonstrar *ênfase* relativamente ao significado de tais gestos, costumamos *repeti-los*. Apertar a mão de uma pessoa uma única vez é um cumprimento banal que pode ser enfatizado mediante dois recursos: ou apertar-lhe a mão vezes seguidas ou ambas as mãos ao mesmo tempo, demonstrando efusividade. De igual modo, um beijo apressado na face não significa o mesmo que beijos reiterados, e palmas chochas, de cortesia, não significam o mesmo que palmas frenéticas prolongadas intensamente, que expressam entusiástica aprovação. A *redundância* desempenha, nesses exemplos, uma dupla função: ela evita, por um lado, que a mensagem seja mal interpretada, afastando o *ruído*, e, por outro lado, ela constitui um dos meios mais universalmente válidos para aumentar o grau do significado: comparem-se, por exemplo, o número de toques (nunca *um toque*, que poderia ser confundido com um *ruído* ambiental) com que uma pessoa bate à porta para chamar alguém do outro lado, e frases do tipo "Comprei um carro carro", "Ele é um homem homem", etc. —.

"Podemos considerar duas espécies de gestos que possuem sentido na comunicação, os *gestos intencionais* e os *gestos autísticos;* desses dois, só os primeiros têm valor lingüístico" (Titome, 1971.49). Enquanto os gestos intencionais são culturalmente condicionados, os gestos autísticos — como os tiques nervosos, os movimentos instintivos e as expressões corporais não intelectualmente motivadas — são estritamente individuais e não expressam senão sentimentos inconscientes ou estados psíquicos incontroláveis. Só os gestos intencionais podem ser estudados como um sistema semiótico que "deve ser aprendido por cada indivíduo, se ele quiser participar completamente como membro de sua sociedade" (Birdwhistell, *apud* Lee Smith, 1972.95).

Dizer que os gestos são culturalmente condicionados equivale a dizer que eles diferem, freqüentemente, de uma para outra comunidade. O gesto que os norte-americanos fazem com a mão para dizer "vá-se embora!", "deixe disso!", significa precisamente o contrário, "venha cá!", para um latino-americano; mostrar a língua é um gesto zombeteiro para os ocidentais, mas denota elevada apreciação entre os chineses.

O mesmo autor que citamos, Birdwhistell, escreveu que, observando num filme os gestos do prefeito de Nova Iorque, Fiorello La Guardia, era possível distinguir, nitidamente, mesmo sem o auxílio da faixa sonora do filme, quando La Guardia se expressava em italiano, iídiche ou inglês norte-americano (*apud* Eco, 1971.397).

Assim, os gestos servem para distinguir sentidos gerais, mas também classes sociais, idades, profissões e até sexos; a mímica de uma moça, no Brasil, não é a mesma da de um moço: "O que popularmente chamamos de "gestos" — escreveu Birdwhistell —, tenham ou não a forma de levar o polegar ao nariz, de um aceno de cabeça... ou um punho fechado, revela-se, pela análise, serem cinemorfos especialmente presos que não podem aparecer isolados como uma ação completa. Isto quer dizer que os "gestos" são equivalentes a raízes numa língua, por serem sempre ligados formando um conjunto mais complexo, cuja análise deve ser completada antes que se possa ter acesso ao "significado social" do complexo" (*Apud* Lee Smith, *op. cit.*, 103).

Também as produções sonoras que não se deixam analisar no quadro da dupla articulação (cf. 1.10), concorrem, eventualmente, para a boa compreensão de um diálogo. Diferenciamos, por exemplo, certos tipos de *tosse alusiva;* e, às vezes, o riso, o sussurro, o bocejo, a hesitação na enunciação, são os únicos fatores responsáveis pela conotação irônica, amedrontada ou indiferente de uma comunicação. Tais realizações fônicas podem, quando submetidas a uma requintada elaboração, organizar linguagens mais complexas. É o que ocorre com as linguagens percutidas, como a dos tambores, usada na África Ocidental, que reproduz dois tons opositivos, e com as linguagens assobiadas, como a dos habitantes das ilhas Canárias, que modulam autênticos fonemas do espanhol.

Esse é o campo de estudo da Paralingüística, abarcando, tal como faz a Cinésica em relação aos gestos, as emissões sonoras supra--segmentais que são peculiares a cada comunidade: "em algumas sociedades, por exemplo, no Magreb, os arrotos durante a refeição constituem um signo de beneplácito da parte dos convidados, sendo muito apreciado pelos anfitriões" (Malmberg, 1972.53).

31

Vê-se que é ingenuidade "pensar que somente a língua apresenta uma função cognitiva e que as outras modalidades [de sistemas semióticos] estão meramente modificando a mensagem levada pela língua": por isso Birdwhistell insiste no aspecto *integrado* e *integracional* da comunicação.

Não obstante o apelo de Birdwhistell, a Cinésica e a Paralingüística continuam a ser encaradas, pela maioria dos estudiosos da Lingüística, como disciplinas que abordam fatores subsidiários, secundários ou suplementares da comunicação. Por esse motivo, sua problemática é habitualmente afastada dos livros de Lingüística, os quais se dedicam a tratar da linguagem humana duplamente articulada. De qualquer forma, os meios de expressão da linguagem humana são da ordem do audível e do visível. (³)

Quanto aos meios audíveis, que consideraremos mais de perto, eles são:

(*a*) fonológicos ("sons com valor distintivo");

(*b*) prosódicos (tons, acento, pausa, entonação); e

(*c*) táticos (referente ao valor discriminatório das posições ocupadas por um elemento dentro do enunciado: redundância, co-ocorrência, ordem e (in-)separabilidade). (Pottier *et al.*, 1972.11 ss.)

1.6. Linguagem Falada e Linguagem Escrita

"Au début de ce siècle, un grand linguiste danois, que ne manquait pas d'humeur, a demandé à un homme politique français qui se piquait de culture, s'il était vrai que le Français ne prononçait plus le "l" du "il", "ils". A quoi son interlocuteur a répondu, furieux: "Les gens qui disent ça, y savent pas ce qu'y disent."

MARTINET, *in* Barthes *et al.*, 1973.145.

A linguagem escrita é, como se sabe, um dos mais comuns meios visíveis de expressão. Há ocasiões em que o lingüista se vê obrigado a lançar mão desse meio para levar a cabo sua tarefa; por exemplo, quando ele investiga uma "língua morta", através de

---

(3) Para os meios visíveis da expressão, consulte-se Pottier (1968.47 ss. e 1972.11 ss.).

documentos antigos — pense-se no caso do latim e do grego clássico —. No entanto, para sermos justos, devemos colocar cada uma dessas modalidades da expressão lingüística, a falada e a escrita, no posto que realmente lhe corresponda.

Observa-se, às vezes, nas pessoas alfabetizadas, uma tendência pronunciada para superestimar o papel desempenhado pela escrita em nosso tipo de cultura. Ninguém nega a importância que a escrita teve e que ainda tem, mesmo neste final de século invadido pelo *mass media* visual, relativamente à expressão e conservação das conquistas das ciências e das artes. Mas, ao cotejar as duas modalidades de expressão lingüística, a falada e a escrita, não podemos perder de vista que *a invenção da escrita é recente* se a compararmos com a antiguidade da fala; esta se confunde com a própria origem do homem ("dizer *Homo sapiens,* escreve Malmberg (1969), é dizer *Homo loquens*").

As primeiras inscrições que podem passar por ser os tipos de escrita mais remotos, sumérias, egípcias e indianas, não têm mais que cinco ou seis mil anos. O que se passou na história da espécie, passa-se, ainda hoje, na história de cada indivíduo: ainda hoje aprendemos a falar antes de aprender a escrever.

Por outro lado, a fala possui maiores possibilidades de sobrevivência do que a escrita. Podemos, sem grande esforço, imaginar um mundo futuro como vaticinou McLuhan, por exemplo, em que a modalidade escrita da linguagem seja substituída por alguma outra modalidade de expressão; mas seria muito difícil, para não dizer impossível, supor que algum outro sistema semiótico venha a ocupar, no futuro, o lugar da fala, tornando-a inútil ou obsoleta.

Além disso, a fala é universal, independentemente do grau de desenvolvimento alcançado por um povo. A escrita não o é. Não há um só exemplo de algum povo que não fale, mas há muitos povos — a maioria, aliás — que desconhecem qualquer sistema de escrita. E mais: todos os sistemas de transcrição escrita estão fundados na fala, em relação à qual são secundários; o contrário não se dá.

Por isso Saussure advertia (1972.45) que a única razão de ser da escrita é o seu caráter de *representante* da fala.

O exame das formas escritas com exclusão do exame da expressão oral pode induzir o investigador a cometer graves equívocos interpretativos. Sirva-nos de exemplo o seguinte cotejo entre as duas modalidades de expressão (cf. Peytard, 1971.53):

33

	Modalidade escrita	Modalidade oral
1.	je chante	[žə'šãt]
2.	tu chantes	[ty'šãt]
3.	il chante	[il'šãt]
4.	nous chantons	[nušã'tɔ̃]
5.	vous chantez	[vušã'te]
6.	ils chantent	[il'šãt]

De 1 a 6 as diferentes formas se distinguem graças aos morfemas prefixados e sufixados ao lexema central {chant} [šãt]; há, no entanto, *seis* morfemas prefixados na escrita e apenas *cinco* na fala:

	Morfemas prefixados					
Escrita	je,	tu,	il,	nous,	vous,	ils
Fala	[žə],	[ty],	[il],	[nu],	[vu]	

Mais incongruente, ainda, é o que acontece com os morfemas sufixados. Eles são cinco para a modalidade escrita e apenas três para a falada:

	Morfemas sufixados				
Escrita	e,	es,	ons,	ez,	ent
Fala	[e],	[ɔ̃],	[φ] (⁴)		

A pesquisa lingüística que se baseasse no levantamento das peculiaridades da modalidade escrita de expressão diferiria grandemente, como se viu, nos seus resultados, da pesquisa que se baseasse na linguagem falada. Um trabalho cujas conclusões derivassem das observações feitas pelo primeiro tipo de estudos, ocultaria, entre outras coisas, dois fatos importantes que só a análise do *corpus* oral permite isolar, a saber, que *a fala francesa é menos redundante* (mais econômica) *do que a escrita*, e que *a noção de pessoa verbal expressa-se, nessa língua,* (⁵) *essencialmente através de morfemas prefixais*

---

(4) φ = morfema zero, em 1, 2, 3 e 6.

(5) O contrário se dá em espanhol, por exemplo, onde o uso dos pronomes pessoais obedece a razões de ordem estilística (ênfase, função emotiva, etc.)

34

(ou seja, dos pronomes pessoais) e não dos morfemas sufixais (terminações dos verbos).

Em conseqüência de quanto se disse, os fatos lingüísticos costumam ser entendidos e investigados como fenômenos de um sistema convencional de *signos orais*: o objeto lingüístico "não se define pela combinação da palavra escrita e da palavra falada: só esta última constitui tal objeto" (Saussure, *op. cit.*, 45).

1.7. A Linguagem Humana e a Linguagem Animal

"Hábito muito inconveniente dos gatinhos (observara certa vez Alice) é o de, o que for que você diga, eles sempre ronronarem." "Se somente ronronassem quando quisessem dizer "sim" e miassem para dizer "não", ou de acordo com alguma regra desse tipo", dissera ela, "de modo que a gente pudesse bater um papo com eles! Mas *como* a gente *pode* falar com uma pessoa se ela *sempre* diz a mesma coisa?"

LEWIS CARROLL — *Apud* Cherry, 1971.260

O termo "linguagem" apresenta uma notável flutuação de sentido, prestando-se aos usos mais diversos. Ele é comumente empregado para designar, indiferentemente, fenômenos tão afastados quanto a linguagem dos animais, a linguagem falada, a linguagem escrita, a linguagem das artes, a linguagem dos gestos. Convém, por isso, precisarmos o alcance dessa palavra quando a utilizamos, como aqui se faz, num livro cujo assunto é a linguagem.

A distinção entre linguagem animal e linguagem humana, por exemplo, possibilitará efetuar-se a importante discriminação entre índice e signo, entre uso metafórico e uso próprio do termo linguagem.

É corriqueira a observação de que os animais são capazes de exteriorizar (comunicar) o medo, o prazer, a cólera, etc., por meio de determinados sons ou gestos (*comunicar,* aqui, se toma no sentido de influenciar o comportamento de outros animais que presenciem tais manifestações). Pode-se chamar a esse tipo de comunicação, "linguagem"?

Em 1959, Karl von Frisch publicava um livro sobre a vida das abelhas, no qual revelava que a obreira, tendo encontrado uma fonte de alimento, regressava à colmeia e transmitia essa informação às companheiras, através de dois tipos de danças (cf. Fig. 3).

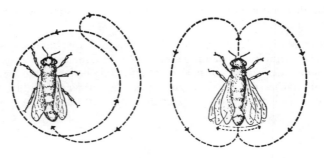

Fig. 3 — A dança circular (à esq.) e à "dança do 8" (à dir.) (*Apud* Hörmann, 1972, 29)

"Quando a abelha volta de uma expedição alimentar — explica Hörmann (1972, 29) — e se põe a dançar, as outras obreiras cheiram o odor característico do alimento, de que a abelha ficou impregnada. Frisch pensou, inicialmente, que esta era a única informação que a abelha poderia comunicar. Mas comprovou que, quando as outras abelhas alçam vôo, elas tomam a direção certa e fazem suas buscas na distância correta. Teria a linguagem das abelhas uma palavra para designar a distância? Se a abelha volta de uma fonte de alimentos próxima, ela executa uma dança circular; se o lugar do alimento está afastado, ela executa uma dança que consiste em contrair o abdômen, chamada "dança tremelicante" [dança do 8]. Isso não é tudo, porém. A mensagem transmitida pela oscilação do abdômen não significa tão-só "a mais de 50 metros"; ela é muito mais precisa. Se o alimento se encontra a 100 metros, a abelha percorre cerca de 9 ou 10 vezes, em 15 segundos, a linha reta que faz parte da dança. Quanto maior é a distância, menos giros faz a abelha (6 giros em 15 segundos para 500 metros); a cada distância corresponde um ritmo definido de dança (...). A direção a ser tomada para chegar ao alimento é fornecida pela direção da linha reta da dança com relação à posição do sol. A linha reta faz um ângulo determinado com a vertical, e esse ângulo é igual ao ângulo formado pela direção da fonte de alimento em relação ao sol (Cf. Fig. 4).

Por muito preciso e "engenhoso" que seja, esse sistema de comunicação entre as abelhas — ou outro tipo qualquer de sistema de comunicação utilizado pelos animais —, não constitui, ainda, uma linguagem, pelo menos no sentido em que utilizamos o termo quando falamos da linguagem humana.

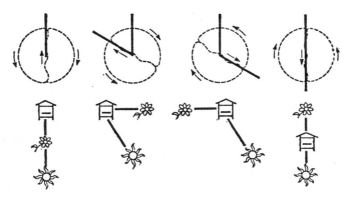

Fig. 4 — Indicação de vôo das abelhas (*apud* Hörmann, 1972.30)

Em primeiro lugar, porque *a linguagem dos animais não é um produto cultural* (a cultura é tipicamente humana). Essa linguagem não é senão uma componente da organização físico-biológica das abelhas, herdada com a programação genética da espécie. A linguagem humana, por seu lado, não é herdada: o homem *aprende* a sua língua.

Em segundo lugar, *a linguagem dos animais é invariável*, no tempo e no espaço. (6) Ela fornece sempre, ao mesmo grupo, o mesmo tipo de informação (isto é, "alimento").

A linguagem das abelhas é incapaz de dessolidarizar-se de um "universo de discurso" invariante, para adquirir sentido em outras circunstâncias. Só a linguagem humana expressa sentidos diferentes de acordo com diferentes experiências e situações.

Por outro lado, *a linguagem dos animais é composta de índices* (isto é, de um dado físico ligado a outro dado físico por uma causalidade natural); ela não se compõe, ao contrário da nossa, de *signos* que nascem das convenções feitas pelo homem, e onde o significado

---

(6) Ainda que, como lembra Hörmann (1972.29), encontrem-se "diferenças dialetais" entre diferentes colmeias de abelhas (os movimentos que designam 100 metros para as abelhas austríacas, significam 80 metros para as italianas, etc.), *o tipo de informação permanece constante dentro de cada colmeia;* isso significa que a linguagem das abelhas, contrariamente ao que acontece com a linguagem humana, não se modifica com o passar do tempo.

é diferente (isolável) da substância do elemento material que o expressa (seu significante).

Isso significa que *a linguágem animal não é articulada.* Ela não se deixa decompor em elementos menores que sejam discriminadores de significados. Já a diferença entre *pote* e *bote,* por exemplo, resulta da presença de elementos menores nos conjuntos, /p/ num caso, /b/ em outro, os quais, sendo *.ote,* o restante do conjunto, invariante, respondem pela diferença de sentido entre *pote* e *bote.*

Tudo isso demonstra que a linguagem dos animais não tem uma significação sistêmica, nem é susceptível de ser analisada em unidades mínimas.

Em síntese, se aceitarmos a distinção entre dois tipos de comunicação: uma *comunicação comportamental ou simpatética,* puramente emocional — assustar-se com o susto de outra pessoa, por exemplo —, e uma *comunicação intelectual* — aprender a extrair a raiz quadrada de um número, por exemplo —, podemos dizer que *na linguagem dos animais ocorre uma mera comunicação de comportamento,* enquanto que na linguagem humana, feita através de signos vocais, ambos os tipos de comunicação têm lugar. É desta última modalidade de comunicação, a intelectual, que a Lingüística se ocupa.

1.8. A Estrutura Lingüística

"... Le cose tutte quante
hanno ordine tra loro, e questo à forma
che l'universo a Dio fa simigliante."

DANTE, *Par.* I, vv. 103-105

"Le mécanisme linguistique roule toute entier sur des identités et des différences..."

SAUSSURE, 1972.151.

"Estrutura", "estrutural", "estruturalismo", constituem palavras-chaves no léxico dos pensadores do século XX. Como sempre acontece com as palavras postas a circular intensamente, esses termos correm o risco de serem empregados acriticamente ou, pior ainda, de se transformarem em palavras-fetiche. A palavra "estruturalismo" designa algumas correntes da Lingüística moderna que tomam impulso após o *Cours de Linguistique Générale* de Saussure e que surgiram entre as duas Grandes Guerras: a Escola de Genebra, o Círculo Lingüístico de Praga, o Círculo Lingüístico de Copenhague, na Europa, e a Escola Mecanicista de Leonard Bloomfield, na América do Norte. Tanto quanto é possível aproximar essas correntes todas, por cima de suas naturais divergências, elas se identificam no rechaço ao psicologismo lógico da Escola dos Neogramáticos e na concordância em descrever as línguas naturais como entidades autônomas, guiando-se tão-somente pela noção de estrutura (cf. Trnka, 1972b. 14-15).

O termo "estrutura" se emprega pela primeira vez, em Lingüística, no 1.º Congresso dos Filólogos Eslavos (Praga, 1928), numa das teses que têm como responsáveis os russos Jakobson, Karčevsky e Trubetzkoj (cf. Fages 1968.169 e Benveniste 1966.94).

A noção de "estrutura" aparece estreitamente ligada à noção de *relação* no interior de um sistema (Benveniste 1966a. 94). Hjelmslev, que deu uma das melhores definições do conceito, advertia, contudo, que a estrutura é um *modelo,* ou seja uma *construção mental* que serve de hipótese de trabalho: "Compreende-se por *Lingüística Estrutural* um conjunto de pesquisas que repousa sobre a *hipótese* de que é cientificamente legítimo descrever a linguagem como sendo essencialmente *uma entidade autônoma de dependências internas,* em uma palavra, uma *estrutura* (...) A análise dessa entidade permite constantemente isolar partes que se condicionam reciprocamente, cada uma delas dependendo de algumas outras, sendo inconcebível e indefinível sem essas outras partes" (Hjelmslev, 1971a. 28; tb. *id.* 109).

Um exemplo, extraído de Arcaini (1972.6), tornará claro quanto se disse. "Bad" é uma palavra que aparece, isoladamente, com a mesma significação, em inglês e em persa; a observação desse fato, no entanto, não basta para identificá-la como sendo uma e a mesma palavra: "bad" em persa é diferente do "bad" inglês, porque aparece em outros contextos, formando série com outras classes de elementos (paradigmas), ocupando um lugar preciso em campos semânticos idiomáticos; cada um dos elementos do seu plano de expressão (fonemas) possui um número específico de combinações.

A análise lingüística não leva em conta a identidade — já de si eventual — da substância fônica ou semântica; ela incide sempre sobre o *valor,* a forma que realiza os últimos fins da língua. Para colocar o problema dentro do campo semântico, pense-se, por exemplo, no caso de *little* e *small* do inglês, com suas distribuições características e suas mútuas exclusões dentro dos enunciados, traduzidos aproximativamente, em português, pelo mesmo termo "pequeno".

39

O mesmo Hjelmslev concebeu a noção de que uma estrutura não se compõe de "coisas" — que são meros *funtivos* (na sua terminologia), termos de relações—: compõe-se de *relações*. Essa noção reponta, no entanto, pela primeira vez no âmbito da Lingüística contemporânea com o fundador da moderna teoria, F. de Saussure, com o nome de *valor* (Saussure não usa, no *C.L.G.*, nem uma só vez o termo *estrutura*): "... mesmo fora da língua, todos os valores parece serem regidos por esse princípio paradoxal. Eles são sempre constituídos:

1.º por uma coisa *dissemelhante* susceptível de ser trocada pela coisa cujo valor resta determinar;

2.º por coisas *similares* que se podem *comparar* com a coisa cujo valor está em causa." Eis o motivo pelo qual Lyons (1970.57) escreveu que "duas unidades não podem estar em oposição se não possuem uma equivalência distribucional pelo menos parcial".

1.8.1. A Estrutura Elementar

Bem compreendida, a noção que vamos estudar, a da *estrutura elementar*, já é perfeitamente identificável nas linhas acima, devidas a Saussure. Mas, seguiremos, na exposição, a explicação que vem em Greimas (1966, 18 ss.), posteriormente ampliada, com extraordinária felicidade, no artigo que Greimas escreveu em colaboração com Rastier (atualmente em Greimas, 1970, 135 ss.). A Greimas se deve não só o melhor desenvolvimento do conceito de *estrutura elementar* como ainda o próprio nome disso.

Uma estrutura elementar se define, para Greimas, como sendo a presença simultânea, em nossa mente, de dois termos-objetos ligados por uma relação. O autor da *Sémantique Structurale* pensa que é da natureza da relação ser, ao mesmo tempo, *conjuntiva* (para que possam ser percebidos, dois termos-objetos necessitam ser parcialmente idênticos) e *disjuntiva* (para que possam ser distinguidos um de outro, é necessário que dois termos-objetos sejam parcialmente diferentes). Assim /p/ vs /b/ constituem uma relação, uma estrutura elementar dentro do sistema fonológico do português porque tais fonemas são parcialmente iguais (ambos são consonânticos, oclusivos e bilabiais: aspecto conjuntivo), sendo, ao mesmo tempo, parcialmente diferentes (/p/ é surdo — ou seja, não-sonoro —, enquanto /b/ é sonoro, aspecto disjuntivo).

Diz-se, por isso, que /p/ e /b/ participam da estrutura fonológica do nosso idioma. Mas [h], digamos, que eventualmente aparece na pronunciação brasileira (na pronunciação tensa da interjeição "poxa!", transcrita ['pho:ša], ou como variante facultativa (em, termos acústicos, distensa) do /r̄/ de "correu" [ko'hew], por exemplo), não entra no sistema fonológico da nossa língua porque não há nenhuma outra consoante laringal aspirada com a qual [h] possa estabelecer uma relação de oposição: as aspiradas não são diacríticas em português, e ainda que possam, eventualmente, aparecer na *fala,* não existem no *código,* isto é, *não participam de nenhuma estrutura elementar de nosso idioma*: elas estão fora do sistema fonológico da língua que falamos.

1.9. O Simbolismo Lingüístico ([7])

1.9.1. Primeira Noção de Signo

"Palavra não quebra osso."
Ditado popular

Para que uma língua cumpra os seus fins, é necessário que os membros de uma comunidade, que compartilham as mesmas experiências coletivas, se coloquem previamente de acordo quanto ao sentido que vão atribuir às partes da corrente sonora que emitem e ouvem. Em outras palavras, é preciso que concordem em atribuir a determinados conjuntos fônicos, produzidos em certas situações, o poder de traduzir um determinado elemento da sua experiência histórica. Esse *contrato social* funda o convencionalismo do signo.

Generalizando o alcance de suas experiências, os falantes de cada língua associam, assim, *de modo arbitrário,* por uma "relação puramente simbólica" (Sapir, 1954.25), um *conteúdo* (= *sentido*) a uma *expressão*. A condição de inteligibilidade para a comunicação

---

(7) Por *simbolização* entenderemos, com Benveniste (1966a. 26), "a faculdade de representar o real por um "signo" e de compreender o "signo" como representante do real, de estabelecer, portanto, uma relação de "significação" entre alguma coisa e alguma outra coisa. (...) A faculdade simbolizante permite, com efeito, a formação do conceito como algo distinto do objeto concreto."

lingüística é dada pela correspondência de escolhas efetuadas no plano da expressão a outras escolhas efetuadas no plano do conteúdo. Ao falar ou ouvir a palavra "casa" /'kaza/, por exemplo, compreendemos que essa seqüência de sons, diferente de qualquer outra seqüência, refere-se a um significado "espaço construído pelo homem para lhe servir de habitação" diferente de qualquer outro significado. Se isso ocorrer, o conjunto de sons /'kaza/ transforma-se em signo lingüístico.

Uma primeira definição do conceito de signo, imprecisa, embora, por ser comportamental, é a que nos dá Charles Morris: "Se alguma coisa A guia o comportamento para um fim, de um modo semelhante (mas não necessariamente idêntico), ao modo pelo qual alguma outra coisa B poderia guiar o comportamento para aquele fim, no caso de B poder ser observado, então A é um signo". (Morris define, aqui, o signo pragmático ou praxiológico.)

Aproveitando o exemplo de Morris, se um motorista de um automóvel que demanda certa cidade encontra em seu caminho um painel de sinalização rodoviária assinalando que a estrada acha-se interditada à frente, ele não continua a guiar naquela direção — ou desiste da viagem ou toma outro caminho para chegar a seu destino. O comportamento desse motorista diante da tabuleta de sinalização é idêntico ao que ele teria se se deparasse não com o aviso rodoviário, mas com o próprio obstáculo, a obstruir a estrada. O painel de sinalização rodoviária é, portanto, um *signo*: ele aponta para fora de si mesmo, ele não significa "tabuleta", mas "outra coisa".

1.9.2. SIGNOS NATURAIS: OS ÍNDICES

Importa, agora, distinguir entre os signos artificiais (ou signos propriamente ditos) e os signos naturais (ou índices). No exemplo do automobilista, temos um signo artificial ou propriamente dito: a tabuleta de sinalização é um artefato construído pelo homem, de acordo com um código convencional, para servir ao propósito de comunicação social. Alguém (as pessoas encarregadas do trânsito) informa a alguém (aos motoristas) alguma coisa. Sem ir mais longe, observemos que "o signo está relacionado com as pessoas que se comunicam de maneira definida e socialmente condicionada, e com o objeto" (Schaff, 1969, 176). Trata-se de um duplo relacionamento:

(*a*) relacionamento entre pessoas, Remetentes (emissores do signo) e Destinatários (receptores do signo): a função do signo é a de comunicar alguma coisa a alguém, ou seja, *criar comunidade, solidariedade* (ver, à frente, *função fática*);

(*b*) relacionamento entre algo presente na mensagem (o significado), mas interpretável no interior do código com o qual se construiu a mensagem. Aqui a função que institui o signo (*semiose* ou *função semiótica*) *cria significado*.

Esse relacionamento entre pessoas — (*a*) acima —, está ausente no caso dos *índices* ou *signos naturais*. Ao ver uma nuvem escura, pensamos na iminência de chuva, assim como pensamos em fogo quando avistamos fumaça. Mas em nenhum desses casos existe *comunicação*, no sentido estrito da palavra: num dos polos desse processo, o do *remetente* dos signos, está ausente a mente humana com o seu propósito de comunicar. Falta aí, em conseqüência da inexistência do relacionamento humano, *a convenção que institui a semiose.*

O único relacionamento existente, nos processos indiciais, é o que se estabelece entre o signo (fumaça, nuvem, enxurrada...) e o referente extralingüístico (fogo, chuva iminente ou passada). A *motivação semiótica é, aqui, da ordem metonímica,* segundo o mecanismo da *pars pro toto* (a fumaça é parte do fogo), *ou da ordem da causalidade dos fenômenos naturais* (a nuvem é *causa*, no sentido de "antecedente", da chuva; a enxurrada é *efeito*, no sentido de "conseqüente", da chuva).

A *relação natural* ou não-convencional, entre o significante e o significado, é uma característica decisiva dos índices, suficiente mesmo para distinguir *índice* e *signo artificial*. Certas pessoas confundem as duas coisas quando, com base em subsistemas ideológicos ou míticos, tomam, por exemplo, a presença de um gato preto ou a quebra de um espelho como sinais de desgraças futuras. Nestes casos, *a relação entre o significante e o significado não é natural, é "sobrenatural", ou seja, convencional.* Os presságios fundados em sinais externos não são, por isso, baseados em *índices,* são, isso sim, baseados em *signos culturais.*

Como os índices são produzidos sem a intervenção humana na fonte produtora dos sinais, o homem não pode utilizar os índices para comunicar-se, através deles, com seus semelhantes.

43

1.9.3. Signos Artificiais:

1.9.3.1. Signos Não-Lingüísticos: O Símbolo

Os *símbolos* são objetos materiais que representam noções abstratas: um pedaço de fazenda preta para significar o luto, uma cruz para significar o Cristianismo, são símbolos.

A representação do símbolo é sempre *deficiente* ou *inadequada parcialmente* em relação ao conjunto das noções simbolizadas, porque *o símbolo é uma parte do todo que é o conteúdo abstrato* com o qual ele se relaciona (Reznikov, 1972.166). Assim, o conceito de *justiça* é muito mais amplo do que o conteúdo abrangido pela balança, que recorda apenas um dos atributos da justiça, a igualdade; e o conjunto de noções ligadas ao Cristianismo desborda, de muito, o primeiro significado da cruz, que recorda, apenas, o momento supremo dessa doutrina religiosa.

Desse modo, a relação entre o símbolo e o conteúdo simbolizado é pelo menos parcialmente motivada: a figura de uma caveira com duas tíbias cruzadas para representar a morte, o desenho de um coração traspassado por uma flecha para simbolizar o amor, etc., mostram que há, entre símbolo e conteúdo simbolizado, uma série de traços comuns.

São características do símbolo:

(a) *a polissemia*: ([8]) a cor branca representa a luz, a paz, a inocência, enquanto que a cor negra simboliza as trevas, a morte, a dor, a ignorância, etc. (Reznikov, *id.*, 167);

(b) *a sinonímia*: o sentido *paz* pode ser simbolizado por uma pomba branca, por um ramo de oliveira, pela figura da mulher, etc.; também a figura de Eros, um coração traspassado por uma flecha, uma rosa vermelha, simbolizam, todos, um único sentido, o amor (Reznikov, *id.*, ib).

1.9.3.2. Os Signos Lingüísticos

Todos os tipos de signos até aqui estudados, possuem uma propriedade em comum: nenhum deles é totalmente consistente. Sua

---

(8) Essa polissemia repousa na variabilidade dos contextos de ocorrência do símbolo: assim, a figura de uma mulher pode representar, conforme o contexto, a vida, a fecundidade, a paz, etc.

significação está sempre fora deles e pode ser atribuída a outra forma de signos (conf. 1.3.1.). Podemos, por exemplo, modificar as convenções dos painéis de sinalização rodoviária ou estabelecer, como símbolo do luto, o verde ou o vermelho, em vez do negro. Isto só é possível porque *toda significação é, em última análise, verbal* (conf. 1..3.2.): a inteligibilidade requer uma linguagem de signos verbais. ([9])

O que precisamente aparta, de modo definitivo, ([10]) os signos verbais das demais espécies de signos artificiais é o fato de que estes últimos serão sempre traduzidos pelos primeiros, meta-signos universais; e estes, *os signos verbais, só são traduzíveis* com adequabilidade *por outros signos lingüístico-verbais*. Eles não se baseiam em significações de outra modalidade qualquer de linguagem e, fora deles, não há inteligibilidade possível para o homem.

1.9.4. SINAIS NÃO-SÍGNICOS: O ÍCONE OU IMAGEM

A noção de *ícone* foi introduzida na Semiologia por Peirce e, posteriormente, por Morris. Quando vemos uma fotografia de nosso amigo João, reccnhecemos nela uma representação de João; um mapa de nossa cidade representa a nossa cidade. Há, em tais casos, uma certa similitude visual entre o significante e o significado.

As fotografias, cópias, impressões digitais, etc., possuem a particularidade de incluir uma *relação necessária* entre a *parte que expressa, formalmente, o conteúdo* (= significante) e o *conteúdo expressado* (= significado). Por esse lado, os *ícones* se aproximam bastante da natureza dos *índices* (motivação necessária), mas não

---

(9) Cf. Schaff (1969, 197) e Urban (1939, 241). Este último escreve: "É parte de minha tese geral que toda significação é, finalmente, lingüística e que ainda que a ciência, no interesse de uma transcrição e manipulação mais puras, possa romper a casca da linguagem, os seus símbolos não-lingüísticos devem ser retraduzidos para as línguas naturais para que seja possível a inteligibilidade." Observemos, de passagem, que tal como acontece às tabuletas e apitos para a sinalização do trânsito, os *símbolos científicos* a que alude Urban — fórmulas matemáticas como $r = \sqrt{x^2}/N$, da Lógica Simbólica como $(a = b.Fa) \supset Fb$, ou da Química como H_2SO_4, são outros signos convencionais não-lingüísticos.

(10) Um traço a mais a separar os signos lingüísticos dos símbolos está na inadequação, já assinalada, entre o símbolo e o conteúdo simbolizado; em contraposição, a representação do signo verbal é perfeitamente adequada: a palavra *casa*, recobre, com precisão, o seu significado.

se confundem com estes porque a fonte produtora dos ícones é a mente humana, ao passo que, no caso dos índices, como vimos, a fonte produtora do sinal é um elemento da natureza, uma força não-cultural. Por outro lado, sendo necessária a relação entre o significante e o significado do ícone, *não se dá, nele, nenhum tipo de semiose,* pois inexiste aí a *convenção,* produto da intencionalidade comunicativa dos homens. Essas são as razões pelas quais Reznikov considera que *os ícones não são signos, são pura e simplesmente, imagens.*

Como quer que seja, as línguas naturais possuem, pelo menos, um estrato de elementos icônicos, representados pelas *onomatopéias.* Nas onomatopéias, os significantes imitam o significado: *tique-taque* são sons que *significam sons* produzidos pelo relógio. Mas é necessário reconhecer, aqui, para lá do fato de que as línguas podem valer-se de imagens, que, *no caso das onomatopéias, existe uma relação pelo menos parcialmente arbitrária (não necessária),* entre o significante e o significado. Por isso a representação do seu sentido é sempre cultural, convencional: em português, por exemplo, parece-nos que um corpo ao bater na água, faz *tchibum!,* mas para os falantes do inglês esse mesmo sentido é dado por *splash!*

A fig. 5 abaixo, representa esquematicamente o simbolismo língüístico:

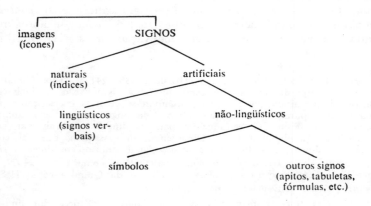

FIG. 5 — O simbolismo lingüístico

1.10. A Dupla Articulação

1.10.1. Primeira noção de morfema

Ao examinar a problemática da "linguagem dos animais" (1.7.), apontamos, como uma das diferenças básicas entre ela e a linguagem humana, a dupla articulação, que só a última possui. "Articulado" significa "constituído de partes". Referido às línguas naturais, o vocábulo "articulação" alude à possibilidade de um enunciado ser dividido nas partes que o constituem. Utiliza-se, para tanto, o procedimento da *análise*.

Uma frase qualquer, como

1. Chamei os decoradores

apresenta um certo número de formas que podem ser encontradas em variadíssimos contextos, para comunicar tipos variados de experiência:

2. Não os chamei
3. Nós nos chamávamos e nos chamamos, ainda, pintores
4. Estudaram para ser decoradores
5. O decorador nos ajudou a arranjar a casa, etc.

Se compararmos as frases de 2 a 5, verificamos que as frases novas que produzimos são construídas a partir da utilização de palavras que já haviam aparecido na frase 1, *chamei, os, decoradores.* Tais palavras se compõem de uma seqüência de sons (cadeia de significantes ou plano da expressão)

[ša'mãmuz] [uz] [dekora'doriz]

dotados de um sentido (significado ou plano do conteúdo). É claro, ainda, que não são somente as "palavras" que possuem significado. Se compararmos, ponhamos, 1 e 3

1. Chamei os decoradores

3. Nós nos chamávamos e nos chamamos, ainda, pintores

perceberemos que *chamei, chamávamos, chamamos,* possuem em comum a seqüência de significantes *"cham-"* [šãm], sendo diferentes os demais elementos do seu plano de expressão, [-*ej*] (de *"chamei"*), ['*ávamuz*] (de *"chamávamos"*), [-*ãmuz*] (de *"chamamos"*):

$$\text{cham-} \begin{cases} \text{- ei} \\ \text{- ávamos} \\ \text{- amos} \end{cases}$$

A identidade parcial do plano do conteúdo dessas três formas deve ser atribuída a [šãm-], parte igual nas três formas significantes. A diferença de significado existente entre elas (primeira pessoa do singular/primeira pessoa do plural, pretérito perfeito/pretérito imperfeito/presente), deve ser atribuída às diferenças perceptíveis nas três cadeias de significantes, $+ei$, -amávamos , -amos :

cham .... av .... a .... mos

cham .... a .... mos

cham ....: .... ei

Concluímos, assim:

(*a*) que {cham-} , {-ei} , {-mos} são cadeias de significantes dotadas de significado (signos, monemas ou morfemas.) [11]

(*b*) que a localização de morfemas se faz através de uma primeira divisão (ou articulação) do enunciado em elementos menores, que são significativos (mas não individualmente significativos: {-*ei*}, por exemplo só significa "1.ª p. do singular do presente do indicativo" quando aparece sufixado ao tema do presente de um verbo). *Os morfemas constituem as unidades da primeira articulação.*

1.10.2. Primeira Noção de Fonema

Podemos submeter os morfemas a uma nova divisão, em virtude de se comporem eles de unidades menores.

"Chamamos" e "decoradores", por exemplo, são constituídos das seguintes unidades fônicas:

6. chamamos   š - a - m - ã - m - o - z
                 1   2   3   4   5   6   7

---

(11) Numa primeira abordagem, é bastante clara a concepção de Gleason (1961.11) sobre o morfema: "a unidade do plano da expressão da língua que entra em relação com o plano do conteúdo. Um morfema é tipicamente composto de um ou mais fonemas. O morfema difere fundamentalmente do fonema, que não possui tal relação com o conteúdo. Isto é, os fonemas são desprovidos de sentido, os morfemas têm sentido."

7. decoradores d - e - k - o - r - a - d - o - r - e - z
$\qquad$ 1 2 3 4 5 6 7 8 9 10 11

Cada uma das unidades numeradas de 1 a 7 no plano de expressão de "chamamos" e de 1 a 11 no plano de expressão de "decoradores" e que foi obtida através de processo da divisão, já não é um morfema. Ao dividir o plano de expressão dos morfemas nos elementos que o constituem, destruímos o seu plano de conteúdo. A unidade 1, por exemplo, de "chamamos", isto é, [š], que entrava na cadeia significante de "chamei", "chamávamos", "chamamos", não possui em si mesma nenhum significado. Em outras palavras, [š] não está relacionado de modo necessário nem exclusivo com o significado do verbo "chamar", sob qualquer de suas formas, porque esse mesmo elemento compõe o plano de expressão de outras formas da língua portuguesa, portadoras de significado totalmente diferente, "enxame", "xisto", "achar", "chuva", "chá", etc.

Por outro lado, nenhum desses elementos numerados de 1 a 7 no exemplo 6, e de 1 a 11 no exemplo 7, se deixa dividir em elementos menores ainda: tais elementos são *unidades mínimas* ([12]) do plano de expressão. *As unidades mínimas do plano de expressão que, não contendo em si mesmas nenhum significado, combinam-se entre si para formar morfemas, denominamos "fonemas".*

Os fonemas são unidades do nível lingüístico inferior (unidades da segunda articulação) que não possuem outra função além da de poder ser combinadas para formar as unidades do nível lingüístico que lhes é imediatamente superior (*morfemas, unidades da primeira articulação*). É este mecanismo, que se constitui num *universal lingüístico,* que se denomina de *dupla articulação* (Cf. Lyons, 1970.44).

1.10.3. A Preservação da Arbitrariedade do Signo

(*a*) Essa independência entre o plano do conteúdo e o plano da expressão protege a arbitrariedade do signo lingüístico, possibilitando o aparecimento do simbolismo e da

---

(12) Abaixo do nível dos fonemas encontramos só os traços distintivos. Mas estes não se apresentam isoladamente: não temos um /p/, por exemplo, que seja só oclusivo (ou só bilabial ou só surdo), com exclusão das demais características; /p/ *é tudo isso ao mesmo tempo.* Por isso, Jakobson diz que o fonema é um *feixe* de traços distintivos. Assim, abaixo do nível dos fonemas não há análise *lingüística* possível porque entramos na área da Acústica, parte da Física.

semiose, pois o significado das unidades semânticas da língua não resulta de uma imitação do som.

1.10.4. A Economia da Dupla Articulação

(b) Podendo qualquer sentido associar-se, por convenção semiótica a qualquer combinação de elementos fônicos, a língua pode produzir mensagens sempre novas — ou seja, capazes de traduzir teoricamente qualquer tipo de experiência —, valendo-se de um número muito reduzido de fonemas. Com não mais do que cinqüenta fonemas, qualquer língua é capaz de formar um número elevadíssimo de monemas: com a seqüência ['tɛli-] formamos, nos últimos tempos, em português, "telejornal", "teleator", "teledirigido", "telenovela", etc.

É a dupla articulação que é responsável por essa extraordinária economia do sistema lingüístico.

1.11. Os Níveis da Descrição Lingüística

1.11.1. Forma e Sentido

Uma oração como
chamei os decoradores

constitui uma articulação lingüística porque se deixa dividir em porções constituintes menores, cada uma das quais preenche uma *função*:

(a) a função das unidades da primeira articulação ou morfemas consiste na sua capacidade de poderem ser combinadas para constituir frases ou orações e poderem ser segmentadas em constituintes do nível inferior (unidades da 2.ª articulação ou fonemas); e

(b) a função das unidades da 2.ª articulação ou fonemas consiste na sua capacidade de poderem ser combinadas para constituir morfemas e poderem ser analisadas em constituintes menores, os merismas (femas ou traços distintivos).

Isto significa que as frases — que são, de acordo com Jakobson, enunciados mínimos —, são combinações de morfemas, estes são combinações de fonemas; os fonemas são agrupamentos de femas ou traços distintivos. Estão, todos, situados em diferentes *níveis*, os quais mantêm entre si uma *relação de composição* (Lyons, 1970. 159) hierarquizada, segundo a qual a combinação de unidade de determinado nível compõe a unidade do nível que lhe é imediatamente superior. Portanto, um nível se define:

(*a*) pela sua *forma*, quando o encaramos na perspectiva que parte dele e se orienta na direção do nível que lhe é imediatamente inferior. ([13])

(*b*) por seu *sentido*, quando o encaramos na perspectiva que parte dele mesmo e se orienta na direção do nível que lhe é imediatamente superior. ([14])

1.11.2. Relações Distribucionais e Relações Integrativas

Forma e *sentido* resultam, como vemos, de uma *operação*, ou seja, do estabelecimento de uma relação entre dois níveis diferentes e hierarquicamente subordinados. A essa função de integração entre dois níveis chamaremos *função integrativa*. Como vemos, nenhuma unidade lingüística se satura — ou seja, se define como um significado unívoco e perfeitamente acabado —, no interior do seu mesmo nível: a significação é uma *relação*, uma estrutura elementar formada por dois elementos que contraem ligação, pertencentes, ambos, a níveis diferentes.

Podemos, contudo, desejar efetuar o estudo de uma unidade lingüística situada no interior do seu próprio nível. É o que fazemos quando distinguimos, por exemplo, dois fonemas da língua portuguesa, /š/ — /ã/, de "chamei"; é claro, neste caso, que nos valemos do "sentido" para localizar tais elementos (/š/, por exemplo, é diferente de /m/ que situado no mesmo ponto da cadeia me daria "mamei"), mas não é o sentido em si que nos importa agora, e,

---

(13) "... a *forma* de uma unidade lingüística se define como a sua capacidade de se dissociar em constituintes de nível inferior." (Benveniste, 1966a. 126-127)

(14) "... o sentido de uma unidade lingüística se define como a sua capacidade de integrar uma unidade de nível superior." (Benveniste, id., 127)

sim, o fato de que tais unidades contrastam entre si como elementos colocados numa ordem linear de sucessão. Contemplados deste modo, vemos que /š/ e /ã/ nada significam: a significação de um elemento lingüístico não se manifesta nunca no interior do seu próprio nível.

Quando estudamos elementos no interior do seu próprio nível, estabelecemos entre eles uma *relação distribucional*; noto, digamos, que no contexto ".amei" a língua portuguesa pode colocar na primeira posição (indicada pelo ponto), /š/ ("chamei"), /m/ ("mamei"), etc., mas não pode colocar /k/, /b/, /f/, por exemplo ("camei", "bamei", "famei" não existem em nossa língua). Um fonema como port. /a/, nada significa no interior do seu mesmo nível; para que ele adquira um significado devo transportá-lo para o nível imediatamente superior, onde poderá valer como o morfema sufixal {-a}, indicador do feminino (moço/moç-a), ou como uma "palavra" ("há", do verbo "haver"), etc.

Verificamos, assim, que um elemento lingüístico pode contrair dois tipos de *relações*:

(a) *relações distribucionais* — as que dois elementos contraem no interior do seu mesmo nível (fonema + fonema; morfema + morfema). Tais relações são carentes de *sentido;*

(b) *relações integrativas,* as que dois elementos pertencentes a dois níveis hierarquicamente diferentes contraem entre si, na perspectiva do maior para o menor (definidora da *forma*), ou na perspectiva do menor para o maior (definidora do *sentido*). Tais relações são atribuidoras da forma e do sentido. [15]

1.11.3. Níveis na Lingüística Frasal e na Lingüística Transfrasal

Os diferentes níveis distinguem-se através do mecanismo lógico das implicações, em uma hierarquia de dependências. Entendendo por *texto* um *enunciado máximo, mono-isotópico* (= unitariamente concebido, do ponto de vista do sentido), e entendendo por *frase* um

---

(15) "A existência de níveis hierárquicos é própria, convém notá-lo, de diversos produtos culturais (...) Pike estudou o tema colocando exemplos como uma partida de futebol ou uma cerimônia religiosa. Aqui há sempre subunidades que todavia, só adquirem pleno sentido quando enquadradas em outras superiores" (Adrados, 1969.II.869).

enunciado mínimo (= que não pode ser subdividido em enunciados menores), diríamos que a existência do nível textual implica a existência do nível frasal (ou fraseológico).

Isso não significa, claro está, que se possa definir o texto, na perspectiva da sua significação, como o resultado da soma dos sentidos parciais das frases que o integram. A significação é o resultado de uma *configuração;* ela inclui *operações* (cf. 1.11.1, reabsorção do nível menor no maior) e *percursos* sintagmáticos muito complexos, que não se reduzem à apreensão linear somatória dos "efeitos de sentido" dos sintagmas frasais, mas que, pelo contrário, empenham combinatórias produzidas por transformações e transposições de várias modalidades: passagens de um a outro nível, escolhas diferenciais no interior de paradigmas semelhantes, fenômenos associacionistas, transações anáforo-catafóricas que coerentizam, por contextualizações sucessivas, as "partes" de um texto, etc.

Relativamente ao sentido, há fortes razões para que consideremos o *texto* como o nível hierárquico maior. Em primeiro lugar, só no texto se configura plenamente o significado de todas e de cada uma de suas partes integrantes (frases, períodos, capítulo, etc., quaisquer que sejam os demarcadores utilizados): o texto possui, na sua finitude sintagmática e estrutural, uma *auto-suficiência semântica,* porque ele encerra — no sentido forte, "delimita" — um "micro--universo de sentido". Em segundo lugar, é a existência do nível textual que implica, de modo necessário, a existência dos demais níveis, o frasal, o morfológico, o fonológico, nenhum dos quais é, de *per si,* autônomo, já que cada um deles se organiza em função do nível imediatamente superior e esse percurso só se detém no nível máximo do texto — em relação ao qual todas as demais entidades lingüísticas se comportam como constituintes —.

Assim, encarado da perspectiva das relações integrativas (cf. 1.11.2.*b*) que operam a passagem entre dois níveis imediatamente consecutivos, o texto é um *nível complexo,* o espaço em que "as unidades significantes devem ser especificadas ao nível das estruturas de manifestação" (Peñuela Cañizal, 1972, 126), sob a forma de frases, morfemas, e fonemas.

Há, assim, entre a frase e o texto, uma distância que se deve reconhecer e tentar explicar, mas que não se deve ignorar.

É cada vez maior, na atualidade, o número de lingüistas e semioticistas que postulam a necessidade de se distinguir entre uma *Lingüística Frasal* e uma *Lingüística Transfrasal* ("transfrástica", para alguns autores), diferentes no que se refere ao objeto sob exame, a *frase* e o *texto,* respectivamente. Reconhecendo que não se pode reduzi-los um ao outro, é imperioso reconhecer, também, que a Lingüística Transfrasal encontra-se na fase das suas primeiras elaborações, caracterizada pelo aspecto tentativo das pesquisas, pela relativa hesitação quando à pertinência dos dados, e pelo levantamento de hipóteses de trabalho bastante setorizadas (diferença entre "texto lingüístico" / "texto literário" / "texto semiótico").

A despeito de ser inegável a importância das especulações que hoje se fazem, por toda a parte, nesse domínio semiótico, devemos postergar, até que seus resultados sejam mais probantes e se formalizem cientificamente, a abordagem da Lingüística Transfrasal em manuais como o presente, dedicados, antes de tudo, à Lingüística da Frase. Portanto, tendo em mente que nos cingimos, aqui, aos critérios e aos pontos de vista tradicionais da Lingüística Frasal, diremos que a análise lingüística se delimita entre o nível superior da frase (nível fraseológico) e o nível inferior do fonema (nível fonológico). Assim, a Lingüística Frasal, que tem por objeto o *nível fraseológico,* isola os seguintes níveis:

(*a*) *nível fraseológico:*

— nível máximo de análise;
— seu constituinte: o nível morfológico;
— unidade: a frase.
— Exemplo: "Nunca a entendi";

(*b*) *nível morfológico:*

— seu constituinte: o nível fonológico;
— unidade: o morfema.
— Exemplo: "{nunca}" — "{a}" — "{entend —}" + "{i}"

(*c*) *nível fonológico:*

— nível mínimo de análise
— unidade: o fonema.
— Exemplo: /n/ — /ũ/ — /k/ — /a/ ... etc.

Através de um raciocínio análogo ao que estamos desenvolvendo, poder-se-ia dizer, talvez, que o nível fonológico tem por constituinte um *nível femológico* (já que cada fonema é constituido de *femas, merismas,* ou *traços distintivos*). O fonema /n/, por exemplo, seria analisado assim:

54

/n/ — [/consonanticidade/ + /não-vocalicidade/ + /linguodentalidade/ + /nasalidade/ + /sonoridade/]

Tal colocação, no entanto, seria de todo em todo equivocada, porque o fonema é uma *unidade fusionada*, constituída, na realidade, por um *feixe de femas* que não são sucessivos, mas simultâneos: tal feixe não se deixa analisar em constituintes separáveis: não há um fonema que seja *só consoante*, independentemente de ser *oclusivo / constritivo / nasal*, etc. Em conclusão: conforme dissemos em 1.10.12, nota 12, abaixo do nível dos fonemas não há nada que seja intrinsecamente lingüístico: o limiar do fonema encerra o limite da *forma*. A figura 6, abaixo, ilustra o que vimos:

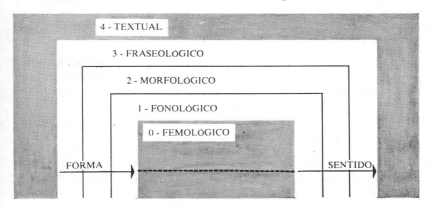

1, 2 e 3 — Níveis de descrição da Lingüística Frasal
    4 — Nível de descrição da Lingüística Transfrasal
    0 — Inexistência de nível

Fig. 6 — Níveis de Descrição

1.12. As Funções da Linguagem na Comunicação

1.12.1. Definição de "Função", "Comutação" e "Substituição"

Pela palavra "função" entender-se-á *covariação* (Dinneen, 1970.36) ou *dependência* (Hjelmslev, 1971b) entre duas entidades lingüísticas, tal que, se se introduz uma mudança em uma delas, provoca-se uma mudança correspondente na outra unidade.

As operações de *comutação* e de *substituição* baseiam-se na covariação. Temos *comutação* quando o resultado da covariação implica numa mudança do significado existente na forma lingüística anteriormente à covariação. Há comutação sempre que trocamos o primeiro elemento [d] do plano de expressão de (port.) *dia* pelo elemento [l], ou pelo elemento [f], etc., construindo *lia, fia,* etc.: alterado o plano fônico da forma original, alterou-se, ao mesmo tempo, o seu sentido.

Temos *substituição* quando a covariação não produz nenhuma diferença perceptível de significado entre a forma de que se partiu e a nova forma produzida pela covariação. Há substituição quando trocamos, na forma *dia,* o primeiro elemento [d] por um outro elemento como [ǰ], construindo [ǰja]. Houve, aqui, uma alteração no plano da expressão — [d] e [j] são foneticamente diferentes —, mas tal alteração não repercutiu no plano do conteúdo, pois pronuncia-se *dia,* na maior parte do Brasil, indiferentemente como [dja] ou como [ǰja].

O nome *funções da linguagem* alude, como veremos, às *covariações significativas* e a um tipo de *comutações*: variando o fator que a mensagem focaliza, varia, correspondentemente, o significado dessa mensagem.

1.12.2. Os Fatores da Comunicação

No seu célebre ensaio *Linguistique et Poétique* (traduzido no Brasil por Isidoro Blikstein e José Paulo Paes, Jakobson, 1969), Roman Jakobson isola os seis fatores intervenientes no *ato da comunicação verbal*: um *remetente* (emissor ou destinador de signos) envia uma *mensagem* a um *destinatário* (ouvinte, receptor de signos), através de um *canal*. Essa mensagem construída com um *código* parcialmente comum ao remetente e ao destinatário, refere-se a um *contexto* (*"designatum"*, pois que ele é puramente conceptual e não físico, impropriamente chamado de "referente" ou "denotatum").

Como vemos, seis fatores (sublinhados no texto) participam de um processo de comunicação: um destinador põe-se em relação comunicativa com um destinatário, construindo com os elementos de um código (português, francês, etc.) uma mensagem que alude a um contexto e passa, através de um canal, do primeiro indivíduo para o segundo.

Toda mensagem tem uma finalidade: ela pode servir para transmitir um conteúdo intelectual, exprimir (ou ocultar) emoções e desejos, para hostilizar ou atrair pessoas, incentivar ou inibir contatos e ainda pode, bem simplesmente, servir para evitar o si-

56

lêncio. Por isso se diz que uma mensagem tem muitas funções, muitos significados.

Para atribuir a uma mensagem *x* qualquer, um sentido determinado, é necessário compreender, antes, *para qual daqueles seis fatores mencionados a mensagem se dirige; isto é, qual deles ela focaliza.*

A frase corriqueira "como vai?", que ouço de um amigo todos os dias, pode (*a*) exprimir um interesse genuíno da parte dele pelo meu atual estado de saúde, mas pode, também, (*b*) expressar apenas e tão-somente o seu desejo de não ignorar a minha presença quando nos encontramos, de não ser grosseiro para com um conhecido. Eu a posso interpretar de muitos modos, é claro, não obstante *ser ela sempre a mesma frase, a mesma mensagem.* Essas diferentes interpretações são possibilitadas pela *variabilidade do fator comunicativo focalizado.* Se julgo que a frase "Como vai?" dirige-se, realmente, a mim, seu destinatário, interpreto-a no sentido (*a*) acima e forneço a meu interpelante, em resposta, as informações supostamente requeridas sobre o meu estado físico. Se, inversamente, julgo que "Como vai?" é uma mensagem que está focalizando o *canal* de comunicação entre conhecidos, assinalando a aproximação e a abertura de contatos, interpreto-a no sentido (*b*) e como ela equivale, nesse caso, a um "olá!", ou a um aceno de mão, posso, então, responder, bem simplesmente, com outro "Como vai?" ou outro "Olá!". É assim que uma mesma mensagem pode ter funções (sentidos) diferentes, conforme varie a sua orientação predominante, o seu enfoque.

1.12.3. Funções Monológicas da Linguagem

1.12.3.1. A Função Outrativa

1.12.3.2. A Função Autoconativa

"On ne peut pas ne pas communiquer".

Watzlawick *et al.,* 1972, 48.

O homem usa a linguagem perante outro homem para comunicar-se com ele e usa a linguagem, estando a sós, para "comunicar-se consigo mesmo". O monólogo, o solilóquio, o "falar sozinho", quando não são o resultado de perturbações psíquicas — como nas alucinações, delírios, embriaguez, monolalias —, devem ser considerados como formas de "comunicação em circuito fechado". Esses exercícios solipsistas da linguagem são bastante comuns, tanto nas crianças quanto nos adultos, mantendo uma certa relação para com a idade do falante. Conforme observou Piaget (*apud* Carvalho, 37, nota 17), as crianças de 4 a 7 anos apresentam uma porcentagem quase 50% maior de atos de linguagem "egocêntrica" do que as crianças mais velhas e os adultos, nos quais predominam os hábitos da "linguagem socializada". Explica-se: a sociedade inibe o "egoísmo verbal", tanto para o efeito de preservar a coesão dos grupos sociais — *a linguagem estabelece comunidade* — quanto para evitar a corrupção de um bem social, a língua, das perigosas inovações que lhe poderiam introduzir as realizações auto-suficientes de cada indivíduo. É assim que a *langue* reage às inovações da *parole*.

Segundo Friedrich Kainz (*apud* Titone, 1971.52), o uso intra-subjetivo da linguagem apresenta-se ora como suporte ou estímulo das reflexões pessoais — como quando um estudante lê em voz alta, para si mesmo, uma lição, com o fito de decorá-la —, ora como uma espécie de "apelo interior" — como quando uma pessoa repete para si mesma palavras de encorajamento, ao acometer uma tarefa difícil —. É este, certamente, o caso do desdobramento de uma mesma personalidade, isto é, de um mesmo ator dividido em dois actantes contrários ou contraditórios, muito freqüente na poesia lírica, que vai ilustrado pelo começo dos dois poemas abaixo:

> "Brincava a criança
> com um carro de bois.
> Sentiu-se brincando
> *E disse, eu sou dois!*
>
> Há um a brincar
> E há outro a saber
> . . . .

(Pessoa, 1965, 510)

> Carlos, sossegue, o amor
> é isso que você está vendo:
> hoje beija, amanhã não beija,
> . . . .
> Inútil você resistir
> ou mesmo suicidar-se.
> Não se mate, oh não se mate,
> . . . .

(Drummond, 1955, 111)

No excerto de F. Pessoa, estamos diante de uma *função outrativa,* caracterizada pela divisão de uma personalidade num sujeito do conhecimento (o *eu*) e *um objeto interno do ato de conhecer* (o *mim*), postos numa confrontação dialética tal que o "mim" chega a converter-se em *outro* para o "eu": esse relacionamento repete o tipo de relacionamento que, segundo Barthes, caracteriza a presença do *outro* (luta cuja finalidade é decidir acerca do predomínio de um dos dois elementos em jogo).

Já no fragmento do poema de C. Drummond, estamos perante um tipo peculiar de *função conativa* (Cf. 1.12.4.4), autocentrada, de *apelo reflexivo* (poderíamos chamá-la, talvez, de *função autoconativa*).

Em ambos os casos existe, certamente, uma *troca* de mensagens entre um destinador e um destinatário: como diz Jakobson, "não há emissor sem receptor" (1969.22). O que caracteriza, pois, a comunicação monológica é que o falante cumpre, ao mesmo tempo, o papel de remetente e de destinatário das suas próprias mensagens.

A Lingüística não concede às funções monológicas da linguagem senão uma atenção marginal: enquanto ciência de um *bem coletivo,* a língua, a Lingüística interessa-se sobretudo pelo funcionamento dialógico, ou seja, social, das línguas naturais. Desse modo, deixando para a Psico-Lingüística e para a Patologia da Linguagem a análise das funções monológicas, a Lingüística estuda, sob o título de *funções dialógicas,* a língua enquanto meio de comunicação coletiva.

1.12.4. Funções Dialógicas da Linguagem

1.12.4.1. Hierarquia Funcional

A utilização dos elementos de um código, para a composição das mensagens, empenha não só os signos e suas regras de combinação mas também vários subcódigos significativos. Como escreveu Jakobson, "cada língua (código) abarca vários sistemas simultaneamente e cada um deles é caracterizado por uma função diferente". Desse modo, cada mensagem engloba, enquanto ato concreto da atualização das possibilidades previstas no código, várias funções da linguagem. Em qualquer frase (mensagem), "normalmente aparece um feixe de funções. Tal feixe de funções não é uma simples acumulação" (Jakobson, 1969.19): o falante pode fazer ressaltar um dos seis fatores envolvidos no processo da comunicação, dando-lhe uma ênfase maior, fazendo com que a mensagem se dirija, primordialmente, para ele (o destinador ou destinatário, digamos), com predominância sobre os outros fatores (o código, o contexto, o canal, a própria mensagem).

Há, pois, *uma hierarquia de funções implicada em cada mensagem* e "é sempre muito importante saber qual é a função primária e quais são as funções secundárias" (*id. ib.*) Entenda-se, portanto,

59

que sempre que nos refiramos, no restante do presente tópico, a uma determinada função, consideramo-la a *função primária* dessa mensagem.

1.12.4.2. A Função Referencial: Ênfase no Contexto

Quando a mensagem se dirige, primordialmente, para o contexto, diz-se que ela está em *função referencial*. A maior parte das frases que pronunciamos numa conversação é usada para transmitir um *significado*: elas são o resultado de uma reflexão intelectual, da verbalização de um "designatum" (*grosso modo, aquilo em que um indivíduo .pensa e não, necessariamente, um "objeto" da realidade física, mas um conceito,* um ente de existência puramente mental, como, por exemplo, uma sereia, o amor...) e elas fazem surgir reflexões análogas na mente de um destinatário.

Os *designata* de uma mensagem são apreensíveis *na* mensagem, formando um *contexto* de intercompreensão entre o destinador e o destinatário da comunicação. Quando tais mensagens possuem por termo os *designata* de um mesmo contexto, diz-se que elas possuem uma *função referencial* (ou de *representação,* na terminologia de Bühler). Assim, se um amigo me diz:

1. O tio de Pedro morreu

ou

2. O atual rei da França é calvo

tais frases possuem uma função referencial, porque envolvem a análise de uma certa *experiência mental* e traduzem *conceitos* que posso compreender graças à minha *competência* de falante da língua portuguesa, não sendo necessária, para a minha compreensão das mensagens nem mesmo saber se tais frases são *verdadeiras* ou *falsas,* se o indivíduo chamado Pedro tinha ou não um tio, ou se a França atualmente é ou não governada por um rei. As frases 1 e 2 fazem referência a certos *designata* que são puramente lingüísticos e assim como o remetente delas teve competência suficiente para organizá--las de acordo com as regras da língua portuguesa, eu, que sou o destinatário, e possuo, como ele, o mesmo saber intuitivo para manejar os signos e as regras desse código, isto é, me situo no seu mesmo contexto cultural, decodifico-as corretamente e apreendo o sentido delas. Tais frases possuem uma função *referencial*.

1.12.4.3. A Função Emotiva: Ênfase no Remetente

A chamada, por Jakobson, *função emotiva* (que corresponde ao que Bühler denominou de *função expressiva*), é localizada naquele tipo de mensagens que implicam numa expressão direta das emoções e atitudes interiores de quem fala em relação àquilo de que fala. O seu destinatário descobre, por meio dessas mensagens, a emoção verdadeiramente (ou apenas simuladamente) sentida pelo emissor dos signos.

Essa função revela, portanto, o estado emocional do falante perante o objeto da sua comunicação. A mensagem com função emotiva não vale pelo conteúdo intelectual que veícula, mas sim pela sua carga emocional. As frases revestidas de função emotiva não valem, assim, por serem produtoras de um *juízo de essência;* valem por serem produtoras de um *juízo de valor* (Carvalho, *op. cit.;* 39).

As interjeições e as palavras utilizadas para a agressão verbal (insultos, termos de calão), compõem o estrato lingüístico mais visivelmente afetado pela *função emotiva.* Mas qualquer enunciado lingüístico pode carregar-se dessa função, freqüentemente utilizada pelos atores, declamadores, tribunos, e poetas, para expressar o seu estado de ânimo. Uma frase como

3. Você é um completo idiota!

dirigida a uma pessoa medianamente inteligente não nos informa, é claro, sobre a real capacidade intelectual desse indivíduo destinatário da mensagem, mas nos informa, certamente, sobre o que sente (ou finge sentir) o remetente dela. No poema *"Sorpresa"*, de García Lorca,

> "Muerto se quedó en la calle
> con um puñal en el pecho.
> No lo conocía nadie.
> — ¡ Cómo temblada el farol!
> Madre.
> — ¡ Cómo temblaba el farolito
> de la calle!
> Era madrugada. Nadie
> pudo asomarse a sus ojos
> abiertos al duro aire.
> Que muerto se quedó en la calle
> con um puñal en el pecho
> y que no lo conocía nadie.",

possuem função predominantemente emotiva os signos de exclamação (vv. 4, 6 e 7), o termo *Madre* (v.5), sem conexão sintática com o restante da estrofe, mas com conexão semântica (dotado de conotações afetivas), o diminutivo *farolito* do v. 6 (carregado de conotação afetiva; comparar com o nome *farol*, em grau normal, v. 4), e o adjetivo *duro* que, aplicado a *aire*, informa mais sobre o julgamento emotivo do poeta, a sua comoção íntima perante a solidão do morto na rua e a indiferença geral, do que sobre o substantivo com que forma sintagma, "ar". É por intermédio de tais elementos que o poeta adiciona à *informação puramente intelectual* (característica da função referencial) da sua mensagem *uma informação suplementar,* que diz do seu sentimento íntimo (função emotiva).

Informações do mesmo tipo nos são fornecidas costumeiramente pela modulação enfática dos enunciados. Se uma entonação normal ou neutra, como

4. Esta sala é grande ['ɛsta'sala'ɛ'grãdi]

acompanha os enunciados de significação neutra (denotativos), uma entonação enfática

5. Esta sala é graaande ['ɛsta'sala'ɛ'grã:di]

acarreta um excesso residual de informação para o sentido (conotação).

1.12.4.4. *A Função Conativa*: *Ênfase no Destinatário*

1.12.4.4.1. A Função Encantatória

Entende-se por função conativa a função dos enunciados de natureza *volitiva* ou *coercitiva,* que visam influenciar o comportamento do destinatário da mensagem. Por isso Bühler denominou-a de *apelo.* A sua expressão mais pura se encontra no vocativo e no imperativo, sendo este modo verbal conatural aos discursos persuasivos, aqueles que visam impor ao seu destinatário um tipo de comportamento desejável aos olhos do destinador (o *persuadere* retórico). Daí serem quase sempre conativos todos os discursos de propaganda ("Beba Coca-Cola").

Exemplos de discurso com função conativa encontram-se nas admoestações do tipo "Fique quieto!", "Faça silêncio!", "Saia!", corriqueiras, mas encontram-se, igualmente, num certo tipo de poesia retórica, como a de Castro Alves ("Colombo! Fecha a porta de teus mares...!"), sob a forma de interpelações, ([16]) às vezes disfarçadas ou atenuadas (como quando, desejando pôr uma criança na cama, dizemos-lhe: "— Agora, *nós vamos dormir...*")

1.12.4.5. *A Função Fática: Ênfase no Contato*

Muitos dos pesquisadores que se dedicaram ao exame das funções da linguagem supõem que as três funções dialógicas até aqui estudadas, emotiva, referencial e conativa, formam o estrato mais primitivo (do ponto de vista da sua aquisição pelo homem), pois elas se correspondem com os três eixos fundamentais da expressão, da cognição e da conação, sendo as funções fática, poética e metalingüística suas derivações históricas. Se se aceita tal hipótese, a função fática, que se encontra no cruzamento das outras duas, a emotiva e a conativa, poderia ser a mais antiga função utilizada pelos seres humanos, pois ela surge não só na etapa do balbucio infantil (o choro dos bebês é eminentemente fático), mas também nas manifestações da linguagem animal.

Com efeito, a mensagem fática, ainda que contenha traços de apelo, é a menos coercitiva das condutas verbais conativas: ela exige de seus destinatários tão-só uma *participação* na mesma situação social em que se encontra o destinador. Por isso se diz que o sentido predominante da função fática é o de *criar solidariedade,* o de estabelecer e manter funcionando os vínculos sociais que nos ligam em grupos.

A maior parte das frases com que iniciamos nossas conversações tem em mira estabelecer uma primeira aproximação com o nosso interlocutor. Chamar a atenção, sondar o ânimo, procurar captar

---

(16) Um tipo especial de mensagem conativa é o que acompanha os rituais da magia verbal. Assim, por exemplo, se dirigimos uma mensagem de apelo não a uma segunda pessoa presente, mas a uma ausente, que pode inclusive ser um elemento da natureza, sobre o qual desejamos exercer domínio, construímos mensagens dotadas de uma função mágica (ou *função encantatória*). Isso é freqüente nas fórmulas rituais de exorcismo, tal como a fórmula mágica lituana, citada por Jakobson, "Que este terçol seque, *tfu, tfu, tfu",* mas pode, também, ser encontrado na Bíblia "Sol, detém-te em Gibeon e tu, Lua, no vale de Ajalon" (Josué, 10:12) e na poesia, como já dissemos:

"Oh, temps, suspend ton vol!

Et vous, heures legères, suspendez votre cours!"

(LAMARTINE, "Le Lac").

a simpatia do ouvinte, são "costumes verbais" (Swadesh, 1966.89 ss.) universalmente praticados: nós os aprendemos ainda antes de saber falar. "Olá, como vai?", "Bom dia", "Com licença", são mensagens cuja finalidade é a de estabelecer o contato entre dois interlocutores em potencial; elas equivalem às primeiras palavras que dizemos ao telefone, "alô!", "pronto!", e cujo sentido é o de testar a praticabilidade do canal para a comunicação, tal como "hum, hum!", "sei", "sei", "pode falar", "está entendendo?" (Jakobson, *op. cit., loc. cit.*). Mais do que uma "pura contra-senha do pensamento", escreveu Malinowski, autor do nome e da primeira conceituação desse tipo de função, a mensagem dotada de "comunhão fática" mostra bem que *a língua é um modo de agir*.

Também Hayakawa (*apud* Dinneen, 1970, 408) observou que "interromper o silêncio é uma importante função da fala (...); é completamente impossível para nós, em sociedade, falar unicamente quando temos algo para dizer." Essa diferença entre os usos fático e não-fático da linguagem está codificada em muitas línguas, no seu estrato léxico. No léxico do português, por exemplo, há dois verbos para significar "exprimir-se verbalmente": *falar* (que serve aos propósitos das comunhões fáticas e das posições subjetivas) e *dizer* (que serve para as expressões objetivas, não puramente fáticas):

1. "Fale comigo." (Pede-se uma comunhão fática)
2. "Diga para mim" (Pede-se uma informação "referencial").

O "conhecimento intuitivo" dessa distinção lingüística, por parte dos falantes do português, reflete-se nos provérbios e ditos de criação popular, como "falar muito e dizer pouco" (isto é, manter uma sólida comunhã fática, sem fornecer informações conceptuais), "falou e disse" (isto é, estabeleceu comunicação — fático — e comunicou alguma coisa — não fático —) ([17]), etc.

Lyons (1970, 317-318) aponta as seguintes características da mensagem dotada da função fática:

(a) *"opor-se ao silêncio"*. (O silêncio isola as pessoas, limita-as a um círculo de comportamento autista; numa reunião social espera-se que todos os convidados conversem, ainda que não tenham algo importante para dizer; por isso, também, a sociedade coíbe o monólogo);

---

(17) A mesma diferença fático / não fático é um traço semântico pertinente das distinções que operamos entre *olhar / ver, ouvir / escutar,* etc...

(*b*) *"não ser escolhida".* ("Muito prazer", "encantado" ou frases equivalentes constituem o único "enunciado prescrito pela sociedade no contexto dos ritos de apresentação; eles são obrigatórios nessas ocasiões; se isto é assim, é razoável dizer que "encantado" não tem sentido" (id. *op. cit.* ib.) porque esse enunciado é perfeitamente previsível naquele contexto, do qual o silêncio está excluído, por princípio;

(*c*) *"ser semanticamente não-marcada".* Numa situação de apresentação formal "muito prazer" não comunica uma informação positiva — pois sua previsibilidade é total —, enquanto que o silêncio — não-prescrito, e, portanto, dotado de alta capacidade de informação —, é o termo semanticamente marcado, ou de informação positiva;

(*d*) *"ser uma mensagem velha".* No sentido de que não necessitam ser construídas pelo falante — que já as aprendeu globalmente, de uma vez para sempre —, a cada nova apresentação;

(*e*) *"possuir um sentido ritualístico",* mais do que lingüístico. Tais mensagens fazem parte dos costumes "rituais de comportamento prescrito pela sociedade" (*id., ib.*).

1.12.4.6. *A Função Metalingüística: Ênfase no Código*

Por função metalingüística entende-se a função da mensagem que se dirige para o código. O homem utiliza-se da linguagem para dois fins básicos: ou para falar acerca de um *designatum* (função referencial), ou para falar acerca da própria linguagem (função metalingüística).

A função metalingüística pressupõe a existência de uma língua-objeto (aquela de que eu falo, cf. 1.3.1.), cujo funcionamento ou cujo código se quer decifrar. É necessário, para tanto, que se utilize um outro sistema lingüístico, a *meta-língua* com que eu falo da língua-objeto, meta-língua esta que, por ser melhor conhecida, vem proposta como um modelo decodificador da língua-objeto.

1. O ventanista foi agarrado.
2. Que quer dizer "ventanista"?
3. "Ventanista" quer dizer "ladrão que penetra nas casas pela janela".

No diálogo acima, o enunciado 2 pergunta sobre o significado de um signo do enunciado 1, pertencente a um código parcialmente desconhecido pelo destinatário da mensagem. O enunciado 3 "traduz" esse signo (*tradução intralingual*) em outros signos melhor conhecidos. No diálogo citado, existem os seguintes sentidos:

(a) "O ventanista foi agarrado".

(b) "Ventanista quer dizer ladrão que penetra nas casas..."

O sentido (a) é um "sentido referencial"; o sentido (b) é "metalingüístico": ele focaliza o sentido (a).

Uma mensagem metalingüística possui, ao lado de um plano de expressão que lhe é próprio, um plano de conteúdo que tem a propriedade de ser "comutável" ou "substituível" [18] (cf. 1.12.1.) com relação ao plano de conteúdo da língua-objeto.

De qualquer forma, pode-se entender que o plano de conteúdo da mensagem metalingüística diz explicitamente o que o plano de conteúdo da mensagem-objeto diz implicitamente: sua função, por isso, não é a de significar por si, mas sim a de dizer o que o outro sentido significa, localizando-lhe as isotopias pertinentes.

Um livro de receitas culinárias compõe-se de mensagens-objeto porque ali se emprega a linguagem para falar de algo que não é a própria linguagem. Numa gramática ou num livro de Lingüística, o objeto que se examina é a própria linguagem: usa-se, para escrevê-los, mensagens que focalizam aspectos do código, dotadas, destarte, de função metalingüística.

1.12.4.7. *A Função Poética*: *Ênfase na Mensagem*

1.12.4.7.1. A Função Poética e seu Papel Metalingüístico

Se na função metalingüística a atenção se dirige para os elementos do código efetivamente utilizados, na função poética a atenção se dirige para os elementos da mensagem efetivamente utilizados, naquilo que eles possuem de equivalente em relação aos elementos do código potencialmente utilizáveis.

Jan Mukařovsky, introdutor do conceito da função poética (que ele denominava de *função estética*) nos estudos literários, explicava-a

---

(18) É evidente que toda mensagem metalingüística se propõe como uma substituição possível da mensagem-objeto; é discutível, no entanto, se essa proposta não se reduz sempre a um ideal inatingível de transcodificação; o que, sim, se pode afirmar é que, na grande maioria das vezes, ocorre o caso da comutação, nas operações metalingüísticas.

do seguinte modo: "A cada objeto ou ação, inclusive à linguagem, pode-se atribuir uma função prática, utilitária para os instrumentos, comunicativa para a linguagem e assim por diante. Se, todavia, um objeto ou ação tornar-se o foco da atenção por si mesmo e não por causa da função prática que desempenha, diz-se que tem uma função estética; isto é, provoca uma reação *pelo que é* e não por aquilo para que serve." (*Apud* Garvin, 1972.242-243). Por isso Jakobson definiu a função poética como aquela em que a mensagem se volta para si mesma; ela passa, então, a focalizar os próprios signos, pondo em destaque a sua integralidade de *significante* e significado. Um exemplo tornará mais claro: numa mensagem de propaganda como

1. Quero o meu Corcel cor de mel

é relevante, sem dúvida, o plano de conteúdo que comunica, ao mesmo tempo, uma informação intelectual (possui uma função referencial) e, por ser uma frase cujo predicado contém um verbo de vontade (*querer*), informa a respeito do estado de ânimo do remetente (função emotiva). Mas isso não é tudo: essa mensagem enfatiza um especial *arranjo* de seus constituintes, do ponto de vista sintático e do ponto de vista fônico:

(*a*) *do ponto de vista sintático*: a *palavra Corcel* é complemento-objeto do predicado *querer,* assim como o *produto Corcel* é o objeto do desejo expresso de modo enfático pelo remetente, em *quero* (função emotiva).

Por "subjetiva" que possa parecer, essa associação existe organizada no eixo paradigmático da língua, precisamente no *eixo das equivalências* que se repetem de modo sistemático na mensagem "Quero o meu Corcel cor de mel". O que a função poética faz, portanto, não é senão *isolar essas equivalências latentes do eixo paradigmático e promovê-las à condição de princípio organizador das combinações sintagmáticas,* onde as equivalências potenciais se atualizam de modo evidente.

Na frase acima, temos as seguintes equivalências:

(*b*) *do ponto de vista fônico*:

1) "quero" ['kɛro] e "Corcel" [kor'sɛw]
$\begin{cases} \text{mesma seqüência consonantal: } k\text{-}r \\ \text{inversão na seq. vocálica: } \varepsilon\text{-}o : o\text{-}\varepsilon \end{cases}$

2) A mesma seqüência consonantal acima, *k-r,* com uma das vogais da seqüência vocálica vista, [o], forma *kor* "cor", (de *cor de mel*); preenchida com o outro fonema, [ɛ], a mesma seqüência forma Kɛr "quer" (de *"quero"*);

3) "meu" [mew] reconstrói-se no seu equivalente "mel" [mɛw], com a única oposição do traço "fechado" / "aberto";

4) "Corcel" rima com "mel";

5) "Corcel" está imperfeitamente anagramatizado no sintagma "cor de mel", etc.

São essas reconfigurações propiciadas pelo princípio da equivalência que *fazem a mensagem voltar-se para si mesma,* tornando-se multissignificativa; o seu plano de expressão passa a dotar-se de várias possibilidades de sentido e, tal como ocorre nos jogos verbais infantis (do tipo "une, dune, tre, salamê, mingüê..."), as propriedades físicas, fonéticas, dos seus significantes se privilegiam, passando a ter a importância que nos enunciados referenciais se concede ao plano de conteúdo das palavras.

Decorre daí o aparecimento de "sentidos" totalmentete originais para a mensagem como um todo, sentidos esses que não estavam senão nebulosamente programados no plano de conteúdo referencial das mesmas palavras, como possibilidades. Isso quer dizer que o *sentido poético não está automaticamente programado no signo referencial (em grau zero), mas ele é uma decorrência das transações sintagmáticas ocorrenciais.*

A função poética executa, portanto, uma ruptura das espectativas, fornecendo uma possível resposta não antecipada automaticamente na língua, que é capaz, por isso mesmo, de atrair uma atenção especial para os próprios signos, uma persistência da atenção. E a mensagem, desse modo, se autocentra, para verificar o arranjo dos seus próprios constituintes.

Em termos aproximados aos da cibernética, poderíamos dizer que *parte das informações-de-saída (output) que o interpretante do código fornece, na operação metalingüística, para a primeira decodificação da mensagem, é reintroduzida na mensagem sob a forma de nova instrução computável,* [19]) *por um processo análogo ao da realimentação (feedback)* nos sistemas informacionais auto-regulados.

---

(19) Por isso a função poética tem, no nosso ponto de vista, o mesmo estatuto metalingüístico que Jakobson reservou aos elementos do código que

Assim, fragmentos da mensagem, fornecidos pelo interpretante do código, são promovidos ao estatuto metalingüístico do *princípio de equivalência* (Jakobson), organizador da seqüencialidade frásica. No plano fônico, a equivalência produz as figuras da rima, (Corcel: mel) da assonância (*quer*: *cor; meu*: *mel*), *da aliteração* ("*raia* sangu*í*n*ea* e fresc*a a* madrug*ada*", R. Correa), do anagramatismo (*Corcel*: *cor* de m*el;* "do *mar mar*avilhoso, a*mar*go...", Cruz e Sousa), etc.; no plano do conteúdo, essa equivalência produz anáforas e catáforas, metonímias e metáforas.

A função poética pressupõe uma escolha para estabelecer equivalências, isto é, para saber o que vai equivaler ao quê, entre a mensagem e as potencialidades estruturantes do código (Arcaini, 1970.212). É o que rompe com os automatismos lingüísticos a que já fizemos referência (característicos da mensagem no grau zero), e cria o fenômeno que os formalistas russos denominaram *ostranienie,* "estranhamento", "singularização", fenômeno esse no qual viam o mecanismo poético por excelência. É por causa dessa escolha que o *estilo* se define como *opção* e, num passo mais além, como *desvio*

---

interpretam elementos de uma mensagem-objeto. No fundo, qual é a diferença? Num dos casos (o das funções metalingüísticas, estudadas por Jakobson), a *informação tradutora,* no plano de conteúdo da mensagem-objeto, provém do código, da *langue;* no presente caso, o da função poética, *a informação tradutora* (*interpretante,* segundo Peirce), do plano de conteúdo da mensagem-objeto, provém dessa mesma mensagem, ou de partes dela guindadas à condição de subcódigo metalingüístico. Jakobson ressalta, pois, o papel desempenhado pelo *interpretante do código;* mas é necessário considerar também o papel desempenhado pelo *interpretante do contexto* (no sentido estrito de *contexto lingüístico,* isto é, todos os elementos lingüísticos que restam de uma frase depois que retiramos dela o elemento cujo contexto queremos localizar). Esse *interpretante do contexto,* outro nome da função poética, é dotado de função metalingüística a igual título que o interpretante do código. De modo que as funções metalingüísticas específicas das línguas naturais poderiam ser visualizadas como segue (Fig. 7):

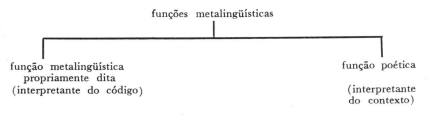

Fig. 7

da norma ([20]) (entendida a *norma* como *opção já executada por um grupo*).

Vemos, assim, que um discurso desviatório *não é, necessariamente, poético* e, por outro lado, *um discurso poético não precisa ser necessariamente desviatório*. Se assim fosse, *o estilo teria uma definição apenas negativa*: se se define a prosa como o grau zero da linguagem, *a poesia será o que a prosa não é* (Arcaini, 1972.213). Ora, um texto pode ser prosa e ser, ao mesmo tempo, poético (*poemas em prosa*), assim como um discurso com desvio pode, simplesmente, conduzir ao *non-sense* ou ao absurdo, como certos poemas surrealistas e certas produções de afásicos. Desse modo, só o desvio sentido culturalmente como eufórico, aquele que abre para uma multissignificação (e não para a ambigüidade, simplesmente, nem para a *minus-significação*), pode engendrar o sentimento poético.

Finalmente é preciso dizer que o *desvio, embora sendo uma ruptura da norma* (cf. 2.2.2.) *não é uma ruptura do código, mas todo o contrário disso, ele está previsto nas regras de manipulação desse código, porque o código lingüístico é um código aberto, dotado de produtividade*: aliás, é da produtividade que decorrem os riscos das inovações positivas (acertos) e das inovações negativas (erros). Em definitivo, a língua é um código aberto e produtivo que se distingue pelo fato de, ao mesmo tempo em que prevê a norma (que é *opção* grupal), prever, ao mesmo tempo, a possibilidade de infração à norma; se isso não acontecesse, se a lín-

---

(20) Um cuidado se impõe na fácil e perigosa tentativa de identificar a ruptura do grau zero (ou o *desvio*) com os acertos da poeticidade. Um discurso pode:

(*a*) *coincidir com a norma* (estar em grau zero);

(*b*) *romper com a norma* (desvio).

Em (*a*) o discurso se prende aos automatismos e, por isso, *deveria, teoricamente, informar pouco*. (Voltaremos a isso.) Em (*b*), o discurso se propõe a uma nova interpretação (ele informa demasiado). Mas esse desvio não tem um valor absoluto (todo valor é relativo, relacional), não caracteriza, por si só, a poeticidade. Duas coisas acontecem com o desvio:

(1) ele pode ser *interpretado como erro;*

(2) ele pode ser *interpretado como acerto.*

Temos, em (1), um *desvio disfórico*, não-poético; temos, em (2), um *desvio eufórico*, poético, em princípio. (Mas o que é *eufórico* num momento da História é sentido como *disfórico* em outro e nisso se baseia o mecanismo da sucessão de *estilos* artísticos.)

gua não contivesse senão injunções positivas (ordens) e injunções negativas (proibições), a *parole* seria um puro automatismo e não haveria como falar-se em *sentido* já que o sentido é produzido por um jogo de variáveis, uma descontinuidade e um risco a correr.

2. A CONTRIBUIÇÃO
DE FERDINAND DE SAUSSURE

Ferdinand de Saussure nasceu em Genebra, em 26 de novembro de 1857. Sua *Mémoire sur le système primitif des voyelles dans les langues indo-européennes* apareceu em Leipzig, em 1878 (De Mauro, 1972.327). Em 1880, Saussure estabeleceu-se em Paris, onde freqüentou os cursos de Michel Bréal e, já na Escola de Altos Estudos, assistiu aos cursos de iraniano de J. Darmesteter, de sânscrito de A. Bergaigne e de filologia latina de L. Havet.

Em 1881 Bréal cedeu-lhe seu curso na Escola e assim, com vinte e quatro anos, Saussure foi nomeado "maître de conférences de gothique et de vieux-haut allemand". Era a primeira vez que se ensinava lingüística numa universidade francesa e seus cursos ficaram famosos. Entre outros, foram seus alunos, em Paris, E. Ernault, Maurice Grammont, Paul Passy, Antoine Meillet; e em Genebra — para onde Saussure se transferiu em 1891 e onde deveria lecionar até sua morte, ocorrida em 1913 —, na cadeira de lingüística, especialmente criada para ele, freqüentaram suas aulas S. Karčevskij, A. Riedlinge, P. F. Regard, Ch. Bally e A. Sechehaye, sendo os dois últimos os responsáveis pela edição, em 1916, três anos decorridos da morte de Saussure, do seu monumental *Cours de Linguistique Générale*.

Por muitos anos Saussure estudou os *Nibelungen* e a versificação indo-européia arcaica, para a compreensão da qual elaborou uma hipótese extremamente original — a dos *anagramas* —, que deve ser contada entre as contribuições pioneiras para o moderno estudo estrutural da poesia. Mas, apesar de se haver devotado a uma extensa série de interesses no campo da Literatura, Saussure deixou uma persistente imagem de campeão da separação entre a lingüística interna (fora do contexto sócio-histórico) e a lingüística externa (a que considera os fatores exteriores que condicionam os fenômenos lingüísticos). Essa imagem é, no entanto, verdadeira apenas parcialmente. Do mesmo modo é improcedente o sentimento que perdura, ainda hoje, de que a lingüística estrutural em geral e a saussuriana em particular sejam lingüísticas antifilológicas.

É claro que, postas em cotejo as suas contribuições para os diferentes campos das línguas e das letras, o que marcará a sua imagem para a posteridade serão as teses centrais do CLG: suas idéias acerca do *valor relacional* dos elementos lingüísticos, da auto-suficiência do sistema, da necessidade de se dissociar uma *lingüística dos estados* (sincrônica) do âmbito da *lingüística evolutiva* (diacrônica), da natureza do signo e da distinção *langue* / *parole*.

São essas as idéias que fundaram a lingüística estrutural clássica e, ao mesmo tempo, deram início à fase contemporânea dessa ciência.

2.1. Sincronia e Diacronia

Para Saussure é muito importante distinguirem-se os eixos sobre os quais se situam os fatos que a ciência estuda. De acordo com dois diferentes tipos de descrição, os fatos científicos podem ser estudados como se estivessem situados num *eixo de simultaneidades* (A — B, na fig. 8) ou, então, como se estivessem situados num eixo de *sucessividades* (C — D, na fig. 8). No primeiro caso, o lingüista se interessaria pelas relações entre fatos coexistentes num

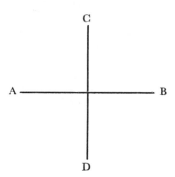

Fig. 8 — Representação esquemática da sincronia
(A — B) e da diacronia (C — D)
(Cf. Saussure 1972.115)

sistema lingüístico, tal como elas se apresentam num momento dado, fazendo abstração de qualquer noção de tempo; no segundo caso, constituiriam objeto de seu estudo as relações que um fenômeno qualquer, localizado ao longo de uma linha evolutiva (de tempo) mantém para com os fenômenos que o precedem ou que o seguem na linha da continuidade histórica. No primeiro caso, far-se-ia um estudo de *descrição sincrônica* (ou *estrutural*), ao passo que no segundo caso tratar-se-ia de uma descrição *diacrônica* (ou histórica). [21]

Essa primeira grande dicotomia saussuriana tem a maior importância, uma vez que separa os *fatores internos* de um sistema *dos fatores externos, histórico-culturais,* que condicionam esse sistema: "Uma comparação com o xadrez — diz Saussure —, fará compreender melhor. Aqui, é relativamente fácil distinguir o que é interno do que é externo: o fato de que ele tenha passado da Pérsia para a Europa é de ordem externa; interno é tudo quanto concerne ao sistema e às suas regras. Se substituo umas peças de madeira por outras de marfim, a troca é indiferente para o sistema; mas, se diminuo ou aumento o número de peças, essa troca afeta profundamente a "gramática" do jogo" (Saussure, 1972.43).

Desenvolvendo o mesmo pensamento, diz Prado Coelho (1968, XVI) que "o intervalo entre uma jogada e a jogada seguinte pode corresponder à visão sincrônica de uma língua. (...) Note-se também que, para passar de uma fase do jogo para a fase seguinte, basta a alteração da posição de cada pedra, porque tal alteração repercute em todo o sistema, dando origem a uma nova sincronia."

Visto que nenhum elemento da língua deve ser considerado como um fato isolado — a sincronia se estabelece como "relação entre coisas coexistentes" —, aparece a noção de *sistema,* equivalente saussuriano para o termo *estrutura* que nem uma só vez aparece em sua obra, apesar de seu cunho vincadamente "estruturalista". Pertence ao sistema, diz Saussure, tudo quanto seja interno, isto é, "tudo quanto faça variar o sistema num grau qualquer" (Saussure, 1972.43). É por esse lado que a língua não é completamente arbitrária: num conjunto *"où tout se tient",* de relações de solidariedade entre os elementos componentes, isolar uma única unidade

---

(21) Malmberg (1968, 56-57) observa que a maior parte dos estudos modernos que sublinham o caráter fundamental do estudo descritivo-sincrônico, remonta a Saussure; e Dinneen (1970, 265) lembra que Saussure foi influenciado pelo livro de E. Durkheim *"Regras do Método Sociológico"* (1901), para a adoção do ponto de vista sincrônico.

equivale a despojá-la de seu valor lingüístico. Assim, o tempo não é o fator determinante das mutações lingüísticas: o tempo apenas permite que esses fatores externos ajam uns sobre os outros, ocasionando as mutações (cf. Lyons, 1970, 40).

Quanto à Lingüística Diacrônica, dela costumam lançar mão os lingüistas para explicar certos fatos que, se fossem examinados do ponto de vista puramente sincrônico, poderiam ser interpretados como anomalias dentro do sistema.

Assim, por exemplo, parece anômalo o fato de que certos termos franceses apresentem, *no singular,* um sufixo —*s* (cf. *fils,* "filho", *Georges, Louis,* etc.) *que normalmente é marca do plural.* Só um estudo evolutivo, *diacrônico,* poderia demonstrar por que tais palavras conservaram, na passagem do latim para o francês, o —*s* do caso sujeito no singular latino de que provêm tais nomes, (*filius, Aloisius,* etc.), quando a regra geral era a obliteração desse sufixo na evolução do latim para o francês moderno (cf. Lyons, 1970, 39).

Nem todos os autores concordam, no entanto, com esse último ponto de vista, segundo o qual seria tarefa da Lingüística Diacrônica dar conta da alteração de elementos isolados (tal como *fils,* para o francês, ou o plural por mutação vocálica, visto no inglês, *goose — geese* "ganso — gansos", comumente, como exceção). Para Malmberg (1969, 22) "a lingüística diacrônica (ou histórica) trata só dos câmbios sofridos pelo sistema (os conjuntos de oposições, etc.), no curso da história", idéia que reitera, como oposição conjunta do "código" *in* 1969, 276: "Do ponto de vista estrutural, a mudança lingüística é uma mudança de sistemas, de códigos, não de elementos isolados. A lingüística estrutural, portanto, considera a descrição sincrônica das etapas lingüísticas como uma condição prévia e necessária para a análise diacrônica."

Já Trnka (1972b, 32), vê a diacronia como algo que não é necessariamente *exterior à sincronia,* mas que, mesmo implicitamente ou inconscientemente, *sobrevive dentro da sincronia:* "... a descrição sincrônica não ´pode excluir, tampouco, a noção de evolução, já que mesmo num corte considerado sincronicamente existe a consciência do estado em formação; os elementos lingüísticos percebidos como arcaísmos e, em segundo lugar, a distinção entre formas produtivas e não produtivas são fatos de diacronia que não se podem eliminar da lingüística sincrônica".

Afinal, como diz Jakobson (1969, 26-27): "não acontece jamais que uma só geração exista a um certo tempo e que todos os

75

membros da geração precedente morram simultaneamente no mesmo dia. Portanto, os dois sistemas coexistem sempre durante certo tempo..."

Acreditamos que o melhor modo de resolver o impasse criado pela dicotomia sincronia / diacronia que alguns autores consideraram de modo radical como antinômica tenha sido formulado por Benveniste (1966a, 9): "Um estado da língua é, antes de tudo, o resultado de um certo equilíbrio entre as partes de uma estrutura (...) A solidariedade de todos os elementos faz com que, uma vez que se afete um de seus pontos, o conjunto das relações seja colocado em questão, produzindo-se, cedo ou tarde, um novo arranjo. Por isso, a análise diacrônica consiste em estabelecer duas estruturas sucessivas, exibindo suas relações, para revelar que partes do sistema anterior foram afetadas ou ameaçadas, e de que modo se preparava a solução encontrada no sistema ulterior. Eis como se dissolve o conflito, tão vivamente afirmado por Saussure, entre diacronia e sincronia."

Na realidade, inexiste sincronia pura: no interior de qualquer sistema coexistem estágios de sistemas mais antigos e esboçam-se, como subsistemas, estágios posteriores; um código é, antes de tudo, uma interação de subcódigos e é isso, precisamente, uma propriedade inalienável das línguas a caracterizá-las como mecanismos dotados de *produtividade*. Essa idéia, depois desenvolvida, sob outros pressupostos, por Chomsky, está colocada também, de um ou outro modo, com maior ou menor felicidade, nos propugnadores de uma Lingüística Pancrônica, Walter von Wartburg e Pagliaro, notadamente.

2.2. Linguagem, Langue (Língua) e Parole (Fala)

Saussure parte do princípio de que a *linguagem* humana é uma abstração, uma *capacidade*: ela consiste na capacidade que o homem tem de comunicar-se com os seus semelhantes através de signos verbais. A linguagem abrange, por isso, fatores físicos, fisiológicos e psíquicos.

Por *langue,* "língua", Saussure designava o próprio sistema da língua, isto é, o conjunto de todas as regras (fonológicas, morfológicas, sintáticas e semânticas) que determinam o emprego dos sons,

76

das formas e relações sintáticas, necessárias para a produção dos significados. Nos termos de Barthes (1970, I.1.1), seria "língua" o "conjunto sistemático das convenções necessárias para a comunicação, indiferente à matéria dos sinais que a compõem".

Tendo, embora, existência na consciência de cada indivíduo, a língua constitui um sistema supra-individual, na medida em que ela é definida não por um indivíduo, mas pelo grupo social ao qual esse indivíduo pertence: *a língua é um conceito social* (Saussure, 1972.37). Daí que cada língua se distinga das demais, pelos seus sons específicos (cf. 1.4) e pela organização peculiar desses sons em formas funcionais: "-ing", por exemplo, é uma seqüência de sons encontrada no português e no inglês — na forma escrita —, mas em inglês pode aparecer no final de palavras, posição em que não ocorre em português.

Por ser um bem social, um contrato coletivo, a língua preexiste e subsiste a cada um de seus falantes individualmente considerados: cada um de nós já encontra, ao nascer, formada e em pleno funcionamento, a língua que deverá falar. A sociedade nos impõe a sua língua como um código do qual nos devemos servir obrigatoriamente se desejamos que as mensagens que emitimos sejam compreendidas.

Por isso, Saussure compara a língua a um dicionário, cujos exemplares tivessem sido distribuídos entre todos os membros de uma sociedade. Desse dicionário (ao qual deveríamos acrescentar, para sermos mais precisos, uma gramática), que é a *langue,* cada indivíduo escolhe aquilo que serve aos seus propósitos imediatos de comunicação. Essa parcela concreta e individual da *langue,* posta em ação por um falante em cada uma de suas situações comunicativas concretas, chamou-a Saussure *parole* (em português "fala" ou "discurso"). ([22])

A característica essencial da *parole* é a liberdade das combinações (Saussure, 1972. 192). A *parole* aparece aí como uma *combinatória* individual que atualiza elementos discriminados dentro do código: assim, a *langue* é a condição para a existência da *parole,* exatamente como a sociedade é a condição para a existência do indivíduo. Em resumo, para Saussure, a linguagem é a soma da lín-

---

(22) Mattoso Câmara traduz *parole* — mensagem na base de um código social que é a *langue* — por *discurso,* distinguindo nele duas modalidades, de acordo com seus modos de manifestação: a *fala* (ou discurso realizado oralmente) e a *escrita* (ou discurso manifestado graficamente).

gua e do discurso; a língua é a linguagem menos o discurso. E a *parole* se assimila à natureza do acontecimento (Riccoeur, 1967, 808-809).

A dicotomia que Saussure batizou de *langue/parole,* Hjelmslev batizou de *esquema/uso;* Jakobson fala, para a mesma relação, com a terminologia da teoria da informação, em *código/mensagem,* noções essas que correspondem, aproximativamente, às dos termos empregados por Chomsky para *competence* (competência)/*performance* (atuação).

A distinção saussuriana entre *langue/parole* revelou-se das mais fecundas para todo o desenvolvimento da Lingüística deste século. Não obstante, ela foi (vem sendo, ainda) objeto de discussões e polêmicas, algumas bem colocadas, outras fruto de equívocos na maioria das vezes bem intencionados e motivados mesmo pela própria organização do CLG, livro cuja leitura não é fácil.

Um dos pontos mais amplamente debatidos é o que atribui à língua o papel de um *sistema de valores* (vide 1.8), com o que Saussure significava que cada um dos elementos componentes de uma língua só se pode definir relativamente aos outros elementos com os quais forma sistema. ([23])

Duas afirmações capitais de Saussure, inicialmente entendidas por certos estudiosos (como Buyssens, *in Mise au point de quelques notions fondamentales de la phonologie,* sobretudo na sua primeira parte intitulada *Saussure contre Saussure,* artigo publicado em 1949), como paradoxais ou contraditórias, estiveram no fulcro dessas discussões. Trata-se das seguintes teses, ambas presentes no CLG:

I) "na *langue* não há mais do que diferenças"
II) "o mecanismo lingüístico gira inteiramente sobre identidades e diferenças"

A partir delas, Buyssens afirma que Saussure "está em contradição consigo mesmo". A solução do problema não tem sido unanimemente acatada pelos lingüistas, de modo que qualquer tentativa de diluir essa aparente aporia oferece sempre alguma possibilidade de crítica. No entanto, só tem sentido falar-se de "diferenças" por *referência à existência implícita de "identidade":* as diferenças, quaisquer que elas sejam, se discriminam perceptualmente no seio

---

(23) Para uma introdução didática às polêmicas surgidas em torno de alguns conceitos-chave de Saussure, é útil consultar MacLennan (1962).

78

de uma identidade, que é a sua condição lógica de existência. Assim, é verdade que "a *langue* não comporta nem idéias nem sons pre-existentes ao sistema lingüístico, mas somente diferenças conceptuais e diferenças fônicas resultantes desse sistema" (CLG, p. 166). Aí está o caráter negativo dos elementos lingüísticos; mas é a percepção simultânea dessas diferenças de sons e dessas diferenças de idéias, sua aproximação, a partir de uma identidade perceptível por nossa mente, que constitui a língua num *sistema*.

O *sistema* é, portanto, enquanto *conjunto-universo,* um *fato positivo,* ainda que seus componentes internos se definam precisamente por ser *diferenciais.* As *diferenças* de que fala Saussure são logicamente necessárias desde que para se falar em *sistema* é necessário que tenhamos pelo menos *dois elementos* distintos.

2.2.1. Primeira Noção de Forma e Substância

O problema da dicotomia *langue/parole* está intimamente relacionado com o problema do *valor*: a língua é um *sistema de valores,* onde cada elemento se define em relação com outros elementos.

O exemplo do jogo de xadrez, já mencionado, esclarece a posição de Saussure relativamente ao assunto. As peças do jogo se definem unicamente pelas funções que lhe são conferidas pela legislação do jogo. Suas propriedades puramente físicas são acidentais: as dimensões do cavalo ou da torre, suas cores, o material de que as peças são feitas, tudo isso pode variar; se se perde uma peça, ela pode ser substituída por um outro objeto qualquer, conservando intocadas a sua função e a sua identidade. Basta, para tanto, que os parceiros convencionem atribuir a esse objeto substituinte *o mesmo valor* atribuído à peça perdida.

Transposto o raciocínio para o âmbito lingüístico, um elemento qualquer da língua, um fonema, por exemplo, ou um morfema, deve definir-se do ponto de vista das suas relações para com outros elementos do mesmo sistema e pela sua função no interior desse sistema (primeira noção de *forma*), e nunca à base de suas propriedades físicas (modo de formação, estrutura acústica, etc.; primeira noção de *substância*). Eis por que a língua constitui, no parecer de Saussure, *uma forma* e não *uma substância*: *a língua não é um sistema de conteúdos* (não existe um "nível" semântico), mas *um sistema de formas e de regras* (valores). O *conteúdo de um termo* só é fixado, por isso, *através da totalidade* de que esse termo é parte, e *a sua definição positiva* deriva de uma definição relacional (ou de-

79

finição negativa); o valor de um termo consiste nisso: *um elemento é (definição positiva) tudo aquilo que os demais elementos do seu sistema não são (definição negativa).*

Confrontando as palavras inglesas *sheep* "carneiro" e *mutton* "carne de carneiro", com a francesa *mouton* "carneiro" ou "carne de carneiro", indiferentemente (tal como no português), Saussure demonstrava que em alguns casos esses termos se correspondem, mas, em outros, não: assim *mouton* não tem o mesmo valor de *sheep,* que designa o animal vivo, nem de *mutton,* que designa a carne desse animal, pois *sheep* só se associa, paradigmaticamente, com a *classe dos animais vivos,* excluindo as outras classes, enquanto *mutton* só se associa, paradigmaticamente, com a *classe de carnes que se prestam para serem comidas,* isto é, com *"alimentos"* e não com animais. "Estes termos, por isso, não possuem o mesmo conteúdo (a soma das significações positivas e do valor relativo ou negativo: a soma dos termos aos quais um termo é oponível), ainda que se possa dizer que eles têm a mesma significação em contextos apropriados" (Dinneen, 1970.290).

Para dar um exemplo com nosso idioma, é o que acontece com (port.) *cão,* e o (*ital.*) *cane* "cão": em alguns contextos referentes a animais, os dois termos coincidem (na sua definição positiva); mas em outros contextos, isso não se dá, porque o italiano diz, por exemplo, *questo tenore è un cane* ("cão" qualifica a voz desagradável do tenor), ali onde empregaríamos outro termo ("esse tenor canta como um marreco, um ganso, um pato").

2.2.2. Contribuição de E. Coseriu: A Noção de Norma

Para resolver certos problemas não resolvidos pela dicotomia saussuriana entre *langue* e *parole,* Eugenio Coseriu propôs um conceito afim destes dois, o conceito de *norma.* "Sendo a língua um conjunto de possibilidades — explica Borba (1970, 67) —, a norma aparece como o conjunto de realizações dela. A norma precisa ser comprovada concretamente — é aquela que seguimos por fazermos parte de um grupo."

Tal como a *langue,* a norma é convencional; tal como a *parole* ela é *opcional.* Mas, diferentemente da *parole,* que é opção individual, deliberação de cada falante em cada enunciação concreta, a norma implica numa *opção do grupo* a que pertence o falante e pode, assim, divergir das demais normas seguidas por outros grupos da mesma comunidade lingüística.

"Uma variante fonética, apesar de não alterar, o sistema, pode caracterizar o falar de uma região — o /š/ (chiante pós-vocálica), variante de /s/ — *casta, mes* ['kašta], [meš] do Rio." (Borba, *id., ib.*). Isto significa, é claro, que "entre os fonemas, com valor funcional dentro de uma língua, e os sons, sem mencionado valor, existe uma zona intermediária, a constituída pela norma" (Roca Pons, 1972.51).

Sabe-se que a distinção ɛ / e não é pertinente para a língua espanhola, pois ela não é fonológica nessa língua. Por que, então, os falantes do espanhol pronunciam *queso* "queijo", *cabeza* "cabeça", *sello* "selo" com *e* fechado, ['keso], [ka'beθa], ['seʎo], e pronunciam *papel* "papel", *afecto* "afeto", *peine* "pente" com *e* aberto, [pa'pɛl], [a'fɛkto], ['pɛjne]? Por causa da norma. "Isto significa que as diferentes realizações do espanhol falado, abertas ou fechadas, pouco importa, não concernem ao sistema, não o afetam. (Exatamente como a pronunciação de ['kasa] ou ['kaza] "casa" não tem nenhuma influência sobre o sistema italiano. (...). Em outros termos, o sistema possui uma "lei" própria que se torna "norma" e esta pode, às vezes, agir sobre o sistema. Temos, em francês, uma série *transigeant — intransigeant, impossible — possible* (em português "transigente" — "intransigente", "impossível" — "possível"), mas encontramos *intempestif* sem seu corolário *tempestif* (o mesmo vale para o português) que o sistema teria, contudo, possibilidade de realizar" (Arcaini, 1972.60-62). Assim, a *norma* (*Sprachnorm*), "que corresponde ao primeiro grau de abstração, compreende somente aquilo que é, na fala concreta, repetição dos modelos anteriores. Isto significa que a norma implica a eliminação de tudo o que na *parole* é inédito, as variantes individuais, etc." (*id., ib.*).

Observemos, finalmente, que assim como a *langue* equivale a um *código* para toda a sociedade de falantes do mesmo idioma, a *norma* equivale aos *subcódigos* em que se especializam os diferentes grupos dessa mesma sociedade. Temos, deste modo, subcódigos lingüísticos nas linguagens do rádio, das ciências — fala-se, últimamente, em *economês, comuniquês* para aludir à norma implícita na linguagem técnica dos especialistas e dos teóricos em comunicação, até certo ponto hermética para membros de outros grupos —, etc. É assim que *perecer, falecer, morrer, "esticar as canelas"*, são sinônimos que se situam como "normas" (no sentido aqui utilizado) para diferentes subcódigos (linguagem formal, neutra, jargão...) todos coexistentes dentro do código comum que é a língua portuguesa.

2.3. O Signo Lingüístico: Significante + Significado

Saussure pensa que o signo lingüístico resulta da união de um *conceito* com uma *imagem acústica*: "O que o signo lingüístico une não é uma coisa e um nome, mas um conceito e uma imagem acústica" (Saussure, 1972.98), tomados, ambos, como entidades psíquicas e unidos, em nossa mente, por um *vínculo* (também chamado *relação*) associativo (Cf. fig. 9):

Fig. 9 — O signo lingüístico

A imagem acústica não é o som material (coisa puramente física), [24] mas é o seu correlato psíquico, aquilo que nos evoca um conceito. Esses dois elementos (som com função lingüística e conceito), estão indissoluvelmente unidos no ato da percepção e se reclamam reciprocamente: não é possível falar-se de um sem se falar ao mesmo tempo de outro, embora possamos nos referir, por um ato de abstração, quer a um quer a outro, tomando-os isoladamente para fins de exame. Sempre que nos refiramos ao conjunto *conceito + imagem acústica vinculada,* usaremos a palavra *signo;*

---

(24) Entenda-se: para que os signos se exteriorizem, eles precisam de um *suporte físico* (sons, luzes, gestos, linhas, figuras, etc.). Por isso pondera Zinovyev (1973.15): "Se o investigador comprova que certos objetos estão numa correspondência recíproca com outros objetos, os primeiros são signos dos segundos, os segundos são designados pelos primeiros. (...) Um objeto que não possa ser visto, ouvido, etc., não pode desempenhar o papel de signo." E Reznikov (1972, 16) escreve: "O signo é algo material: por isso a informação *plasma-se* ou *substancia-se nele*. O signo é relativamente estável; por isso a informação *fixa-se* nele e, dado o caráter receptivo-sensorial do signo, *expressa-se* a partir dele." Para maiores esclarecimentos — sobretudo para compreender os limites de aceitação das teorias sígnicas "realistas" ou "essencialistas", como a de Reznikov —, veja-se "A Forma e a Substância Lingüística", à frente (2.6).

sempre que desejemos isolar um ou outro aspecto do signo, designaremos o *conceito* com a palavra *significado* e a imagem acústica com a palavra *significante* (Saussure, 1972.99).

Um conjunto de significantes, através dos quais nos comunicamos, constitui uma *cadeia de significantes* ou *plano de expressão;* o *conjunto dos significados* que comunicamos através de uma cadeia de significantes constitui um *plano de conteúdo.* Desse modo, cada língua faz corresponder a determinados planos de expressão determinados planos de conteúdo. ([25])

Com a inclusão do *significado* na concepção do signo lingüístico, Saussure coloca o sistema dos sentidos dentro do sistema lingüístico e confere à Semântica um lugar no interior da Lingüística (lembremo-nos de que anteriormente ao CLG era comum chamar-se *signo* apenas à imagem acústica, com total menosprezo do significado).

2.4. Característicos do Signo Lingüístico:

2.4.1. A ARBITRARIEDADE DO SIGNO

Uma das teses mais controvertidas de Saussure é a que afirma ser o signo lingüístico arbitrário: "o vínculo que une o significante ao significado é arbitrário" (Saussure, 1972.100). Assim, o significado "boi" tem diferentes significantes em diferentes línguas:

SIGNIFICADO ([26])	SIGNIFICANTES
"boi"	port. /boj/ *"boi"*
	esp. /bwej/ *buey*
	fr. /bœf/ *boeuf*
	ing. /ɔks/ *ox*

A palavra *arbitrário* significa duas coisas diferentes: em primeiro lugar, ela nos diz que não há nenhum tipo de relação in-

---

(25) A terminologia *plano de expressão* (PE), *plano de conteúdo* (PC) não é de Saussure; ela provém de L. Hjelmslev.

(26) Na realidade, também o significado está organizado diferentemente para cada idioma: "boi" é algo muito diferente para um brasileiro e para um indu (tendo em vista que se trata de um animal sagrado na Índia).

trínseca ou de causalidade necessária entre os diferentes planos de expressão acima apresentados e o plano de conteúdo que elas traduzem; em segundo lugar, a palavra *arbitrário* não significa que o PE (plano de expressão) dependa da livre escolha do falante, visto que nenhum indivíduo pode mudar o signo estabelecido pelo seu grupo lingüístico. Arbitrário equivale melhor a *imotivado,* já que o significante não guarda nenhum vínculo de tipo natural com o significado (Saussure, 1972.101).

Mas, pergunta-se Saussure, não existiria esse vínculo natural nos estágios mais arcaicos das línguas? Nas onomatopéias, por exemplo, que são elementos cujo PE se forma a partir dos sons evocados? Comparando-se diferentes vozes de animais

PC	PE	
voz do cuco	port.	*cuco*
	fr.	*coucou*
	lat.	*cuculus*
	ing.	*cuckoo*
	al.	*kuckuck*
voz do cão	port.	*au au*
	esp.	*guau guau*
	fr.	*ouaoua*
	al.	*wauwau*
voz do gato	port.	*miar*
	fr.	*miauler*
	al.	*miauen*
	ing.	*to mew*

vê-se que até mesmo as onomatopéias se sujeitam à especial reconfiguração que cada língua lhes imprime (Cf. 1.9.4.).

Com efeito, se cada signo fosse apenas uma imitação do seu objeto, esse signo seria explicável em si mesmo, independentemente de outros signos e não teria nenhum tipo de relação interna necessária para com os demais signos da língua (Cf. Ducrot-Todorov, 1972.171). É o que expressa Reznikov (1972, 18-19) quando escreve que "a falta de vínculos naturais e de semelhança entre signos e objeto designado e a constatação de uma certa arbitrariedade em suas relações não só não supõem um obstáculo para a importante função que o signo desempenha no processo cognoscitivo, senão que constituem a condição necessária para a formação de noções que reflitam *adequadamente* os objetos e fenômenos (...) em seus aspectos gerais e essenciais".

Pode-se distinguir, como faz Saussure (1972.181) entre um *arbitrário absoluto* e *um arbitrário relativo* (ver também Ducrot--Todorov, 1972.172): o primeiro refere-se à instituição do *signo tomado isoladamente* e o segundo refere-se à instituição do signo enquanto elemento componente de uma estrutura lingüística, sujeito, portanto, às constrições do sistema. Num exemplo claro, é graças à existência, na língua portuguesa, de uma forma produtiva como o sufixo verbal ⟨-ou⟩ para o pretérito que Carlos Drummond de Andrade pôde produzir, por analogia com "amar/amou", o neologismo "almou" (*in Amar-Amaro*):

> Por que amou, por que almou
> se sabia
> proibido passear sentimentos
> etc.

Nas palavras compostas e nas formas flexionadas existe uma motivação relativa já que elas "se constroem sempre de modo idêntico para representar idênticas relações de significados" (Dinneen, 1970, 280).

O que é importante destacar nesta lição de Saussure é que a substância do conteúdo e a substância da expressão não contam, absolutamente, como tais, para a fundação do signo e da função lingüística: o que conta é a combinação delas para criar uma *forma,* coisa que Saussure mesmo explicita quando afirma serem igualmente psíquicas as duas partes do signo. (Ver tb. Malmberg, 1968, 66 ss.) Um sistema lingüístico combina diferenças de sons com diferenças de idéias, e assim instaura um sistema de valores. A característica da instituição lingüística é manter o paralelismo ([27]) entre esses dois tipos de diferenças, de tal modo que a mudança efetuada num desses planos repercuta perceptivelmente no outro plano (cf. *co-variação,* 1.12.1).

2.4.2. A Linearidade dos Significantes

A segunda das características essenciais do signo lingüístico, também apontada por Saussure, refere-se ao caráter linear do seu plano

---

(27) Para maiores esclarecimentos sobre a arbitrariedade do signo, ver E. Benveniste, *Nature du signe linguistique* (incluído, agora, *in* 1966a) e Engler (1962), para a problemática geral do tópico.

de expressão. Logo ao início do CLG, lemos: "Por ser de natureza auditiva, o significante se desenvolve unicamente no tempo e apresenta as características que toma do tempo:

(a) representa uma extensão; e
(b) essa extensão é mensurável numa única dimensão; ela é uma linha" (Saussure, 1972.103).

Essa linearidade, que constitui a extensão da cadeia falada e com base na qual cada elemento do plano de expressão de uma língua se coloca, é o que permite distinguirmos conceitos tais como o de sílaba (baseada num contraste entre consoantes e vogais), e o de distribuição.

2.4.2.1. A Noção de Distribuição

As unidades lingüísticas aparecem em contextos e submetem-se às suas pressões: as partes dependem do todo de que participam. Dentro de uma frase as palavras não se dispõem ao acaso, mas em posições determinadas: o artigo, por exemplo, tem em rumeno e em português a propriedade de se colocar sempre junto do substantivo com o qual forma sintagmas nominais; mas dentro do SN (sintagma nominal) o artigo português vem *anteposto* ao substantivo (cf. "o lobo"), ao passo que o artigo rumeno *se pospõe* ao nome ao qual se refere (cf. *lupul,* "o lobo"). Diz-se, por isso, que os elementos possuem uma *distribuição característica*.

Quando comparamos dois elementos quaisquer, do ponto de vista distribucional, verificamos que:

(a) os dois elementos A e B podem aparecer no mesmo ponto da cadeia da frase: dizemos, nesse caso, que eles têm uma *distribuição equivalente* (Fig. 10):

FIG. 10 — Distribuição equivalente

(b) esses dois elementos não podem jamais aparecer colocados no mesmo ponto da cadeia frásica (ou seja, esses dois elementos não possuem nenhum contexto em comum): dizemos, então, que eles possuem uma *distribuição complementar* (Fig. 11):

Fig. 11 — Distribuição complementar

(c) esses dois elementos possuem uma *equivalência parcial* (ou uma *distribuição complementar parcial*). Nesse caso, temos de distinguir entre duas modalidades de distribuição parcial:

(c1) a distribuição de uma unidade *B inclui* a distribuição de uma outra unidade *A*, mas o âmbito de aplicação de *B* é mais amplo que o de *A* (ou seja: em todos os contextos em que ocorre *A* pode ocorrer, também, *B*, mas há certos contextos em que *B* ocorre e nos quais nunca ocorre *A*). (Fig. 12):

Fig. 12 — Inclusão distribucional

(c2) a distribuição de uma unidade B recobre, parcialmente, a distribuição de uma outra unidade *A* (sem incluí-la), e a distribuição de *A* recobre, também, parcialmente, a distribuição de *B* (sem incluí-la): em outros termos, há contextos em que só *A* pode ocorrer, e há contextos em que só B pode ocorrer, havendo, ainda, contextos em que tanto A quanto B podem ocorrer. Diz-se, então, que há *intersecção* distribucional entre A e B (Fig. 13):

Fig. 13 — Intersecção distribucional

A distribuição é uma decorrência da linearidade sintagmática dos significantes. "Os empregos de *em* e *com* nos proporcionam um exemplo de distribuição interseccionante, ... em enunciados como "Pago ——— cheque todas as minhas contas" (Silva, 172.57).

2.5. Os Dois Eixos da Linguagem

2.5.1. Relações Sintagmáticas

Ao colocar a linearidade como um dos característicos essenciais do signo, Saussure havia observado que os signos falados formam uma cadeia onde cada elemento do PE (plano de expressão) ocupa uma posição determinada (distribuição): não se pode pronunciar dois fonemas na mesma unidade de tempo. As palavras presentes no discurso contraem certas dependências fundadas no caráter linear da língua (Saussure, 1972.170). A dependência que existe entre dois elementos seqüenciais de uma mesma cadeia chama-se *relação* (dependência, função) *sintagmática* (de *sintagma*: conjugado de duas unidades consecutivas onde o valor de cada uma se define por relação ao valor da outra).

Há casos de signos cujo PE consta de um único elemento — como, por ex., (lat.) $\bar{\imath}$, que pode ser signo do genitivo (*"frater Pauli"*, "irmão de Paulo"), do passivo (*amarī*, "ser amado"), do imperativo do verbo *eo, ivi, itum, ire* ($\bar{\imath}$, "vá"). Mas ainda aí se observa a função sintagmática como uma decorrência da seqüencialidade dos signos da fala: a função de signo do genitivo, por exemplo, só ocorre para $\bar{\imath}$ quando ele aparece sufixado a um nome, nunca a um verbo; a função de signo do passivo, inversamente, só aparece quando $\bar{\imath}$ se prende, como sufixo, a um lexema verbal, e não a um nome.

Em certas línguas, certo tipo de unidades não se ordena em seqüências lineares para o efeito de fazer-se preceder e seguir a realização de um elemento pela realização de um outro elemento obrigatório. É o que ocorre nas línguas *tonais*: no chinês, *hào* "dia" e *hǎo* "bom" contêm os mesmos elementos nas mesmas posições, não se distinguindo, seqüencialmente, uma forma de outra. O mesmo fenômeno da indistinção do papel representado pelas unidades a partir da observação da sucessão linear delas na frase ocorre, também, em línguas não tonais, como o português: a diferença entre *o sentido declarativo* de "chove" e o *sentido interrogativo* de "chove?", é dado por algo que não é segmental (que não ocupa um segmento da cadeia da fala), ou seja, é dada pela entonação (cf. 3.3.1.1.).

Assim, o princípio da linearidade possibilita a apreensão de *contrastes*: a cadeia sintagmática resulta da combinação de elementos que contrastam entre si. De modo geral, podemos dizer que um elemento qualquer do PE entra em relação sintagmática com todas as unidades do seu mesmo nível — fonema com fonema, morfema com morfema —, formando contexto. ([28])

O discurso sintagmático dispõe-se sobre um *eixo* cujo *suporte segmental* é a *extensão linear dos significantes* e cuja propriedade básica é a construir-se através da *combinação de unidades contrastantes*. Esse contraste se dá entre *elementos do mesmo nível*: fonema contrasta com fonemas, morfema contrasta com morfemas, etc., instaurando *relações distribucionais* (cf. 1.11.2.). Num sintagma como

O vizinho morreu de velho

temos as seguintes *relações sintagmáticas,* marcadas por *contrastes*:

(*a*) *no nível fonológico*:

contraste entre consoantes (C) e vogais, instaurando o *sintagma silábico*:

$$u - vi - zi - ñu - mo - \overline{rew} - di - vε - ʎu$$

V CV CV CV CV CVC CV CV CV ([29])

---

(28) De modo prático, localiza-se o *contexto lingüístico* de um elemento qualquer eliminando esse elemento do enunciado: o que sobra é o contexto do elemento abstraído. O contexto de *Y* num enunciado formado de *XYX* é *X.Z.*

(29) Na sílaba *-reu*, de *morreu, u* é uma *vogal assilábica* (semivogal, transcrita /w/), equivalendo, pois, a uma *consoante* (cf. 3.2.3.1.2.).

(b) *no nível morfológico*:

contraste entre lexema (L) e gramema (G), instaurador da *palavra* (*sintagma vocabular*):

```
O     vizinh -  o    morr -  eu    de    velh -  o
|        |      |      |     |     |       |     |
(G)     (L)    (G)    (L)   (G)   (G)     (L)   (G)
```

(c) *no nível sintático*:

contraste entre um *elemento determinante* + um elemento *determinado*, instaurador do *sintagma locucional*:

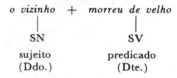

Como se vê, o sintagma se constrói com base na *contigüidade* e na *irreversibilidade*: seus elementos estão dotados de uma *distribuição característica*, funcional.

2.5.2. CORRELAÇÕES PARADIGMÁTICAS

Nenhuma mensagem tem sentido em si mesma. Os elementos componentes de uma mensagem só têm sentido completo quando os correlacionamos, em nossa memória da língua, com os demais elementos lingüísticos com os quais ele forma sistema. Os elementos da língua jamais aparecem isolados, em nossa memória; pelo contrário, eles participam de *classes*, isto é, conjuntos de elementos que "se associam por um traço lingüístico permanente, que é o denominador comum" de todos esses elementos. À base desse traço estabelecem-se as diferenças e igualdades entre os elementos e as classes.

Cada uma dessas classes forma um *paradigma* (Mattoso Câmara, 1964.236): um *paradigma é uma classe de elementos que podem ser colocados no mesmo ponto de uma mesma cadeia,* ou seja, são *substituíveis* ou *comutáveis* (cf. 1.12.1.) entre si.

Tendo em vista que, como já sabemos, devido à linearidade da fala não nos podemos utilizar senão de *um* elemento lingüístico a cada unidade de tempo, a *seleção* de um determinado membro de um paradigma exclui, antomaticamente, todos os demais membros do mesmo paradigma que poderiam aparecer no mesmo ponto da cadeia da fala.

No ato de enunciação estabelecem-se, por isso, seleções entre vários elementos oponíveis da mesma classe, um dos quais — o elemento selecionado —, é transportado para o eixo sintagmático, onde deverá entrar em combinação com os outros elementos do enunciado.

Para realizar a palavra *mar*, por exemplo, escolhi, dentre as dezenas de unidades que compõem a classe dos fonemas portugueses, apenas três unidades: /m/ e não /l/ (que me daria *lar*), para a primeira posição; /a/ e não /c/ (que me daria *mór*), para a segunda posição; /r/ e não /w/ (que me daria *mau*) nem /z/ (que me daria *mas*), para a terceira posição. A cada escolha efetuada correspondeu uma rejeição de vários outros elementos da mesma classe (do mesmo paradigma): /m/, por exemplo, pertencendo ao paradigma consonântico, excluiu todas as demais consoantes que poderiam aparecer no seu mesmo ponto na cadeia *mar;* como *as regras de combinação das sílabas* portuguesas *tornam obrigatória a presença de uma vogal no ponto seguinte ao ocupado pela consoante /m/ no interior da mesma sílaba,* ao selecionar /a/ bloqueei simultaneamente a manifestação de qualquer outra vogal que teria podido, igualmente, situar-se naquele mesmo ponto; e assim por diante (cf. Fig. 14):

Eixo paradigmático ou da classe de escolhas possíveis

	1	2	3	(Eixo sintagmático ou das escolhas realizadas)
A	m	a	r	———→
B	d	e	s	
C	l	.	.	
D	p			

FIG. 14 — Paradigmas e Sintagmas

Membros não-selecionados do mesmo paradigma fonológico, de escolha equiprovável, dentro do contexto: na *1.ª posição sintagmática*: /d/ (formaria *dar*), /l/ (formaria *lar*), /p/ (formaria *par*) etc. Outras possibilidades: A1 + B2 + B3 (*mes*), B1 + B2 + B3 (*dês*), B1 + A2 + A3 (*dar*), C1 + B2 + A3 (*ler*), C1 + B2 + B3 (*lês*), D1 + A2 + B3 (*pás*), etc.

Chamamos *correlação* a função (ou dependência) existente entre os membros de um paradigma e *relação* a função existente entre os constituintes de um sintagma. Entre os elementos A, B, C, D, da Fig. 14, temos uma correlação; e temos uma relação entre 1, 2, e 3, na mesma figura.

91

2.5.3. Metonímia e Metáfora

As correlações paradigmáticas se baseiam na *similaridade* (semelhança de comportamento lingüístico) entre os componentes de uma classe (associações mnemônicas virtuais, Saussure, 1972.171). Essa similaridade mobiliza substituições de elementos equivalentes, ao longo de um virtual eixo (vertical) de escolhas (dotado, pois, da função *aut/aut*, "ou um ou outro"): a cada momento tenho de eleger um único elemento dentro de, pelo menos, uma alternativa de dois elementos equiprováveis. O elemento selecionado paradigmaticamente é, em seguida, transportado para o eixo horizontal do discurso, onde vai entrar em combinação com os outros elementos ali colocados, formando a sintagmaticidade da fala como um *discurso sem fim*.

A seleção paradigmática propicia, assim, o aparecimento de fenômenos ligados à *similaridade de sons*: a *rima* (igualdade de sons entre duas palavras, a partir da sílaba tônica: *tesouro, douro, louro,* etc.), o *homoteleuton* (igualdade de sufixos: *obreiro, carpinteiro,* etc.) do *paregmenon* (igualdade do prefixo ou da raiz: *inédito, inculto, insatisfeito,* etc.), da *aliteração* (igualdade de sons no corpo das palavras: *a madrugada clara,* etc.), da *assonância* (semelhança de sons no corpo das palavras: *"onde o amor, ando indagando",* C. Drummond de Andrade), etc. Essas *figuras* todas, de grande importância na criação poética, derivam dos automatismos presentes no processo da seleção paradigmática referente ao plano da expressão. Todas essas figuras se constroem a partir dos *paradigmas da expressão.*

Mas há, também, figuras da linguagem (poética ou não) que pertencem aos *paradigmas do conteúdo* (palavras associadas por terem, em sua base, o mesmo traço semântico): o termo *pão* aplicado a um homem (*"João é um pão"*), pode significar que João é bondoso ou que João é bonito, mas não significa, nunca, literalmente, que João seja, de fato, um pão (um alimento). O que essa frase significa não é uma identidade (João = pão), mas uma semelhança (João ≃ pão) qualquer de aspectos encontrada entre um e outro termo (a *bondade* de João e do *pão,* digamos). A palavra *pão* tem aí não um uso denotado, mas um uso *conotado* e essa conotação, por ter-se construído como *similaridade,* é *metafórica.* A metáfora é, assim, uma figura que releva dos paradigmas do conteúdo.

Se a metáfora é uma figura engendrada no interior dos paradigmas, a metonímia é uma figura engendrada no eixo sintagmático. Com efeito, o sintagma é metonímico: sendo uma *unidade discursiva mínima*, formada por um *conjugado binário*, cada um dos dois elementos que a formam é *parte de um todo* e nenhuma delas é auto-suficiente. (O elemento *-a de cant -a*, por exemplo, abstraído do conjunto sintagmático, nada significa: ele pode ser um fonema, uma preposição, um artigo, um morfema de feminino, um morfema de pessoa, etc.; a mesma coisa se passa com *cant -;* de modo que *-a* só é morfema indicador de feminino, gramema nominal, quando vem preso a nome (*menin -a, lob -a*, etc.), e só é morfema indicador de número e pessoa verbal, quando vem preso a um verbo (*cant-a, chor-a*, etc.). Assim, os dois elementos do sintagma não se podem dessolidarizar, sob pena de entrar em disfunção.)

Na frase bíblica "*ganhar o pão com o suor do seu rosto*, há duas metonímias, *pão* e *rosto*, obtidas pelo processo de substituição da *parte pelo todo*: *pão* equivale, ali, a *alimento* e *rosto* equivale a *corpo;* e há, nessa mesma frase, uma terceira metonímia, obtida pelo processo de substituição do *efeito pela causa*: *o suor é efeito da fadiga*. Como se vê, a *contigüidade* característica da sintagmática não se refere, simplesmente, à contigüidade de significantes, mas, também, à *contiguidade de sentido*.

No desenvolvimento de um discurso pode-se seguir duas linhas semânticas: um tema pode levar a outro quer por similaridade (processo metafórico), quer por contigüidade (processo metonímico). Segundo Jakobson, o processo metafórico caracteriza, em linhas gerais, a poesia, enquanto que o processo metonímico é típico da prosa.

Uma confusão muito frequente entre sintagmática e *parole*, por um lado, e paradigmática e *langue*, de outro, deve ser desfeita. Nem todos os elementos presentes na cadeia sintagmática são elementos de *parole*. Todos nós falamos, também, por *sintagmas cristalizados*, isto é, memorizados globalmente (como os paradigmas) e utilizados automaticamente em certos pontos do discurso: *bom dia!, como vai?, ora, essa!, não diga!, pois é!, veja só!*, são conjugados binários (sintagmas) nos quais não se exerce a *liberdade combinatória do falante, traço distintivo da parole*: tais sintagmas são, no fundo, formados de estereótipos paradigmáticos.

Por outro lado, a utilização de qualquer parte da língua se sujeita a *regras* ou *pressões*: à medida que se sobe de nível aumenta a liberdade do falante, que é nenhuma no nível fonológico. O número de fonemas de uma língua é praticamente fixo e não pode ser alterado por ninguém em particular; uma pequena margem de liberdade existe para a composição de sintagmas vocabulares (podemos "inventar" certas palavras, mas não podemos "inventar" todas as palavras de nossa língua). A máxima liberdade do falante é a de construir frases, e combiná-las para compor textos. Nas combinações interfrásicas, objeto de estudo da Lingüística do Discurso — ou Lingüística Transfrasal (cf. 1.11.3.) —, nenhuma regra coage o falante, exceto a da *"saturação"* pregnante do texto; certas formas só se saturam (= completam) por certos conteúdos, únicos capazes de preenchê-las (as *catálises*). Assim, só um número muito pequeno de elementos lingüísticos pode saturar o verbo *trepanar,* por exemplo. No entanto, quanto empregamos locuções do tipo *pois é!, veja só!, por que não dizer,* a nossa liberdade de falante é práticamente inexistente: a única opção que nos resta é a de falar/não falar.

2.6. Forma e Substância Lingüística

"... il est impossible que le son, élément matériel, appartienne par lui-même à la langue. Il n'est pour elle qu'une chose secondaire, une matière qu'elle met en oeuvre."

SAUSSURE, 1972.164

"Autrement dit, *la langue est une forme et non une substance."*

SAUSSURE, 1972.169

Da afirmação de Saussure de que "a língua é uma forma e não uma substância", Hjelmslev fez o ponto de partida para construir a sua teoria lingüística, conhecida como Glossemática. O sistema dos significantes forma, para Hjelmslev, o *plano de expressão* (PE) das línguas naturais, e o sistema dos significados forma o seu *plano do conteúdo* (PC): "... uma das definições possíveis (e até mesmo, conforme pensamos, a mais fundamental) de uma língua, na acepção saussuriana do termo, é a que consiste em defini-la como uma forma específica organizada entre duas substâncias: a do conteúdo e a da expressão..." (Hjelmslev, 1971a, 44).

Daí que o PE e o PC possam ser concebidos em função de dois *strata* que se opõem, no interior do qual se explicita a dicotomia "forma/substância" (cf. Fig. 15):

PLANO DO CONTEÚDO	Substância do Conteúdo — (SC)	(= designatum)	
	Forma do Conteúdo — (FC)	. . . . (= significado)	
PLANO DA EXPRESSÃO	Forma da Expressão — (FE)	. . . . (= significante)	SIGNO
	Substância da Expressão — (SE)	. . . . (= som)	

Fig. 15 — O Signo Lingüístico

A língua cria *formas* a partir de duas substâncias amorfas, o *designatum* e o *som,* que ela reúne, combina e formaliza como signos (Domerc, 1969, 102-103). A língua prende numa rede de relações internas essas duas substâncias e como que as imaterializa para que elas possam participar de um sistema abstrato; é nesse sentido que as duas partes do signo — o significante e o significado — são *psíquicas,* na terminologia de Saussure. Desse modo, as substâncias lingüísticas são meros *veículos* aos quais se imprime uma estruturação relacional abstrata, peculiar a cada língua, operando a transformação da substância em forma. "Do mesmo modo que um pedaço de argila pode ser moldado em objetos de forma e dimensões diferentes, a *substância* — meio no qual se fazem as distinções e as equivalências semânticas —, pode ser organizada em formas diferentes, em diferentes línguas" (Lyons, 1970.45). Assim, *embora a substância do conteúdo e a substância da expressão sejam praticamente as mesmas para todas as línguas naturais, a forma do conteúdo e a forma da expressão diferem de língua para língua.*

Certas combinações fonológicas, morfológicas, sintáticas, podem ser admitidas por certas línguas, sendo vetadas por outras; pense-se na combinatória CCCVCC que é padrão silábico em russo (cf. *strast,* "pavor") mas que inexiste em português; na ordenação sintagmática N + Art, normal em rumeno (*lupul,* "o lobo"), disfuncional em português; na forma única do (fr.) *"singe",* traduzível ([30]) como *ape* ou *monkey,* em inglês, e como "macaco", "mico", "mono", "sagüi", "bugio", etc., em português.

---

(30) Nos processos de transcodificação, traduzem-se as *substâncias do conteúdo* através de equivalências postuladas entre códigos *formais.* No entanto, a língua não é um mero veículo, uma mera mediadora entre substâncias cognitivas; as regras que mantêm a coesão do sistema não se aplicam uma única vez sobre substâncias inertes. Assim, a língua não se limita a *traduzir* pensamentos, ela os *cria,* através da aplicação reiterada das regras.

Na transcodificação do (fr.) *singe,* para o (ing.) *monkey / ape,* ou para o (port.) *macaco / mico / mono* ..., as substâncias da expressão e do conteúdo são praticamente equivalentes, mas não são idênticas: elas não se correspondem ponto por ponto, como veremos a seguir; já as diferentes *formas* da expressão e do conteúdo envolvidas, são grandemente diferentes.

No que se refere à expressão, a seqüência francesa-$in/\tilde{\epsilon}/$ inexiste em português (nosso idioma não conhece *vogais nasais abertas*), e também não se correspondem, foneticamente, o vocalismo inglês e o vocalismo português. No que se refere ao conteúdo, lembremo-nos de que os significados formam redes internas de oposições dentro de cada língua (cf. 1.4.): "a estrutura semântica de qualquer sistema de palavras de um vocabulário dado é formada pela rede de oposições semânticas que enlaçam entre si as palavras do sistema em questão" (Lyons, 1970.47). Comparando

$$
\left.
\begin{array}{ll}
\text{(esp.)} & \textit{no hace calor} \\
\text{(fr.)} & \textit{il ne fait pas chaud} \\
\text{(al.)} & \textit{es ist nicht warm}
\end{array}
\right\} \simeq \text{(port.) "não faz calor"}
$$

Alarcos Llorach (1969.19-20) nota que, embora todas essas frases tenham o mesmo *designatum,* o mesmo "sentido", esse sentido amorfo está realizado de forma diferente nessas línguas. O espanhol não possui o sujeito indefinido que aparece nas frases do francês (*il*) e do alemão (*es*), e ainda que ele traduza por um único elemento (*no*) a mesma idéia de negação que o alemão também traduz com uma só palavra (*nicht*), a colocação dessas duas partículas no eixo sintagmático difere de uma para outra língua (em espanhol a negação antepõe-se ao verbo, em alemão ela se pospõe). Por outro lado, a negação é dada por um único morfema contínuo, tanto em espanhol, quanto em alemão; mas ela é dada por dois morfemas descontínuos, na língua francesa (*ne...pas*), o primeiro dos quais precede o verbo, vindo o segundo depois do verbo. Essa diferente combinação sintagmática aliada à diferente associação desses elementos dentro de classes paradigmáticas particulares, que não se correspondem, nas diferentes línguas, é que constitui a *forma* peculiar de cada código lingüístico.

3. FONÉTICA E FONOLOGIA

A Fonética estuda a substância do plano da expressão das línguas naturais; A Fonologia (ou Fonêmica) estuda a forma do plano da expressão.

O termo "Fonética" é aplicado desde o século XIX para designar *o estudo dos sons da voz humana,* examinando as suas propriedades físicas independentemente do "seu papel lingüístico de construir as formas da língua" (Borba, 1970, 163). Já os fundamentos da Fonologia (ou Fonêmica, como preferem dizer os anglo-saxões) se estabeleceram a partir do segundo decênio do século XX, na Europa e nos Estados Unidos da América do Norte. Na Europa, a partir do Círculo Lingüístico de Praga ([31]) e nos Estados Unidos, a partir da obra de Leonard Bloomfield e Edward Sapir, que trabalharam separadamente. "Em contraste com a Fonética, que é uma ciência da natureza e diz respeito aos sons da voz humana — diz Trubetzkoj — a Fonologia tem por objeto os *fonemas* ... das línguas humanas." Por isso, Dinneen (1970, 43) afirma que há três modos principais de descrever os sons lingüísticos; um som pode ser descrito sob o ponto de vista:

(*a*) da sua composição;

(*b*) da sua distribuição;

(*c*) da sua função.

A Fonética trata do primeiro ponto de vista (*a*), ao passo que a Fonologia trata dos dois outros, (*b*) e (*c*).

---

(31) O CLP foi fundado por V. Mathesius, B. Havránek, J. Mukařovski e B. Trnka em 1926, aos quais se juntam, como principais mentores da Fonologia, S. Karčevsky, R. Jakobson e N. S. Trubetzkoj (e, mais tarde, o holandês W. de Groot, o alemão K. Bühler, os franceses J. Vendryès, A. Martinet e E. Benveniste, além do iugoslavo A. Belic).

Embora acrescentando que não existe uma concórdia absoluta sobre a área coberta por ambas as disciplinas, Martinet (1968b, 42) mostra que "a Fonologia poderia ser apresentada como um modo de considerar-se a Fonética: ela seria a Fonética tratada dos pontos de vista funcional e estrutural".

3.1. Três Abordagens Fonéticas

Há três modos básicos, que constituem verdadeiras Escolas, de descrever os sons da língua. Podemos descrevê-los:

(a) do ponto de vista da sua *produção* pelo aparelho fonador do remetente de signos;

(b) do ponto de vista dos *efeitos físicos* que eles provocam no ouvido do destinatário dos signos;

(c) do ponto de vista das *propriedades físicas das ondas sonoras* que se propagam do remetente ao destinatário.

O primeiro dos modos de descrição caracteriza a *Fonética Articulatória* (ou motriz). Tal método é o mais usado ainda hoje e, simultaneamente, é, também, o mais antigo, remontando à antiguidade indiana, com a sua exigência de extrema acuidade na produção dos sons do Sânscrito, língua litúrgica (cf. 1.5.1.).

O método *b,* caracteriza a *Fonética Auditiva* que é, igualmente, um estudo de longa tradição, remontando aos gregos. A preeminência da Fonética Auditiva foi defendida nos tempos modernos por Maurice Grammont (sob a alegação de que "a fala é um sistema de signos acústicos") e tem seu maior expoente atual em R. Jakobson.

O método *c* é o próprio do mais moderno entre todos os tipos de descrição. Ele caracteriza a *Fonética Acústica,* que se apoia nos registros das ondas sonoras feitas por diversos tipos de aparelhos (quimógrafo, espectógrafo, etc.).

É evidente que o emprego de aparelhos apresenta uma imensa vantagem sobre a compreensão que dos fatos fonéticos se pode lograr através do ouvido humano. A. Rossetti (1962, 64) escreveu que 30% dos fonemas são normalmente captados por nossos ouvidos de maneira inexata. Deste modo, a Fonética Auditiva está longe de ter a precisão das análises laboratoriais em que se baseia a Fonética Acústica. Ocorre, no entanto, que a comunicação lingüística funciona perfeitamente bem com essa taxa de inexatidão, que é compensada largamente pelos processos de redundância, de elipses fonéticas e de *over-lapping*, normalizadores da compreensão inter-subjetiva. Isso significa que, ao contrário do que se poderia pensar, uma análise fonética realmente científica *deve incluir o estudo desses mecanismos aparentemente anormais (só aparentemente)* e *não* excluí-los de exame. Como diz Rosenblith, a percepção da *parole* equivale a um ato de identificação que não se faz à base de uma única dimensão, mas sim à base de vários traços distintivos, entre os quais — acrescentamos — os fatores psicológicos.

Com efeito, nem a análise Acústica nem a Auditiva nem a Articulatória dão conta cabal da complexidade dos fenômenos envolvidos numa transmissão de mensagens. Aquele que fala também escuta, e aquele que escuta também fala; alternam-se, assim, os papéis de Remetente e Destinatário das mensagens, num mecanismo muito parecido com o do *feed-back* (realimentação do sistema, sob a forma de nova informação a ser computada).

Remetente e Destinatário interagem em ajustamentos contínuos que levam em conta índices contextuais, situacionais e psicológicos (não se fala do mesmo modo com todas as classes de pessoas, nem com pessoas de idades ou sexos diferentes, ou de diferente nível educacional). "Desse modo, o plano de expressão da linguagem não pode ser reduzido a termos exclusivamente físicos, o que mostra a limitação das análises Acústicas, tendo em vista que ele se integra numa contraparte psíquica, ou seja, psicológica, que escapa à possibilidade de ser apreendida por qualquer dos tipos de estudos fonéticos já citados" (Lyons, 1970, 86).

Por tais razões, adotaremos, em nossa exposição, o ponto de vista da Fonética Articulatória (sincrônica).

3.2. Fonética Articulatória

3.2.1. Os Órgãos que Intervêm na Fonação

O impropriamente chamado "aparelho fonador" — no fundo, derivação funcional secundária do aparelho respiratório —, compõe-se de uma série de órgãos capazes de produzir milhares de sons. O processo da fonação tem lugar num aparelho composto de *três conjuntos de órgãos*:

(*a*) *um conjunto respiratório propriamente dito,* que inclui os *pulmões,* cuja função é a de fornecer a corrente de ar;

(*b*) *um conjunto energético,* composto da *laringe,* cujo lado externo corresponde ao pomo-de-Adão e em cujo lado interno se localiza a *glote;* da *glote,* que é o espaço que medeia entre as duas *cordas vocais,* podendo abrir-se ou fechar-se, conforme a movimentação destas; e das *cordas vocais,* um par de membranas que se aproximam ou se afastam uma da outra, durante o ato da fonação;

(*c*) *um conjunto ressonador,* composto da *faringe,* que é uma encruzilhada de onde o ar expirado é dirigido para a boca ou para o nariz, consoante o fechamento/abertura do véu palatino; dos *órgãos bucais,* isto é, *língua, dentes, palato, véu, lábios* e *úvula;* e das *fossas nasais.*

Da atuação conjunta desses órgãos resulta o processo da articulação dos sons lingüísticos.

3.2.2. Fonemas Orais (Inspirados, Sonoros, Aspirados e Surdos) e Fonemas Nasais

Para a descrição lingüística são pertinentes apenas os sons que, de conformidade com a lição de Saussure (cf. 2.3.), tenham uma *contraparte psíquica,* isto é, que criem *imagens* acústicas vinculadas a um significado. Não se consideram pertinentes os demais sons que apareçam eventualmente no processo da fala (roncos, gemidos, assobios, etc.), quando não desempenhem uma função dentro da língua.

De acordo com a abertura maior ou menor da glote, para permitir a passagem do ar proveniente dos pulmões, surgem os seguintes fonemas:

(I) *Fonemas orais:*

(*a*) *abrimento glotal* Ø (*zero*), que equivale ao fechamento total da glote. O ar, ao invés de escapar da laringe para a boca, inverte a sua direção e passa desta para aquela. O resultado são os *fonemas inspirados.* [32]

---

(32) Os *fonemas inspirados,* inexistentes em português, são encontrados em numerosos idiomas africanos, asiáticos e ameríndios. Eles possuem

(*b*) *abrimento glotal 1.* Não há oclusão da glote, mas sim seu abrimento mínimo. Compactado contra as paredes da laringe, o ar se atrita com as cordas vocais e vibra em uníssono com elas. O resultado são os *fonemas sonoros.*

(*c*) *abrimento glotal 2.* Corresponde a um abrimento médio da glote, mas com o abaixamento simultâneo da epiglote. O resultado é um *fonema aspirado.* ([33])

(*d*) *abrimento glotal 3,* que corresponde a um abrimento máximo da glote, dando livre curso à passagem da coluna de ar para a boca. Como as cordas vocais não vibram, o resultado são os *fonemas surdos.*

(II) *Fonemas nasais*

São o resultado de uma modificação, à altura do véu palatino, do percurso da corrente de ar que é desviada, parcialmente, para a boca e, parcialmente, para as fossas nasais.

3.2.3. CLASSIFICAÇÃO DOS FONEMAS EM PORTUGUÊS

De acordo com a Nomenclatura Gramatical Brasileira, as consoantes do português se descrevem levando em conta *quatro critérios, de base articulatória*: quanto ao modo de articulação, quanto ao ponto de articulação, quanto ao papel das cordas vocais, quanto ao papel das cavidades bucal e nasal.

3.2.3.1. *O Modo de Articulação*

Chegando à boca, a corrente de ar que provém dos pulmões pode ser totalmente bloqueada, ou comprimida de vários modos, sendo parcialmente bloqueada. Resultam daí os seguintes modos de articulação, em português:

---

um efeito acústico semelhante ao do soluço (Borba, 1970, 180): produzem-se com a boca fechada, quando a glote, ao invés de elevar-se para dar passagem à coluna de ar que sobe dos pulmões, abaixa-se e cerra-se completamente. O *clique* (fonema injectivo dorso-palatal convexo) soa de modo semelhante ao ruído que emitimos para fazer andar um animal de tração; ele aparece no hotentote-bosquímano, e em outras línguas.

(33) Os fonemas aspirados aparecem como *variantes* em português, sem constituir fonemas, pois dentro de nosso idioma eles não distinguem entre formas lingüísticas diferentes. Comparem-se (port.) ['phoša] e /poša/ "poxa!", e (ing.) *hill* "colina" / *ill* "moléstia", *hand* "mão" / *and* "e", *his* "dele" / *is* "é", "está", etc.

101

3.2.3.1.1. Fonemas Consonantais

(*a*) *Fonemas oclusivos* — São resultantes do bloqueamento total, mas sempre momentâneo, da corrente de ar, em alguma parte da boca.

São oclusivos, em português, os seguintes fonemas: /p/, /t/, /k/ [34], /b/, /d/, /g/ [35].

(*b*) *Fonemas constritivos* — São resultantes do efeito de atrito a que se submete a corrente do ar, cujo percurso é parcialmente bloqueado e se desvia, por isso, pelo canal formado pela língua. (Acusticamente, a constrição produz um chiamento perceptível.) São constritivos os seguintes fonemas: /f/, /s/, [36] /š/, [37] /v/, /z/, [38] /ž/. [39]

(*c*) *Fonemas Líquidos,* comumente subdivididos em:

(c1) *Fonemas vibrantes* — são resultantes de brevíssimos e repetidos bloqueamentos parciais da corrente de ar, provocados por movimentos vibratórios da língua (ao colidir com os dentes), do véu palatino, ou da úvula. Em português distinguimos entre *vibrante simples* (com uma ou duas vibrações, /r/) e *vibrante múltipla* (mais de duas vibrações /r̄/) [40]

---

(34) Representa-se o fonema /k/ (diz-se "quê"), pelos grafos *c* (cf. /'kɔbra/ "cobra"), e *qu* (cf. /'kɛda/, "queda").

(35) O fonema /g/ (diz-se "guê") pode ser representado pelos grafos *g* (cf. /'gadu/ "gado"), e *gu* (cf. /'gɛr̄a/ "guerra").

(36) O fonema /s/ (diz-se "se") é representado por muitos grafos diferentes em nossa língua: por *s* (cf. /'valsa/, "valsa"; por *ss* (cf. /'masa/ "massa"); por *sc* (cf./kre'ser/ "crescer"); por *sç* (cf. /'desu/ "desço"); por *ç* (cf. /'asu/ "aço"); por *x* (cf. /'trowsi/ "trouxe"); por *xc* (cf. /e'sɛsu/ "excesso").

(37) O fonema /š/ (diz-se "chê") é representado por *x* (cf. /ša'drejz/, "xadrez") ou por *ch* (*cf.* /'šuva/ "chuva").

(38) Representa-se, na escrita, o fonema /z/ (diz-se "zê"), por *z* (cf. /'zɛru/ "zero"), *s* (cf. /'kaza/ "casa"), ou *x* (cf. /e'zatu/ "exato").

(39) /ž/ (pronuncia-se "jê") vem ortografado por *j* (cf. /ža'nɛla/ "janela") ou por *g* (+ e/i) (cf. /'žesu/ "gesso").

(40) Dois grafos que representam o /r̄/ (diz-se "rrê") são o *r* inicial (cf. /'r̄ɔza/ "rosa"), e *rr* medial (cf. /'kar̄u/ "carro").

Observe-se de passagem que a classificação de /r/ e /r̄/ como *vibrantes* é, até certo ponto, arbitrária, do ponto de vista da descrição sincrônica do português falado no Brasil. Seu *modo de articulação* (e também seu *ponto de articulação,* como veremos) é grandemente variável. Assim, em algumas

102

(c2) *Fonemas Laterais* ([41]) — São resultantes do bloqueamento parcial da corrente de ar, que se escoa pelos lados da língua. São fonemas (líquidos) laterais, em português, /l/ e /ʎ/ (este último representado, na escrita, pelo dígrafo *lh* (cf. /'aʎu/, "alho").

(*d*) *Fonemas nasais* ([42]) — Resultam da passagem de parte da corrente de ar para as fossas nasais, que atuam, con-

---

áreas do país, o /r̄/ se produz ora como um *fonema aspirado* ("correu" pronunciado [ko'hew]), ora como um *fonema espirante dorsovelar*, à semelhança no *j* espanhol, de /'kojo/ *cojo*, "coxo" (cf. "correu" pronunciado [ko'xew]). É evidente que o que nos impede de classificar /r̄/, quer como aspirada, quer como espirante, é o fato de tal tipo de fonemas não ser constante no código fonológico do português.

(41) Os *fonemas líquidos* (isto é, vibrantes e laterais) *não são puramente consonânticos.* Sua melhor classificação parece ser a de *fonemas complexos* (*simultaneamente consonânticos e vocálicos*), já que eles participam da natureza das consoantes e das vogais (cf. Arcaini, 1972, 83, nota 3; e Jakobson, 1963, 128; este último diz: "As vogais são vocálicas e não-consonânticas; as consoantes são consonânticas e não-vocálicas; *as líquidas são vocálicas e consonânticas...*"). Esse ponto de vista explica por que as laterais ápico-alveolares, /l/ (de /'mala/ "mala") e /ʎ/ (de /'maʎa/ "malha", por ex.), em final de sílaba e na posição pré-vocálica possuem tendência para vocalizar-se, com a perda da articulação apical, confundindo-se com a semivogal /w/, "como aconteceu na evolução do latim (*alteru < outro*)" — Mattoso Câmara, 1969, 62 —. Esse mesmo processo de perda de articulação apical, aliás, já se consumou no francês (compare-se fr. mod. *cheval* "cavalo", plural *chevalz* (fr. ant.) · /*chevaux* (fr. mod.), onde o /l/ velarizado transformou-se no ditongo *ou*, que, depois, se reduziu a monotongo *o* — cf. Malmberg, 1970, 51-52 —. Além disso, como observaram Quilis e Fernández (1966, 107), as laterais participam da natureza das vogais por serem as consoantes dotadas de maior abrimento. Finalmente, é por serem fonemas complexos que se neutralizam, em português, as oposições entre "mal" e "mau", "calda" e "cauda".

"mal" }
     } /maw/   "calda" }
"mau" }   } /'kawda/
                    "cauda" }

assim como pela mesma razão, se neutralizam as oposições entre "caia" / "calha", etc.:

"caia" }
      } /kaja/   "maio" }
"calha" }   } /majw/
                     "malho" }

Assim, o fonema /l/ apresenta dois fones, que se encontram em distribuição complementar (cf. 2.4.2.1.): /w/ em posição pré-vocálica e em final de sílaba; e /l/ em posição pré-vocálica mas não em final de sílaba; de modo análogo o fonema /ʎ/ tem dois fones, /j/ e /ʎ/.

103

juntamente com a boca, como caixa de ressonância. São fonemas consonânticos nasais, em português, /m/, /n/, /ñ/.

3.2.3.1.2. Fonemas Semiconsonantais ou Semivocálicos

Tanto as semivogais quanto as semiconsoantes *são fonemas que não são consoantes* (porque possuem a natureza vocálica) *nem são vogais* (porque são *assilábicos,* ou seja, diferentemente das vogais, não constituem o centro da sílaba). Em "loura", por exemplo, a letra "o" representa um fonema vocálico (é o centro da sílaba), mas a letra "u" representa, apenas, um som de passagem, isto é, um som que se produz quando a língua passa de uma posição articulatória para outra (cf. Dinneen, 1970.53-54 e também Hockett, 1971.88). Ao contrário dos fonemas líquidos, que são *complexos* (vocálicos *e* consonânticos, simultaneamente), as semivogais e semiconsoantes são *fonemas neutros* (*nem* vocálicos *nem* consonânticos). É o que os define como *transições, passagens, glides.* Por esse motivo, os fonemas neutros /w/ (dito "uau") e /j/ (dito, impropriamente, "iod"), aparecem nos ditongos e tritongos do português, junto a uma vogal que faz de centro da sílaba ([43]). No tritongo temos uma *vogal silábica* — (*centro, núcleo ou base do tritongo*) —, entre duas passagens, sendo a pré-vocálica, /w/, e podendo ser, a pós-vocálica, /w/ ou /j/. Desse modo, o tritongo português é, como deseja Mattoso Câmara (1964, 344-354), o resultado da fusão de um ditongo crescente com um ditongo decrescente, em torno de uma mesma base comum:

/kwajz/ "quais", /igwajz/ "iguais", /kwãw̃/ "quão"

---

(42) /m/ (lê-se "mê"), /n/ (lê-se "nê)̣, /ñ/ (lê-se "nhê", e se grafa *nh,* como em /ˈniñu/ "ninho"), não devem ser confundidos com os símbolos que se utilizam para assinalar, graficamente, a nasalação da vogal anterior (cf. /ˈkãpu/ "campo", /ˈãtiz/ "antes"). Esses fonemas são consoantes nasais (cf. /mew/ "meu", /na/ "na", /ˈmiña/ "minha"). /n/ pode aparecer, também, realizado como [ŋ], sua variante condicionada (cf. [ˈãŋgulu] "ângulo" consultar 3.2.5.).

(43) As *passagens* que ocorrem antes da vogal que constitui o centro da sílaba são semiconsoantes: elas formam os chamados *ditongos crescentes.* Ex.: /pja/ "pia", /pwa/ "pua". As passagens que ocorrem depois da vogal que é o centro da sílaba são semivogais: elas formam o chamado *ditongo decrescente.* Exs.: /paj/ "pai", /paw/ "pau". Convém, por fim, observar que, exatamente por não ser mais do que uma transição, o fonema neutro pode desaparecer numa emissão. Explica-se assim a neutralização *o/ow,* pela tendência que o ditongo port. "ou" possui para monotongar-se em "o", fazendo desaparecer a distinção entre "couro"/"coro", etc.

104

3.2.3.2. O Ponto de Articulação

Por *ponto de articulação* entende-se a região da cavidade bucal onde se produz o contato dos *articuladores*. São *articuladores* os

1. fossas nasais
2. lábios
3. dentes
4. alvéolos
5. pré-palato
6. médio palato
7. pós-palato
8. véu palatino
9. úvula
10. ápice da língua
11. dorso da língua
12. raiz da língua
13. epiglote
14. faringe
15. nível das cordas vocais
16. laringe

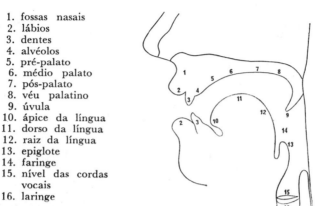

FIG. 16 — Articulações

órgãos que obstruem — total ou parcialmente — a corrente expiratória. Essa obstrução é geralmente provocada pelo concurso de dois órgãos, um dos quais (lábio, língua, véu palatino, úvula) é móvel — *articulador ativo* — e se aproxima do outro (dentes, lábio, palato, alvéolos), que é imóvel — *articulador passivo* —. Tomados aos pares, na sua atividade, um articulador móvel e um imóvel definem o ponto de articulação (fig. 16). É pelo ponto de articulação que distinguimos os fonemas apicodentais /t/ e /d/ do português (ou francês) e os fonemas correspondentes em inglês, que são ápico-palatais (cf. Fig. 17, abaixo).

(b)   (a)

/t/ português   /t/ inglês

FIG. 17 — Posição do ápice da língua durante a articulação do /t/ inglês (*a*) e do /t/ português (*b*)

A maioria dos foneticistas denomina o ponto de articulação dos fonemas a partir do articulador móvel para o imóvel, durante a fase sistente de produção do fonema. Distinguem-se, assim, fonemas labiais, dentais, alveolares, palatais, velares, uvulares e até laringais (no percurso que vai do exterior para o interior do aparelho fonador).

Em português (tal como é comumente falado no Brasil), temos os seguintes pontos de articulação:

1) BILABIAIS — produzidos pelo contato dos lábios:
   /p/ — /b/ — /m/

2) LABIODENTAIS — produzidos pelo contato do lábio inferior com os dentes incisivos superiores:
   /f/ — /v/

3) LINGUODENTAIS OU ÁPICODENTAIS ([44]) — contato do ápice da língua com os dentes superiores:
   /t/ — /d/ — /n/

4) LÍNGUO-ALVEOLARES — Contato da ponta da língua com os alvéolos superiores:
   /l/ — /r/

5) LÍNGUO-ALVEOLARES CONVEXAS — Contato da língua, na posição convexa, com os alvéolos:
   /s/ — /z/

6) LÍNGUOPALATAIS — Contato do dorso da língua com o palato:
   /ʎ/ — /ñ/

7) LINGUOPALATAIS CÔNCAVAS — Contato da língua, na posição côncava, com o palato:
   /š/ — /ž/

8) VELARES — Contato entre o terço mais próximo à raiz da língua com o véu palatino ([45]): /k/ — /g/ — /r̄/:

---

(44) As ápicodentais /t/ e /d/ quando aparecem antes de /i/ costumam palatizar-se na pronunciação brasileira, chegando a se realizar como africadas dorso-palatais (som semelhante ao de "atchim!" /ačĩ/).

(45) Os fonemas /r/ e /r̄/ se descrevem de acordo com a pronunciação que nos parece mais generalizada na região sudeste do Brasil. É claro que ambos os fonemas se realizam em outros pontos de articulação, de acordo com as *normas* próprias (cf. 2.2.2.) a cada região do país, ou, ainda, de acordo com os diferentes hábitos articulatórios dos falantes:

3.2.3.3. O Papel das Cordas Vocais

Em português, as vogais são sempre sonoras, isto é, produzidas simultaneamente com vibração das cordas vocais, enquanto que as consoantes podem ser sonoras ou surdas (produzidas sem vibração das cordas vocais). Em nossa língua, são SURDAS as consoantes

$$/p/ — /t/ — /k/ \quad \text{(oclusivas)}$$
$$/f/ — /s/ — /š/ \quad \text{(constritivas)}$$

Todas as demais são SONORAS.

3.2.3.4. O Papel das Cavidades Bucal e Nasal
(vide 3.2.3.1.1. "d")

3.2.4. COMPARAÇÃO ENTRE O SISTEMA DAS OCLUSIVAS E NASAIS DO PORTUGUÊS E OS SISTEMAS EQUIVALENTES NO INGLÊS E NO GREGO

Os sistemas fonológicos de uma língua deixam-se reduzir a subsistemas que podem ser lacunosos em algum ponto da sua correlação. É muito importante, em português, o subsistema das oclusivas, que são as consoantes por excelência, "consoantes ótimas", e podem variar muitíssimo em número, desde o havaiano que conhece apenas duas (/p/ e /k/, com oposição no ponto de articulação "bilabial" vs "não-bilabial") até o chipewyano com 34 obstrutivas (isto é, oclusivas,

---

(a) como *espirante velar* (igual ao "j" espanhol de "cojo", /'kojo/), aparece sobretudo em São Paulo: /'exu/ "erro";

(b) como *uvular* /R/, no Rio de Janeiro e Nordeste: /maR/ "mar";

(c) como *línguopalatal velarizada retroflexa* (som semelhante ao /r/ pós-vocálico do inglês norte-americano), em algumas regiões de São Paulo e sul de Minas: /a'maṛ/ "amar";

(d) às vezes o fonema se oblitera, tornando longa a vogal que a precede: /a'ma:/ "amar".

Malmberg assinala que o "r" anterior ou apical é a modalidade mais primitiva de pronunciação desse fonema, sendo esta forma, provavelmente, a da pronunciação do indo-europeu, do latim e do grego. Na pronunciação uvular (a mais moderna), as vibrações se produzem não já com a ponta da língua, mas sim com a úvula: ela aparece no francês, no alemão, no holandês, no dinamarquês, no sueco, no norueguês, na região de Turim (Itália), no português e em algumas regiões da América de fala espanhola (Malmberg, 1970.52-53), sempre com o valor de duas variantes do mesmo fonema.

constritivas, africadas e espirantes) com oposições em oito pontos de articulação e em cinco modos de articulação (Hockett, 1971, 102).

Em português podemos reconhecer um subsistema de fonemas oclusivos e nasais dotado de três pontos de articulação (bilabial, labiodental e velar) e dois eixos de correlação (sonoridade e nasalidade), cf. Fig. 18.

pontos articulação / eixos		bilabial	dental	velar
orais vs	surdas	/p/	/t/	/k/
	sonoras	/b/	/d/	/g/ ([46])
nasal	(sonoras)	/m/	/n/	

Fig. 18 — Sistema das oclusivas e nasais do português

Como se vê, o sistema português das oclusivas mostra uma lacuna na casa que corresponderia à nasal velar, /ŋ/, inexistente em nosso idioma (cf. 3.2.5.).

Já o sistema das oclusivas em inglês **não** apresenta nenhuma lacuna nasal (cf. Fig. 19):

bilabial	alveolar	velar
/p/ /b/	/t/ /d/	/k/ /g/
/m/	/n/	/ŋ/

Fig. 19 — Sistema das oclusivas e nasais do inglês

---

(46) É certo que os fonemas /k/ e /g/ não possuem apenas um ponto de articulação. Dependendo dos fonemas vocálicos que os rodeiam, eles se realizam como velares (diante de "u", "curral", "gume", por exemplo), ou como dorsopalatais (diante de "i", "aqui", "guinar", por exemplo). Um falante nativo do português ou do espanhol não percebe normalmente essa diferença porque ela não é fonologicamente relevante em seus sistemas; elas são claramente distintas para um falante do nutka ou do esquimó, por exemplo, pois são fonológicas (são fonemas diferentes).

O sistema correspondente no grego antigo apresenta três pontos de articulação (bilabial, dental, velar) e quatro eixos de correlação (não aspirado, aspirado, sonoro, nasal), com uma lacuna, visto que [ŋ] constituía uma variante combinatória de /n/, que aparecia diante da consoante velar (cf. Robins, 1969.401-402); *vide* Fig. 20:

	bilabial	*dental*	*velar*
não-aspirado	/p/	/t/	/k/
vs aspirado	/pʰ/	/tʰ/	/kʰ/
sonoro	/b/	/d/	/g/
vs nasal	/m/	/n/	/ŋ/

Fig. 20 — O Sistema das Oclusivas e Nasais do Grego

3.2.5. Alofones Contextuais

"un lapin qui mange du chou ne devient pas un chou, il transforme le chou en lapin. (...) C'est cela, l'assimilation".

J. Piaget (in Barthes *et al.*, 1973.105)

O estudo fonético supõe uma grande parcela de dados abstraídos. É necessário, no entanto, observar, mesmo no campo do estudo dos sons sem valor funcional, que um traço distintivo de uma fonema pode transitar para os fonemas seguintes (assimilação), na realização da cadeia falada.

Halliday (*apud* Arcaini, 1972.46-47, nota 4) escreveu que "a *parole* não é uma sucessão de unidades; não ocorre que se pronuncie um fonema e, depois de terminá-lo, se volte atrás para melhor saltar sobre o segundo. Tal ou qual traço fônico pode persistir através de vários fonemas: como na palavra francesa *néanmoins,* a nasalidade prolonga-se ao longo da palavra inteira. Diz-se, então, que a palavra é uma sucessão de seis fonemas com o que chamamos de um traço prosódico da nasalidade."

Explica-se do mesmo modo o ressôo nasal do port. *muito* ['mw̃itu], etc., e de outras realizações diversificadas de fonemas condicionados pelo contexto. Desse modo, a lacuna que vimos existir na casa da nasal velar [ŋ], inexistente em português, pode eventualmente ser preenchida (sempre numa realização concreta da *parole,* mas não no sistema da *langue*), como variante condicionada de /n/, depois de /ã/, /õ/, /ū/ — veja-se *manga* [mãŋga], *enganar* [ēŋga'nar], *pinga* ['pĩŋga], *longo* ['lōŋgu], *fungo* ['fūŋgu] (cf. Dahl, 1964.315).

Devido à assimilação regressiva ocorrem os alofones contextuais [č], [ǰ] como variantes típicas da distribuição $t + i$ e $t + e$ átono (*ativo* [a'čivu], *sorte* ['sɔrči]), e de $d + i$, $d + e$ átono (*adido* [a'ǰidu], *tarde* ['tarǰi] (*id., op. cit.*, 314).

Quanto ao *s*, em posição final de palavra, é o grafema utilizado para o arquifonema constritivo que se realiza mediante os fones [s] ou [z]. Realiza-se o primeiro fone [s] antes de uma consoante surda (*frasco* ['frasku], *os carros* [us'kaʀuz]); [z] só aparece quando a palavra seguinte começa por vogal (*asas azuis* [azaza'zujz]) ou quando vem seguido por uma consoante sonora (*mesmo* ['mezmu], *desde* ['dezdi], *os bailes* [uz'bajliz]).

[ð] — o *d* intervocálico, como no esp. *dedo* ['deðo] "dedo", só aparece na pronunciação de Portugal — (*saudade* sawðaðe), mas não no Brasil. (Cf. Dahl, *op. cit.*)

Como escreveu Pottier (1968.47), "os fonemas não aparecem nunca em estado livre". Adaptando um diagrama de sua autoria, poderíamos ter as seguintes realizações dos fonemas vocálicos orais do português na pronunciação brasileira (Fig. 21):

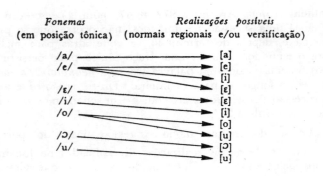

Fig. 21

3.2.6. Os Fonemas Vocálicos

Vogais são fonemas sonoros resultantes da livre passagem da corrente de ar para a boca ou para a boca e as fossas nasais, órgãos estes que atuam como simples caixa de ressonância (órgãos ressonadores). Três propriedades características das vogais são:

(a) as vogais apresentam o maior abrimento dos órgãos articulatórios: a boca fica normalmente aberta ou entreaberta ao pronunciar uma vogal;

(b) as vogais apresentam o maior número de vibrações das cordas vocais por unidade de tempo (ou seja, têm a maior freqüência);

(c) as vogais são os únicos fonemas do português a integrar o centro da sílaba.

3.2.6.1. Critérios Para a Classificação dos Fonemas Vocálicos do Português Falado no Brasil

São levadas em conta, normalmente, cinco características para a descrição do sistema fonológico vocálico do português: a zona de articulação, a altura da língua, a posição dos lábios, o papel das cavidades bucal e nasal, e o timbre. Esse processo de descrição não é inteiramente relevante; *a zona de articulação,* por exemplo, *não é distintiva* na pronunciação brasileira do português: não há duas vogais portuguesas que se oponham como anterior / posterior, ou central / não-central. Entenda-se bem: é possível discriminar duas vogais de acordo com tais traços, mas eles não são senão *redundantes,* subsidiários.

Por outro lado, as quatro primeiras características se originam, todas, do *modelo articulatório de descrição;* ali aparece, no entanto, o *timbre,* que é um critério pertinente apenas no *modelo acústico* de descrição, mas não no modelo articulatório. O certo é que o timbre refere-se à audibilidade dos sons harmônicos que acompanham a percepção da vibração fundamental, e não serve, por isso, aos propósitos da descrição articulatória. A única classificação articulatória capaz de dar conta das oposições /e/ — /ɛ/, /o/ — /ɔ/, é a que foi dada por Jakobson e Halle (1963.128), nos termos de *centrípeta* (*inward flanged*) e centrífuga (*outward flanged*), para um eixo de oposição que se refere à *forma e volume da cavidade de ressonância:* "... a diferença reside na relação entre a forma e o volume da cavidade de ressonância, anterior no menor fechamen-

111

to, e a forma e volume da cavidade, posterior a esse fechamento. O ressonador dos fonemas centrífugos (as vogais abertas e as consoantes velares e palatais, estando aí incluídas as pós-velares) tem o formato de uma corneta enquanto que o dos fonemas centrípetos (as vogais fechadas e as consoantes labiais e dentais, aí compreendidas as alveolares) apresenta uma cavidade que se assemelha à de um ressonador de Helmholtz." ([47])

Feitas essas ressalvas, adotaremos os seguintes critérios, de base articulatória, para a classificação das vogais em português:

(1) *zona de articulação (descrição opcional)*;
(2) *altura da língua;*
(3) *posição dos lábios;*
(4) *forma do ressonador;*
(5) *papel das cavidades bucal e nasal (sendo estes quatro últimos* responsáveis pelo aparecimento dos *eixos de oposição*: alta vs média vs baixa; arredondada vs não-arredondada; centrífuga vs centrípeta; nasal vs não-nasal, *os únicos critérios pertinentes e necessários para a descrição articulatória*).

3.2.6.2. A Zona de Articulação

Conformemente à zona em que são articuladas, as vogais do português dividem-se em:

(a) ANTERIORES OU PALATAIS: /ɛ/, /e/, /i/;
(b) CENTRAL: /a/;
(c) POSTERIORES OU VELARES: /ɔ/, /o/, /u/

3.2.6.3. A Altura da Língua

Refere-se à maior ou menor proximidade da língua em relação ao palato, durante a articulação sistente:

(a) ALTAS: /i/ — /u/;
(b) MÉDIAS: /e/, /ɛ/, /ɔ/, /o/;
(c) BAIXA: /a/

---

(47) Quanto às *reduzidas* [i], [u], elas são meras variantes posicionais (sem valor distintivo) dos fonemas /e/ e /o/, em posição átona, cuja descrição pode ser feita em 3.2.5.; elas não são, por isso, entidades fonológicas.

112

3.2.6.4. A Posição dos Lábios

(a) NÃO-ARREDONDADAS: /ɛ/, /e/, /i/, /a/;
(b) ARREDONDADAS /ɔ/, /o/, /u/

3.2.6.5. A Forma do Ressonador

(a) CENTRÍPETAS: /i/ — /e/ — /o/ — /u/
(b) CENTRÍFUGAS: /ɛ/, /ɔ/, /a/

Assim aparecem como fonemas, em português, dentro da sílaba tônica, sete vogais orais:

/a/, como em "faz";
/e/, como em "fez";
/ɛ/, como em "fé";
/i/, como em "fiz";
/o/, como em "for";
/ɔ/, como em "foz";
/u/, como em "furo".

3.2.6.6. O Papel das Cavidades Bucal e Nasais

Os sete fonemas vocálicos já localizados se produzem na cavidade bucal: são *vogais orais*.

Mas o português utiliza-se da nasalidade para distinguir entre *lá / lã, vê / vêm, vi / vim, do / dom, tuba / tumba*. Como diz Malmberg (1970.42), o português, o polonês e o francês *são as únicas línguas européias que possuem verdadeiras vogais nasais*. As vogais nasais do nosso idioma, /ã/, /ẽ/, /ĩ/, /õ/, /ũ/, se produzem com o abaixamento do véu palatino, o que faz que uma parte da coluna de ar vá ressoar nas fossas nasais. Diferentemente do francês, que possui vogais nasais centrífugas ("abertas", conforme /fɛ/ *fait* "fato", oposto a /fɛ̃/ *fin* "fim"), o português só possui vogais nasais centrípetas ("fechadas").

3.2.7. COMPARAÇÃO ENTRE O SISTEMA VOCÁLICO DO ITALIANO, DO PORTUGUÊS, DO ESPANHOL E DO TAGALOG

Bloomfield atribui para o italiano um sistema de sete vogais orais (idêntico, na sua configuração diagramática, ao sistema vocálico português), visualizável na Fig. 22:

	ANTERIORES	INDIFERENTE	POSTERIORES
ALTAS	/i/		/u/
MÉDIO-ALTAS	/e/		/o/
MÉDIO-BAIXAS	/ɛ/		/ɔ/
BAIXA		/a/	

FIG. 22 — Sistema vocálico do italiano e do português

A Fig. 23, abaixo, representa o sistema vocálico do espanhol, semelhante ao anterior, ressalvadas as médio-baixas /ɛ/ e /ɔ/, inexistentes nessa língua:

	ANTERIORES	INDIFERENTE	POSTERIORES
ALTAS	/i/		/u/
MÉDIAS	/e/		/o/
BAIXA		/a/	

FIG. 23 — O sistema vocálico do espanhol

Já o tagalog (língua das Filipinas), possui, de acordo com Bloomfield, um sistema de apenas três vogais (cf. Fig. 24):

	ANTERIORES	INDIFERENTE	POSTERIORES
ALTAS	/i/		/u/
BAIXA		/a/	

FIG. 24 — O sistema vocálico do Tagalog

3.2.8. Fonemas Consonantais do Português do Brasil

Modo de Articulação		Ponto de Articulação					
		BILABIAIS	LABIODENTAIS	LINGUODENTAIS	LINGUOAL--VEOLARES	LÍNGUO-PALATAIS	VELARES
OCLUSIVOS	sur	/p/		/t/			/k/
	son	/b/		/d/			/g/
CONSTRITIVOS	sur		/f/		/s/	/š/	
	son		/v/		/z/	/ž/	
NASAIS	sonoras	/m/		/n/		/ñ/	
VIBRANTES	simples				/r/		
	múltipla						/r̄/
LATERAIS	sonoras				/l/	/ʎ/	
SEMICONSOANTES	sonoras					/j/	/w/

Fig. 25

3.2.9. Fonemas Vocálicos do Português do Brasil

	VOGAIS ORAIS			VOGAIS NASAIS		
	ANTERIORES OU PALATAIS	CENTRAL	POSTERIORES OU VELARES	ANTERIORES OU PALATAIS	CENTRAL	POSTERIORES OU VELARES
ALTAS	/i/		/u/	/ĩ/		/ũ/
MÉDIAS CENTRÍPETAS	/e/		/o/	/ẽ/		/õ/
MÉDIAS CENTRÍFUGAS	/ɛ/		/ɔ/			
BAIXA		/a/			/ã/	
	NÃO-ARREDONDADAS		ARREDONDADAS	NÃO-ARREDONDADAS		ARREDONDADAS

Fig. 26

3.2.10. Transcrição Fonética e Transcrição Fonológica

A *transcrição fonética reproduz* graficamente todos os sons (fonêmicos ou não) com que reproduzimos, na *fala,* os fonemas da língua. Uma transcrição fonética anota todas as diferenças perceptíveis e sobre as quais se deseja, por algum motivo, chamar a atenção. A transcrição fonética se anota entre parênteses quadrados:

"tia" ['čija]

A transcrição fonológica reproduz graficamente só os fonemas de uma língua, não levando em conta a diversidade dos sons que realizam esses fonemas na fala. A transcrição fonológica é feita entre barras oblíquas; "tia" /tja/.

3.2.11. O Alfabeto Fonético Internacional

O Alfabeto Fonético Internacional é o conjunto de símbolos utilizados para efetuar a transcrição fonológica e a transcrição fonética de uma língua. A Associação Fonética Internacional adotou, para tanto, alguns princípios muito simples:

(*a*) o princípio de base diz que a cada diferença fônica perceptível deve corresponder um único sinal gráfico. Trata-se, portanto, de reproduzir *sons,* (transcrição fonética) e não somente *fonemas* (transcrição fonológica);

(*b*) a transcrição é feita num *continuum,* etc.

Além desses princípios, adotamos, neste livro, mais os seguintes:

(*c*) as sílabas tônicas vêm precedidas do sinal "'", assim, /'sabja/ "sábia", /sa'bia/ "sabia", /sabi'a/ "sabiá";

(*d*) no caso de transcrições maiores, não indicaremos as pausas entre elementos menores do enunciado; indicaremos com o sinal # apenas a pausa final e a inicial de cada enunciado;

(*e*) não distinguimos na transcrição os *glides* semiconsonânticos dos semivocálicos: ambos serão transcritos, indiferentemente, por /j/ (o /i/ assilábico) e por /w/ (o /u/ assilábico);

(*f*) para facilidade de transcrição demos sempre preferência aos símbolos que se deixam compor com qualquer máquina de escrever; assim a africada línguopalatal surda será transcrita /č/ e não /ʃ/ como usam alguns autores;

(*g*) finalmente, o Alfabeto que a seguir apresentamos está longe de ser completo. Cremos que ele cobre boa parte das transcrições com que normalmente tem de haver-se um estudante de Letras. Atentos ao princípio do rendimento não-proporcional, achamos que qualquer decisão no tocante ao número de símbolos que deva conter um alfabeto é, em grande parte, arbitrária.

117

SÍMBOLOS	DESCRIÇÃO	EXEMPLOS

(I) Oclusivas:

[p]	bilabial surda	(port.) "pá" [pa]
[t]	ápicodental surda	(port.) "taco" ['taku]
	ápicoalveolar surda	(ing.) "too" [tu:]
[ṭ]	retroflexa surda	(ing. amer.) "art" [arṭ]
[k]	dorsovelar surda	(port.) "cujo" ['kužu]
[q]	uvular surda	(árabe) "qāf" [qaf]
[b]	bilabial sonora	(port.) "bolo" ['bolu]
[d]	apicodental sonora	(port.) "dá" [da]
	apicoalveolar sonora	(ing. amer.) "day" [dej]
[ḍ]	retroflexa sonora	(ing. amer.) "kard" [karḍ]
[g]	dorsovelar sonora	(port.) "guia" ['gia]
[ʔ]	glotal surda	(alemão) "vereist" [fɛR ʔajst]

(II) Nasais:

[m]	bilabial (sonora)	(port.) "má" [ma]
[m̥]	bilabial surda	(fr.) "schisme" [šism̥]
[ɱ]	labiodental (sonora)	(alemão) "fünf" [fyɱf]
		(esp.) "confuso" [koɱ'fuso]
		(ing.) "triumph" [traiɱf]
[n]	apicodental (sonora)	(port.) "nu" [nu]
[ñ]	dorsopalatal (sonora)	(port.) "sonho" [soñu]
		(fr.) "vigne" ["viñə]
		(esp) "niño" ['niño]
		(ital.) "ogni" ['oñi]
[ŋ]	velar (sonora)	(ing.) "king" [kiŋ]
		(esp.) "tango" ['tãŋgo]
		(alemão) "Ring" [Riŋ]

(III) Constritivas:

[f]	labiodental surda	(port.) "fogo" ['fogu]
[v]	labiodental sonora	(port.) "vi" [vi]
[s]	convexa surda	(port.) "só" [sɔ]
[z]	convexa sonora	(port.) "asa" ['aza]
[š]	côncava surda	(port.) "chá" [ša]
[ž]	côncava sonora	(port.) "já" [ža]
[θ]	plana interdental surda	(esp. "cocido" [ko'θiðo]
		(ing.) "thin" [θin]
[ẟ]	plana interdental sonora	(ing.) "this" [ẟis]
[x]	velar surda	(esp.) "joven" ['xoβen]
		(alemão) "Buch" [bux]
[ś]	convexa alveolar	(esp.) "sólo" ['solo]
[h]	aspirada glotal surda	(ing.) "house" [haws]
		(alemão) "haus" [haws]
[ɦ]	aspirada glotal sonora	(ing.) 'behave" [bi'ɦejv]

| SÍMBOLOS | DESCRIÇÃO | EXEMPLOS |

(IV) Espirantes:

[φ]	bilabial surda	(jap.) "fuji" [φŭji]
[β]	bilabial sonora	(esp.) "tuvo" ['tuβo]
		(esp.) "haba" ['aβa]
[δ]	ápicodental sonora	(esp.) "nada" ['naδa]
[γ]	velar sonora	(esp.) "gato" ['γato]

(V) Africadas:

[č]	linguopalatal surda	(ing.) "child" [čajłd]
		(esp.) "mucho" ['mučo]
[ǰ]	linguopalatal sonora	(esp. argentino) "calle" ['kaǰe]
[ţ]	dental surda	(alemão) "Zeit" [ţajt] (ou [tsajt])
[d̦]	dental sonora	(ital.) "senza" ['sẽd̦a] (ou ['sendza])

(VI) Laterais:

[l]	constritiva apicoalveolar (sonora)	(port.) "lado" ['ladu]
[ʎ]	dorsopalatal (sonora)	(port.) "molho" ['moʎu]
[ł]	constritiva velarizada (sonora)	(port.) "alto" ['ałtu]
		(russo) "bolshoi" [boł šoj]
		(ing. "milk" [mi ł k]
[l̩]	constritiva retroflexa (sonora)	(ing. amer.) 'pearl" [pɸ ɼl]

(VII) Vibrantes:

[r]	simples apicoalveolar (sonora)	(port.) "caro" [karu]
[r̄]	múltiplo ápicoalveolar (sonora)	(port.) "carro" ['kar̄u]
[R]	uvular (sonora)	(alemão) "Rat" [Rat]
ɾ	retroflexa	(port. carioca) "amar" [amaR]
[ɽ]	retroflexa	(port. "caipira") "amor" [amoɽ]

(VIII) Semiconsoantes:

[y]	palatal sonora arredondada	(fr.) "lui" [lyi]
[j]	palatal sonora não-arredondada	(port.) "pai" [paj], "pia" [pja]
[w]	velar sonora arredondada	(port.) "quarto" [kwartu]
		(fr.) "oui" [wi]

(IX) Vogais:

[a]	central, baixa, não arredondada	(port. "pá" [pa]
[ɨ]	central, alta, não arredondada	(ing.) "wanted" ['wɔntɨd]

SÍMBOLOS	DESCRIÇÃO	EXEMPLOS
[α]	central, baixa fechada, não arredondada	(ingl.) "above" [α'bʌv]
[ã]	central, baixa, não arredondada, nasal	(port.) "lã" [lã]
[e]	anterior, média fechada, não arred.	(port.) "vê" [ve]
[ö]	anterior, média fechada, arredondada	(fr.) "peu" [pö]
[ë]	anterior, média aberta, arredondada	(fr.) "peur" [pëR] (alemão" "Hölle" [hël]
[ẽ]	anterior, média fechada, nasal	(port.) "lenda" ['lẽda]
[ɛ]	anterior, média aberta, não-arredondada	(port.) "pé" [pɛ]
[ɛ̃]	anterior, média aberta, não-arred. nasal	(fr.) "fin" [fɛ̃]
[i]	anterior, alta, não--arred., oral	(port.) "vi" [vi]
[ĩ]	anterior, alta, não--arred., nasal	(port.) "vim" [vĩ]
[o]	posterior, média fechada, arred. oral	(port.) "avô" [a'vo]
[õ]	posterior, média fechada, arred. nasal	(port.) "bomba" ['bõba]
[ɔ]	posterior, média aberta, arred., oral	(port.) "avó" [a'vɔ]
[ʌ]	posterior, média aberta, não-arred.	(ingl.) "love" [lʌv] (ingl.) "above" [α'bʌv]
[u]	posterior, alta, arredondada, (sonora), oral	(port.) "tu" [tu]
[ũ]	posterior, alta, arred., nasal	(port.) "nunca" ['nũka]

3.3. Fonologia

3.3.1. Dois Tipos de Traços Distintivos: Traços Prosódicos e Traços Inerentes

Para discriminar os sentidos das diferentes mensagens que compõem, as línguas naturais exprimem-se através de *meios audíveis*. Esses meios são *fonológicos* (ou *inerentes*) e *prosódicos*.

120

Diferentemente dos meios fonológicos, os meios prosódicos não podem ser analisados no interior da dupla articulação. Eles não se constituem de cadeias de significantes, não possuem "forma", no sentido que Benveniste empresta a esse termo (Cf. 1.11.1. nota 13). Os meios prosódicos não são, por isso, fonemas, mas simples *realizações distintivas* deles. O seu estatuto é o dos traços fônicos supra--segmentais, ainda quando, eventualmente, se revistam de um papel distintivo no que diz respeito ao sentido dos enunciados. Nesses casos, os traços prosódicos, que se resumem ao *acento,* aos *tons,* à *pausa,* à *quantidade* ou *duração,* têm a função do fonema, mas não têm a sua forma.

3.3.1.1. A Entonação e os Tons

Não obstante o caráter não-fonológico dos traços prosódicos, a entonação (ou acento musical), bem como os tons, possuem valor discreto. A entonação é um meio importante para diferençar sentidos a partir da variabilidade da altura da voz durante as emissões sonoras, e a partir das variações musicais que se apreendem de modo relativo — umas em relação às outras —. A altura relativa da entonação está codificada nas línguas indo-européias para indicar sobretudo a modalidade funcional-semântica da frase. Através dela se expressa o sentimento íntimo do falante, seus estados de ânimo, a raiva, o desprezo, a ironia, o espanto, enfim, todas as informações suplementares que Jakobson englobou sob o rótulo de função emotiva (Cf. 1.12.4.3.).

Além disso, a entonação desempenha o papel de informante, em função metalingüística, da modalidade de sentido dos enunciados. Em francês, inglês, espanhol, português, distinguem-se, pela entonação, as diferentes modalidades da frase declarativa ou afirmativa, da frase interrogativa, exclamativa, dubitativa, etc. A frase afirmativa possui, nessas línguas, um tom final descendente, ao passo que a frase interrogativa possui um tom final ascendente:

Frase afirmativa

Ele virá.

Frase interrogativa

Ele virá?

Esse recurso prosódico constitui uma modalidade de fonemas *supra-segmentais*: suas unidades são inapreensíveis numa partição da cadeia da fala nos seus constituintes seriais.

Às unidades distintivas da entonação Pottier chama *prosodemas*. Essa oposição entonacional das duas modalidades principais da frase (a interrogativa e a afirmativa) pode variar de muitas maneiras entre um e outro extremo, para exprimir outras modalidades de sentido (Malmberg, 1970.95-96). A entonação distingue, pois, frases diferentes quanto ao sentido. Quando essa mesma distinção opera sobre morfemas e não sobre frases, fala-se, com mais propriedade, em tons. Um tom só existe por oposição a outro tom (ou outros tons); por isso uma língua tem *tons,* nunca um *tom* (Martinet, 1968. 115).

Para mostrar que os tons diferenciam morfemas, vejamos o que diz Karlgren (*apud* Malmberg, *op. cit.,* 96) sobre o dialeto de Pequim. Há, nesse dialeto, quatro tons que se dispõem do seguinte modo:

1) — (unido);
2) / (ascendente);
3) V (quebrado);
4) \ (descendente).

Nesse dialeto, um grupo de fonemas como *chu* significa ou "porco", ou "bambu", ou "senhor", ou "habitar, viver", de acordo com o tom com que o grupo é pronunciado. No chinês, portanto, assim como no hotentote e no lonkundo, línguas africanas, os tons possuem valor distintivo.

As línguas tonais distinguem sempre entre um mínimo de *dois* tons. Em tais casos, como se passa no sueco, por exemplo, há dois tons pontuais ou *registros,* um dos quais é necessariamente ascendente, sendo o outro descendente. A oposição entre eles não é absoluta, mas relativa. Os tons são sempre percebidos relativamente, através do contraste que apresentam, no interior da mesma unidade léxica, com os tons das sílabas vizinhas. Essa propriedade evita que os diferentes tons venham a se confundir com os diferentes acentos musicais com que falam os homens, as mulheres e as crianças (Martinet, 1968a. 104 ss.).

3.3.1.2. O Acento

Por *acento* entende-se o realce de uma sílaba dentro de uma palavra, tomada essa palavra como unidade acentual. Ao contrário dos tons, que apresentam um valor paradigmático opositivo, pois distinguem morfemas e lexias, o acento realiza-se apenas sintagmaticamente e seu valor é contrastivo.

Por si só o acento é incapaz de distinguir entre palavras de sentido diferente. Ele individualiza apenas sílabas, operando sempre numa seqüência mínima de duas, das quais uma é *tônica* ou acentuada, e a outra é *átona* ou não-acentuada. Fala-se, por isso, em *acento culminativo*.

Diferentemente, também, dos tons, que se apresentam num número igual ou superior a dois, o acento é único: as línguas tonais possuem dois ou mais tons opositivos, mas as línguas acentuais possuem um único acento.

As regras que estabelecem o lugar do acento nas palavras variam de língua para língua. Há línguas, como o húngaro, em que o acento se encontra fixado invariavelmente na primeira sílaba da palavra, ou, como o francês, na última sílaba, ou, como o polonês, na penúltima. Face a essas línguas de acento fixo, há, por outro lado, línguas de acento livre, como o português, ou o latim, em que o lugar do acento é imprevisível.

Se as línguas de acento fixo oferecem a vantagem de demarcar com precisão as fronteiras entre as "palavras" da frase, cumprindo-se nelas, às maravilhas, a *função demarcatória* do acento, as línguas de acento livre, em contra-partida, podem manejar o *lugar do acento* como um recurso extra para distinguir entre palavras de sentido diferente.

(ing.) *import*	/'impɔrt/ subst., "importação"
	/im'pɔrt/ verbo, "importar"
(esp.) *termino*	/'tɛrmino/ subst., "término"
	/tɛr'mino / verbo, "termino"
	/tɛrmi'no/ verbo, "terminou"
(ital.) *ancora*	/ã'kora/ "ainda"
	/'ãkora/ s. "âncora"
(port.)	/'sabja/ subst., "sábia"
	/sa'bia/ verbo, "sabia"
	/sabi'a/ subst. "sabiá"

O que tem valor distintivo, nas línguas de acento livre, nesses casos, não é o acento em si, pois se trata sempre de um e mesmo acento; é o *lugar do acento,* a sua distribuição no corpo da palavra. E essa só pode ser apreendida através da função sintagmática do

123

contraste entre esquemas acentuais. O que distingue entre (esp.) *"término"* "término", *"termino"* "termino" e *terminó* "terminou" é o esquema acentual /—⸍——/ que contrasta com /——⸍—/ e com /———⸍/.

Essa distinção, portanto, não é fonológica; num e noutro caso trata-se dos mesmos fonemas, e não de fonemas diferentes. Não há, aí, confrontação, em nossa memória da língua, com unidades do código *in absentia* na cadeia, o que caracterizaria a função de oposição.

3.3.1.3. A Função Demarcatória do Acento e das Pausas

Nas línguas onde a posição do acento é imprevisível, a demarção das fronteiras entre as sílabas e as unidades léxicas apresenta algumas dificuldades. Diante de uma cadeia como (port.) /sɛlebridadi/ ou (ing.) /najtrejet/ os acentos não permitem saber, de antemão, se se trata de "célebre idade" ou de "celebridade", de *"night rate"*, "tarifa noturna" ou de *nitrate* "nitrato". Segmentos do tipo /sɛlebridadi/ e /najtrejt/ contêm *pausas virtuais,* capazes de sugerir diferentes partições dos *grupos fônicos* (grupo fônico: o conjunto de fonemas que é emitido numa dada entonação de voz, entre duas pausas). Isto significa que as pausas, como demarcadores que são, insinuam sempre a possibilidade de existência de *junturas* no interior do grupo fônico. Porque insinuam essa possibilidade, tais pausas se conhecem como *pausas virtuais.* Daí o problemas das junturas, na cadeia da fala: que pausas virtuais transcreveremos adequadamente como *pausas realizadas?* Em português, por exemplo, o sintagma verbal (SV), contendo um pronome oblíquo que se apresenta como morfema preso, pode confundir-se, na fala, com um sintagma nominal (SN) cujos componentes morfológicos são formas livres:

$$/a'mala/ \quad \begin{cases} SV = \text{"amá-la"} \\ SN = \text{"a mala"} \end{cases}$$

$$/'fila/ \quad \begin{cases} SV = \text{"fi-la"} \\ SN = \text{"fila"} \end{cases}$$

A diferente interpretação semântica é uma dependente, num e noutro caso, da interpretação prosódica: supra-segmentalmente, é a interpretação das *pausas virtuais,* segundo o esquema "realizada/não-realizada", que responde pelo diferente sentido de tais sintagmas. Sintaticamente as pausas realizadas têm a função de demarcadores dos grupos fônicos e dos grupos endocêntricos.

Alguns autores pensam que o melhor meio de distinguir entre o SV "cavá-lo" e o SN "cavalo" consiste em indicar, mediante um sinal convencionado, a *juntura interna* (transição interna aberta) existente na primeira forma. De acordo com esse critério /ka'va+lu/ transcreveria adequadamente o SV "cavá-lo", evitando qualquer possibilidade de confusão com o SN homófono "cavalo" /ka'valu/. De modo análogo, a diferença entre (ing.):

1. *They inquired about the night rate* "perguntaram sobre a taxa noturna", e

2. *They inquired about the nitrate* "perguntaram sobre o nitrato", seria assinalada pelas transcrições /najt=rejt/ — /najtrejt/.

Poderíamos convencionar os seguintes símbolos para representar as diferentes modalidades de pausas realizadas:

Símbolo — *Modalidade de juntura* — *Exemplo*

(+) — Juntura interna aberta — /a'ma+la/ "amá-la"
(—) — Juntura interna fechada — /'par-dwama'rɛlu/ "pardo-amarelo"
(+) — Juntura externa aberta — /a ‡ mala/ "a mala"
(=) — Juntura externa fechada — /najt=rejt/ *"night rate"* "taxa noturna"

Esse modelo de transcrição não é, contudo, universalmente aceito. Há lingüistas que evitam efetuar qualquer notação de junturas, baseados no fato de que o princípio básico de transcrição fonética é aquele que ordena *transcrever unicamente o que se ouve;* ora, as junturas não possuem nenhuma realidade fonética: a cadeia da fala é um *continuum* fônico, como sabe qualquer lingüista que se defronta, pela primeira vez, com uma língua ágrafa, como as dos grupos · indígenas, por exemplo.

De nossa parte, pensamos que esse argumento é menos consistente do que possa parecer, à primeira vista. Nada impede que, por amor ao rigor científico, o lingüista inclua na sua transcrição, que é metalingüística, dados implícitos na língua-objeto que ele transcodifica. A descrição metalingüística não reproduz a língua-objeto tão-somente; ela reproduz, antes de mais nada, o conhecimento que o descritor possui acerca do seu objeto. Esse procedimento é normal e corrente em qualquer domínio científico. Afinal de contas, uma metalinguagem se justifica na medida em que traduz, a esse nível de consciência que é o saber, os fenômenos implícitos ou "in-

125

consacientes" que informam a língua-objeto que se examina. Como quer que seja, é útil reter a observação de Martinet (1968a. 83), sobre a conveniência de escolher para *corpus* da análise fonológica as formas-livres, segmentos que não incluam pausas virtuais.

3.3.2. O Fonema e os Traços Distintivos

Os fonemas, unidades da segunda articulação, são uma subdivisão da sílaba. Bloomfield concebeu-os não como *sons* mas como simples traços sonoros agrupados em feixes, cujo valor está não na sua "uniforme realização na fala, mas na sua capacidade de caracterizar, mesmo com variações ocorrentes, uma dada forma da língua". (*apud* Mattoso Câmara, 1969b. 16). Isto significa que o fonema não está ligado de modo invariável e constante a um determinado som (que é, Cf. 2.6, *substância da expressão*), mas sim a uma determinada *forma de expressão*.

Os elementos da expressão apresentam um *caráter discreto*. Os elementos que chamamos /p/ e /b/, por exemplo, constituem *gamas de sons*. Não há um ponto preciso onde comece a gama de /p/ e onde termine a zona de /b/. Os fonemas não são pontuais; na realidade, tudo é transição na cadeia da fala, de tal modo que alguns autores a consideram uma série de alofones que devem ser filtrados em feixes de traços distintivos, ou seja, interpretados como fonemas. Em definitivo, o que importa é o fato de que isolamos fonemas como *unidades funcionais* dentro da língua, o que levou Hjelmslev a conceber o fonema (*cenema,* na sua terminologia) como *unidade vazia,* definível unicamente pela sua capacidade de opor-se a outros fonemas, à base da prova da comutação. Assim Hjelmslev converte a Glossemática numa *álgebra da linguagem*.

Com efeito, a diferença entre os elementos de expressão /p/ e /b/ é absoluta: a palavra *pote* não se torna progressivamente *bote* à medida em que /p/ se tornasse (se isso fosse possível, o que não se dá) progressivamente, através de pequenas variações, /b/. Em casos concretos pode ser difícil decidir se ouvimos /p/ ou /b/, mas não há nada em português que esteja a meio caminho de *pote* ou *bote;* a cada momento ouviremos /b/ ou /p/ e é por isso que se diz que o plano de expressão da língua está constituído de *unidades discretas* (Lyons, 1970.54).

Para o estudo do fonema temos de partir da *língua,* isto é, do sistema que instituiu as distinções e oposições de unidades, e não da *fala*. Toda língua inclui certo número de traços distintivos inerentes

126

(por exemplo, a sonoridade, a oclusividade, a labialidade, etc.) e é a intersecção de alguns desses traços que constitui a unidade fonema. A realização concreta de um fonema faz-se, na fala, através de *fones*. Assim, um fonema é uma *classe de fones* dotada de propriedade opositiva (no eixo paradigmático) e da propriedade contrastiva (no eixo sintagmático), dentro de um sistema fechado que se constitui como uma rede de oposições internas.

De modo prático pode-se dizer que são fonemas dois "sons" que, situados em idêntico ponto do mesmo contexto, fazem corresponder a uma diferença fonética entre eles uma diferença semântica qualquer entre as formas lingüísticas que eles integram. Assim, /t/ e /d/, que são foneticamente diferentes (pois /t/ é uma oclusiva linguodental surda, ao passo que /d/ é uma oclusiva linguodental sonora) quando situados no mesmo ponto do contexto .*ija,* produzem as formas semanticamente diferentes *tia* e *dia,* o que caracteriza /t/ e /d/ como *fonemas* do português.

A diferença fonética entre /t/ e /d/ é analisável em unidades fonéticas mínimas, discrimináveis sobre um mesmo eixo; no nosso exemplo, /t/ e /d/ se opõem a partir das unidades fonéticas mínimas polares, *surda* vs *sonora,* discriminadas sobre o eixo da *sonoridade.* Quando tais diferenças fonéticas se correspondem com diferenças semântico-funcionais (*verbi gratia, tia/dia*), dizemos que elas apresentam *diferenças fonológicas.* Isso, porém, nem sempre ocorre. Assim, /p/, /t/ e /k/, no inglês, podem ser ligeiramente aspirados em certas posições, mas essa *aspiração* não é um traço distintivo relevante porque a distinção "aspirada"/"não aspirada" não distingue fonemas *oclusivos* diferentes em inglês. Em tal caso, dizemos que se trata de uma *diferença fonética,* mas não de uma diferença fonológica. Quer falemos em diferenças fonéticas, quer falemos em diferenças fonológicas, estamos, de qualquer modo, afirmando que os fonemas se deixam analisar em unidades fonéticas mínimas: chamamos a essas diferenças de *merismas, femas* ou *traços distintivos.*

Um merisma é uma unidade mínima no plano da expressão. "A idéia básica de traços distintivos, tal como é entendida por Jakobson — Fant — Halle, é que o receptor de uma mensagem, ao ouvir a onda sonora, vê-se frente a uma situação de dupla escolha e tem de eleger entre duas qualidades polares da mesma categoria (grave/agudo, compacto/difuso) ou entre a presença ou ausência de uma determinada qualidade (sonora/surda, nasalizada/não-nasalizada). Assim, portanto, qualquer identificação de unidades fonológicas supõe uma eleição binária e o código é, destarte, um código

127

binário. Esta idéia está de acordo com a teoria da informação (...)
A mensagem se reduz a uma série de respostas do tipo sim/não, tal
como ocorre no código do teletipo" (Malmberg, 1969. 185).

É por isso que N. F. Jakovlev definiu o fonema como "cada
particularidade fônica que se pode extrair da cadeia da fala como
o menor elemento capaz de diferençar unidades de significado (*apud*
Lepschy, 1968. 67). Quando pergunto a alguém "você disse *pote*
ou *bote?*", manifesto o desejo de que meu interlocutor esclareça, no
conjunto dos femas presentes nas suas articulações, um traço distintivo "surdo"/"sonoro" capaz de ajudar-me a distinguir, dentro
da língua portuguesa, o fonema /p/ (oclusivo bilabial surdo) do fonema /b/ (oclusivo bilabial sonoro), coisa que me dirá, com precisão, se devo entender *pote* ou *bote*. Esse traço distintivo cuja função é distinguir um fonema de outro será o *traço distintivo pertinente do fonema considerado*. "Qualquer que seja o traço distintivo
que tomemos, ele sempre denotará a mesma coisa: que o morfema
ao qual ele pertence não é igual a um morfema que tenha outro
traço em seu lugar. Um fonema, como observou Sapir, "carece
de uma referência específica". Os fonemas nada mais denotam além
de uma pura alteridade. Esta falta de denotação individual separa
os traços distintivos e as suas combinações em fonemas de todas as
demais unidades lingüísticas." (Jakobson-Halle, 1967. 19). Como
"feixe de traços distintivos", cada fonema se define por possuir um
fema, ao menos, que o distingue de outros fonemas da língua. Assim,
o fonema /t/ se define, em português, por possuir três femas:

(*a*) é oclusivo;

(*b*) é linguodental (o que o distingue do /p/ que é bilabial,
permitindo-nos distinguir *tão* de *pão*);

(*c*) *é* surdo (o que o distingue de /d/, que é sonoro, permitindo-
-nos distinguir *tão* de *dão*).

Como diz Jakobson (1967a. 27-31), é necessário evitar o equí-
voco de supor que o fonema encerre uma significação positiva. Ao
que corresponde, pois, a distinção entre dois fonemas? Corresponde,
única e exclusivamente, ao fato de haver distinção quanto à significação dos signos que eles integrem, sem que por isso fique determinado ou seja constante o conteúdo de tal distinção. Assim, o
fonema *não tem um conteúdo, mas tem uma função*: a de opor-se
a todos os demais fonemas do sistema a que ele pertença.

3.3.3. A Pertinência

Há dois métodos para a descrição de um objeto: o da *enumeração exaustiva* das partes que compõem esse objeto e o da *descrição das relações existentes entre essas partes*. A Lingüística não se preocupa com o primeiro desses métodos, ineficiente para os seus propósitos, porque:

(a) "é humanamente impossível identificar qualquer objeto dando uma descrição exaustiva dele. Haverá necessariamente uma escolha, por parte de quem o descreve, já que o número de detalhes é infinito. Se se deixa tal escolha ao arbítrio do descritor, fica claro que duas pessoas poderão fornecer uma descrição diferente do mesmo objeto, o que impedirá radicalmente a sua identificação" (Martinet, 1965. 43-44);

(b) A Lingüística não trata de coisas ou objetos, trata de *relações*: a teoria saussuriana afirmou que todo e qualquer elemento da língua deve ser definido de conformidade com as suas oposições dentro do sistema, de modo que *duas unidades da língua devem, ou ser idênticas ou, então, estar em oposição*.

Quando classificamos uma certa máquina como "relogio", procedemos a uma identificação dessa unidade particular com uma classe de máquinas, abandonando todas as diferenças irrelevantes para a correta identificação do objeto. Assim, excluímos da descrição as suas dimensões, o metal de que é feito, o formato dos ponteiros e dos números, etc., que são variáveis irrelevantes para a classificação que temos em mente. Fundamentamos a nossa descrição *em determinadas propriedades invariantes que o objeto em questão apresenta em comum com outros objetos do seu mesmo campo (conjunção com um gênero próximo) e excluímos, em seguida, as variáveis irrelevantes, assinalando o que o distingue das demais classes de objetos (disjunção pela diferença específica)*.

Pela operação de conjunção, aproximamos o relógio da classe comum dos artefatos (o relógio é uma "máquina"); pela operação disjuntiva destacamos a propriedade que o distingue, individualmente, como "relógio" dentro do campo demasiado vasto dos artefatos a que chamamos "máquinas"; o relógio se distingue das demais máquinas por sua função específica de "medir o tempo".

Dos dois métodos de descrição de um objeto descartamos, pois, o primeiro e ficamos com o segundo, único capaz de nos garantir a pertinência da nossa descrição. O segundo método, o da descrição das relações, é utilizado, em Lingüística, para testar a *pertinência, relevância ou distintividade* dos elementos com os quais trabalhamos. Assim, de modo semelhante ao que fizemos com a descrição do relógio, ao interpretar a cadeia da fala, recolhemos, do complexo de sons que o constitui, apenas determinados elementos (e não outros), aos quais Sapir chamou de *points in the pattern* "pontos no padrão", suficientes para identificar a língua e seus fonemas. Daí a nossa definição da *noção de pertinência* como a *identificação* do elemento dentro de uma classe — sistema de outros elementos já previamente conhecidos, comparada, simultaneamente, com a definição das suas *disjunções no interior dessa classe-sistema.*

Para efetuar uma análise lingüística, são pertinentes todos os elementos:

(*a*) que poderiam não figurar no contexto em que se encontram, provocando, a sua ausência, uma *diferença de sentido;*

(*b*) e diante dos quais o ouvinte reage, porque os reconhece como portadores da intenção comunicativa do seu interlocutor (Martinet, 1968a. 43).

São pertinentes, pois, os elementos portadores de informação — ou seja, cuja presença não é requerida automáticamente pelo contexto em que aparecem —. Se em *mala*/'mala/ se distinguem quatro fonemas é porque percebemos quatro escolhas sucessivas, efetuadas pelo falante: /m/ (e não /k/, que me daria *cala*), /a/ (e não /ɔ/, que me daria *mola*), /l/ (e não /t/, que me daria *mata*...).

3.3.4. Fonema e Alofone

Quando trocamos um elemento do plano de expressão (PE) de um signo por outro elemento, essa operação de *covariação* (cf. 1.12.1.) pode:

(*a*) dar origem a um outro signo da língua; ou

(*b*) engendrar o aparecimento de um *novo* PE *para o mesmo signo;* ou, ainda:

(*c*) destruir, pura e simplesmente, o signo anterior.

Seja a palavra português *via* /vija/. *Via* é um signo porque consta de um plano de expressão (PE) ligado, de modo funcional, a um plano de conteúdo (PC). Se troco no PE de *via* /vija/ a primeira unidade fônica /v/ por outra unidade fônica, /d/, efetuo

130

uma mudança no PE, mudança essa que vai repercutir no PC do signo:

/vija/ *via*   /dija/ *dia*

Essa troca produz um novo signo da língua portuguesa, *dia*. Tenho, aí, o resultado de uma *comutação* (cf. 1.12.1.): uma alteração no PE provocou uma alteração significativa no PC. O princípio da comutação diz que reconhecemos como fonemas "somente os elementos que distinguem, pelo menos, dois signos, que são, de resto, completamente idênticos" (Togeby, 1965.46). Por esse processo localizamos os fonemas /v/ e /d/ da língua portuguesa.

Se, em seguida, troco a unidade fônica (fonema, como vimos), /d/ de *dia,* pela nova unidade fônica [ǰ], efetuo uma mudança no PE de /dija/, *mas essa alteração no PE não causa nenhuma alteração correspondente no PC do signo de que partimos, "dia".* De fato, assim como um espanhol pode pronunciar a palavra *mismo* "mesmo", indiferentemente, como ['mismo] ou ['mizmo], *porque não há oposição* [s]/[z] *em sua língua,* um brasileiro pode pronunciar a palavra *dia,* indiferentemente, como [dija] ou [ǰija] (não há oposição entre [dj e [ǰ], em português).

É este o caso da *substituição* (cf. 1.12.1.).

Se, como acabamos de ver acima, /d/ é um fonema do português e se [ǰ] não se opõe a /d/ em nossa língua, mas o substitui, concluímos que [ǰ] *é uma variante (ou um alofone·) do fonema /d/, em português.* Como provar essa conclusão? É o que veremos a seguir.

3.3.4.1. *Como Decidir entre Fonema e Alofone, ao Classificar Fones*

Palavras como *tiro, falante,* etc., podem realizar-se, no Brasil, de vários modos:

$$tiro \begin{cases} ['tiro] \\ ['tiru] \\ ['čiru] \end{cases} \qquad falante \begin{cases} [fa'lãte] \\ [fa'lãti] \\ [fa'lãči] \end{cases}$$

A seqüência [t + i] realiza-se com os fones [t]: [č]; a seqüência [t + e átono] realiza-se com os fones [t]: [č] e [e]: [i]. Os fones [t] e [č] apresentam as seguintes particularidades, quando os comparamos:

(*a*) são foneticamente semelhantes (não iguais) um ao outro;

131

(*b*) possuem a mesma distribuição (cf. 2.4.2.1., Fig. 10, *distribuição equivalente*), podendo, por isso, situar-se no mesmo ponto do contexto. *Isto caracteriza tais fones como membros da mesma classe de fonemas;* mas qual é, na realidade, o fonema? E qual é o alofone? Para responder a essa pergunta, basta examinar o *rendimento funcional* de cada um desses fones, situando-os em outros contextos significativos. Assim, *enquanto o fone* [t] *se situa na vizinhança de todas as vogais do português,* podendo combinar-se com /a/ (cf. *tara*), com /e/ (cf. *ter*), com /ɛ/ (cf. *tese*), com /i/ (cf. *atiça*), com /o/ (cf. *todo*), com /ɔ/ (cf. *tora*), com /u/ (cf. *tudo*), com /ã/ (cf. *tampa*), com /ẽ/ (cf. *tempo*), com /ĩ/ (cf. *tinha*), com /õ/ (cf. tonto), com /ũ/ (cf. *tunda*), mantendo constante o sistema das distinções léxicas do português, o fone [č] só aparece nas combinações [t + i] e [t + e átono]. Conclui-se, daí, que as combinações [t + i], [t + e átono] é que fazem surgir o fone [č] *como uma variante contextualmente condicionada para o fonema /t/. O fone [č] é, pois, um alofone contextual de /t/* que se explica pela *assimilação regressiva,* devido à presença, no centro da mesma sílaba, da vogal palatal /i/. A assimilação consistiria, aqui, na passagem para o femema de /t/ do fema /palatalidade/ contido no femema de /i/, centro da sílaba em que se situa o fonema /t/; essa passagem transforma o femema do fonema /t/ em femema do alofone /č/.

É evidente que a mesma descrição pode ser dada, *mutatis mutandis,* para explicar [ǰ] como variante condicionada de /d/ na seqüência silábica [d + i]. Em resumo, no contexto [di]/[ji], /d/ é um fonema dotado de valor distintivo (porque nos permite distinguir entre signos diferentes), mas [ǰ] não tem esse valor: [ǰ] *não é senão uma variante posicional de /d/, em português.*

Voltando ao caso (c), de 3.3.4. acima: se em lugar do /v/ em *via* ou do /d/ em *dia,* colocamos, desta vez, o fone [n] (construindo um hipotético * *nia*), verificamos que destruímos o signo anterior de que havíamos partido, sem produzir, com essa operação, nenhum outro signo. Nesse contexto *.ija* não podemos provar que [n] seja — como, de fato, é —, um fonema do português; para prová-lo deveríamos recorrer a outros contextos, e submeter esses contextos à *análise fonológica.*

3.3.5. A Análise Fonológica

Já vimos que a linguagem humana é articulada (cf. 1.10.) ou segmentável, em dois níveis: um primeiro nível onde a um plano de expressão mínimo corresponde um determinado plano do conteúdo (nível morfológico); e um segundo nível, resultado da segmentação do primeiro em suas unidades constituintes mínimas, as quais estão despojadas de qualquer plano de conteúdo (nível fonológico). A análise fonológica opera sobre o nível dos fonemas correlacionando-o com o nível imediatamente superior, o dos morfemas.

A análise fonológica faz o inventário dos fonemas de uma língua e os classifica, passando, para tanto, por duas etapas: a da *segmentação* e a da *comutação*. (Benveniste, 1966a. 119 *ss.*). A segmentação (ou partição) consiste em dividir a linha de expressão dos signos em porções cada vez menores, até que qualquer outra ulterior divisão seja impossível. Localizamos, assim, as *unidades mínimas do plano de expressão de um signo* (mínimas, naturalmente, porque já não poderão ser mais segmentadas).

Segmentamos, por exemplo, a palavra "saca" /'saka/:

$$/s/ - /a/ - /k/ - /a/$$
$$\;1 \qquad 2 \qquad 3 \qquad 4$$

Em seguida, procuraremos identificar cada um desses 4 elementos mediante o *processo da comutação*. A comutação é a operação pela qual introduzimos uma modificação artificial em cada ponto (de 1 a 4 no exemplo acima) do PE com o fito de verificar se assim obtemos uma nova forma da língua, com o mesmo contexto que examinamos. *Se isso se der, estaremos em presença de um fonema.*

Substituamos, no ponto 1 do contexto acima, /s/ por /m/, no ponto 2, /a/ por /e/, no ponto 3, /k/ por /l/, no ponto 4, /a/ por /e/:

(a) /s/ — /a/ — /k/ — /a/ "saca" /m/ — /a/ — /k/ — /a/ "maca"
   1   2   3   4   1   2   3   4

(b) /s/ — /a/ — /k/ — /a/ "saca" /s/ — /e/ — /k/ — /a/ "seca"
   1   2   3   4   1   2   3   4

(c) /s/ — /a/ — /k/ — /a/ "saca" /s/ — /a/ — /l/ — /a/ "sala"
   1   2   3   4   1   2   3   4

133

(d) /s/ — /a/ — /k/ — /a/ "saca"   /s/ — /a/ — /k/ — /e/ "saque"
    1   2   3   4   1   2   3   4

Cada uma das substituições produziu um outro signo da língua portuguesa: "maca", "seca", "sala", "saque". Identificamos, assim, os seguintes fonemas do português:

/s/ — /a/ — /k/ — /m/ — /e/ — /l/

Ao fazer a análise fonológica, convém evitar localizar fonemas nas posições átonas; em português, as posições átonas favorecem o fenômeno da neutralização e poderemos, por isso, ser levados a tomar como fonema aquilo que não é senão variante posicional. No exemplo anterior, se tivéssemos trabalhado com a forma "saco" /'saku/ poderíamos ter cometido o engano de atribuir ao elemento do PE na quarta posição, /u/, a condição de fonema, quando ele não é, na verdade, senão uma variante do fonema /o/ na posição átona (é o chamado "*o* reduzido"). Pelo mesmo motivo, deve evitar--se trabalhar com cadeias muito extensas de significantes, onde é comum encontrar um mesmo fonema realizado de diferentes modos (alofones).

3.3.6. ALOFONES E DISTRIBUIÇÃO COMPLEMENTAR

Um fonema pode ter diferentes realizações, diferentes fones, de acordo com:

(*a*) o contexto fônico;
(*b*) os hábitos articulatórios do falante;
(*c*) a intencionalidade emotiva do falante.

A contigüidade do fonema com outros fonemas presentes no mesmo contexto pode afetar a realização oral do primeiro, ocasionando *variantes posicionais, combinatórias ou contextuais*.

É o caso já visto, num tópico anterior (3.3.4.1.), do /d/ em português (e também do /t/), quando seguido de /i/ ou "*e* reduzido"; ora, tanto /i/ quanto o *e* chamado reduzido (pronunciado como "i", em *late,* por exemplo, ['lati]), são fonemas *palatais* e por isso palatalizam as consoantes /d/ e /t/, emprestando-lhes uma articulação *africada* e não *oclusiva,* sendo esta última o modo normal de articulação desses fonemas em nossa língua.

134

Algo parecido acontece com as oclusivas /p/, /t/, /k/ do inglês, que em certas posições, realizam-se com fones ligeiramente aspirados (cf. "pot" [phɔt], "top" [thɔp], etc.). No entanto, /p/, /t/, /k/ não são aspirados em outras posições: após /s/, por exemplo (cf. "stop" /stɔp/, "spot" /spɔt/).

Tanto no caso do /d/ + /i/, /t/ + /i/, em português, realizados como [ǰi] e [či], como no caso do inglês, acima mencionado, estamos diante de *diferentes realizações fonéticas devidas ao contexto,* sem que a essa diferença no PE venha corresponder qualquer diferença no PC dos mesmos morfemas. Fala-se, em tal caso, de *mudança fonética,* para distinguir da *mudança fonológica,* fenômeno este que pode ser concebido como *uma mudança fonética que afeta o plano do conteúdo do morfema, transformando-o em outro morfema.* Como nos exemplos que vimos, tanto em português quanto em inglês, temos diferenças fonéticas mas não diferenças fonológicas, podemos afirmar que [ǰ] e [č], em nossa língua, assim como [ph], [th], [kh], em inglês, constituem *alofones contextuais.*

Um outro tipo de alofones pode aparecer em decorrência dos hábitos articulatórios dos falantes de uma mesma língua. Há brasileiros que realizam o /t/, digamos, com uma articulação linguodental, enquanto outros o realizam com uma articulação linguoalveolar; a vibrante /r/, é realizada, às vezes, em final de palavra, de muitos modos:

(a) fazendo vibrar o ápice da língua contra os alvéolos;

(b) fazendo colidir o dorso da língua contra o véu palatino;

(c) abaixando-se a epiglote ao mesmo tempo em que se faz o ar atritar contra a glote (isto é, como fonema aspirado surdo);

(d) com vibração da úvula (na pronunciação carioca);

(e) como retroflexa, (na chamada "pronunciação caipira")...

Em todas essas ocorrências, estamos, não obstante a sua diferença (fonética, apenas), diante do mesmo fonema /r/, reconhecível por guardar idênticos pontos no padrão fonológico da língua. Os fones diferentes que realizam esse /r/ são, pois, classificáveis como *alofones ou variantes livres,* quando dependam dos hábitos articulatórios dos falantes e não possam ser imputadas à *norma* (cf. 2.2.2.) dos grupos sociais.

135

A variedade *c* de ocorrência de alofones surge quando se imprime, na enunciação do fonema, uma intencionalidade de valor estilístico. Através de diferentes modulações um falante pode exprimir, com o mesmo fonema, uma informação adicional sobre o seu sentimento, as suas emoções. Pronuncia-se, por exemplo,

"tia!" [ti:ja]

com o /i/ enfaticamente prolongado, transformando-o num fonema de dupla duração (indicada com o sinal:), para indicar surpresa, alegria, etc.; e, de modo parecido, destacam-se as sílabas de uma palavra, dobrando-se a duração dos fonemas ao mesmo tempo em que se passa à pronunciação tensa, para chamar alguém à ordem:

"me-ni-no!" [me':ni:no]

Esta última modalidade de *variante*, a *estilística*, é produzida através de supra-segmentos (entonação, 3.3.1.1.) e surge quando se usa a linguagem em *função emotiva*. Por essa razão, ela não cabe na análise fonológica que se dedica ao estudo do plano de expressão da linguagem em *função referencial*.

Todos os casos de alofonia se referem a unidades do plano de expressão situadas exatamente no *mesmo contexto fônico*, possuidoras da *mesma distribuição*. Por isso Trubetzkoj enunciava, já em 1930, a seguinte regra: "Se dois sons da mesma língua aparecem exatamente na mesma *entourage* fônica e se eles podem se substituir mutuamente sem que se produza assim uma diferença na significação intelectual da palavra, *então esses dois sons não são senão variantes facultativas de um fonema único*" (*apud* Katz, *et alii*, 1971, 125).

Com relação aos fones diferentes que não se encontram jamais no mesmo contexto fônico — e portanto não podem distinguir signos ou monemas — dizemos que eles estão em *distribuição complementar* (cf. 2.4.2.1., Fig. 11). No português do Brasil é bastante nítida a diferença fonética entre a lateral linguoalveolar /l/ — de "lama", "mala", etc. — e a lateral vocalizada em ditongo [.w] (mais, no Rio Grande do Sul, a lateral velarizada [ɫ]) — estas duas últimas presentes em "sal", "sol", "mel", por exemplo —:

"lama" — /lãma/ (em todo o Brasil);

"sal" — $\begin{cases} \text{saɫ (no Rio Grande do Sul)}; \\ \text{[saw] (no restante do Brasil).} \end{cases}$

Essas três realizações do fonema /l/ são diferentes foneticamente, mas não fonologicamente (são alofones de /l/). No entanto, as duas últimas realizações da lateral (como velarizada e como vocalizada) aparecem apenas em dois contextos:

(a) depois de vogal, fechando sílaba interna, quando a sílaba seguinte começa por consoante:

"alma" $\begin{cases} [\text{'awma}] \\ [\text{'a\textbardotless l ma}] \end{cases}$ "calda" $\begin{cases} [\text{'kawda}] \\ [\text{ka\textbardotless l da}] \end{cases}$

(b) depois de vogal, em sílaba final, na última posição:

"girassol" $\begin{cases} [\text{žira'sɔw}] \\ [\text{žira'sɔ\textbardotless l}] \end{cases}$ "Portugal" $\begin{cases} [\text{purtu'gaw}] \\ [\text{purtu'ga\textbardotless l}] \end{cases}$

Por sua vez, a lateral linguovelar /l/ só aparece nos seguintes contextos, em português.

(a) abrindo sílaba inicial, seguida de vogal:

lama ['lãma]

(b) em sílaba interna, na posição intervocálica:

ensolarada [ẽjsola'rada]
solar [so'lar]

Como aparecem em contextos diferentes, não aparecendo jamais na mesma vizinhança fônica imediata, os fones [l] *e* [w] *estão em distribuição complementar.*

Caso análogo é o do [ð] e [d] do espanhol: a espirante sonora ápicointerdental, [ð], aparece sempre *entre duas vogais* (cf. *nada, hada*), ao passo que a oclusiva apicodental [d] *não aparece nunca entre duas vogais* (cf. *fonda, órden*). Os dois fones em distribuição complementar estão presentes em *dedo* ['de ð o] "dedo", *dudo* ['du ð o] "duvido".

3.3.7. NEUTRALIZAÇÃO E ARQUIFONEMA

Às vezes dois fonemas perdem, em certas posições, a sua função distintiva e deixam de ser percebidos como fonemas diferentes. Dizemos, então, que eles sofrem uma *neutralização* naquele ponto da cadeia.

137

Em português, a oposição entre a vibrante simples /r/ e a vibrante múltipla /r̄/, implica dois fonemas quando se situam numa posição interior da palavra; é essa oposição que nos permite distinguir "coro" /'koru/ — de "corro" /'kor̄u/, etc. Em nossa língua, /r/ e /r̄/ são dois fonemas, portanto; mas a sua distinção se desfaz (fica neutralizada) quando o fonema vibrante ocorre na posição final da palavra. Nessa posição, qualquer que seja o fone que a realize, a distinção vibrante simples/vibrante múltipla deixa de ser significante, pois o sentido da palavra permanece invariável /a'mor/ ou /a'mor̄/.

Isso mostra que os fonemas sofrem restrições de distribuição, exatamente como ocorre com os alofones: determinadas oposições deixam de funcionar em certas posições (elas se neutralizam).

No exemplo /a'mor/ — /a'mor̄/ vê-se que seria possível substituir os dois fonemas neutralizados, /r/ e /r̄/, por um único fonema que tenha como principal característica conservar o traço comum pertinente aos dois fonemas substituídos — ou seja, o traço de *vibrante* —, eliminando, ao mesmo tempo, o *traço distintivo pertinente* mediante o qual eles se oporiam em determinadas posições — quer dizer, eliminando os traços "simples"/"múltiplo", em nosso exemplo —; esse fonema substituinte, geralmente representado através de uma letra maiúscula — no caso, [R] —, se denomina *arquifonema*:

[a'moR]

Em conclusão: se o fonema é um feixe de traços pertinentes referentes a uma unidade mínima, o arquifonema é um feixe de traços pertinentes comuns a dois fonemas que são os únicos que os apresentam, sendo excluídos os traços distintivos que os oporiam um ao outro (Martinet, 1968a. 98).

3.3.8. Funções dos Elementos Fônicos:
Função Distintiva ou Opositiva

Utilizamos a chamada *função de oposição* quando identificamos um determinado elemento da cadeia falada com exclusão de todos os outros elementos que poderiam figurar naquele mesmo ponto da cadeia, e que ali figurariam no caso de que a mensagem tivesse um sentido diferente daquele que tem. A função de oposição é, utilizada na chamada *técnica* (*ou prova*) *da comutação* (cf. 1.12.1); ela consiste em imprimir uma mudança fonética mínima numa forma mínima da língua (fonema ou morfema) e observar, em seguida, se essa transformação no plano de expressão provoca o aparecimento conseqüente de outro fonema ou morfema.

A prova da comutação não conduz necessariamente a uma eqüipolência entre o plano de expressão e o plano de conteúdo dos signos. Em outros termos, tendo em vista que as unidades do plano de expressão (os significantes), não se correspondem, ponto por ponto, com as unidades do plano do conteúdo (os significados), a modificação de uma única unidade significante pode acarretar o aparecimento de várias modificações correspondentes no plano do conteúdo. É o que ocorre quando comutamos "fiz"/"faz": aqui, a uma só modificação — de significante, comutação de [i] por [a] —, correspondem duas modificações no significado:

(a) modificação de tempo: pretérito perfeito passando a presente;
(b) 1.ª pessoa gramatical passando a 3.ª pessoa (Togeby, 1965.6).

A prova da comutação, que também aparece em procedimentos literários, sob a forma de metro, rima, aliteração, etc., permite-nos segmentar a onda sonora, isolando as unidades que lhes correspondem no plano da expressão. Para isso basta observar o princípio de que todo elemento comutável que não possa ser dividido em elementos menores ainda, mediante nova comutação, constitui uma *unidade mínima* (Malmberg, 1969.111).

Cada unidade mínima tem de poder ser identificada ou, então, tem de opor-se a qualquer outra unidade mínima da língua que se examina. Quando, por exemplo, ouvindo algo indistintamente a frase

F. tem muito zelo

indagamos do falante "você disse *zelo* ou *selo?*", mostramos, implicitamente, com essa comutação, que um só dos termos da oposição pertence à mensagem, visto que ela não pode ter mais do que um sentido lógico; perguntamos, nesses casos, pela *função opositiva* capaz de, distinguindo entre a convexa surda [s] e a convexa sonora [z], esclarecer o sentido lógico do enunciado. Desse modo, a oposição se refere sempre a uma possível alternativa lógica do enunciado: só dois sons que possam aparecer no mesmo contexto — sendo, pois, permutáveis —, é que podem contrair uma oposição (Lepschy, 1968.62).

Como princípio de estrutura, a oposição "reúne sempre duas coisas diferentes, mas de tal modo ligadas que o pensamento não pode colocar uma delas sem colocar a outra. A unidade dos opostos é formada sempre por um conceito que, implicitamente, contém em si os opostos e se divide em oposição explícita quando ele é aplicado à realidade concreta" (Pos, *apud* Jakobson, 1967a.60-61). E isso, afinal de contas, diz que a *oposição* é uma distinção metalingüística, que esclarece uma mensagem discriminando-a contra o código — retorno ao paradigma —, ou seja, ela se refere a um sistema de possibilidades de comunicação.

3.3.9. CLASSIFICAÇÃO DAS OPOSIÇÕES

Trubetzkoj propôs a seguinte classificação das oposições:

(*a*) De acordo com suas relações com o conjunto do sistema (i.é., do paradigma)

3.3.9.1. *Oposições Bilaterais e Multilaterais*

Para que duas coisas possam formar uma oposição é necessário que tenham uma *base comum* (*Vergleichsgrundlage, base de comparação*), que as torne *comparáveis;* essa base de comparação pode *diferençar* ou *identificar* duas unidades comparáveis. Assim, numa língua, ou bem [a] e [ã] possuem o mesmo valor fonológico, sendo portanto idênticas, ou possuem valor diferente e são, portanto, unidades diferentes, unidades em oposição.

Nas *oposições bilaterais,* os parciais iguais que formam a base de comparação de dois termos da oposição não existem em nenhuma das outras oposições possíveis dentro do código. Assim, há *oposição bilateral* entre [t] e [d] em alemão, francês e português, já que estas são as duas únicas oclusivas linguodentais dessas línguas.

Nas *oposições multilaterais* a base de comparação de dois termos da oposição é encontrada, também, em outras oposições possíveis dentro do código. Em francês e português há *oposição multilateral* entre [b] — [d], porque essas línguas conhecem outro fonema, [g], no qual os traços comuns a [b] e [d], o serem consoantes *sonoras,* encontram-se também presentes em [g].

3.3.9.2. *Oposições Proporcionais e Isoladas*

Uma oposição é proporcional quando a relação que se dá entre dois elementos em oposição reaparece também em outro par opositivo.

Há oposição proporcional entre [p] — [b], no francês e português, porque o mesmo parcial diferente que as opõe (isto é, surda/sonora), reaparece nos pares [t] — [d] e [k] — [g].

A oposição proporcional obedece, assim, ao modelo das *proporções lógicas* (na quarta proporcional), por exemplo:

a:b:c:d:

ou

Assim, enquanto nas oposições bilaterais se isola aquilo que é *comum* aos dois termos da oposição, nas oposições proporcionais se isola a sua *diferença específica* (parcial diferente ou *razão*), que é também comum a outros pares opositivos (Lepschy, 1968.63). No exemplo acima, as duas oposições envolvidas, a de 2:6 de um lado e a de 4:12, de outro lado, possuem o mesmo parcial diferente, a *razão* 3; isto faz com que a relação 2:6 entre em correlação com a relação 4:12.

As oposições que não são proporcionais constituem *oposições isoladas*. A oposição [r]/[r̄], em português, é isolada porque nenhum outro par de fonemas apresenta a mesma relação interna, a razão vibrante simples/vibrante múltipla.

Um sistema lingüístico é tanto mais simples quanto maior número de oposições multilaterais e proporcionais contenha.

(b) Classificação das oposições de acordo com a relação dos termos da oposição

3.3.9.3. Oposições Privativas

Chama-se *privativa* uma oposição em que o significante de um dos termos se caracteriza por lhe faltar uma característica (termo não-marcado) possuída pelo significante do outro termo (termo marcado). Em português, [t] — [d] estão em oposição privativa pois o segundo elemento se caracteriza por apresentar vibrações das cordas vocais que o primeiro elemento não possui: a particularidade possuída por um termo (termo marcado) está ausente do outro (termo não-marcado):

141

[t]	vs	[d]
— oclusiva		— oclusiva
— linguodental		— linguodental
— não-sonora (= surda)		— sonora
termo não-marcado	vs	termo marcado

3.3.9.4. Oposições Eqüipolentes

Há oposições eqüipolentes quando os dois termos são equivalentes, isto é, não podem ser considerados nem como vazios de marca nem como termos marcados. Em (inglês) *foot/feet* "pé"/"pés", não há nem marca nem ausência de marca.

c) Oposições graduais — Uma oposição é gradual quando a diferença entre os dois termos relacionados consiste numa diferença mais ou menos grande de uma certa qualidade. Assim, a diferença [e] — [ɛ] é gradual em francês e português, porque essas línguas possuem vários graus de abertura ([i] — [e] — [ɛ], etc.). (Cf. Malmberg, 1968.127).

(*c*) Classificação das oposições de acordo com a extensão do seu valor diferencial

3.3.9.5. Oposições Constantes

São aquelas em que os significados diferentes traduzem-se sempre por significantes diferentes: em "como"/"comemos", a primeira pessoa do singular e a do plural (significados diferentes) possuem significantes diferentes. Como essa diferença permanece invariável em todos os tempos e em todos os modos da língua portuguesa, ela forma oposições constantes.

3.3.9.6. Oposições Suprimíveis ou Neutralizáveis

Há oposição neutralizável quando os significados diferentes nem sempre têm significantes diferentes. É o caso da 3.ª pessoa do singular/3.ª pessoa do plural, em português, nos verbos do tipo *ter* (tem/têm), *vir* (vem/vêm) e seus compostos.

3.3.10. Noção de Marca

3.3.10.1. Elementos Marcados e Não-marcados

Essa noção se delimitou inicialmente no campo da Fonologia, onde se diz que *um fonema é marcado quando ele apresenta a soma das características distintivas de outro fonema (chamado não-marcado) mais um traço distintivo particular (chamado marca)*.

A noção de marca pode ser testada fonologicamente ou semanticamente. Os fatos lingüísticos formam *estrutura*, isto é, não têm valor isoladamente: eles são *relacionais*, isto é, segundo a hipótese do estruturalismo clássico, se deixam descrever na forma mínima binária. Assim, uma oposição supõe *dualidade* dentro de uma mesma base de comparação, preservando-se o aspecto discreto de cada elemento mediante uma diferença específica para cada um deles. Por isso, para contrair uma relação, dois elementos têm de ser simultaneamente apreendidos como parcialmente iguais (essa igualdade parcial é que nos permite aproximá-los em nossa mente) e parcialmente diferentes [é o que nos permite distingui-los um de outro (cf. 1.8.1.)]. Assim, *o elemento não-marcado possui uma base pura* (isto é, ele apresenta só um parcial igual quando o comparamos com outro elemento), ao passo que o *elemento marcado possui a mesma base mais um elemento adicional (a "marca")*. Essa distinção, diz Martinet (1968b. 178 *ss*), é válida em todos os níveis da língua:

(a) *na fonologia*:

[a] = vogal baixa, central, aberta, oral
[ã] = vogal baixa, central, aberta, oral e nasal

Base	*+ marca*

A vogal [ã] é marcada, relativamente a [a], porque ela apresenta *tcdas* as características apresentadas por [a] mais uma (o fema "nasalidade");

(*b*) *na morfologia*:

"lobo"	vs	"lobos"
elemento não-mercadc		elemento marcado

3.3.10.2. A Marca e a Noção de Extensividade

O elemento não-marcado, freqüentemente representado pelo signo *zero* (ϕ), pode servir de substituto para o elemento mar-

143

cado. Por causa disso, diz Togeby (1965.102) que há, até certo ponto, uma homologia entre as noções de *marca* e *extensividade*: a forma não-marcada implica a forma marcada, e, desse modo, "é extensivo o elemento que se combina com o maior número de outros elementos; é intensivo o elemento marcado que se combina com o menor número de outros elementos."

Assim, nos modos verbais, o indicativo, que se combina com maior número de tempos que o subjuntivo, é *não-marcado* (*extensivo*), ao passo que o subjuntivo é *marcado* (*intensivo* ou *positivo*); nos tempos, o presente é não-marcado, mas o passado e o futuro são marcados. Isto significa que o indicativo pode substituir o subjuntivo (cf. "Não é provável que ele *irá* (= *vá*) amanhã"), e o presente pode substituir o passado cf. "*Chego* (= *cheguei*) ontem em casa e *encontro* (= *encontrei*) tudo por fazer"), e, também, o futuro (cf. "*Chego* (= *chegarei*) amanhã em casa e *encontro* (= *encontrarei*) tudo por fazer").

Esse mecanismo de substituição do termo marcado (positivo) através de um termo não-marcado (negativo) explica também a funcionalidade ambígua, em português, de certos gramemas que podem se manifestar ora como *morfema de plural masculino,* ora como *morfema de plural complexo* (quer dizer, plural masculino + plural feminino, simultaneamente). A explicação é relativamente fácil:

(*a*) relativamente ao *gênero,* o masculino é não-marcado, sendo o feminino marcado. Quando dizemos "*O homem* é um animal racional", englobamos *homens* (masculino) e *mulheres,* isto é, o termo não-marcado (masculino) vale por si mesmo e substitui, ao mesmo tempo, o termo marcado (feminino);

(*b*) relativamente ao *número,* o singular é não-marcado, e o plural é marcado. Em "O homem é um animal racional" (isto é, um conjunto *plural,* indeterminado, de homens e mulheres), o termo não-marcado (singular), substitui o termo marcado (plural).

Nas combinações *as, os,* temos a seguinte combinatória:

(*a*) *as* (gên. *marcado* + núm. *marcado*) = *as* (*termo marcado.*) Por ser marcado, *as* refere-se sempre a um *único gênero,* o marcado (feminino), e a um *único número,* o marcado (plural).

(*b*) *os* (gên. *não-marcado* + número *marcado*) = *os* (*termo complexo*). Sendo *marcado* quanto ao número, *"os"* refere-se sempre ao número *marcado, isto é, ao plural; sendo não-marcado, quanto ao gênero, "os" pode ser utilizado para o gênero não-marcado* (*o masculino*), *mas pode, também, substituir o gênero marcado* (*isto é, o feminino*). Em conseqüência, frases como *"Os* pais amam suas filhas" podem ser entendidas como referindo-se a

(*a*) *o conjunto dos genitores masculinos, exclusivamente* (gramema do *plural masculino* = *os*); e

(*b*) *o conjunto dos genitores masculinos e femininos ao mesmo tempo* (gramema do *plural complexo* = *os*).

Temos, portanto, em português, um *plural feminino* (= *as*), um *plural masculino* (= *os*), e um *plural complexo,* simultaneamente feminino e masculino, dado pelo termo não-marcado *os*. Outras línguas como o latim, por exemplo, possuem um *plural neutro* (*templa* "os templos").

Quanto ao gênero, todos conhecemos um bom número de adjetivos que são capazes de concordar com substantivos masculinos ou femininos, indiferentemente: *feliz, audaz, capaz, hábil,* etc., *são masculinos e femininos ao mesmo tempo* (Roca Pons, 1972.457); a eles poderíamos aplicar o nome de *adjetivos de gênero complexo.*

3.3.11. A Função Contrastiva

A contigüidade sintagmática dos enunciados é formada de elemenos discretos (diferentes uns dos outros). Essa contigüidade é, por outro lado, ordenada de um modo funcional. Se em "lob — os", digamos, podemos reconhecer o gramema { — os }, isso se deve ao fato de que ele aparece sufixado a um lexema {lob —} e está constituído de dois fonemas /o/ e /s/, nessa ordem. Se alterássemos a ordem de sucessão desses elementos, a forma toda entraria em disfunção; com efeito, nem * "os-lob", nem * "lob-so" possuem qualquer significado em português.

Quando analisamos uma cadeia sintagmática decompondo-a nas unidades sucessivas que a constituem, empregamos a função contrastiva. Assim, é a função contrastiva que nos permite analisar o enunciado em unidades sucessivas, distinguindo a ordem funcional da sua contigüidade. Entendemos, pois, por *contraste,* as distinções que fazemos no plano do sintagma (Malmberg, 1969. 20), no interior de uma cadeia da fala.

145

A individuação dos elementos sintagmáticos propiciada pelo contraste é feita de modo fácil e perfeito nas línguas em que o acento tônico ou culminativo tem uma posição fixa e determinada. No checo, por exemplo, o acento incide invariavelmente sobre a primeira sílaba de todas as palavras, ao contrário do francês, que tende a acentuar, sempre, a última sílaba do vocábulo. Em contrapartida, em português, língua em que o lugar do acento é variável, o acento perde importância como fator demarcatório das fronteiras entre as unidades léxicas do enunciado.

É importante, no entanto, a função culminativa do acento tônico em nossa língua, pois é ele que nos auxilia a distinguir entre os diferentes sentidos de "sábia" /'sabja/, "sabia" /sa'bia/ e "sabiá" /sabi'a/. Essa função discriminatória de sentidos é, como já vimos no capítulo dedicado ao estudo dos diferentes tipos de prosodemas (3.3.1.2.), recurso lingüístico que o português compartilha com o espanhol e o inglês:

(esp.) "término" ('termino/, "termino" /ter'mino/, "terminó" /termi'no/

(ing.) "a permit" /'pɛɹmit/, "licença", "concessão"; "to permit" /peɹ'mit/, "permitir," "conceder".

3.3.12. A Sílaba

Assim como os traços distintivos ou femas se agrupam em feixes, chamados fonemas, os fonemas se agrupam em seqüências que obedecem a um padrão elementar, chamado *sílaba*. O termo sílaba é usado, pois, para designar um *grupo unitário de fonemas*. É através das sílabas que os fonemas emergem, sob a forma de fones, para a instância da manifestação das línguas, no ato concreto da fala.

Do ponto de vista fisiológico, a sílaba é uma conseqüência natural dos limites rítmicos do funcionamento dos órgãos da fonação, de suas inspirações e aspirações alternadas. A interrupção desse ritmo, para repouso dos órgãos, engendra aṣ pausas na cadeia da fala. Tais pausas são utilizadas nas línguas sobretudo para exercer a função demarcadora das fronteiras entre as sílabas, os morfemas, os vocábulos, os segmentos sintagmáticos das frases e entre enunciados inteiros.

Emprega-se comumente o termo "sílaba" em referência a dois sentidos principais, nenhum dos quais pode ser considerado, com rigor, decididamente científico:

146

(*a*) como unidade fonética;
(*b*) como unidade fonológica.

Foneticamente, de acordo com Stetson (e também com Gleason, 1961. 256), a sílaba se descreve como sendo "um jato de ar impelido para cima através do canal vocal por meio de uma compressão dos músculos intercostais". Daí que na enunciação da sílaba completa apareçam uma fase de ascensão (*aclive*), um momento de plenitude (*centro* ou *ápice*), e uma fase de descenso (*declive*):

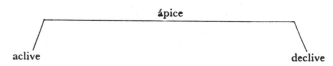

Ao ápice silábico corresponde, em regra, uma vogal, sendo as outras duas fases quase sempre ocupadas por consoantes, denominadas *margens* ou *encostas silábicas*.

Como unidade fonética, a sílaba se caracteriza por possuir um ponto culminante de audibilidade entre dois mínimos de audibilidade (Robins, 1969. 171-172); como unidade fonológica, ela se caracteriza por ser um grupo unitário de fonemas consonânticos mais um fonema vocálico, unificados todos por um acento culminativo ou um único tom, no caso das línguas tonais.

É *aberta* a sílaba terminada por vogal, e *fechada* (ou *travada*), a sílaba terminada por consoante. Em *tarde*, a 1.ª sílaba é *travada* e a 2.ª é *aberta*.

Apesar de constituir essa teoria a doutrina mais corrente a propósito da sílaba, ela está longe de retratar a realidade lingüística dessa noção. Como Adrados (1969t. I, 145) observa, o tipo de sílaba formada de margens e centro não é universal; há línguas que, como o japonês ou o antigo eslavo, evitam tal padrão, construindo todas as suas sílabas abertas — ou seja, terminadas em vogal, não em consoante —. Por outro lado, para alguns autores — mas esse modo de ver as coisas é altamente discutível —, uma sílaba pode ser construída sem nenhuma vogal perceptível, como acontece no inglês com as sílabas que terminam em [n], [m] e [l], nas palavras como *cotton* ['kɔ-tn] "algodão" e *apple* ['ae-pl] "maçã"; na conversação descuidada e rápida, podem ser encontradas, em inglês, sílabas compostas por uma única consoante, como, por exemplo, em expressões do tipo '*s terrible* [s'tɛ̄ribl] "é terrível", '*s true* [s-'tru:] "é verdade", etc. (Robins, 1969.173).

Quanto ao português, nossa língua se caracteriza por possuir uma grande predominância de sílabas livres ou abertas, o que determina, inclusive, o rechaço dos grupos consonantais puros; não dizemos [pnew'matiku] "pneumático", [psikolo'žia], "psicologia", ['tɛknika] 'técnica", [aw'tɔtoni] "autóctone", [op'sãw] "opção", etc., mas intercalamos uma vogal entre as duas consoantes, formando sílabas livres e dizemos, então, [pinew'matiku], [pisikolo'žija], ['tɛkinika], [aw'tɔkitoni], [opi'sãw], *formando vocábulos cujo acento tônico incide sobre a quartúltima sílaba.* Esse fato é costumeiramente ignorado por nossas gramáticas, segundo as quais o português possui apenas palavras oxítonas, paroxítonas e proparoxítonas. Palavras como ['tɛkinika], [aw'tɔkitoni], feitas à semelhança de "amávamos-te" [a'mavamusti], podem ser chamadas, na opinião de Gonçalves Viana e de Mattoso Câmara (1969b, 26), de *bi-exdrúxulas.* Vê-se, por tais exemplos, que não tem fundamento fonológico a convenção ortográfica que manda separar *ap-to, téc-nica,* etc., convenção essa, aliás, que está em contradição com a afirmação da inexistência de consoante final [p], [t], em português, fechando a sílaba (cf. Mattoso Câmara, 1969b. 28 ss.).

As línguas naturais diferem grandemente no que concerne aos padrões estruturais a que obedecem. A sílaba mais simples e a mais complexa variam de língua para língua. Segundo Swadesh (1966. 224), elas são, em espanhol, V e CCCVC, respectivamente (conf. *"a*-la", "cruel"), e, em russo, V e CCCVCC (conf. *"u*-gol", ângulo e *strast,* "pavor"). A seqüência de consoante + vogal (grafada CV) parece formar o padrão estrutural mais utilizado; mas há línguas, como o árabe, cujas sílabas nunca começam por vogal, enquanto outras, como o figiano, nunca acabam por consoante. Esta tendência de evitar as sílabas travadas é encontrada, também no português, explicando a reconfiguração de vocábulos estrangeiros que recebemos por empréstimo, do tipo *club* — que pronunciamos ['klubi] —, *Judith* — que pronunciamos [žu'diti] —.

Se seguirmos o critério usual de considerar que as semivogais e as semiconsoantes têm um comportamento funcional de consoantes, já que não aparecem no centro silábico (cf. Robins, 1969. 175), podemos descrever como segue os padrões estruturais da sílaba portuguesa:

(1)   V — por ex., *há* (sílaba simples);
(2)   CV — por ex., "pá" (sílaba aberta);
(3)   VC — por ex., "ás" (sílaba fechada);

(4)   CVC — por ex., "paz" (sílaba completa: com aclive, ápice
                          e declive);
(5)   CVCC — por ex., "sù — *pers* — ticioso";
(6)   CCV — por ex., "pré";
(7)   CCVC — por ex., "trem" [trẽj];
(8) CCVCC — por ex., "quais" [kwajz];

Esses exemplos demonstram que, ao contrário de C, *a parte V não pode faltar nem figurar duas vezes na mesma sílaba portuguesa.* Logo, a sílaba fonológica do português pode ser definida, ou como uma vogal, ou, bem, como uma seqüência de uma ou mais consoantes unitariamente pronunciadas com uma vogal única, seqüência essa coerentizada por um acento.

4. MORFOLOGIA

4.1. Morfologia ou Morfossintaxe?

A gramática tradicional distinguia a Morfologia da Sintaxe, de acordo com o critério das dimensões relativas dos significantes. Assim, caberia à Sintaxe estudar construções superiores à palavra (locuções, frases, etc., nas quais a palavra fosse a unidade constituinte mínima), e caberia à Morfologia efetuar o estudo das construções cujos constituintes mínimos fossem palavras, ou partes de palavras (sufixos, raízes, etc.). Os lingüistas da atualidade, e já desde Saussure — tanto os estruturalistas, como Hjelmslev e Pottier, quanto os gerativo-transformacionalistas, que não levam em conta a teoria dos níveis de descrição —, apontam as sobreposições freqüentes entre os dois setores e recusam-se a distingui-los; a sintaxe, para eles, "começa a partir do encontro de dois morfemas" (parecer de Pottier), e seria mais apropriado falar-se, nesse caso, em Morfossintaxe.

Realmente, tal distinção não tem razão de ser, do ponto de vista da descrição científica de uma língua, mas talvez ela possa ser aproveitada para facilitar a compreensão da matéria. Por isso a manteremos aqui.

4.2. O Morfema

Em diversas passagens (cf. 1.10; 3.3.2.), vimos que os fonemas constituem a primeira unidade mínima da Lingüística. Observamos também que os fonemas estavam destituídos de qualquer significado, funcionando na língua apenas como discriminadores de significados em potencial. Veremos a seguir que através dos fonemas podemos localizar a segunda das unidades básicas da Lingüís-

150

tica, aquela que compõe a primeira articulação das línguas naturais, *o morfema*.

O morfema é um *signo* mínimo, quer dizer, uma entidade composta de significante e significado indissoluvelmente unidos. O termo *mínimo* refere-se, naturalmente, à *extensão do seu plano de expressão* e é nela que pensam Bloch e Trager quando definem o morfema como (*1.ª definição*): "qualquer forma, livre ou presa, que não possa ser dividida em partes menores dotadas de significado" (*apud* Togeby, 1965. 94).

Exatamente por isso, é comum dizer-se que um morfema consta habitualmente de curtas seqüências de fonemas, seqüências essas que se repetem. Mas nem todas as seqüências de fonemas que se repetem são morfemas. As seqüências

[fo] e [di]

por exemplo, ocorrem, respectivamente, *duas* vezes em "fonemas" e *quatro* vezes (em *dizer*-se, *"de* — pronunciado [di] — curtas", e *"de* fonemas", esta última repetida duas vezes), no parágrafo anterior. Do ponto de vista do estudo dos morfemas, a seqüência [fo] não é relevante; nem o é a seqüência [di] de *"dizer"*. Mas são relevantes as seqüências [di] que aparecem em *"de* curtas", e *"de* fonemas". [fo] e [di], de "dizer", não são morfemas, mas [di], nos outros casos, é. A diferença reside no fato de que [fo] e [di] (de "dizer") *não possuem por si só uma significação*: ambos são apenas fragmentos despidos de sentido das formas mais complexas que são os vocábulos "fonema" e "dizer". Por outro lado, "de" [di], preposição, mantém certas relações com outros termos da língua portuguesa. Essa preposição pode, por exemplo, anteceder um substantivo ("seqüências de fonemas"), um adjetivo ("de curtas seqüências"), etc., mas não pode anteceder um pronome pessoal do caso reto para a 1.ª pessoa (comparem-se: "falavam de mim", * "falavam de eu"). Em algumas construções, "de" pode ser substituído por "para"

"veículos de informação"
"veículos para informação",

por "com"

"choravam de dor"
"choravam com dor"

por "a"

"fogão de gás"
"fogão a gás"

etc., sem uma alteração demasiado drástica no plano de conteúdo da frase. Esses tipos de relacionamento (possível/impossível, normal/anormal, freqüente/raro, correto/incorreto) são estudados pela *gramática* de cada idioma. Podemos, por isso, definir o morfema como (*2.ª definição*): "a menor unidade que é gramaticamente pertinente" (Gleason, 1969.52). Por *menor unidade* entender-se-á uma unidade que não possa ser dividida sem que se destrua ou se altere drasticamente o seu sentido original.

Em

"pata"

por exemplo, temos duas formas mínimas portadoras de significação:

1. "pat-"
2. "-a"

Em 1. temos uma cadeia de significantes dotada de um plano de conteúdo próprio ("extremidade", "relativa aos membros inferiores", "de animais"); em 2. "-a", temos um plano de conteúdo "gênero feminino" que enquadra os conceitos anteriores, pertencentes a 1., no sistema gramatical do português. Assim, 1. e 2. *possuem um significado,* significado esse que seria destruído se eu tentasse subdividi-los ainda mais, construindo, digamos,

3. * pa-
4. * -t-

A forma 4 não possui nenhum sentido; e a forma 3 só pode nos evocar sentidos ("instrumento" "para cavar", por exemplo) que nada têm a ver com o sentido original de "pata". Assim se prova que "pata" possui a propriedade de poder ser fragmentado em apenas dois segmentos (1. e 2.) possuidores, ambos, de significado. O que nos leva à *3.ª definição*: São morfemas "os menores elementos individualmente significativos nos enunciados de uma língua" (Hockett, 1971.125).

4.2.1. LEXEMAS E GRAMEMAS

Um critério para isolar morfemas consiste em observar, com base nas definições propostas, quantos elementos do plano de expressão de uma palavra se correspondem com diferentes significados.

152

5. pata
6. patas
7. patada
8. patadas

são formas que mantêm inalterável uma seqüência de significantes { pat- }, assim como mantêm inalterável um plano de conteúdo "extremidade", "relativa aos membros inferiores", "dos animais"; "-a" (de 5.) significa, como já vimos, "gênero feminino"; comparando 5. e 6. vemos que a uma modificação introduzida no plano da expressão de 5. (representada pelo acréscimo do elemento "-s") corresponde uma modificação introduzida no plano do conteúdo de 5. (representada pelo acréscimo da noção de "plural"). Por seu lado, 7. ("patada") que pode ser entendido como possuindo o mesmo plano de expressão de 5. ("pat-") mais o sufixo "ada", conserva o mesmo plano de conteúdo de 5. ("relativa aos membros inferiores", "dos animais"), mais um significado "golpe desferido com" ("a extremidade" + "dos membros inferiores" + "dos animais"). Feitas tais observações, seria fácil localizar os morfemas:

```
 9. pat —      — a —
10. pat —      — a — s
11. pat — ad — a —
12. pat — ad — a — s
     I    II   III  IV
```

Assinalaremos, provisoriamente, para cada fragmento isolado em I, II, III e IV uma significação:

I — "extremidade dos membros inferiores dos animais"
II — "modificador"
III — "gênero feminino"
IV — "número plural"

Num primeiro exame, verificamos que tais significações podem ser classificadas assim:

(a) I (=pat-), possui uma *significação lexical,* que diz respeito ao vocabulário da língua, ao *dicionário;*

(b) II, III e IV (= -ad-, -a-, -s), possuem uma *significação gramatical,* que diz respeito, não ao dicionário, mas à *gramática* da língua.

153

A parte I, responsável pela *significação lexical,* denomina-se *lexema;* as partes II, III e IV, responsáveis pela *significação gramatical,* denominam-se *gramemas.* É importante notar que tanto I quanto II, III ou IV correspondem, igualmente bem, às características assinaladas em nossas três definições anteriores para morfema. Assim, *lexemas e gramemas são, ambos, morfemas.* Quando não nos importar fazer menção explícita do particular sentido de cada um deles, poderemos nos referir a um e outro, indiferentemente, sob o título genérico de *morfemas.* Esta praxe é seguida pelos lingüistas norte-americanos. ([48])

O fragmento $\{pat\text{-}\}$ que engloba a significação lexical, pode ser substituído, em outros contextos, por uma extraordinária quantidade de outros fragmentos retirados do dicionário: *pedr-, punhal-, paul-, cabeç-, joelh-* (que produziriam, juntamente com os fragmentos II, III e IV, *pedradas, punhaladas, pauladas, cabeçadas, joelhadas*), etc.; todas essas comutações (cf. 1.12.1.) e substituições (cf. 1.12.1.) alteram, evidentemente, o plano do conteúdo lexical (muda o instrumento do golpe), mas não alteram o plano do conteúdo gramatical (todas essas palavras continuariam a possuir o gênero feminino, o número plural, a designar "golpe desferido com"). Se, contudo, quiséssemos efetuar mudanças nas partes relativas à significação gramatical, não poderíamos efetuar senão um número muito restrito de alterações: na parte III, por ex., a do gênero, não possuímos, em português, mais do que feminino/masculino; na parte IV, a do número, não temos mais do que singular/plural, na parte II, a do gramema que indica o aspecto verbal, temos um número maior de possibilidades de variação, mas elas se contam, mesmo aí, nos dedos da mão. Em conclusão: *os lexemas pertencem a inventários ilimitados e, como membros de uma lista aberta, eles se sujeitam a comutações teoricamente infinitas; os gramemas, ao contrário, pertençem a inventários limitados, e, como membros de uma lista fechada, se sujeitam a um número restrito de comutações.*

Os morfemas são convencionalmente transcritos entre pequenas chaves: $\{\text{-a}\}$ lê-se *morfema "a".*

---

(48) O lexema corresponde, aproximadamente, ao que Vendryès chamava de *semantema,* os gramáticos norte-americanos chamam de *root* "raiz" e Hjelmslev chamou de *plerema;* já o gramema corresponde ao *morfema* de Vendryès e Hjelmslev, e à *non-root "não-raiz"* da tradição norte-americana. Para Martinet, lexemas e gramemas são, indiferentemente, *monemas* (formas significantes mínimas dotadas de significado). Preferimos adotar, aqui, as denominações propostas por Pottier.

154

4.2.2. Dimensões dos Significantes

4.2.2.1. O Morfema Zero

Ao início do presente tópico definimos o morfema como sendo uma forma constituída, habitualmente, de seqüências de fonemas. Os exemplos já examinados, contudo, mostram que nem sempre um morfema exibe vários fonemas no seu plano de expressão. Assim, os morfemas que dão as categorias do gênero feminino e do número plural, em português, {-a} e {-s}, respectivamente, constam de um único fonema.

Na realidade, o morfema pode, até mesmo, ser traduzido pela *ausência manifesta de unidades representativas (fonemas) no plano de expressão,* sempre e desde que essa ausência possa ser relacionada com um significado particular quando contrastamos essa forma com outra que, sendo em tudo o mais igual a ela, no plano de expressão, difira por um acréscimo mínimo no plano do significado. Comparando

9. pat — a
10. pat — a — s

verificamos que 10. possui o significado "plural" que 9. não possui, sendo todo o restante do plano do conteúdo exatamente idêntico para as duas formas. O sentido "plural", em 10., é claramente indicado pelo significante -*s*, o qual contrasta visivelmente com a ausência de qualquer elemento indicador de singular em 9. Essa ausência é, no caso, uma *ausência significativa,* porque a forma 9. possui, por seu próprio direito, o significado "singular". *A esse significado corresponde um significante zero,* transcrito "ϕ". 9. e 10. se analisam, pois, do seguinte modo:

9. { pat } — { a } — { ϕ }
10. { pat } — { a } — { s }

    (L)   +   (G)   +   (G)
          de gênero de *número*   { { -s } para o plural
          feminino   { { ϕ } para o singular
          -a

É fundamental localizar as correspondências entre o plano do conteúdo e o plano de expressão do signo, tendo sempre em vista que, como estamos vendo, o plano de expressão dos morfemas pode ser constituído:

155

(*a*) pela ausência de significantes (caso do morfema zero);
(*b*) pela presença de uma única unidade significante (caso de {-a} para o feminino, {-s} para o plural dos nomes);
(*c*) pela presença de várias unidades significantes (caso de { pat- }.

A pedra de toque é sempre o plano do conteúdo: ali onde estivermos em presença de diferentes conteúdos, estaremos em presença de diferentes morfemas, não importando a configuração que assuma o plano de expressão desses morfemas.

4.2.3. A Não-Isomorfia dos dois Planos

4.2.3.1. Primeira Noção de Alomorfes

Coexistem, em português,

13. barganha
14. breganha
15. pergunta
16. pregunta

Embora os planos de expressão de cada um desses pares de formas sejam diferentes, o plano de conteúdo de cada par é exatamente o mesmo. "Barganha" e "breganha", "pregunta" e "pergunta" constituem formas divergentes do mesmo morfema: elas são *alomorfes* umas das outras.

Por outro lado, em

17. cant — a — s
18. pat — a — s

{-a} e {-s} possuem o mesmo plano de expressão, pois constam dos mesmos fonemas; mas seu plano de conteúdo é diferente: o {-a} de 17. é *verbal* (ele significa "modo indicativo", "presente", "1.ª conjugação", "voz ativa"), enquanto que o {-a}, de 18., é um *grama nominal* (ele significa, apenas, "gênero feminino"). Outro tanto se dá com o { -s } que, em 17., significa "segunda pessoa do singular", e, em 18., "número plural". *Como seus significados são diferentes, estamos diante de morfemas diferentes*: o plano de expressão não se corresponde, portanto, (= é não-isomorfo) com o plano de conteúdo dos morfemas, de uma maneira definida e constante.

4.2.3.2. Primeira Noção de Morfemas Homófonos

Algo parecido ao que acabamos de ver ocorre com (fr.) *pas* (advérbio, "não") e *pas* (substantivo, "passo"), com (ing.) *to* (preposição, "para"), *too* (advérbio, "também", "demasiadamente"), *two* (numeral, "dois"), com o (port.) *se* (conjunção) e *se* (pronome), os quais, *não obstante sejam homônimos, são morfemas diferentes,* porque possuem um sentido e uma função diferentes.

4.2.3.3. Primeira Noção de Morfemas Redundantes

A afirmação de que o morfema está dotado de um plano de conteúdo não significa senão que ele possui um *significado gramatical,* ou um *sentido,* nos termos em que Benveniste definiu *sentido,* a saber, como uma capacidade do elemento para se integrar no nível lingüístico imediatamente superior — o da frase —, constituindo-o. Assim por exemplo, a frase francesa

"Est-ce-que tu l'as vu?"

apresenta uma seqüência de significantes ("est-ce-que", /'ɛskə/) cujo sentido é apenas *redundante,* já que ela designa "frase interrogativa"; ora, o sentido "frase interrogativa" é normalmente dado, em francês (como, de resto, para outras línguas), pela *entonação* supra-segmental, pela curva melódica da voz, cujo ramo final é ascendente (cf. 3.3.1.1.). Exatamente por ser redundante, "est-ce-que" é frequentemente eliminado no registro coloquial do francês, onde se diz

"Tu l'as vu?"

Um bom exemplo de morfema redundante, em português, é dado pela mutação vocálica quando ela aparece para indicar, subsidiariamente, a noção de plural, em formas do tipo "porco" ['porku], "porcos" ['pɔrkuz]; há aí um [ɔ], designativo de plural, sob forma auxiliar do morfema normal, também presente, {-s}.

Em contraposição aos morfemas que se apresentam redundantes no plano do conteúdo, temos as formas que são aparentemente despidas de significado (isto é, desprovidas de significado lexical, mas não gramatical), as do tipo (ing.)

157

"I want to go"

onde "to" [tu] não possui nenhum significado lexical (não o traduzimos em port. ou francês, por exemplo). No entanto, é inegável que "to" possui ao menos um sentido porque uma hipotética construção

* *"I want go"*

seria sentida pelos falantes desse idioma como gramaticalmente deficiente.

Exatamente porque são pertinentes na análise morfológica todos os elementos que são portadores de uma informação gramatical — e só esses elementos —, muitos autores preferem definir o morfema como a unidade gramatical mínima.

4.2.3.4. Exemplo de Alomorfia: O Plural dos Nomes em Inglês e em Português

4.2.3.4.1. Noção de Morfe

Uma demonstração prática de que o mesmo morfema pode apresentar diferentes planos de expressão, (alomorfia), será dada a seguir, no estudo da formação do plural dos nomes em inglês e em português. Na primeira coluna assinalaremos *o plano de conteúdo invariante,* através dos traços mínimos (= semas) que o compõem; na segunda coluna, transcreveremos as *regras da contextualização sintagmática* que, sendo diferentes para cada contexto, provocam o aparecimento de diferentes modos de expressão daquele mesmo sentido, ao nível da manifestação discursiva. Esses diferentes modos de representação do mesmo sentido invariante da coluna 1, serão transcritos na coluna III, a do plano de expressão.

A formação do plural dos nomes, em inglês, vem representada na Figura 27:

I	II	III
Plano do Conteú-do invariante	*Contextualização: regras de combinação sintagmática*	*Plano de Expressão (variável) correspondente às diferentes regras*
s = semas s₁ — plural s₂ — dos nomes	s₂ — palavras terminadas por fonemas sonoros (exceto [z] e [ž]) REGRA: + [—z]	+ [z] { [dɔg] "dog" — [dɔgz] "dogs" [kaw] "cow" — [kawz] "cows" [hen] "hen" — [henz] "hens"
	s₃ — palavras terminadas pelos fonemas [s], [š], [č], [z], [ž], REGRA: + [iz]	+[iz] { ['hɔrs] "horse" [hɔrsiz] [prajz] "price" [prajziz] [rʌš] "rush" [rʌšiz] [čʌːč] "church" ['čʌːčiz] [jʌǰ] "judge" ['jʌǰiz]
	s₃ — palavras terminadas por fonemas surdos (exceto [s], [š], [č]) REGRA: + [—s]	+ [s] { [kaet] "cat" — [kaets] "cats" [kaep] "cap" — [kaeps] "caps" [lɔk] "lock" — [lɔks] "locks"

Fig. 27 — Plural dos Nomes em Inglês

Um levantamento semelhante poderia ser feito para o português. Sem pretender esgotar o assunto nem mesmo ser demasiado rigoroso, um primeiro levantamento nos mostraria que o processo de formação do plural dos nomes é muitíssimo mais simplificado em nossa língua do que as gramáticas tradicionais nos fizeram acreditar, com toda a sua mania de interpretar exceções (que, pelo fato mesmo de serem exceções não deveriam ser apontadas nos níveis primários do estudo; é, pelo menos o que aconselham dois importantes princípios da lingüística, o da indeterminação da gramaticalidade e o do rendimento não proporcional).

Propomos, portanto, sob as ressalvas feitas, o seguinte quadro para o nosso idioma (Fig. 28).

O fato de que tenhamos, em português ou inglês, mais de uma representação fonológica para exprimir a noção de plural, não quer

159

dizer que se tenha mais de um morfema para exercer essa função. Lembremo-nos de que o fim último das línguas naturais é o de produzir e transmitir significações. Mas essas significações não constituem um *dado objetivo*, pois o plano do conteúdo não é uma evidência lingüística que se poste imediatamente sob os olhos ou os ouvidos do destinatário dos signos: pelo contrário, é do próprio mecanismo das línguas que essas significações estejam ocultas aos nossos sentidos, e sejam *mediatizadas* pelos significantes. Isto quer dizer que a significação lingüística pertence *à instância da interpretação (estrutura profunda)* não a *instância de manifestação das línguas*, lugar que é privilégio dos significantes que compõem o plano de expressão. Na realidade, a instância da manifestação dá apenas uma *interpretação fonológica* a esse conteúdo.

O fato de que os significantes que expressem esse conteúdo variem de uma para outra língua, ou de uma para outra frase, dentro da mesma língua, pode ser encarado como o resultado de um trabalho de adaptação aos esquemas propostos pelo sistema. Assim, as diferenças observáveis nos diversos planos de expressão de um mesmo morfema têm de ser levadas à conta das adaptações articulatórias exigidas pela cadeia da fala ou — o que vem a dar no mesmo — pelas coerções fônicas do contexto. A tais coerções estão submetidos todos os elementos provenientes da instância de superfície que emergem para a instância de manifestação; elas visam integrar o novo elemento na vizinhança dos demais que com ele ocorrem e, para tanto, o enquadram em padrões fonológicos e prosódicos bem regulares, peculiares às frases de cada língua.

Assim, tendo em vista a homogeneidade do plano de conteúdo apresentado pelos sufixos [-Z] ou [-iZ], nós os consideraremos como *interpretações fonológicas diferentes de um mesmo morfema, aquele cujo significado é "plural dos nomes"*. A cada realização concreta de um mesmo morfema, ou seja, a cada interpretação fonológica do mesmo conteúdo — chamaremos morfe. Um morfe é, portanto, o plano de expressão concretamente utilizado a cada instante por um morfema que emerge na instância de manifestação da língua.

160

Plano do Conteúdo invariante	Contextualização: regras de combinação sintagmática	Plano de Expressão (variável) correspondente às difs. regras
s = semas s₁ = plural s₂ = dos nomes	s₃ — palavras terminadas por fonemas sonoros vocálicos ou semivocálicos (com exceção dos terminados nos ditongos [aw], [ɛw], [ɔw) REGRA: + [—Z] (⁴⁹)	+ [-Z] { ['meza] — ['mezaZ] [is'tãti] "estante" [is'tãtiZ] [sĩzejru] "cinzeiro" [sĩ'zejruZ] ka'fɛ] "café" [ka'fɛZ] [pɔ] "pó" [pɔZ] [pi'ru] "peru" [pi'ruZ] [bẽj] "bem" [bẽjZ] zar'dĩ] "jardim" [zar'dĩZ] [sõw] "som" [sõwZ] [sida'dãw] "cidadão" [sida'dãwZ] (⁵⁰) kriztãw] "cristão" [krisztãwZ] (⁵⁰)
	s₂ — palavras terminadas por fonemas sonoros consonantais [z], grafado "s" ("português"), ou grafado "z" ("rapaz"), /ɫ/ ("mal" pronunciado [maɫ] e [r] REGRA: + [- iZ]	+ [-iZ] { [ana'naz] 'ananás" [ana'anaziZ] [pa'iz] "país" (pa'iziZ] [maɫ] "mal" ['maliZ] [a'sukar] "açúcar" [a'sukariZ] [ko'ʎɛr] "colher" [ko'ʎɛriZ] [r̄a'paz] "rapaz" [r̄a'paziZ]
	s₂ — palavras terminadas por fonemas sonoros (semivocálicos), [aw], [ɛw], [ɔw] REGRA: [w] ⟹ [j] + [-Z]	{ [ani'maw] "animal" — [ani'majZ] [pa'pɛw] "papel" — [pa'pɛjZ] [kruɛw] "cruel" — [kruɛjZ] [sɔw] "sol" — [sɔjZ] [ãzɔw] "anzol" — [ã'zɔjZ]

Fig. 28 — Plural dos Nomes, em Português

---

(49) Representamos por [-Z] o arquifonema possível de realizar-se, de acordo com as constrições contextuais, ora como [-s], ora como [-z] (caso mais comum).

(50) As palavras portuguesas terminadas em ditongo nasal [-ãw] (grafado "-ão") podem fazer o plural de outros dois modos:

(a) transformando [ãw] em [õjZ] (conf. "balão", "balões", etc.), e os aumentativos ("casarão"/"casarões"), ou, então,

(b) mudando [ãw] em [ãiZ] (conf. "alemão"/"alemães", "pão"/"pães", etc.

A forma mais produtiva — mais realizada pelo povo — é em [õjZ].

4.3. Identificação de Morfemas

A análise morfológica, visando à identificação de morfemas, deve ser precedida da escolha do *corpus* — material a ser analisado —. Tanto a escolha do *corpus* quanto a análise propriamente dita, podem ser baseadas no critério da *estrutura elementar* de Greimas (cf. 1.8.1.). Para a fixação do corpus, é útil seguir os passos adiante:

(*a*) escolhe-se um número restrito de "palavras" pertencentes à mesma língua:

(*b*) tais "palavras" deverão ser *comparáveis* duas a duas;

(*c*) só se podem comparar as formas que possuam entre si algum tipo de *relação;*

(*d*) a relação entre as formas deverá ser necessariamente conjuntiva (quer dizer, as formas deverão ser *parcialmente iguais*) —

(*e*) *e ao mesmo tempo* tais formas serão necessariamente disjuntivas (quer dizer, serão *parcialmente diferentes*)

Para a análise propriamente dita, observam-se as seguintes condições:

(*f*) O princípio dos parciais iguais contrastando com o princípio dos parciais diferentes é aplicável tanto ao plano de expressão quanto ao plano do conteúdo.

(*g*) a hipótese de base é que, a uma diferença perceptível no plano de expressão das duas formas comparadas, deve corresponder uma mínima diferença perceptível no plano de conteúdo de ambas; e,

(*h*) vice-versa: a igualdade no plano de expressão das duas formas comparadas refletir-se-á como igualdade também no plano de conteúdo de cada uma delas (com as ressalvas feitas em 4.2., sobretudo em 4.2.3.2.).

Em kutenai, língua indígena norte-americana, temos:

Plano de Expressão	Plano do Conteúdo
1. [ikilaŋ]	— Eu vejo
2. [kakilaŋ]	— Tu vês

Os *parciais iguais* nos dois planos são:

3. [kilaŋ] — Presente do Indicativo voz ativa
4. [kilaŋ] — Presente do Indicativo voz ativa

Os *parciais diferentes* nos dois planos são:

5. [i]... — 1.ª pessoa do singular
6. [ka]... — 2.ª pessoa do singular

Comparando 1. e 2. e seus desdobramentos (3. e 4. 5. e 6.), identificamos, por esse processo, as seguintes *unidades significativas* (morfemas):

{i-} — 1.ª pessoa do singular (cf. 5.)
{ka-} — 2.ª pessoa do singular (cf. 6.)
{-kilaŋ} — verbo "ver" conjugado no presente do indicativo, voz ativa (cf. 3. e 4.)

Fazendo a verificação de nossa análise, observemos, agora, uma outra forma:

7. [εkilaŋ] — ele vê

A análise comparada de 1. e 2. e 7. assegura serem corretos os resultados a que chegáramos no levantamento dos morfemas. Podemos, pois, acrescentar outro morfema do kutenai à nossa lista anteriormente elaborada:

8. [ε] — 3.ª pessoa do singular.

É óbvio que nem sempre a identificação de morfemas se apresenta com tal facilidade. A diferença no plano de expressão de duas formas pode ser representada, por exemplo, pela oposição de algum fonema da primeira forma com nenhum fonema da segunda forma. É o que ocorre em português:

163

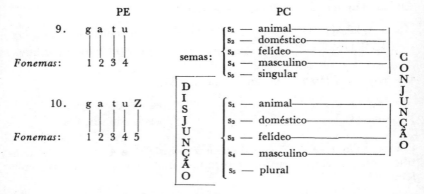

As formas 9 e 10. diferem no plano do conteúdo, como *singular*(s_6) e *plural* respectivamente; em tudo o mais são iguais ($s1 + s2 + s3 + s4$)

Essa diferença no plano do conteúdo correlaciona-se (condição (g) acima) com alguma diferença no plano de expressão das duas formas. Ora, a única diferença perceptível entre 9. e 10. é representada pelo [Z] que aparece na 5a. posição da forma 10. e está ausente da forma 9. Essa ausência será transcrita como ϕ (zero). Diremos, então, que a forma nominal portuguesa "gato" vem assinalada, no singular, por um *morfema zero de número* (cf. 4.2.2.1.).

4.4. Gramemas Dependentes e Independentes

4.4.1. A Ordem Funcional da Contigüidade Sintagmática

Obeservando 1.

1. Os gatinhos e cachorrinhos de João

verificamos que vários dos gramemas que ali aparecem — {-s}, {-inh}, {-o} —, aparecem soldados em conjuntos indissolúveis que constam de, pelo menos, duas partes:

"os" = {-o-} + {-s}; "inhos" = {-inh} + {-o-} + {-s}

Isso significa que tais morfemas, desprovidos de autonomia formal (pois constituem segmentos de palavras), são *presos*. Em outros termos, eles não podem aparecer isoladamente num enunciado. O signo de plural, {-s}, por ex., nada significa por si só. Ele só significa "plural", *quando se prende a um outro morfema nominal* para com ele formar *sintagma* (cf. 2.5.1.; 4.2.3.1.).

Em segundo lugar, cada um dos gramemas presentes em 1. é inseparável do outro com o qual forma sintagma. Os membros de um sintagma possuem uma distribuição funcional, ou seja, têm uma posição significativa fixada no interior do conjugado de que participam:

$$
\begin{array}{cccccc}
\text{o} & \text{—} & \text{s} & \quad gat \text{ — } inh \text{ — } o \text{ — } s \\
| & & | & \quad | \quad\quad | \quad\quad | \quad | \\
1 & & 2 & \quad 1 \quad\quad 2 \quad\quad 3 \quad 4
\end{array}
$$

Se eu inverter a sua posição respectiva dentro do conjunto sintagmático, construindo

$$
\begin{array}{cccccc}
{}^{*}\text{s} \text{ — } \text{o} & \quad {}^{*}inh \text{ — } s \text{ — } o \text{ — } gat \\
| \quad\quad | & \quad | \quad\quad | \quad\quad | \quad | \\
1 \quad\quad 2 & \quad 1 \quad\quad 2 \quad\quad 3 \quad 4
\end{array}
$$

a forma inteira entra em disfunção lingüística. Portanto, os gramemas possuem uma *distribuição característica*. Os gramemas que são formas presas e possuem uma distribuição característica (isto é, que não gozam de autonomia sintática), são chamados *gramemas dependentes*. Os gramemas que não são formas presas (são *formas livres*, e podem constituir sozinhos, palavras ou orações), como "e", {e} no exemplo 1., embora possuam também uma distribuição característica, são chamados de *gramemas independentes*.

4.4.2. GRAMEMAS DEPENDENTES: AUMENTOS E FORMANTES

É útil reter uma outra possibilidade de subclassificação dos gramemas dependentes (também visível em 1.), segundo eles expressem *classes semânticas obrigatórias* (como o número e o gênero para os nomes do português ([51])) ou a pessoa para o verbo — casos em que se falará de *formantes* —, ou *expressem classes semânticas*

---

(51) Em umas poucas línguas é possível expressar-se o *conceito puro*, ou seja, enunciar um nome em seu sentido mais geral, sem enquadrá-lo necessariamente nas categorias gramaticais do gênero e do número. Em nutka, por exemplo, a palavra *hamot* significa "osso" (melhor: "ossidade"), sem as menções de singular e masculino que são obrigatórias em português.

165

facultativas (como o grau para os nomes — casos em que se falará de *aumentos*).

Assim, palavras como *gatinhos* e *cachorrinhos*, do ex. 1, serão analisadas do seguinte modo:

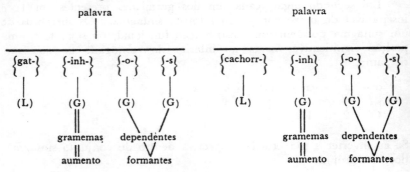

Esquematicamente:

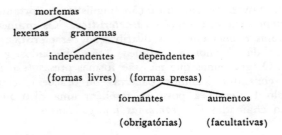

4.5. A Palavra e a Oração

É difícil definir, com precisão, o conceito de palavra. Não só as definições, mas, até mesmo as simples tentativas de delimitação formal ou conteudística, da palavra, estão sujeitas a críticas e revisões. Isso se dá porque "a *palavra* não é autônoma do ponto de vista semântico, nem do ponto de vista fonético-fonológico, nem do ponto de vista morfossintático" (cf. Schick, 1960, 44). É o que veremos a seguir.

(a) *do ponto de vista fonético-prosódico*. Temos a impressão, quando falamos, de que as nossas frases se constituem de uma combinação linear de palavras, as quais poderiam ser isoladas unitariamente através da demarcação das pausas que imprimimos à linha de entonação dos enunciados. No entanto, a cadeia falada é *contínua* e as interrupções das pausas e dos acentos não se correspondem, necessariamente, ponto por ponto, com *palavras*. "Pense-se somente nas palavras átonas, que necessitam de agrupar-se às tônicas" (Roca Pons, 1972.110). Desse modo, se se tomam os acentos e pausas como demarcadores unívocos de palavras, as partículas da língua, como (port.) *me, se, lhe, o, a,* etc., que não gozam de autonomia prosódica, não poderiam ser consideradas palavras.

(b) *do ponto de vista morfossintático.* Bloomfield concebeu a idéia de definir a palavra de acordo com o critério da autonomia sintática. Para o lingüista norte-americano, a palavra seria uma *forma livre mínima (minimal free form)*, capaz de ser usada isoladamente, ou de formar, por si só, uma oração. *Casa, fogo* seriam, assim, palavras, já que esses termos gozam de autonomia sintática; mas *-inho,* por exemplo, signo do diminutivo, não seria uma palavra, e, sim, uma *forma presa (bound form),* já que *-inho* não aparece nunca isoladamente. A dificuldade para aceitar tal definição está que, de acordo com ela, formas como (fr.) *je* "eu", (port.) *mim,* não seriam palavras, pois jamais ocorrem isoladamente (para dizer "eu" isoladamente, o francês usa *moi*) : *je* vem sempre anteposto a um verbo, e *mim* vem sempre precedido de preposição.

(c) *do ponto de vista semântico.* O critério semântico mais utilizado para a delimitação das palavras é o de V. Bröndal (seu autor o propôs como um critério morfológico) (Roca Pons, *op. cit., loc. cit.*). Para Bröndal, o que constitui a essência da palavra é o fato de ela pertencer a uma só classe. Assim, as variantes latinas *ferre,* tulī, lātum, ("levar", "trazer"), seriam, apenas, variantes de uma mesma palavra.

Esse critério é discutível, por três motivos: primeiramente, qualquer língua inclui uma série de partículas, dêiticos, auxiliares, etc., (como o inglês *to*), que, ou não se sabe o que significam, ou não se sabe a que classe pertencem. Em segundo lugar, um grupo de palavras (um sintagma nominal, um sintagma verbal, etc.), pode desempenhar a mesma função de uma palavra isolada (no caso, de um nome ou de um verbo). E, finalmente, se termos como *amo, amas, amei*

167

são habitualmente considerados variantes da mesma palavra, costumamos, por outro lado, considerar que termos como *vidro, vidraça, vidraceiro,* etc., constituem palavras diferentes. Isto é: julgamos que os sufixos flexionais — como os gramemas verbais — dão origem a variantes da mesma palavra, ao passo que os sufixos derivacionais — gramemas nominais — dão origem a palavras diferentes.

As observações acima são suficientes para mostrar as dificuldades que enfrentamos quando tentamos definir a noção de *palavra*. Um critério que se isenta das impugnações que pesam sobre os pontos de vista já examinados, e que tem sido muito empregado, é o critério da separabilidade.

(d) *ponto de vista da separabilidade.* Os defensores desse critério afirmam que as palavras são entidades cujas partes constituintes não se deixam separar, sob pena de dissolução do conjunto. Um enunciado como

"Comprei um guarda-chuva novo"

consta de grupos de elementos soldados por relações internas significativas, isto é, que concorrem para a obtenção de um único efeito-de-sentido. Elementos como (fr.) *au fur et à mesure,* "gradativamente", "à medida que", (esp.) *por supuesto* "é claro", (port.) *de forma que, um não-sei-quê* constituem *lexias complexas* (enquanto (port.) *guarda--roupa, arco-íris,* etc., são *lexias compostas*), memorizáveis em bloco, na sua integridade. Tomados isoladamente, os constituintes de tais formas não possuem sentido, ou, se o possuem, este nada tem a ver com o do conjunto léxico de que participam. Por isso, as lexias compostas e complexas não se deixam partir em constituintes menores, e a sua distribuição está de antemão fixada dentro dos enunciados. Dizemos, por exemplo, "um não-sei-quê fascinante", mas não dizemos * "um não fascinante quê sei". Assim, um enunciado como

"Comprei um guarda-chuva novo"

por exemplo, constaria de quatro palavras ("comprei", "um", "guarda-chuva", "novo"), porque — argumentam os defensores desse critério —, não se diz

* "Comprei um guarda novo chuva"

Se lidássemos sempre com frases análogas à acima mencionada, este seria um processo fácil para a identificação e o isolamento das palavras de um enunciado. Contudo, se ele é aplicável para outras línguas, nas quais as partes das palavras não se podem separar sem dano para o sentido da unidade, ele é falho para o caso da língua portuguesa, pois dizemos, indiferentemente, "eu te amarei"/"amar-te-ei", "eu te diria"/"dir-te-ia".

Sendo insatisfatórios todos esses critérios ([52]), preferimos definir a *palavra* tal como o faz Pottier: *é palavra qualquer unidade mínima construída* e *é lexia qualquer unidade lexical memorizada"* (Pottier *et al;* 1972.26).

4.5.1. Constituição Morfológica da Palavra

A língua portuguesa não possui palavras constituídas somente por lexemas: já vimos (cf. 4.4.2.) que os *formantes* constituem *classes semânticas obrigatórias,* para os falantes do nosso idioma. Temos, assim, apenas dois tipos de palavras, de acordo com seus constituintes:

(*a*) palavras constituídas unicamente de *gramemas* (a maioria das *partículas*);

(*b*) palavras constituídas de *lexema* + *gramema(s)* (nomes e verbos). Ou seja: em português, os gramemas podem ser *dependentes* (ex.: { -inho } em *gatinho*) ou *independentes* (ex.: {*sem*} em *sem dinheiro*); mas os lexemas são sempre *dependentes*.

As palavras pertencentes à modalidade (b) possuem dimensões variáveis, desde a formadora do *sintagma lexical* mínimo

$$\{gat\} \ — \ \{-o\}$$
$$L \qquad G$$

até os sintagmas expandidos, do tipo

---

(52) Falta-nos, igualmente, uma definição rigorosamente científica de *oração.* Tomando *oração, frase, proposição, enunciado,* como sendo, aproximadamente, a mesma coisa, definiremos *oração a unidade mínima de comunicação, unificada por entonação própria até à pausa final, dotada de autonomia sintática, e que aparece em posição absoluta (quer dizer, que não é constituinte de uma forma lingüística maior).* Em determinadas circunstâncias, uma só palavra pode constituir uma oração, desde que essa palavra possua autonomia sintática; em outras circunstâncias, abolida a sua autonomia sintática, uma oração (frase, proposição), pode ser subordinada a outra oração (frase); diremos, então, que estamos diante de *frases complexas* (cf. 5.4.8.1.1.8.).

169

arqui } — { anti- } — { constitu- } — { cion- } — { al } — { íssim } — { a } — { mente
  | | | | | | | |
 G   G   L   G   G   G   G   G

Finalmente, como o morfema é *o menor signo lingüístico,* "em sincronia ele não é decomponível" (Pottier, 1968. 53); por isso, uma palavra como *fidalgo* se divide em {*fidalg*} — {*-o*}, — embora em diacronia pudesse ser dividida em *filho de algo.*

4.6. Alomorfes

4.6.1. MORFOFONÊMICA

Tal como vimos ocorrer com os fonemas (3.2.5 e 3.3.4.) que admitem diferentes realizações chamadas ALOFONES, a realização concreta de um morfema também pode engendrar o aparecimento de variantes contextualmente condicionadas. É o que se chama ALOMORFE. Cada realização concreta de um morfema é um MORFE. Para que haja alomorfia (isto é, morfes diferentes que representem o mesmo morfema) é necessário:

(*a*) que dois morfes apareçam apenas em *distribuição complementar* (isto é, no contexto em que se utilize o morfe 1 não se utilize o morfe 2),

(*b*) mostrando, pelo menos, uma diferença perceptível em seus planos de expressão,

(*c*) e, simultaneamente, nenhuma diferença perceptível em seu plano de conteúdo.

Exemplo:

PLANO DE CONTEÚDO	PLANO DA EXPRESSÃO
(s = sema)	(m = morfe)
s_1 = forma oblíqua	m_1 = *mim* (em contextos com as preps. "de", "por", "para", etc.)
s_2 = para a 1.ª pessoa	
s_3 = regida de preposição	m_2 = *migo* (em contextos com a prep. "com")

no exemplo acima, m_1 ("mim") apresenta diferenças perceptíveis no seu plano de expressão quando o comparamos com m_2 ("migo") e não apresenta nenhum diferença perceptível no seu plano de conteúdo (PC m_1 = PC m_2). Por outro lado, m_1 e m_2 não podem ser usados no mesmo contexto: dizemos "falavam *de mim*" (e não "de migo"), "isto foi feito *por mim*" (e não "por migo"), "trouxeram-no

170

para mim" (e não "para migo") mas dizemos também, "vieram *comigo"* (e não "vieram *com mim"*). m_1 ("mim") e m_2 ("migo") são, portanto, *alomorfes.*

Outro exemplo:

PLANO DO CONTEÚDO	CONTEXTO	PLANO DA EXPRESSÃO
s_1 = plural	— nomes terminados por fonemas sonoros vocálicos ou semivocálicos (menos [aw], [ɛw], [ɔw])	m_1 = [Z] (mesa — mesas) ['mezaZ]
s_2 = dos nomes	— nomes terminados por fonemas sonoros consonantais	m_2 = [iZ] (país — países) [pa'iziZ]

m_1 e m_2 têm o mesmo plano do conteúdo (condição *c*), são diferentes em seu plano de expressão (condição *b*), e diferem, ainda, por seus contextos (distribuição complementar, condição *a*). [Z], grafado *-s* e [iZ], grafado *-es* são, portanto, alomorfes.

O estudo dos alomorfes é feito pela disciplina que os norte-americanos chamam de *Morfofonêmica.* A morfofonêmica examina as diferentes formas fonéticas apresentadas por um mesmo morfema. Esses diferentes planos de expressão resultam das adaptações contextuais segundo as quais se processa a combinação de dois ou mais morfes ao longo da cadeia sintagmática. O sentido "pretérito" expressa-se, em inglês, de muitos modos: *I went* "eu fui", *I sang* "eu cantei", *I saw* "eu vi", *I stopped* "eu parei", são formas verbais que apresentam diferentes planos de expressão para o sentido "pretérito", que é normalmente formado (nos verbos regulares), mediante a adição do gramema sufixal *-ed* ao presente do indicativo (cf. *I stop* "eu paro"/*I stopped* "eu parei"). Nos exemplos acima, temos, contudo, substituição de *i* por *a* (*I sing/I sang,* "canto/cantei"), substituição de *ee* por *aw* (*I see/I saw* "vejo/vi"), de *go* por *went* (*I go/I went* "vou/fui"). Todos esses morfes, {-ed}, {-a-}, {-aw}, {went}, têm a mesma função de indicar *tempo passado:* chamamos a cada um deles um *alomorfe,* e a todos eles um morfema. A morfofonêmica tem a tarefa de descobrir os morfemas e indicar os alomorfes que o expressam, em contextos determinados (Hodge, 1972.33).

Em português, o mesmo sentido "coletivo" apresenta-se sob os seguintes alomorfes: {-zal} (cf. *cafezal*), {-al} (cf. *laranjal*), {-aral} (cf. *milharal*); o sentido "grande quantidade" expressa-se através dos alomorfes {-ada} (cf. *fumada*), {-arada} (cf. *fumarada*), etc.

171

4.7. Homofonia e Neutralização

O caso contrário ao dos alomorfes é representado pela homofonia. São homófonos:

(a) dois morfes que apresentem o mesmo plano de expressão,
(b) mas que sejam diferentes em seu plano de conteúdo.

Em

m1. cant — a — s
m2. menin — a — s

temos os morfes {-a} e {-s} que se pronunciam do mesmo modo (têm o mesmo plano de expressão). No entanto, seu plano de conteúdo é diferente: {a} de m_1 significa "presente do indicativo da 1.ª conjugação na voz ativa", enquanto {a} de m_2 significa "feminino"; o mesmo acontece com {s} que em m_1 significa "2.ª pessoa do singular" e em m_2 significa "plural nominal". Finalmente, como {a} e {s} de m_1 são *morfemas verbais* ao passo que {a} e {s} de m_2 são *morfemas nominais,* eles são morfemas *homofônicos,* mas não são os mesmos morfemas.

Observando

Pretérito perfeito	*Pretérito mais que perfeito*
cantei	cantara
cantaste	cantaras
cantou	cantara
cantamos	cantáramos
cantastes	cantáreis
cantaram [kã'taráw̃]	*cantaram* [kã'taráw̃]

vemos que os diferentes significados "pretérito perfeito"/"pretérito mais que perfeito" (processo simplesmente acabado/processo duplamente acabado) se anulam no plano do significante, em relação à 3.ª pessoa do plural (ambas têm o mesmo plano de expressão [kãtaráw̃]). Agora um único morfe representa dois morfemas diferentes, cujas oposições fonológicas foram *neutralizadas* e a única diferença entre eles é perceptível através do contexto. O resultado prático da neutralização morfêmica é o aparecimento da *homofonia*: são morfemas homófonos, em português, {-s} para indicar flexão verbal ("cantas") e plural de nomes, {-al} para indicar adjetivo derivado de substantivo ("mort*al*") e nomes coletivos ("laranj*al*"), etc.

4.8. Cumulação ou Amálgama

Na cumulação, dois ou mais significados diferentes se projetam no plano de expressão amalgamando de tal modo os seus significantes que já não nos é possível analisar o resultado em segmentos sucessivos de forma a fazer corresponder a cada um dos significados um único segmento significante determinado. Assim, em latim, {-orum} é o significante para os significados "genitivo" e "plural" sem que possamos saber o que precisamente corresponde a "genitivo" e o que corresponde a "plural". Também o morfema {-o} de "am-o", por exemplo, apresenta, amalgamados, os significados de "1.ª pessoa", "singular", "presente", "indicativo", "voz ativa", "1.ª conjugação".

É freqüente a cumulação ou amálgama nos lexemas: o inglês *to starve* traduz-se necessariamente "morrer de fome", o alemão *Schimmel* é "cavalo branco", o português *potro* é "filhote de cavalo", *leitão* é "filhote de porco", etc..

4.9. Redundância

Observando

1. "aquele" [a'keli]   vs   2. "aquela" [a'kɛla]

verificamos que 1. e 2. diferem em relação ao plano do conteúdo por um único traço: 1. apresenta o sema "masculino", enquanto que 2. apresenta o sema "feminino". *Essa única oposição no plano do conteúdo está traduzida por duas oposições no plano de expressão*: "e" que se opõe a "ɛ", e "e" [i] que se opõe a "a". Podemos dizer, nesse caso, que o feminino resulta tanto do [-a] oposto ao [-i] da forma masculina quanto da alternância vocálica entre o [-ɛ] de "aquela" oposto ao [-e] de "aquele" (cf. ela/ele, esta/este). O mesmo acontece com "porco"/"porcos" (['porku] — ['pɔrkuZ]), "morto/morta/mortos" (['mortu] — ['mɔrta] — ['mɔrtuZ]), etc. Em casos semelhantes, quando estamos em presença de mais de um fonema no plano de expressão do mesmo vocábulo mórfico, sendo todos eles indicadores, concomitantemente, da mesma significação gramatical, dizemos que há *redundância*. A redundância é sempre um *recurso auxiliar* de que lançam mão as línguas para fixar o mesmo plano do significado (ela confirma a isotopia). Ao nível do enunciado ela é muitíssimo comum, não só em frases do tipo

"subir para cima",
"entrar para dentro"

173

onde assume uma função de ênfase, mas também com a função de construir a concordância entre os diferentes membros do conjunto:

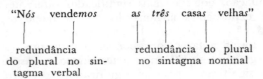

4.10. Tipos de Morfemas

4.10.1. MORFEMAS TÁTICOS (MORFEMAS SEM FORMA)

Ao estudar o conceito de distribuição (cf. 2.4.2.1.), vimos que o valor das unidades lingüísticas é uma decorrência da posição que elas ocupam nos enunciados. É pela distribuição característica de um elemento que o agrupamos em uma e não em outra classe de vocábulos: um advérbio pode formar sintagma com um adjetivo, um adjetivo pode formar sintagma com um substantivo, etc.; mas um adjetivo não pode combinar-se, endocentricamente, com um advérbio. Compare-se:

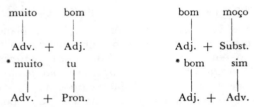

A coocorrência sintagmática dos elementos rege-se pelas relações distribucionais de compatibilidade / incompatibilidade contextual. A ordem de colocação de dois elementos compatíveis no mesmo contexto é um meio tático de que se servem algumas línguas para distinguir sentidos diferentes. O português, por exemplo, fixou como *norma* (cf. 2.2.2.) a ordem de colocação que se expressa pela seqüência de *elemento modificador* + *elemento modificado*. Como essa seqüencialidade alçou-se à norma, ela passou a expressar um *sentido habitual* (assim, em português, um adjetivo anteposto a um substantivo, é *atributivo,* ao passo que posposto a um substantivo é *predicativo* — isto é, tem afinidade com o verbo *ser*). Se invertermos a ordem habitual de colocação, a construção toda adquire um sentido diferente. Compare-se, por exemplo:

um bom	professor — vs —	um professor bom
atribut.	modificado	predicativo

um pobre homem — vs —	um homem pobre
atributivo	predicativo

pobre menino rico — vs —	rico menino pobre
atrib. predicat.	atrib. predicativo

A esse processo tático de diferençar sentidos, costumam alguns autores aludir com a expressão "morfemas sem forma" (Adrados, 1969. vol. 1. 224).

A indicação da relação gramatical mediante a justaposição de dois ou mais termos numa ordem definida é, como diz Sapir (1954. 69 *ss*), o mais econômico e simples dos processos gramaticais. Nem todas as linguas se servem dele, porém. Há línguas, como o latim, que exprimem o maior número de relações gramaticais mediante modificações operadas na própria palavra e, por isso, não se valem de processos táticos.

"Hominem videt femina"
"Femina hominem videt"
"Videt hominem femina"
"Videt femina hominem"

significam — salvo efeitos retóricos ou estilísticos — "a mulher vê o homem".

No polo oposto ao das línguas que se comportam como o latim, temos línguas como o chinês, o siamês e o anamita, em que toda e qualquer palavra aparece forçosamente num lugar determinado da oração. Há um lugar obrigatório para o sujeito, outro para o objeto e assim por diante.

A maioria das línguas, no entanto, parece ter adotado uma solução intermediária, como fez o português. As frases

O homem viu a mulher
A mulher viu o homem

são visivelmente contrastantes (e por aí o português se aproxima do chinês com sua ordem fixa) ; mas, por outro lado, é perfeitamente indiferente que se diga

Ontem, fomos ao cinema
Fomos, ontem, ao cinema
Fomos ao cinema, ontem

(e por aí o português se aproxima do latim com sua ordem livre).

175

4.10.2. Morfemas Supra-segmentais

Outro caso curioso da morfologia é o apresentado pelos morfemas em *função emotiva* (ou seja, não puramente *referencial*). Imaginemos, por exemplo, uma resposta

sim!

pronunciada enfaticamente. Temos aí dois elementos no plano da expressão (a seqüência [sĩ], mais a curva melódica da *entonação*), e dois elementos do plano do conteúdo, "afirmação" e "ênfase";

PLANO DO CONTEÚDO	PLANO DA EXPRESSÃO
s_1 = afirmação	[sĩ]
s_2 = ênfase	\ .

À cadeia de significantes [sĩ] correspondente unicamente o significado "afirmação"; à *entonação* "\ ." corresponde o significado "ênfase". A entonação não pode ser analisada em termos de fonema, mas é inegável que ela tem o valor de um morfema: trata-se, por isso, de um morfema *supra-segmental* (cf. Malmberg — 1969, 227).

4.10.3. Morfemas Presos

Constituem gramemas dependentes, isto é, morfemas que não constituem, por si só, palavras. São comumente divididos em prefixos, infixos e sufixos, conforme se coloquem, respectivamente, antes do lexema, no lexema, ou depois do lexema ao qual se prendem.

É comum, também, fazer-se a distinção entre *afixos* (nome genérico dos prefixos, infixos e sufixos) *lexicais* — aqueles que transpõem o lexema, ao qual se acrescentam, da sua classe de palavras — e *flexionais* — aqueles que servem para flexionar os lexemas a que se juntam, enquadrando-os nas diferentes categorias da língua, sem transpô-los da sua classe de palavras —. Sapir (1954, 75) menciona que o sufixo serve, na maioria dos casos, à segunda função, a de criar as relações sintáticas com outros termos do enunciado, enquanto os prefixos servem para delimitar a significação concreta do radical (função lexical). Em

(lat) *"remittebantur"* "eram mandados de volta"

o prefixo {re} "de volta" qualifica a significação do lexema {mitt-} "mandar", enquanto os sufixos {-eba-}, {-nt-}, {-ur} transmitem as noções das categorias gramaticais.

176

4.10.3.1. Prefixos

(lat.) *"noui"* "conheço", "sei" — *cognoui* "tomei conhecimento"
(fr.) *faire* "fazer" — *refaire* "refazer"
(ing.) *happy* "feliz" — *unhappy* "infeliz"
(port.) *feliz* — *infeliz*

4.10.3.2. Infixos

São muito raros. Não passam, parece, de cinco ou seis para cada língua onde ocorrem. A exemplificação mais abundante pertence às famílias de línguas não-indo-européias, se bem que nos seja mais acessível, dentro do i.e., a partir do latim, onde a inserção de um infixo, representado por uma nasal, no lexema do verbo, serve para distinguir, ocasionalmente, certas formas do sistema do "infectum" de outras formas pertencentes ao sistema do "perfectum" (sem a nasal):

(lat.) *relinquo* "deixo" (presente) — *reliqui* "deixei" (perfeito)

rumpo "arrebento" (presente) — *rupi* "arrebentei" (perfeito)

sistema do "infectum" — sistema do "perfectum"
{ -n- } { -φ- }

Em línguas não indo-européias:

Em chamorro (língua das Filipinas) forma-se o infinitivo verbal mediante a inserção do infixo {-um-} no lexema:

(chamorro) *nae* "dá" — *numae* "dar"
basa "lê" — *bumasa* "ler"

Em mísquito (língua indígena do Panamá), a noção de posse é indicada por vários infixos:

(mísquito) *napa* "dente" — *naipa* "meu dente" — *nampa* "teu dente"

4.10.3.3. Sufixos

(*a*) *com função lexical* (isto é, transpondo o lexema de classe):

(port.) *julgar* — *julgamento* (de V. para Subst.)
poder — *poderoso* (de Subst. para Adj.)
veloz — *velozmente* (de Adj. para Adv.)

177

(*b*) *com função flexional* (isto é, estabelecendo relações sintáticas):

(port.) *gato — gatos — gatas*
amo — amas — amamos — amei — amarei, etc.

4.10.4. REDUPLICAÇÃO OU REDOBRO

É o nome que se dá aos morfemas que se formam pela repetição, parcial ou completa, do lexema.

(gr.) *lúo* "eu solto" — *léluka* "fiquei solto"
(lat.) *pendo* "estou pendurado" — *pependi* "estive pendurado"
mordeo "estou mordendo" — *momordi* "estive mordendo"

Mattoso Câmara (1954. 102) cita o exemplo da *triplicação* que ocorre numa língua indígena do Panamá:

mu-a "subir e descer"
mu-amu-a "subir e descer sucessivamente, como as vagas"
mu-amu-amu-a "subir e descer em ondulação incessante, como o mar calmo"

Freqüentemente o redobro é usado para

(*a*) formação do plural:
(tupi) *"abá"* "homem" — *abá abá* "homens"

(*b*) dar ênfase ou indicar um grau de superioridade:
(tupi) *tinga* "branco" — *titinga* "muito branco"
(šipaya), língua indígena brasileira: *šĩ* *"pequeno"* *šĩ šĩ* "muito pequeno"
(ing.) *a big man* "um homem grande"
a big big man — "um homezarrão"

(*c*) indicar o aspecto iterativo:
(port.) *pular — pulular*
saltar — saltitar

(d) traduzir a função emotiva da linguagem (comum na linguagem infantil):
(port.) *mãe — mamãe*
dói — dodói
(esp.) *chiquitito* — "pequenininho"

178

4.10.5. A Alternância

Consiste numa troca de fonemas ou de acentos. São bastante comuns.

4.10.5.1. Alternância Vocálica

Esse fenômeno exerceu importantíssimo papel no proto-indo--europeu, onde os sufixos possuíam uma alternância /e/ — /o/ (apofonia ou "ablaut", desvio de som) que passou para o grego. Assim, uma mesma raiz indo-européia *men* pode apresentar-se em formas diferentes como *men, mon, mn;* fala-se, então, de um *grau pleno com vogal "e" ou "o"*, e de um *grau reduzido ou zero "∅"*, *sem vogal* (cf. Perrot, 1970. 57).

No grego, a forma do presente marcava-se com /e/ na raiz, distinguindo-se assim da forma do perfeito (marcada com /o/ + redobro) e de modo análogo passou, ainda que com função diferente, para o latim, para o inglês, e para o alemão:

(gr.) *leipo* "presente" — *leloipa* "perfeito"
(lat.) *tego* "cubro" — *toga* "coberta" ("toga")
(ing.) *to sing* "cantar" (o /e/ evoluiu para /i/ diante de nasal),
     sang — *sung* (o /o/ evoluiu para /u/ diante de nasal)
(al.) *brechen* "quebrar" — *brach* "quebrou" (pret.) — *gebroche*
    "quebrado" (part. pass.)
(port.) *foi* — *fui* (alternância /o/ — /u/)
    povo — *povos* (alternância /o/ — /ɔ/
    aquele — *aquela* (alternância /e/ — /ɛ/)

Em inglês e alemão a alternância vocálica é também usada para marcar o plural de certos nomes:

(ing.) *tooth* "dente" — *teeth* "dentes" (alternância /u/ — /i/)
    man — "homem" — *men* "homens", etc.
(al.) *Vater* "pai" — *Väter* "pais"
    Schule "escola" — *Schüler* "escolar", "aluno"

Ainda que regularmente encontrada num grande número de línguas, em nenhuma família a alternância vocálica tem um papel tão fundamental quanto na família das línguas semíticas. O nome e o verbo do árabe, por exemplo, são constituídos por duas ou três consoantes que fazem as vezes de lexema (*raiz triliteral*); essa raiz

179

não dá mais do que o sentido geral da palavra que fica, assim, na dependência da alternância vocálica para adquirir um significado mais preciso. Por isso Adrados (1969) e Gleason (1961) falam em *morfemas descontínuos* a propósito das línguas semíticas.

(árabe) $x - m - r$ "lexema com idéia de "guardar"

> *xamar* — *"guardou"* (ou seja morf. desc. /a-a/ = perfeito)
> *xomer* "guardando" (ou seja morf. desc. /o-e/ = gerúndio)
> *xamur* "sendo guardado" (ou seja morf. desc. /a-u/ = gerúndio passivo)
>
> $g - n - b$ "roubar"
> *ganab* "roubou"
> *goneb* "roubando"
> *ganub* "sendo roubado" (Sapir, 1954. 67)

4.10.5.2. *Alternância consonântica*

Ainda que apareça mais raramente do que a alternância vocálica, é, também, importante. No latim, por exemplo, está representada historicamente pela passagem de *-s* a *-r,* constitutiva do *rotacismo*:

(lat.) *flos* "flor" (nominativo) — *floris* "da flor" (genitivo)
  * *corpos* *"corpo"* (nomin.) — *corporis* "do corpo" (genitivo)
(port.) *digo* — *dizes*
    faço — *fazes*
    peço — *pedes*
(esp.) *digo* — *dices,* etc.

Em inglês, a alternância consonântica é, às vezes, usada para distinguir classes de palavras (no exemplo abaixo a oposição surda /s/ — sonora /z/ marca a diferença entre nome (N) e verbo (V):

(ing.) *house*/haws/ "casa" (N) — *house*/hawz/ (V)
    strife/strajf/ "luta" (N) — *strive*/strajv/ "forcejar" (V)

podendo também distinguir entre singular e plural:

(ing.) *calf* "bezerro" — *calves* ([53]) "bezerros"

---

(53) A alternância vocálica pode coexistir, num mesmo vocábulo, com a alternância consonântica. É assim que Malmberg (1969. 228. nota 4) analisa o (ing.) *brought* e o (al.) *ging*:

(ing.) *brought* = *bring* + tempo passado
(al.) *ging* = *gehen* + tempo passado

o que nos levaria a analisar o (port.) *dito* como *dizer* + tempo passado.

180

4.10.5.3. Alternância de Acentos

4.10.5.3.1. Alternância Quantitativa

As distinções morfêmicas se fazem, nesse caso, de acordo com a quantidade de vogal, estabelecendo-se uma oposição entre vogais longas e vogais breves.

(lat.) *occīdĕre* "matar" — *occĭdĕre* "morrer"
     fŭgit "foge" (pres.) — *fūgit* "fugir" (pret. perf.)
     lĕgit "lê" (pres.) — *lēgit* "leu" (pret. perf.)

(checo) *draha* /dra:ha/ "caminho" — *draha* /draha:/ "querida"

4.10.5.3.2. Alternância Posicional do Acento

Neste caso, as distinções não se fazem a partir da natureza do acento, mas sim a partir da posição do acento tônico, a qual serve para distinguir palavras. É um processo muitíssimo comum.

(gr.) *phóros* "o que é levado" — *phorós* "o que leva"
(port.) *comércio* — (N) — comercio (V)
     fábrica (N) — *fabrica* (V)
(ing.) *rebel* (paroxítona: "rebelde", N) — *rebel* (oxítona: "rebelar", V)
     insult (parox.: "insulto", N) — *insult* (oxít.: "insultar", V)

4.10.5.3.3. Alternância Tonal

As línguas tonais, como o sueco (dois tons), o chinês (dialeto de Pequim, quatro tons), o anamita (seis tons), vários idiomas indígenas da África (hotentote, bosquímano) e da Malaio-Polinésia, utilizam os tons melódicos com valor distintivo. A oposição se organiza sempre à base de um tom ascendente frente a outro descendente. Um exemplo bastará para mostrar como isso funciona:

(anamita) *ma* — "fantasma"
     ma^2 — "face"
     ma^3 — "idéia adversativa"
     ma^4 — "túmulo"
     ma^5 — "objeto votivo"
     ma^6 — "pé de arroz"

4.10.6. Morfema Zero

Já vimos, páginas atrás, que línguas como o português não se constituem senão de dois tipos de palavras: palavras que são gramemas independentes (como as nossas preposições e conjunções), e palavras que se compõem de lexema mais gramema(s) preso(s). Interessa-nos, agora, ver se podemos encontrar vocábulos constituídos puramente de lexemas — isto é, que estejam desprovidas de qualquer tipo de noção gramatical. Um exemplo, exaustivamente citado pelos lingüistas, a partir de Sapir, é o do vocábulo *hamot* "osso", do nutka, língua indígena de Vancouver, Canadá. *Hamot* contém apenas a noção concreta de "substância óssea" e poderia ser indiferentemente singular ou plural. Trata-se, aí, de um semantema ou lexema puro, sem gramema de número ou gênero. Este único exemplo, insistentemente lembrado pelos tratadistas, mostra que o vocábulo constituído exclusivamente de lexema é, se não inexistente, raríssimo. Exemplos aparentemente análogos ao de *hamot*, em inglês ou português, não faltam: (port.) *pires, lápis,* etc., (ing.) *sheep* "carneiro", "basbaque". Por serem invariáveis em seus planos de expressão, tais palavras não nos esclarecem, quando as tomamos isoladamente, se estão no singular ou no plural. Mas *tais palavras não são lexemas puros*: elas nunca ocorrem isoladamente, elas só se realizam em enunciados concretos, através dos quais virá a manifestar-se inevitavelmente a categoria do número que lhe queremos atribuir.

(port.) *Os lápis se quebraram — o lápis se quebrou*
(ing.) *these sheep are big — this sheep is big*

Em *lápis, sheep* e formas análogas temos, portanto, *não semantemas puros, mas a ausência manifesta do morfema gramatical,* sendo as categorias gramaticais percebidas pelo contexto (cf. Mattoso Câmara, 1969a. 90; também Robbins, 1969. 247). Desse modo se diz que formas do tipo *pires, lápis, ônus, sheep, fish, dozen,* etc., possuem *morfema zero de número.* Sua análise será:

$$pires = L \{pires\} + G \{\emptyset\} \text{ de número}$$
$$ship = L = \{ship\} + G \{\emptyset\} \text{ de número.}$$

5. MODALIDADES DE GRAMÁTICA

5.1. Gramáticas Nocionais e Gramáticas Formais

Numa primeira abordagem poder-se-ia afirmar que a teoria gramatical tradicional se apoiava em hipóteses nocionais. As classes de palavras, por exemplo, eram comumente divididas à base do significado dos termos. Um substantivo, consoante essa teoria, seria uma palavra que nomeasse pessoas, lugares ou coisas. Tal interpretação deixava de lado palavras como *bondade, infância* e outras do mesmo tipo, sendo, portanto, altamente insatisfatória. Assim, Jespersen diz que, nos *Comentários* de César, *Caesar* aparece no lugar de *ego* e *César* não é comumente classificado como um *pro-pronome* (Adrados. 1969); nós poderíamos lembrar o exemplo de J. Cândido de Carvalho (em *O Coronel e o Lobisomem*), onde o pronome *eu* é substituído, muitíssimas vezes, pela perífrase *"o neto de meu avô Simeão".* "O sujeito não indica aquele que realiza a ação", como se diz, em *o menino recebeu uma bofetada,* em *ela nunca foi amada,* em *a terra é redonda.* Nem em tantos outros casos." (Adrados. 1969, 497).

Tais imperfeições da gramática tradicional não são ocasionais. Na raiz delas podemos encontrar o preconceito lógico e cultural que levou os gramáticos do mundo inteiro a trabalhar suas línguas com base na suposição de que elas se conformariam todas, ao fim e ao cabo, com os modelos que orientaram a descrição do grego e do latim. No entanto, uma separação, tão evidente para os ocidentais, como é a dos nomes e verbos, não é universal. Há línguas que não fazem nenhum tipo de distinção entre *o homem está descansando* e *o descanso do homem,* entre *amo* e *meu amor,* etc. (Cf. Malmberg, 1969. 229).

Essas diferenças transparecem até mesmo nos grupos de línguas

183

modernas que se influenciam mutuamente. O inglês distingue três tempos passados ali onde o espanhol distingue cinco:

INGLÊS

I. *Present Perfect*: *I have called* ("Chamei" ou "tenho chamado")
II. *Past*: *I called* ("chamei" ou "chamava")
III. *Past Perfect*: *I had called* ("tinha chamado" ou "chamara")

ESPANHOL

I. *Pretérito Perfecto*: *Yo he llamado* ("Tenho chamado")
II. *Pretérito Imperfecto*: *Yo llamaba* ("Eu chamava")
III. *Pretérito Indefinido*: *Yo llamé* ("Chamei")
IV. *Pretérito Pluscuamperfecto*: *Yo había llamado* ("Eu chamara")
V. *Pretérito Anterior*: *Yo hube llamado* ("Tinha chamado")

Enquanto o inglês e o espanhol distinguem entre *formas progressivas* (*I am calling, estoy llamando*) e *formas não progressivas* (*I call, llamo*), o francês não conhece senão as segundas formas (embora possa dizer, de modo analítico, *j'étais en train de parler*).

Do mesmo modo, o inglês não possui — diferentemente do que acontece com o espanhol, o francês, o alemão e o português — um tratamento formal ao lado de um tratamento informal da pessoa (Fig. 29):

	Tratamento formal	Tratamento informal
Português	*o senhor*	*você*
Francês	*vous*	*tu*
Espanhol	*usted*	*tú*
Alemão	*Sie*	*du*
Inglês	*you*	*you*

FIG. 29

Por essas e outras dificuldades, é cada vez mais acentuada a tendência para abandonar-se o significado como base de classificação gramatical, e aceitar uma descrição efetuada somente a partir do emprego ou da função de cada classe de vocábulos. As atuais descrições dos fatos da língua compõem, assim, *gramáticas formais* (isto é, que rechaçam o uso das hipóteses nocionais).

5.1.1. A Gramática Distribucional

A mais importante tentativa de organizar uma gramática não-conteudística é representada pelos trabalhos de Zellig Harris. Seu princípio de base é constituído pela observação de que as partes de que uma língua se compõe não se distribuem caoticamente: elas fazem parte de um sistema e por isso se situam em posições bem determinadas, umas em relação às outras (Cf. 2.4.2.1 e 4.10.1.). Esses elementos se deixam agrupar em *classes* e essas classes ocorrem em certas posições dentro de um contexto $A - N$ e não ocorrem em outras posições desse mesmo contexto $A - N$. A soma dos contextos em que dada classe de elementos pode aparecer, contrastada com a soma dos contextos em que tal classe não pode ocorrer, define a *distribuição* de qualquer elemento da língua. *Operário, trabalhador, agricultor,* por exemplo, têm a mesma distribuição, ou seja, ocorrem no mesmo ponto do contexto *João é um bom* .... e não ocorrem em outros: *João* .... livros.

Podemos, pois, agrupar todas aquelas palavras numa mesma classe, a dos substantivos masculinos.

Numa língua aparece sempre, por esse motivo, uma superposição considerável na distribuição dos diferentes elementos. Num enunciado como

passeio de carro

posso substituir *carro* por *automóvel, bicicleta, iate, avião, trem, ônibus,* etc.. Graças a essa possibilidade de comutação, todas as palavras mutuamente substituíveis no mesmo ponto da cadeia da fala podem ser reagrupadas em *classes distribucionais.* ([53])

Suponhamos que estejamos trabalhando sobre um *corpus* de material constituído pelas dezessete frases seguintes:

1. ab	7. pca	13. dacqa
2. ar	8. pcp	14. dacdp
3. pr	9. qar	15. qpcda
4. qab	10. daca	16. acqp
5. dpb	11. qaca	17. acdp
6. aca	12. dacp	

Cada letra diferente representa uma palavra diferente:

---

(53) No restante do tópico tomamos por base a Lyons, 1970. 105 *ss.*

185

(*a*) Numa primeira abordagem observamos que "a" e "p" possuem certas ambiências lingüísticas comuns (ou sejam, possuem a mesma distribuição): assim "-r", (cf. 2 e 3), "-c" (cf. 6 e 8), "dac-" (cf. 10 e 12);

(*b*) O mesmo ocorre com "b" e "r" ("a-", cf. 1 e 2, "qa-", cf. 4 e 9);

(*c*) e ainda com "d" e "q" ("-aca", cf. 10 e 11, "ac.p", cf. 16 e 17);

(*d*) observamos, em seguida, que "c" tem uma distribuição única ("a-a", cf. 6, "p-a", cf. 7, "p-p", cf. 8, "qa-a", cf. 11, etc.) no sentido de que nenhuma outra palavra se encontra nas frases em que "c" se encontra.

Tendo feito essas observações,

(*e*) agrupemos "a", e "p" numa classe maior "X" e coloquemos, em cada enunciado onde se encontram as subclasses "a" e "p", a classe "X" que as engloba, em seu lugar. O nosso "corpus" poderia ser agora reescrito:

1. Xb	7. XcX	13. dXcqX
2. Xr	8. XcX	14. dXcdX
3. Xr	9. qXr	15. qXcdX
4. qXb	10. dXcX	16. XcqX
5. dXb	11. qXcX	17. XcdX
6. XcX	12. dXcX	

(*f*) Agrupemos, agora, "b" e "r" numa mesma classe distribucional "Y", e nos lugares onde se encontravam "b" e "r" reescrevamos "Y":

1. XY	7. XcX	13. dXcqX
2. XY	8. XcX	14. dXcdX
3. XY	9. qXY	15. qXcdX
4. qXY	10. dXcX	16. XcqX
5. dXY	11. qXcX	17. XcdX
6. XcX	12. dXcX	

(*g*) Procedamos do mesmo modo com "d" e "q", que podem ser agrupados sob uma mesma classe distribucional "Z", que as abrange, e façamos as devidas substituições. Nossas frases se reescreverão, finalmente, assim:

1. XY	7. XcX	13. ZXcZX
2. XY	8. XcX	14. ZXcZX
3. XY	9. ZXY	15. ZXcZX
4. ZXY	10. ZXcX	16. XcZX
5. ZXY	11. ZXcX	17. XcZX
6. XcX	12. ZXcX	

(h) Por esse processo, reduzimos todas as 17 diferentes frases de nosso "corpus" de partida às seis fórmulas estruturais seguintes:

1. XY	2. ZXY	3. XcX
4. ZXcX	5. ZXcZX	6. XcZX

onde "c" constitui uma classe de um só membro. As seis fórmulas acima dão também as regras gramaticais que especificam as seqüências aceitáveis de classes de palavras nesse idioma. Esse procedimento define aquelas 17 frases como gramaticais, tratando-as como elementos de um conjunto total de 48 frases. Esse número de 48 é obtido pela aplicação da fórmula

$$N: p_1 \times p_2 \times p_3 \ldots p_m$$

onde N representa o número de unidades do nível superior (a frase), m representa o número de posições de oposição paradigmática para os elementos de nível inferior (as palavras); p_1 denota o número de elementos em oposição paradigmática na primeira posição, p_2 denota o número de elementos em oposição paradigmática na segunda posição e assim por diante, até a emésima posição. Há, assim:

$2 \times 2 = \quad 4$ frases do tipo (1) (XY, onde X é classe de 2 elementos "a" e "p" e onde Y o é também de "b" e "r")

$2 \times 2 \times 2 = \quad 8$ frases do tipo (2)

$2 \times 1 \times 2 = \quad 4$ frases do tipo (3) (ou seja XcX, onde "c" $= 1$ só elemento)

$2 \times 2 \times 1 \times 2 = \quad 8$ frases do tipo (4)

$2 \times 2 \times 2 \times 2 = 16$ frases do tipo (5)

$2 \times 1 \times 2 \times 2 = \quad 8$ frases do tipo (6)

TOTAL: .... 48 frases dos 6 tipos.

A língua descrita por essa gramática contém exatamente 48 frases. As 31 frases que não figuram no *corpus* devem ser ou bem geradas como aceitáveis ou bem excluídas, se por uma razão qualquer decidirmos que as devamos excluir como inaceitáveis.

Para mostrar que esse procedimento dá, em princípio, uma razoável descrição gramatical, Lyons aplica-o ao inglês, estabelecendo os seguintes valores:

Membros	a = *men*	b = *live*	c = *love*	q = *young*
das				
Classes	p = *women*	r = *die*		d = *old*
classes	X= Subst. plurs.	Y= V intr.	c= V tr.	Z= Adj.

As combinações possíveis das palavras mostram que frases como

men die (= "ar", ex. n.º 2, "os homens morrem");

old men love young women (= "dacqp", n.º 13, "homens velhos amam mulheres jovens")

são gramaticalmente aceitáveis, enquanto que

* *Die men* (ou seja, "ra")

* *Old love young men women* (ou seja "dcqap")

são agramaticais.

5.2. Limitações das Gramáticas Formais

Depois da demonstração de como funciona uma Gramática Formal (no caso, a Distribucional de Z. Harris) é necessário mostrar as suas limitações.

Elas podem ser resumidas em poucas palavras:

(*a*) tentando fazer caso omisso do significado, a Gramática Distribucional propõe, disfarçadamente, a abolição do *signo* que desde Saussure se concebe como o *conjunto solidário de significante + significado;*

(*b*) o *significante não existe primariamente como suporte de uma distribuição* — conforme insinua o distribucionalismo —, *mas como suporte de um significado.* Não tem sentido, aliás, falar de significante se não se fala, de qualquer forma e ao mesmo tempo, de significado. O plano da expressão, enfim, está a serviço do plano do conteúdo: aquele é o meio para que este possa exteriorizar-se de modo sensível. Tanto isso é verdade que os sistemas semióticos secundários (dança, teatro, sinais de trânsito, código de bandeiras ou pontos, etc.), possuem diferentes substâncias significantes (de ordem visual, táctil, etc.);

(*c*) é duvidoso que dois elementos diferentes da língua — ainda os pertencentes à mesma classe — tenham, realmente, a mesma distribuição (cf. 5.4.8.1.1.2.): *as línguas não possuem sinônimos perfeitos* (se os possuíssem teríamos *um e o mesmo elemento, não dois*). O próprio Z. Harris escreveu que "pode supor-se que dois morfemas quaisquer, A e B, que possuam significados diferentes, difiram, também, em algum ponto, na sua distribuição: há alguns contextos nos quais um deles ocorre, mas o outro não" (Harris, 1969.7);

(*d*) por último, nem todas as línguas, conforme vimos em 4.10.1., organizam posições distintivas para os seus elementos.

Todas essas limitações ficarão claras com um exemplo bem simples. Podemos verificá-lo através mesmo das línguas que discriminam *funções* sintáticas a partir da posição ocupada por seus diferentes elementos num enunciado, como, digamos, o português:

uma criança rica   vs   uma rica criança

Mesmo tais línguas têm a possibilidade de construir *enunciados* novos, ou seja, *contextos novos*: por isso não se pode falar em *distribuição finita*. Daí construções do tipo *Encontrarão homens homens...* (Pe. Vieira, "Sermão da Sexagésima"), *Ele é gente bem* (por "gente de bem"), *Eu sou mais ele* (por "aposto nele"), etc..

Impossibilitados de estabelecer, cientificamente, as distribuições das formas lingüísticas, os partidários do distribucionalismo se condenam a um trabalho estéril, o de fundamentar suas observações em *contextos típicos, não em qualquer contexto*. Pecam, por isso, contra o *princípio científico da exaustividade* que deve apresentar qualquer teoria.

Malgrado tais razões e apesar, também, de nosso convencimento de que a tentativa de elaborar uma gramática que desconsidere o sentido seja pouco mais do que uma utopia, a abordagem distribucionalista apresenta méritos incontestáveis, o menor dos quais não é, certamente, o seu rigor metodológico. Só isso justificaria o espaço que lhe dedicamos neste livro.

5.3. A Gramática Estrutural e a Gramática Gerativo-Transformacional

Vejamos, agora, uma sucinta comparação entre o Estruturalismo e o Transformacionalismo. Ambos propõem, igualmente, um modelo preferido de gramática, que é necessário comparar.

Os objetivos mais evidentes do modelo estruturalista podem ser resumidos como segue:

(a) estudar enunciados efetivamente realizados;

(b) excluídos de qualquer consideração da *situação* ou da *enunciação* (circunstâncias de contacto entre o Destinatário e o Remetente da mensagem) (54)

(c) tentando efetuar a sua *descrição* (não sua *explicação*).

Para realizar seus objetivos, os estruturalistas começam por elaborar uma *teoria dos níveis* que vai do nível mínimo (o fonológico) ao nível máximo (o fraseológico), passando pelo nível médio (o morfológico), níveis esses que se acham hierarquizados de tal modo que as unidades do nível máximo são constituídas por unidades do nível médio e estas, por sua vez, têm como constituintes as unidades do nível mínimo.

A identificação de unidades no interior de cada nível se faz mediante a *função de contraste* na cadeia sintagmática e, simultaneamente, mediante a *função de oposição* na classe paradigmática: a *comutação* é a operação que põe em funcionamento ambas as funções.

O processo da comutação permitiu ao estruturalismo elaborar uma classificação de formas e unidades lingüísticas sincrônicas, ou seja, elaborar uma *taxionomia*.

Os membros de classes equivalentes que se definem por sua capacidade de substituir mutuamente em dado contexto, organizam uma *taxionomia paradigmática*. As unidades, que se definem por contrastarém no interior do mesmo segmento do enunciado por

---

(54) Bloomfield, por exemplo, afastava a consideração da *situação* por ser ela composta de fatores extralingüísticos. Alegava ele que o relacionamento entre a mensagem e as circunstâncias da sua produção, de um lado, e, de outro, o relacionamento entre o Remetente e o Destinatário da mensagem para com o mundo real, colocam em jogo infinitos fatores que ainda não podemos reduzir a unidades mínimas, nem a oposições pertinentes, nem, ainda, podemos ordenar hierarquicamente.

190

aquilo que se segue ou precede, organizam uma *taxionomia sintagmática*.

Desse modo, o que define a Lingüística Estrutural (também chamada Sincrônica ou Descritiva), quer no seu eixo sintagmático, quer no eixo paradigmático, é o seu conceito operatório de base, o da *estrutura elementar* (cf. 1.8.).

A coexistência do aspecto conjuntivo com o aspecto disjuntivo funda: a relação sintagmática de dois termos-objetos na cadeia da fala; a correlação paradigmática entre dois termos-objetos no saber implícito que é a *langue*. Eis por que, dizem os estruturalistas, a língua forma *sistema* (redes de relações). ([55])

Precisamente porque a estrutura elementar é susceptível de ser reduzida a uma forma mínima dicotômica, tal como aqui a apresentamos, o espécime mais puro do estruturalismo é o representado pela Escola Binarista, da qual Jakobson é o grande mentor, no século XX. Mais do que uma escola, um ambiente ou uma moda, o estruturalismo provou ser uma excelente "hipótese de trabalho", e uma metodologia dotada de rigor científico, quando corretamente empregado. Lingüistas que se contam entre os maiores de todos os tempos — Saussure, Hjelmslev, Jakobson —, e além deles, cientistas que o transplantaram do campo específico da Lingüística para outras áreas das Ciências Humanas (Lévi-Strauss na Antropologia, Barthes, Bremond, Greimas, Derrida e Kristeva, na Teoria Literária, T. Parsons na Sociologia, Lacan na Psicanálise, Michel Foucault na História da Cultura, Braudel na História, e tantos outros), têm, de uma ou outra forma, com maior ou menor grau de evidência, uma grande dívida para com ele.

De modo que não se poderá, no futuro, traçar um panorama adequado da evolução do pensamento científico no século XX, sem dedicar um capítulo, talvez o mais estimulante, senão o mais importante, às contribuições oriundas da hipótese estrutural.

Contudo, nenhuma escola, nenhuma hipótese ou doutrina, por mais brilhante que seja, monopoliza a verdade. É da própria natureza das verdades da razão científica e dos métodos que ela elabora, para ter acesso à intimidade dos fenômenos que estuda, o serem provisórias: as melhores teorias freqüentemente são aquelas que

---

(55) Nem sempre os lingüistas formularam a tarefa estruturalista com precisão. Dubois (1969. 10), por exemplo, que tem uma notável compreensão destas coisas, não vê no labor estrutural senão uma "busca das diferenças", quando é certo que a "pesquisa das igualdades" é igualmente importante.

trazem em seu bojo a possibilidade de serem contestadas setorialmente, porque na crítica a que se submetem está a razão de ser do alcance transcendental da própria ciência do homem.

O que contrapõe imediatamente o estruturalismo clássico à teoria gerativo-transformacional, a partir de 1957, data da publicação das *Estruturas sintáticas,* de Chomsky, é uma diferente concepção dos fins da teoria lingüística e, sobretudo, do papel nela representado pela sintaxe. Implícita ou explicitamente, o estruturalismo relegou a sintaxe a uma obscura posição de segunda plana, nos quadros da ciência das línguas. Não foi por outro motivo que, durante muitos anos, as palavras estruturalismo e fonologia estiveram tão intimamente associados quanto significante e significado. Uma se ligava à outra, e se alguma coisa mudou, nos últimos sete ou oito anos, nessa relação, isso se deveu, de um ou outro modo, às pressões direta e indiretamente exercidas pela teoria gerativo-transformacional que repôs em circulação, de ricochete, a teoria sintática de Tesnière, e a teoria semântica de Hjelmslev.

A gramática de Chomsky nasce, antes de mais nada, como uma teoria da sintaxe, componente que ocupa a posição central nos quadros da descrição sincrônica da língua. Essas diferentes concepções das duas "escolas" podem ser visualizadas na Fig. 30.

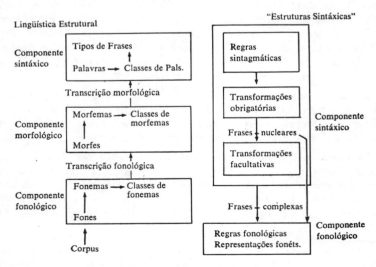

Fig. 30 — Comparação entre a Lingüística Estrutural e as *Estruturas Sintáticas,* de Chomsky (*apud* Strick, 1973. 10)

Não deixa de ser curioso o fato de a revolução chomskyana ([56]) ser obra de um retorno consciente a estágios mais antigos do pensamento lingüístico. As idéias que pareceram mais originais, na sua teoria — as concepções de *produtividade, competência / performance* "atuação", e as dos *universais lingüísticos* —, provêm da gramática tradicional dos séculos XVII e XVIII (Port-Royal, Descartes, Huarte e Humboldt) (Chomsky, 1971.11-38, 1969b. 40-41, 1970c. 29).

Entretanto, por uma questão de justiça, deve recordar-se que muitas dessas noções repontam, ainda que embrionariamente, na obra de Saussure. A noção de *produtividade,* por exemplo, ressalvado o nome, encontra-se assim esboçada no CLG (Saussure, 1972.227): "É um erro crer que o processo gerador só se produz no momento em que surge a criação; os elementos dele já estão dados. Uma palavra que eu improvise, como *in-décor-able,* existe já em potencial (*en puissance,* escreve Saussure), na língua; encontramos todos os seus elementos em sintagmas como *décor-er, décor-ation: pardonn--able, mani-able: in-connu, in-sensé,* etc., e a sua realização na fala é um fato insignificante em comparação com a possibilidade de formá--la." Em seu estudo sobre o fenômeno da analogia (que ele descreveu através do mecanismo da quarta proporcional), Saussure viu, também, que não é o elemento lingüístico que está dotado da propriedade gerativa: *gerativas são as regras do sistema:* "As palavras simples (escreve ele) são por definição improdutivas (cf. *magasin, arbre, racine,* etc.). *Magasinier* não foi engendrada por *magasin:* ela foi formada sobre o modelo de *prisonnier: prison,* etc. Do mesmo modo, *emmagasiner* deve sua existência à analogia com *emmailloter, encadrer, encapuchonner,* etc., que contêm *maillot, cadre, capuchon,* etc." (Saussure, 1972.228).

5.4. A Gramática Gerativo-Transformacional

> "Uma ciência que hesita em esquecer seus fundadores está perdida ... Tudo quanto há de importante já foi dito por alguém que, no entanto, não o descobriu."
> A. N. WHITEHEAD (*apud* Robert K. Merton — *Sociologia, Teoria e Estrutura*)

---

(56) Embora o chomskyano não seja o único modelo de gramática gerativo-transformacional (é difícil dizer, com precisão, até que ponto os modelos de Lakoff, McCawley, Fillmore, etc., são desviatórios em relação ao de Chomsky), estaremos nos limitando a ele, nas páginas seguintes.

5.4.1. A Noção de Produtividade

5.4.2. Competência *(competence)* e Atuação *(performance)*

Víamos que a Lingüística Estrutural, limitando-se a estabelecer inventários e classificações de unidades e níveis sobrepostos apresentava uma visão taxionômica das línguas naturais, ignorando o seu aspecto criador. No entanto, todos sabemos que qualquer falante nativo de um idioma pode compreender e produzir

> (a) *enunciados velhos* (os efetivamente realizados por alguém, ouvidos e repetidos depois pelos falantes) ; e

> (b) *enunciados novos* (os ainda não realizados, nem ouvidos pelos falantes que os executam).

Na realidade, à parte enunciados estereotipados, quase sempre centrados na função fática, como "muito obrigado", "como vai?", etc., a maior parte dos enunciados que produzimos todos os dias são inteiramente novos. Tal fato demonstra existir algum tipo de *regularidade* na atividade lingüística dos falantes, regularidade essa que se apresenta por igual nos enunciados tanto velhos como novos. O que, afinal nos permite formular a hipótese de que *as mesmas regras* que engendraram os enunciados velhos são aplicáveis para a geração dos enunciados novos da mesma língua. Todo falante nativo tem essa *competência* ("competence"), porque a linguagem, como viu Humboldt, é essencialmente energia, espírito produtivo. Essa capacidade deriva, de um lado, de uma imitação propiciada pelo condicionamento social a que estamos sujeitos, e que dá conta do mecanismo das frases velhas. Mas essa imitação não explica a própria existência desse mecanismo, nem explica, para lá das estruturas lingüísticas que reproduzimos, as transformações estruturais a que elas se sujeitam, em cada ato concreto da fala. No parecer de Chomsky, essa faculdade é *inata* (no dizer de Lepschy (1968. 186) é a velha idéia naturalística da "predisposição hereditária"), pois é comprovada em todos os homens e constitui, por isso, um *universal lingüístico.*

Por esse motivo, a competência tem sido definida como "o saber lingüístico implícito dos sujeitos falantes, o sistema gramatical que existe virtualmente em cada cérebro" (Ruwet, 1968.18).

Esse saber implícito pode ser aproximado do conceito de *langue* de Saussure, com a ressalva já feita de que Saussure não enfatizou o aspecto criador da *langue.* Por outro lado, essa competência deve ser cuidadosamente distinguida da *manifestação exterior e atualizada, num momento dado, desse saber implícito,* manifestação essa a que Chomsky dá o nome de *atuação* ("performance"). A *atuação*, como se vê, aproxima-se do conceito saussuriano de *parole*.

5.4.3. Primeira Noção de Gramática Gerativa

5.4.3.1. A Designação "Gerativo-Transformacional"

Chomsky encontrou em Wilhelm von Humboldt principalmente uma boa idéia da visão "ativa" da língua: "Sua teoria da percepção de fala (escreve Chomsky, 1970c. 29, à propósito de Humboldt) supõe a existência de um sistema gerativo de regras sotoposto à produção da fala e também à sua interpretação. O sistema é gerativo no sentido de que faz uso infinito de meios finitos. Ele vê a língua como uma estrutura de formas e conceitos baseada num sistema de regras que determinam suas inter-relações, arranjos e organização. Mas essas matérias-primas finitas podem combinar-se para resultar num produto infinito."

Tentando dar uma primeira idéia do que deva entender-se pelo termo *gerativo,* tal como Chomsky o concebe, Lyons lança mão de um exemplo tirado do âmbito da matemática: "Seja a expressão algébrica seguinte:

$$2x + 3y - z$$

Sendo dadas as variáveis *x, y* e *z,* tomando cada uma delas o valor de um dos números inteiros, a expressão gerará, de acordo com as operações aritméticas costumeiras, um conjunto infinito de valores. Por exemplo, se x $= 3$, y $= 2$, e z $= 5$, então o resultado é 7; se x $= 1$, y $= 3$, e z $= 21$, o resultado é -10; e assim por diante. Pode dizer-se que 7, -10, etc., fazem parte do conjunto de valores engendrado pela expressão algébrica em questão. Se uma outra pessoa aplica as regras da aritmética e obtém um resultado diferente, diremos que ela cometeu um erro (erros cometidos na aplicação das regras, erros devidos à *performance*)." (Lyons, 1971.61-62).

Quanto à designação *gerativo-transformacional,* ela aponta para duas características diferentes que qualquer teoria gramatical adequada deve possuir, segundo Chomsky. Uma teoria gramatical é *gerativa* sempre que forneça uma descrição estrutural (finita) para todos os objetos lingüísticos (infinitos) que são gramaticais dentro do domínio da língua natural que se examina; ela é *transformacional* sempre que conceba — e descreva — as estruturas de superfície como resultado de transformações operadas nas suas estruturas profundas (Cf. Langendoen, 1969. 24, nota 7).

5.4.4. PRIMEIRA NOÇÃO DE TRANSFORMAÇÃO

A competência do falante se manifesta através da atuação. Por sua vez, a atuação se manifesta como uma capacidade do falante para efetuar determinadas operações, a partir do conhecimento de enunciados velhos. De

1. João ama Maria

por exemplo, podemos construir outros enunciados, tais como

2. Maria é amada por João
3. Quando João amava Maria...
4. Como João amasse Maria...

etc. É legítimo dizer-se que, de um certo modo, as frases 2, 3 e 4 são produzidas a partir de certas *transformações operadas sobre a frase 1,* sendo esta uma espécie de *unidade elementar da enunciação, uma frase mínima.* A frase mínima do nosso exemplo apresenta dois constituintes sintagmáticos: um Sintagma Nominal (SN) que tem a função do sujeito e um Sintagma verbal (SV) que tem a função de predicado. Sua descrição estrutural seria

$$F_1 = SN \ (João) + SV \ (ama \ Maria)$$

É fácil perceber que as demais frases, 2, 3 e 4 se deixam descrever igualmente bem, com ligeiras alterações, como modificações dessa mesma estrutura, de acordo com a aplicação das regras de transformação pertinentes:

$$F_2 = SN \ (Maria) + SV \ (é \ amada \ por \ João),$$

etc.

A competência do falante pode ser compreendida como sendo *um sistema finito de regras de transformação que, aplicadas a umas poucas frases iniciais possibilitam-lhe gerar um número infinito de frases novas, definindo-as sob uma descrição estrutural: essa, precisamente é a tarefa que se impõe uma Gramática Gerativo-Transformacional.*

5.4.5. GRAMATICALIDADE/AGRAMATICALIDADE — ACEITABILIDADE/INACEITABILIDADE

> "Todos os cirtos são fadilos
> Este parelvo é um cirto.
> Logo, é um fadilo."
>
> CHERRY, 1971.384

De quanto se disse ressalta uma grave deficiência das gramáticas tradicionais. Pois, se sabemos, por um lado, que

(a) qualquer língua pode gerar um número infinito de frases (conceito de produtividade); e, por outro lado, sabemos que

(b) qualquer gramática é necessariamente finita, já que descreve elementos que se repetem (e podem ser agrupados em classes), e mecanismos de combinação desses elementos que também se repetem,

a conclusão que se impõe é que nenhuma gramática pode limitar-se a elaborar *listas de frases* ou classificações de elementos: ela terá de dar conta não só das estruturas, mas das transformações que tais estruturas podem sofrer.

Ora, toda *regra* possui uma definição *ideológica,* pois ela se internaliza nos indivíduos a partir da *coerção social* (o conceito de *langue* de Saussure insiste nesse particular). Toda regra *ordena* fazer certas coisas de determinado modo e, ao mesmo tempo, *proíbe* fazer a mesma coisa de modo diferente. Isso é válido para toda a esfera de atuação do indivíduo. Mas, estamos interessados nas implicações lingüísticas do fato. Em português, por exemplo, há uma regra que ordena antepor o Artigo ao Nome e proíbe, ao mesmo tempo, pospô-lo ao Nome sobre o qual o Artigo incide. Nenhum falante do português pode fazer de outro modo, visto que isso não é matéria de opção individual: como diz Jakobson, nada há na língua que não seja bem coletivo.

Tais regras, com suas *injunções positivas* e suas *injunções negativas,* fazem parte da competência de todos os falantes nativos de uma língua. É através delas que aceitamos certas frases como "bem formadas" e rejeitamos outras como "mal formadas", "agramaticais" ou "sem sentido".

Uma frase é gramatical (ou aceitável) quando está bem formada, fonológica e sintaticamente; em caso contrário, dizemos que ela é agramatical. Assim, as frases do português podem ser:

197

(I)	bem formadas (sintaticamente) e dotadas de sentido;
(II)	bem formadas (sintaticamente) mas sem sentido;
(III)	mal formadas (sintaticamente) mas dotadas de sentido;
(IV)	mal formadas (sintaticamente) e sem sentido;

Por exemplo:

5) O menino fará anos amanhã. (Caso I)
6) O menino sexagenário fará oitenta anos amanhã. (Caso II)
7) O menino fazer anos amanhã. (Caso III)
8) Fará sexagenário amanhã anos o oitenta menino. (Caso IV).

5.4.5.1. Graus de Agramaticalidade

É importante observar que a agramaticalidade é suscetível de ser apreciada em termos de graus. Certas frases como

9. O povo vieram
10. Fazem cinco dias

são mais aceitáveis do que outras, do tipo

11. Vieram povo o.
12. Dias fazem cinco.

Ter-se-á sempre em vista, além disso, que o sentido e a gramaticalidade das frases, em última análise, dependem do contexto do enunciado e da situação da enunciação, isto é, da macro-estrutura sociolingüística no interior da qual os atos de fala se produzem e adquirem sentido. Uma mensagem telegráfica como

13. Chego São Paulo seis horas

só será corretamente interpretada pelo destinatário que tiver conhecimento cabal das inúmeras circunstâncias envolvidas no ato da enunciação (pressupostos e subentendidos). Interpretantes do código, do contexto, da situação, poderão esclarecer se o remetente chega a São Paulo, ou de São Paulo, se chega às seis horas da manhã ou às seis horas da tarde, qual é o meio de transporte utilizado, etc..

Tudo isso nos lembra que toda língua inclui, num nível muito particular de descrição, um certo grau de *indeterminação da gramaticalidade*. Uma frase como a de nosso exemplo

6. O menino sexagenário fará oitenta anos amanhã

só parece anormal em dadas circunstâncias e em dados contextos.

Resta-nos sempre a possibilidade de repô-la em outros contextos que, pelo fato mesmo de acusarem explicitamente a sua anormalidade, acabem por legitimá-la. Se digo

14. É absurdo dizer que "o menino sexagenário fará oitenta anos amanhã"

a frase 6 se torna perfeitamente normal, dotada de sentido e gramatical ([57]).

5.4.6. ESTRUTURA DE SUPERFÍCIE E ESTRUTURA PROFUNDA

5.4.6.1. Indicadores sintagmáticos

5.4.6.2. Frases Nucleares

Um enunciado compõe-se, sintagmaticamente, de uma série de morfemas. *O homem recebeu uma foto,* pode ser representado como a combinatória de *O + homem + recebeu + uma + foto,* na instância da sua *estrutura de superfície.* Essa estrutura de superfície apresenta as seguintes características:

(1) ela está "diretamente relacionada com a forma fonética" (Chomsky, 1970c. 34) do enunciado;

(2) a sua representação é linear;

(3) o arranjo de seus elementos submete-se a uma hierarquia.

A propósito de (2), notemos que se trocarmos a ordem linear dos elementos componentes da cadeia, teremos ou uma oração sem sentido ou outra oração (cf. 4.10.1, *o homem viu a mulher/a mulher viu o homem*).

---

(57) Samuel Levin explica as construções poéticas do tipo *It is a hungry dance,* "é uma dança esfaimada" (Wallace Stevens), *Her hair's warm sibilance* "a morna sibilância de seus cabelos" (Hart Crane), *Behind a face of hands* "sob uma face de mãos" (Dylan Thomas), etc., como construções em que se suspenderam as restrições gramaticais às possíveis coocorrências (Hayes, 1972.180-181). (É claro que somente os seres animados podem saturar o predicado *morrer,* mas é comum dizer-se "sua voz morreu num sopro", etc.). Em resumo, julgamentos do tipo gramatical / agramatical, dotado de sentido / sem sentido, se fazem em função do contexto (em sentido amplo), isto é, da macro-estrutura em que os enunciados se realizam, a qual os submete à sua especial legislação.

No que tange a (3), a existência da hierarquia entre os componentes do enunciado faz-se patente na reunião das unidades simples — que são as palavras —, em unidades maiores, os sintagmas locucionais. Em *o homem recebeu uma foto*, *o* + *homem* se reúnem no funcionamento unitário de SN_1 (sintagma nominal), tal como ocorre como *uma* + *foto* (SN_2); mas enquanto que, num nível mais elevado da hierarquia, o SN_1 é o constituinte *sujeito* da oração, o SN_2 é parte do *predicado* oracional *recebeu uma foto*, subordinando-se, por isso, ao núcleo do predicado, que é o verbo *recebeu*. Desse modo, é diferente o estatuto hierárquico do SN_1 (*o homem*), comparado ao estatuto hierárquico do SN_2, estando esse dominado pelo V *recebeu*, com o qual forma o SV (sintagma verbal) *recebeu uma foto*. Essa hierarquia pode pode ser vista num diagrama como o da figura 31, abaixo:

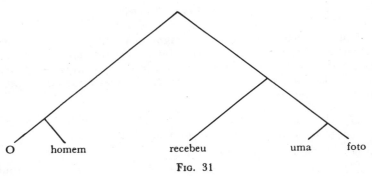

Fig. 31

Como escreve Chomsky (1970c. 34), "a estrutura superficial de uma sentença, sua organização em várias locuções, pode ou não revelar ou refletir de imediato a sua *estrutura profunda*. A estrutura profunda não está representada diretamente na forma do signo lingüístico: ela é abstrata".

Uma das diferenças mais notáveis entre a estrutura de superfície e a estrutura profunda reside no fato de que esta última não é, jamais, ambígua, ao passo que a primeira pode sê-lo. Desse modo, uma frase como

17. O homem recebeu uma foto de Franca

é ambígua em, pelo menos, dois modos; pois essa frase pode ser interpretada como

17.a. O homem recebeu uma foto qualquer, proveniente de Franca, ou como

    17.b. O homem recebeu uma foto de Franca, proveniente de um lugar qualquer.

A frase 17 contém, imbricadas na mesma estrutura superficial, duas diferentes estruturas sintáticas subjacentes, uma das quais autoriza a interpretação 17.a., autorizando, a outra, a interpretação 17.b. Essas estruturas subjacentes podem ser reveladas através de diagramas que descrevam os indicadores sintagmáticos como os das Figuras 32 (de cuja apreensão resultaria a interpretação 17.a.), e 33 (de cuja apreensão resultaria a interpretação 17.b.):

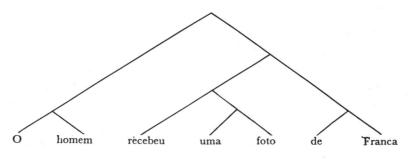

Fig. 32 (Indicador sintagmático de 17.a.)

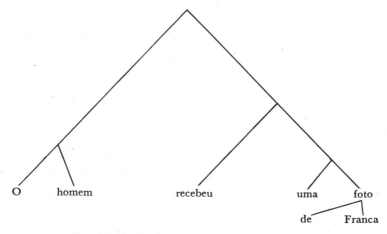

Fig. 33 (Indicador Sintagmático de 17.b.)

Na teoria de Chomsky, as estruturas profundas projetam-se sob a forma de estruturas superficiais mediante uma série de operações formais, ditas "transformações gramaticais". Por trás do enunciado 17., *o homem recebeu uma foto de Franca* estão duas diferentes estruturas profundas, que podem ser representadas tanto pelos gráficos arbóreos (do tipo esquematizado nas Figs. 32 e 33), quanto por uma *parentetização* do tipo:

(*a*) [o homem ((recebeu (uma foto) de Franca))] [para a interpretação 17.a.]

(*b*) [o homem (((recebeu ((uma foto (de Franca)))] [interpretação 17.b]

Os *indicadores sintagmáticos parentetizados* são, por sua vez, o resultado da transformação de duas *frases nucleares*:

18. O homem recebeu uma foto.   A foto veio de Franca.

19. O homem recebeu uma foto.   A foto retrata Franca.

Em si consideradas, *as frases nucleares 18 e 19 não são ambíguas.* A ambigüidade incide, pois, sobre os indicadores sintagmáticos diferentemente parentetizados. Essa ambigüidade não afeta a *estrutura profunda* da frase 17 (que é onde se encontram as *frases nucleares*). Ela é o resultado de transformações operadas sobre os indicadores sintagmáticos, com o fito de projetá-los na estrutura de superfície. *As transformações operadas nesse percurso acabaram por dar às frases nucleares diferentes uma mesma interpretação fonológica, um mesmo plano de expressão.*

5.4.7. OS TRÊS MODELOS DE DESCRIÇÃO GRAMATICAL DE UMA LÍNGUA, SEGUNDO CHOMSKY

5.4.7.1. *A Gramática de Estados Finitos*

Chomsky afirma que há três modelos para a descrição de uma língua. O primeiro deles descreve *gramáticas de estados finitos.* Tal modelo baseia-se na aplicação de *regras recursivas* (isto é, que se aplicam várias vezes), sobre um vocabulário finito. Segundo Chomsky, esse tipo de descrição gramatical concebe as frases como tendo sido engendradas por uma série de escolhas, executadas pelo falante, a partir da esquerda para a direita, do seguinte modo: escolhido o primeiro elemento, cada escolha subseqüente é determinada

202

pelos elementos que o precedem imediatamente. De acordo com essa concepção, uma frase como *O homem recebeu uma foto,* seria engendrada assim: a palavra *o* é escolhida para a primeira posição, a partir de uma lista de todas as palavras que poderiam figurar na primeira posição, na língua portuguesa. O segundo elemento, *homem,* foi escolhido como uma das palavras que poderiam figurar depois da palavra *o; recebeu,* por sua vez, foi escolhida como uma palavra capaz de ocorrer imediatamente depois da seqüência *o homem...* etc..

Conformemente a este modelo descritivo, a gramática de uma língua seria concebida nos termos de uma máquina (no sentido abstrato), que passa por um número finito de estados internos, do estado inicial (primeira palavra), ao estado final (última palavra da frase). Quando essa máquina produziu uma palavra selecionada no interior do conjunto de palavras selecionáveis para aquele estado, o mecanismo salta para o estado seguinte, seguindo a orientação da flecha (da esquerda' para a direita).

Tal gramática, engendraria um número finito e restrito de frases, se não pudesse retroagir na sua marcha. Mas esse número de frases pode ser aumentado se figuramos um mecanismo dotado da propriedade recursiva, que lhe possibilitaria, situada a máquina no estado *c,* digamos, voltar atrás para repetir o estado *b* (a isso se chama *fazer um elo).* Por exemplo, entre *o* e *homem* poderíamos acrescentar os elos "bom", "pobre", etc., o que nos permitiria obter frases como *O bom homem recebeu uma foto, o pobre homem recebeu uma foto,* e assim por diante.

Mas essa gramática de estados finitos é insatisfatória como modelo de descrição das línguas naturais, pois ela seria incapaz de dar conta de certos processos normais de formação de frases. Por isso, Chomsky passa a considerar o segundo dos três modelos aplicáveis à descrição das línguas naturais. Trata-se do *modelo sintagmático.*

5.4.7.2. A Gramática Sintagmática

Uma gramática sintagmática é mais *forte* do que uma gramática de estados finitos porque a primeira pode engendrar qualquer conjunto de frases que a segunda possa engendrar, mas esta segunda, a gramática de estados finitos, não pode engendrar todo e qualquer conjunto de frases que a gramática sintagmática tem condições de engendrar. Lyons (1971. 80 *ss*), explica do seguinte modo o funcionamento da gramática sintagmática: a frase francesa *Le garçon*

203

lançait le ballon "o menino jogava a bola", é formada de cinco palavras dispostas numa certa ordem. Tais elementos se estruturam numa ordenação linear que se compõe de sujeito e predicado. O sujeito é um sintagma nominal (SN), que é constituído de artigo definido (Art) mais um nome (N); o predicado é um sintagma verbal (SV) composto de um verbo (V) com seu complemento, sendo esse complemento um sintagma nominal (formado por artigo definido + nome). Essa noção de estrutura em constituintes, ou *estrutura sintagmática,* assemelha-se à noção de *parentetização* na matemática ou na lógica simbólica. Uma frase como *As moças e os moços de Paris* é ambígua, porque ela pode ser interpretada como *As moças e (os moços de Paris)* — isto é, conforme x + (yz) —, mas também pode ser interpretada como *(As moças e os moços) de Paris* — ou seja, conforme (x + y) z —. De acordo com a primeira interpretação, *de Paris* determina apenas *os moços;* de acordo com a segunda, *de Paris* aplica-se a *as moças e os moços.* Nota-se, aí, que duas seqüências de elementos podem possuir a mesma estrutura linear, possuindo estruturas sintagmáticas diferentes; e esta diferença pode ser semanticamente pertinente.

A formalização chomskyana da gramática sintagmática é dada assim:

(i) Frase→SN + SV

(ii) SN→Art + N, etc.

5.4.7.3. A Gramática Transformacional

Se o modelo da Gramática Sintagmática pode descrever um número maior de enunciados do que os que podem ser gerados (ou descritos) pela Gramática de Estados Finitos, ele não é, contudo, isento de imperfeições. Certas frases só seriam descritas pela gramática sintagmática de um modo pouco econômico, ou demasiado complexo. Por causa disso, Chomsky propôs, em *Estruturas Sintáticas,* um terceiro modelo, ao qual chamou de *Gramática Transformacional* (abreviadamente, GT).

Uma gramática sintagmática não mostraria, por exemplo, que (1) *"John was examined by the doctor",* "João foi examinado pelo médico", (2) *"Did the doctor examine John?"* "O médico examinou João?", e (3) *"The doctor examined John"* "o médico examinou João", têm, todas, uma estrutura profunda semelhante, de tal modo que (1) e (3), por exemplo, se comportam como paráfrases, uma da

204

outra, diferindo, apenas, no que tange às regras de transformação que sobre elas incidiram. Assim, "duas das transformações gramaticais do inglês devem ser as operações de apassivação e de interrogação, que formam estruturas superficiais como as das frases (1) e (2), a partir de uma estrutura mais profunda que, em seus traços essenciais, também está por baixo da frase (3)" (Chomsky, 1970c. 39). Desse modo, o modelo da GT permite evidenciar que "todas as transformações gramaticais são correspondências entre estruturas, e que as estruturas profundas que estão por trás de todas as frases consistem, também, por sua vez, de parentetizações rotuladas" (*Id., ib.*).

5.4.8. OS TRÊS COMPONENTES GRAMATICAIS: SINTÁTICO, FONOLÓGICO E SEMÂNTICO

O que gera a *interpretação semântica* não é a interpretação fonológica, que é, em si, um mero veículo para a exteriorização das *regras* pertinentes (isto é, da *sintaxe*) para a produção do significado. Todos sabem, desde Saussure, que a relação instauradora da semiose entre o significante e o significado é arbitrária. O componente sintático funciona como um mediador abstrato entre o plano da expressão (componente fonológico) e o plano do conteúdo (componente semântico). Dito de outro modo, a gramática de uma língua consta de três componentes:

(*a*) o componente sintático [único dotado da propriedade gerativa];

(*b*) o componente fonológico [interpretação externa de (a)];

(*c*) o componente semântico [interpretação de (a)].

Assim, (b) e (c) são dotados da propriedade interpretativa: são eles os encarregados de traduzir, fonológica e semanticamente, o corponente sintático das línguas. ([58])

Neste livro examinaremos, apenas, o componente sintático.

---

(58) Não se pode calar uma importante restrição que muitos lingüistas, transformacionalistas ou não, como Lakoff, McCawley, Ducrot, Greimas, entre outros, fazem à posição que Chomsky assumiu, inicialmente, com relação aos três componentes gramaticais, particularmente no que tange à relação entre a sintaxe e a semântica. Para os quatro lingüistas citados, a *estrutura profunda* é a instância do *componente semântico,* não só do sintático. Esta opinião coincide, aliás, com a concepção de Peirce e Morris, para quem,

5.4.8.1. Os Dois Subcomponentes Sintáticos

Chomsky propõe dividir a sintaxe (o componente sintático) de uma língua em duas partes (subcomponentes). O componente sintático incluiria:

(a) Um componente sintagmático; e
(b) um componente transformacional.

5.4.8.1.1. O Componente Sintagmático

O componente sintagmático (também chamado *componente de base* ou de "estrutura de frase" *phrase structure*) forma a *estrutura profunda*. Participam do componente de base:

(a) as regras sintagmáticas (ou *regras de reescrita, regras de ramificação,* abreviadamente *PS* — do inglês *phrase structure*);
(b) as regras de subcategorização;
(c) o léxico.

"Quanto ao número de palavras no vocabulário, ele é finito ou, pelo menos, supomos que o seja. O conjunto de palavras varia consideravelmente de um para outro falante, e há, sem dúvida, diferenças entre o vocabulário "ativo" e o vocabulário "passivo" de cada indivíduo (isto é, entre as palavras que esse indivíduo utilizará como falante e as palavras que ele compreenderá, enquanto ouvinte). Para

---

como vimos (cf. 1.2.), o componente semântico engloba o sintático. Compartilhando esse modo de ver as coisas, queremos lembrar, com Saint-Jacques 1967. 27 *ss*), que o próprio Chomsky mudou de parecer com respeito à posição que se há de conceder à Semântica dentro do quadro geral da teoria gramatical. Nos *Aspects of the Theory of Syntax,* em 1965, ele reconheceu, com exemplar probidade intelectual, a colocação defeituosa que viciara a sua primeira versão da Gramática Gerativa, reproduzida, em 1957 (*Syntactic Structures*), nos seguintes termos: "... só uma base puramente formal pode propiciar um fundamento sólido e produtivo para a construção da teoria gramatical" (p. 100). Se assim Chomsky excluía a semântica da sua gramática, em 1965, nos *Aspects...,* reformulava essa concepção, afirmando: "De fato, não se pode garantir, necessariamente, que as considerações sintáticas e semânticas possam ser distinguidas de modo nítido. Uma decisão acerca das fronteiras que separam a sintaxe e a semântica — se é que há alguma — não constitui um pré-requisito para o estudo teórico e descritivo das regras sintáticas e semânticas" (p. 106).

206

simplificar, podemos dizer que o vocabulário de uma língua é, ao mesmo tempo, determinado, invariável e finito" (Lyons, 1971. 68-70).

5.4.8.1.1.1. Regras de Reescrita

As regras de reescrita mais as regras de subcategorização descrevem a estrutura da frase. A fórmula canônica de tais regras é

$$VXW \rightarrow VYW$$

onde X é um elemento gramatical que deve ser reescrito (a indicação da regra de reescrita sendo dada pela flecha $\rightarrow$) sob a forma de outro elemento, Y, dentro do contexto limitado pelos símbolos V — W.

5.4.8.1.1.1.1. Regras Dependentes do Contexto e Regras Independentes do Contexto

Uma regra desse tipo contém um contexto V — W que pode ser:

(a) *formado de símbolos nulos* (V é nulo e W é nulo), caso em que tal regra se diz ser "independente do contexto" — (*context free,* abreviadamente CF). Uma regra independente do contexto indica que se pode sempre substituir (ou reescrever) Y por X, qualquer que seja a construção em que X se encontre;

(b) *formado de símbolos não nulos* (V não é nulo e W não é nulo), caso em que tal regra se diz "dependente do contexto", "sensível ao contexto", *context sensitive,* abreviadamente *CS*. Uma regra dependente do contexto indica que só se pode substituir X por Y naquele contexto determinado e não em outro contexto qualquer.

5.4.8.1.1.2. O componente de base (PS) situa-se na estrutura profunda

Frases como

1. O homem come a maçã
2. A aluna compra os cadernos
3. O professor lê a lição
4. O cão morde o transeunte

não são senão variantes realizadas em determinados momentos de um mesmo tipo de frases portuguesas que se constroem a partir da

207

classe dos artigos (Art.), "o", "a", etc., dos substantivos (Subst.) "homem", "maçã", "aluna", "cadernos", "professor", "lição", "cão", "transeunte", etc., e dos verbos (V.) "come", "compra", "lê", "morde", etc. Se colocarmos em coluna, um abaixo de outro, os membros das mesmas classes, veremos que a leitura vertical das colunas nos possibilita revelar a estrutura desse tipo de frases,

↓	↓	↓	↓	↓
O	homem	come	a	maçã
A	aluna	compra	os	cadernos
O	professor	lê	a	lição
O	cão	morde	o	transeunte
↓	↓	↓	↓	↓
Art.	N	V	Art.	N

que se poderia descrever assim (o índice 1 sotoposto a F indica que se trata de um único modelo de frases):

$$F_1: \text{Art} + N + V + \text{Art} + N \, (^{59})$$

Essa fórmula descreve a *estrutura subjacente* da F_1, que pode se manifestar, nos atos concretos da fala, sob formas muito variadas

5. O professor morde a maçã (ou seja, Art + N de 3. + V de 4 + Art + N de 1)
6. O homem compra a lição (ou seja Art + N de 1, V de 2. + Art + N de 3)

etc., já que *os membros das mesmas classes podem se substituir mutuamente no mesmo ponto do mesmo contexto*. É, aliás, o que diz a fórmula de reescrita, já vista,

$$VXW \to VYW$$

---

(59) Numa gramática gerativa, cada palavra do dicionário será colocada na classe sintática a que ela pertence. Não basta, pois, formular descrições ou definições do tipo "o nome é uma palavra que designa um ser ou uma coisa". (Lyons, 1971.73).

A operação de combinação, simbolizada por "+" poderia também ser indicada pela mera justaposição

Art N V Art N

ou por um pequeno arco

Suponhamos que V represente, na fórmula acima, o primeiro sintagma nominal (SN_1) "o homem", X represente o V "come", e W represente o segundo sintagma nominal (SN_2), "a maçã". Teríamos, então, a seguinte descrição da frase 1:

1. | O homem | | come | | a maçã |
    |---|---|---|---|---|
    | SN_1 | $+$ | V | $+$ | SN_2 |
    | V | | X | | W |

Aplicando a regra de reescrita, podemos gerar, a partir da frase 1, várias outras,

1. O homem come a maçã $\longrightarrow$ 7. O homem compra a maçã
    V   X   W   V   Y   W

1. O homem come a maçã $\longrightarrow$ 8. O homem morde a maçã
    V   X   W   V   Y   W

mediante o recurso de efetuar substituições lexicais muito simples, de "come" por "compra", e de "come" por "morde", nos casos das frases 7. e 8. Para tanto, basta seguir as indicações das regras de substituição lexical.

5.4.8.1.1.3. Regras de Substituição Lexical e Sistemas de Reescrita

As regras de substituição lexical permitem substituir, numa dada descrição de estrutura de frase (PS), uma palavra particular ("come", por exemplo), por outras palavras ("compra", "morde"...), pertencentes à mesma classe da primeira ("come", "compra", "morde" são membros da mesma classe dos verbos).

Cada regra de substituição lexical ordena fazer uma única substituição de cada vez. Foi o que fizemos acima, "gerando" na "saída" (*output*) do sistema de substituição (à direita da flecha), as novas frases 7 e 8. Se ao invés de aplicar uma única regra de substituição em dado ponto da PS, efetuarmos substituições em todos os pontos da PS, construiremos um *sistema de reescrita*. Um sistema de reescrita semelhante ao seguinte

(1) $F_1 \rightarrow$ Art $+$ N $+$ V $+$ Art $+$ N
(2) Art$\rightarrow$ { o, a, os }
(3) N$\rightarrow$ { homem, maçã, aluna, cadernos, professor,
              lição, cão, transeunte }
(4) V$\rightarrow$ { come, compra, lê, morde }

constitui uma *gramática gerativa* extremamente simples.

209

Tal gramática nos permite gerar uma grande quantidade de frases novas perfeitamente gramaticais e dotada de sentido.

9. O transeunte lê os cadernos
10. A aluna come a maçã
11. O cão morde a maçã, etc.

Mas ele tem, também, a propriedade de gerar, igualmente, novas frases que seriam definidas como agramaticais ou sem sentido, ou seja, ele produziria frases como

* 12. O cão lê os cadernos
* 13. O homem come a lição, etc.

5.4.8.1.1.4. Regras de Subcategorização e Seleção Lexical

As frases 12. e 13. são inaceitáveis porque se constituem com elementos que mantêm incompatibilidades contextuais: nem todas as palavras, ainda as pertencentes à mesma classe, podem se substituir no interior do mesmo contexto (cf. 5.1.2.c.). Devemos, portanto, reformular o nosso esboço de gramática gerativa, com vistas a evitar, tanto quanto possível, que ele engendre frases agramaticais ou sem sentido.

Um modo simples de fazer tal reformulação consiste em subdividir as classes N e V de tal forma que elas incluam apenas elementos que sejam compatíveis entre si, dotados, pois, da possibilidade de se combinarem no mesmo contexto. Isto quer dizer que teremos de prever *regras de subcategorização.*

Observando a classe N, vemos que ela inclui nomes de vários *seres humanos* ("homem", "aluna", "professor", "transeuntes"), de *animal* ("cão"), de *fruta* ("maçã") de *objetos* de modo geral ("cadernos", "lição"). A partir dessa observação, N pode ser subclassificado assim:

$$N = \begin{cases} Na = \text{homem, aluna, professor, transeunte} \\ Nb = \text{cão} \\ Nc = \text{maçã} \\ Nd = \text{cadernos, lição} \end{cases}$$

Observando a classe dos verbos, verificamos que ela inclui verbos que indicam *ações próprias aos seres humanos* ("compra", "lê") e *ações próprias tanto aos seres humanos quanto aos animais* ("morde", "come"). A classe V será, pois, subclassificada como segue:

$$V = \begin{cases} Va = \text{compra, lê, morde, come} \\ Vb = \text{morde, come} \end{cases}$$

De modo idêntico, far-se-á a subclassificação dos artigos:

$$Art = \begin{cases} Art\ a = o \\ Art\ b = os \\ Art\ c = a \end{cases}$$

Fica claro que se combinarmos apenas os elementos portadores do mesmo índice ($Art_a + N_a$, etc.), poderemos gerar um número de frases aceitáveis maior do que aquele que poderíamos obter com o sistema de reescritura anterior que não fora subclassificado.

No entanto, nem mesmo assim evitaríamos a agramaticalidade, já que Art_a (isto é, "o") poderia se combinar com qualquer elemento de N_a ("homem", "professor", "transeunte"), inclusive com a palavra "aluna", gerando o sintagma anômalo "o aluna", construção que se define como agramatical.

Teremos necessidade, aqui, de encontrar novas regras, organizando um sistema de reescrita cada vez mais particularizado. Poderíamos, digamos, evitar a geração de algo semelhante a "o aluna" subdividindo N_a em N_{aI} e N_{aII}:

$$N_a = \begin{cases} N_{aI} = \text{homem, professor, transeunte} \\ N_{aII} = \text{aluna} \end{cases}$$

e estabelecer que Art_a (ou seja, "o") só se combina com N_{aI} ("homem", "professor", "transeunte") e nunca com N_{aII} ("aluna").

De tudo quanto vimos se depreende que os elementos a serem reescritos são *dependentes do contexto*: o contexto os condiciona em termos de compatibilidade / incompatibilidade. Em outras palavras, as unidades componentes do contexto sofrem o processo da *seleção lexical*. Cada subclassificação adiciona um certo número de regras de substituição no sistema gerativo. Elas dividem o léxico em classes e dividem estas em subclasses que se ordenam hierarquicamente. Tal hierarquia pode expressar-se sob a forma de um diagrama arbóreo (Fig. 34):

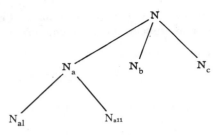

Fig. 34

Contudo, os traços gramaticais de que cada elemento léxico é portador não se submetem a essa hierarquia. Subclassificações sucessivas poderiam, como vimos, regular, até certo ponto, as compatibilidades contextuais, de tal modo que o nosso sistema se tornasse apto para gerar o maior número possível de "boas" frases e o menor número possível de "más" frases. Mas é importante notar que nenhum sistema nos daria a garantia de gerar apenas e exclusivamente frases gramaticais, dotadas de sentido. Isso se deve a dois motivos:

(a) a gramaticalidade de uma língua, tomada nos níveis mais particulares de descrição, mostra-se indeterminada;

(b) as incompatibilidades contextuais não se dão apenas entre classes de elementos: elas se dão, também, entre os membros isolados de cada classe, constituindo *referências cruzadas*.

5.4.8.1.1.5. Os Traços Gramaticais

Nenhuma regra, em conseqüência, pode evitar completamente o aparecimento de *traços sintáticos incompatíveis* em determinados contextos. Elas não evitam, por exemplo, a geração de frases imperfeitas, do ponto de vista da concordância, tal como "o aluna". Certos traços sintáticos ([60]) como [masculino] / [feminino], [singular] / [plural], [animado] / [não-animado], [humano] / [não--humano], etc., coexistem cumulativamente, formando *conjuntos não hierarquizados* (*non-ordered sets*), no interior de cada classe de palavra.

A classe dos substantivos, por exemplo, possui, na instância da sua *estrutura profunda,* cumulados, os traços sintáticos (semânticos)

---

(60) Cremos que se trata, na realidade, de *traços semânticos* ou *semas*.

[humano] / [não-humano], [singular] / [plural], etc. Mas cada membro dessa classe possui um e apenas um desses pares opostos de traços: "cão", por exemplo, contém os traços [substantivo] + [animado] + [não-humano] + [canídeo] + [singular], etc., e, por isso, *só se pode combinar em determinados contextos, na estrutura de superfície, com um V que contenha, pelo menos, alguns dos mesmos traços sintáticos (semânticos)*:

O	cão	morde . . .
t1 [Art]	t1 [Subst.]	t1 [V]
t2 [sing.]	t2 [sing.]	t2 [sing.]
t3 [masc.]	t3 [masc.]	t3 [masc.] / [fem.]
	t4 [animado]	t4 [animado]
	t5 [não-humano]	t5 [humano] / [não-humano]
	t6 [canídeo]	t6 [apertar com os dentes]
	. . . .	t7 [algo sólido]

Como se vê, o traço t_2 [singular] aparece nos três termos, o traço t3 [masculino] aparece no Art e no Subst, os traços t4 [animado] e t5 [não-humano] aparecem no Subst e no V; *eles são redundantes e a essa redundância se resume o problema da concordância e das compatibilidades contextuais.*

A palavra "cão" não pode se combinar, por isso, com um V que contenha traços sintáticos (semânticos) incompatíveis, como, ponhamos, "ler". Por isso não tem sentido dizer "o cão lê..."

O	cão	lê
t1 [Art]	t1 [Subst]	t1 [V]
t2 [sing.]	t2 [sing.]	t2 [sing.]
t3 [masc.]	t3 [masc.]	t3 [animado]
	t4 [animado]	t4 [humano]
	t5 [não-humano]	. . . .
	t6 [animal]	
	. . . .	

O problema, aí, é que o traço t5 [não-humano] de "cão" é incompatível com o traço t4 [humano] de "lê". ([61])

---

(61) Num discurso que se desvie do *grau zero* da linguagem, (isto é, da *norma* que a linguagem apresenta quando na função referencial), como é o caso do desvio apresentado pela poesia, pelos *calembours,* trocadilhos, jogos de palavras, pela linguagem figurada, enfim, tal construção se torna perfeitamente viável. É o que ocorre quando alguém insulta uma pessoa cha-

5.4.8.1.1.6. Dois tipos de representação diagramática do componente de base: a árvore e a parentetização rotulada

Seja o seguinte sistema de regras de reescrita:

Axioma inicial: F

R.1. F→SN + SV
R.2. SV→V + SN
R.3. SN→Art + Subst
R.4. Art→ { o, a }
R.5. Subst→ { professor, lição }
R.6. V→lê

Essas regras nos permitem engendrar a *seqüência terminal*

3. O professor lê a lição

mediante a observação das seguintes condições:

(*a*) as regras devem ser aplicadas pela ordem em que ocorrem, pois cada regra produz os elementos necessários para a aplicação da regra subseqüente. R.1 deve ser aplicada antes de R.2, R.2 antes de R.3, etc.;

(*b*) a flecha dá a instrução de se substituir o símbolo da esquerda (representante da classe de palavras) pelo símbolo da direita (representante da "palavra" membro da classe);

(*c*) o termo à esquerda de R.1 (ou seja, F) nos dá a construção de nível mais elevado, que *domina* toda a construção. *F* constitui, assim, o *axioma inicial, símbolo* ou *cadeia inicial,* ou, ainda, *cadeia dada;*

(*d*) com a aplicação seqüencial e continuada das regras chegaremos a um ponto em que nenhum símbolo aparecerá à esquerda da flecha. Teremos nesse ponto uma *cadeia terminal, onde* já não haverá nenhum símbolo para ser reescrito, produto de uma *derivação.*

Partindo do axioma inicial F, teríamos a seguinte derivação do nosso sistema de reescrita, acima apresentado:

---

mando-a de "cão". Em tal caso, o traço [humano] que a pessoa possui, será substituído pelo traço [não-humano] (equivalente a [animal]); é isso, precisamente, que se sente como afrontoso. Esse mecanismo de permuta de semas entre dois conjuntos sêmicos que são apenas parcialmente diferentes é que funda a figura da *metáfora.*

214

1. F   (dada)
2. SN + SV   (aplicando R.1)
3. SN + V + SN   (aplicando R.2)
4. Art + Subst + V + Art + Subst   (aplicando R.3)
5. o + Subst + V + a + Subst   (aplicando R.4)
6. o professor + V + a lição   (aplicando R.5)
7. o professor lê a lição   (aplicando R.6)

Esse sistema de reescrita pode ser representado diagramaticamente através de dois tipos de esquema: o esquema fenogramático (ou de *árvore*) e o esquema da parentetização etiquetada.

A árvore é obtida colocando-se sob cada símbolo de classe os símbolos de palavras que os substituem pela aplicação das regras, ligando-se os substituintes e os substituídos mediante um traço.

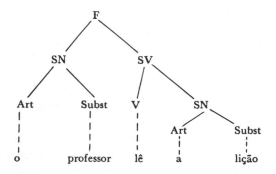

Desse modo, as relações hierárquicas entre os constituintes permite a recondução dos elementos, através de linhas convergentes, a um só nódulo do diagrama. (62) "De uma cadeia de elementos ligados

---

(62) Assim, a frase *An old man gave the airplane to Helen* "Um velho deu o avião para Helena" teria a seguinte árvore (cf. Langacker, 1967, 97 *ss.*):

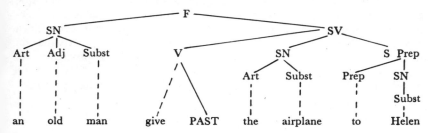

todos a um nódulo rotulado de *A,* diz-se que ela *é um A,* ou é um *membro da construção A...,* e assim por diante. Pode dizer-se que A tem esses elementos como seus constituintes ou que A *domina* esses constituintes" (Postal, 1970, 97).

Esse tipo de diagrama descreve, também, frases mais complexas, do tipo *Helen sang and Alice played the flute* "Helena cantava e Alice tocava a flauta" (*Id., ib.*)

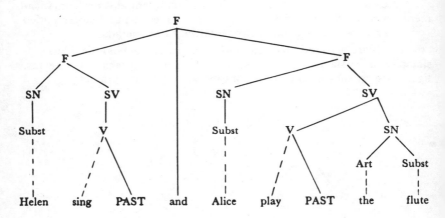

Representa-se aí a hierarquia de dominação na estrutura profunda da frase. F, o axioma inicial, domina todo o conjunto: ele se encontra na primeira etapa da derivação. SN e SV, por sua vez, na segunda etapa, dominam o sujeito e o predicado, respectivamente, etc. Por outro lado, a "saída" (*output*) da regra gramatical é representada pelas linhas cheias enquanto que a parte que provém do léxico (as palavras) é representada pelas linhas interrompidas.

Quanto ao esquema da parentetização rotulada (ou *etiquetada*), ele é obtido escrevendo-se no interior de parênteses os segmentos da cadeia terminal que possuem a mesma dominação. Cada vez que aplicamos uma regra colocamos entre parênteses a seqüência de elementos que dessa regra resulta. Os parênteses são rotulados, para mostrar a dominação. Assim, a seqüência SN + SV, derivada da regra 1, é transcrita: F (SN + SV). O mesmo procedimento aplica-se a SN + V + SN, o que dá F (SN + SV$^{(v\ +\ sn)}$), e assim por diante. Logo, a frase 3, "o professor lê a lição" produz, partindo-se do axioma inicial, F:

$$\{ SN + SV \} \tag{R.1}$$

$$\{ SN + SV \, {}^{<V + SN>} \} \tag{R.2}$$

$$\{ SN \, {}^{[Art + Subst]} + SV \, {}^{<V + SN \, [Art + Subst]>} \} \tag{R.3}$$

$$\{ SN \, {}^{[Art^{(o)} + Subst]} + SV \, {}^{<V + SN \, [Art^{(a)} + Subst]>} \} \tag{R.4}$$

$$\{ SN \, {}^{[Art^{(o)} + Subst\,(professor)]} + SV \, {}^{<V + SN \, [Art^{(a)} + Subst\,(lição)\,]>} \}$$

$$\{ SN \, {}^{[Art^{(o)} + Subst\,(professor)]} + SV \, {}^{<V\,(lê) + SN \, [Art^{(a)} + Subst\,(lição)\,]>} \}$$

Cada regra parentetiza conjuntamente os constituintes da construção definida e ao mesmo tempo rotula (etiqueta) essa construção. Daí o nome de parentetização etiquetada. As camadas estruturais estão também assinaladas: SN e SV estão num nível mais elevado do que seus constituintes Art + Subst e V + SN que eles etiquetam.

É evidente que tanto a representação fenogramática quanto a parentetização não constituem senão um "aggiornamento" da tradicional análise por Constituintes Imediatos (IC), que daria

Art	Subst	V_{tr}	Art	Subst
o	professor	lê	a	lição
		SN		
		a		lição
SN		SV		
o professor		lê	a	lição
F				
o professor		lê	a	lição

5.4.8.1.1.7. Regras Alternantes

E possível que desejemos, por qualquer razão, ampliar nossa gramática, para que ela produza, além de frases do tipo 1 (F_1) que contém apenas um V transitivo, frases de um segundo tipo (F_2), contendo um V intransitivo. Neste caso, basta-nos introduzir regras que possibilitem reescrever o SV dos dois diferentes modos. Por exemplo:

R.1 F→ SN + SV
R.2.a. SV→ V_t + SN
R.2.b. SV→ V_{int} + Adv
R.3 SN→ Art + Subst
R.4 Art→ o, a
R.5 Subst→ professor, aluna, atleta
R.6.a. V_t→ vê, ensina, etc.
R.6.b. V_{intr}→ corre, viaja
R.7. Adv → muito

R.2.a e R.2.b, tanto quanto R.6.a e R.6.b, mostram que é necessário *aplicar, ou bem uma, ou bem outra das duas possibilidades* que cada par prevê, mas a escolha entre essas possibilidades é livre. Desse modo, R.2.a. — R.2.b, R.6.a — R.6.b, são *regras alternantes*. No entanto, se o falante escolhe a possibilidade de R.2.a., a alternativa R.6.a / R.6.b, deixa de ser livre, porque ela ficou condicionada à escolha anteriormente efetuada; ou seja, à escolha R.2.a. corresponde, no contexto, a escolha R.6.a., à escolha R.2.b. corresponde R.6.b.

5.4.8.1.1.8. Regras Obrigatórias e Regras Facultativas

Se dividirmos a regra 3, acima, em outras duas

R.3 SN→Art + Subst
R.4 SN→Adj + Subst

especificando que a R.3 é obrigatória, enquanto que a R.4 é facultativa, nossa gramática poderá gerar

O professor lê a lição (R.3)
O professor lê nova lição (R.4).

Essas construções poderiam ser representadas por árvores que esquematizam o indicador sintagmático

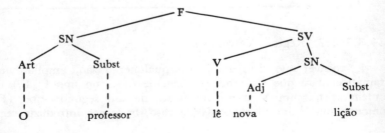

Estudando as árvores até agora apresentadas, vemos que todas as frases que elas representam são subtipos de um único tipo de frase

$$F \ (SN + SV)$$

Isto significa que, a um certo nível de análise (o dominado por SN e SV), tais árvores são estruturalmente idênticas. SN e SV representam um primeiro nível (nível 1).

As diferenças vão aparecer a partir do nível inferior (nível 2), onde SN, por exemplo, pode ser composto apenas de Subst (como na frase "João lê nova lição"), ou de Art + Subst, ou de Adj + Subst, etc., que é o nível dos constituintes do SN e do SV.

O nível 1 (SN, SV) inclui as *cadeias terminais* ("o professor", "lê nova lição"): é o nível do sujeito e do predicado. O nível 2 (Subst, V, Adv, etc.), inclui os *símbolos terminais*: é o nível dos constituintes do sujeito e do predicado.

O nível 3 ("João", "o" "professor", "nova" "lição") etc., é o nível dos elementos que provêm do léxico.

Como vimos, a introdução de regras facultativas e de regras alternantes aumenta o alcance da nossa gramática e permite que várias construções sejam reagrupadas em subtipos dentro de um mesmo tipo estrutural de frase.

5.4.8.1.1.9. Regras recursivas

Pode dar-se o caso de que tenhamos de analisar frases compostas com um número muito grande de sintagmas ligados por *e* ou *que*:

(1) F→ABCD   este é aquele gato
                 A   B   C   D

(2) D→EFGH   que pegou o rato
                 E   F   G   H

(3) H→IJKL   que comeu o queijo
                 I   J   K   L

(4) L→MNOPQ   que estava com a menina
                 M   N   O   P   Q

(5) Q→RSTU   que pôs o vestido... etc.
                 R   S   T   U

2.º exemplo: (sintagmas ligados por *e*) —

Vi teu irmão
   e tua mãe
     e teu pai
       e teus amigos... etc.

"O encantador, fascinante, perigoso e cruel jogo da verdade."

Elementos como "que" e "e" acima são *elementos recursivos,* já que as seqüências deles derivadas podem, por sua vez, contê-los, gerando um conjunto infinito de *cadeias terminais.* Para descrever tais elementos recursivos poderíamos ser levados a pensar que o método mais simples seria o de introduzir em nossa gramática uma série de regras alternantes:

(4 a) Subst→Subst + e + Subst
(4 b) Subst→Subst + e + Subst + e + Subst
(4 c) Subst→Subst + e + Subst + e + Subst + e + Subst

mas isso não é nada prático em virtude de ser teoricamente infinito o número de elementos recursivos que podem ser coordenados. É claro que tal solução nada resolve pois é teoricamente impossível introduzir um número infinito de regras alternantes. Podemos, no entanto, fazer com que a regra (4) seja aplicada um número infinito de vezes. Esta regra (4) será transformada, então, numa *regra recursiva.* (A regra recursiva deve prever, na sua notação, o número de vezes que deva ser aplicada.)

5.4.8.1.1.10. Frases Complexas

As *frases complexas* são conjuntos formados de frases que perderam sua autonomia sintática (cf. 4.5) de tal modo que umas se subordinam a outras, privilegiando a autonomia sintática do conjunto. Desse modo, frases (ou orações) complexas são constituídas por frases menores que podem desempenhar os papéis de orações subordinadas (à oração como um todo), de um sintagma nominal, de uma cláusula relativa ou, ainda, de orações coordenadas.

O seguinte esquema dá conta da descrição de uma frase complexa que fosse constituída por frases coordenadas (como "Eu sou professor, e meu irmão é médico e minha irmã é dona de casa"):

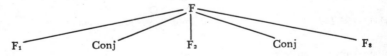

Uma frase complexa, com frases subordinadas, tal como *A few congressmen seem to realize that the administration's present foreign policy is leading the country toward an ultimate direct confrontation with China* "Uns poucos congressistas parecem dar-se conta de que a política exterior da atual administração está conduzindo o país para um definitivo confronto direto com a China" (Langendoen, 1969.10-13), pode ser visualizada como segue:

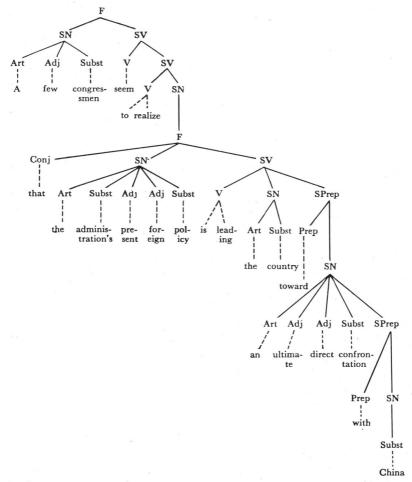

5.4.9. Limitações da Gramática Sintagmática

Uma gramática de estrutura sintagmática funciona como uma máquina markoviana que parte de um estado inicial (F, frase) e passa por vários outros estados (por exemplo: SN→ Art + Subst, ou SV→ V + SN) até produzir uma seqüência terminal como

The man hit the ball "O homem chuta a bola"

à qual já não se aplica regra alguma. Tal tipo de máquina não pode se referir a estados anteriores ou posteriores à do ponto onde se move: ela não é prospectiva nem retrospectiva. Por essa razão, uma gramática sintagmática limita-se a descrever a forma simples do verbo (do tipo V→hit) mas ela não serve para descrever formas do tipo

takes, has + taken, will + take, etc.

que aparecem em outros contextos em que surge o verbo "to take".

Tais gramáticas são incapazes de esclarecer fatos como as ambigüidades, ou as relações entre os diferentes tipos de orações, entre orações reduzidas e nominalizações e orações plenas, etc..

"Considerando estas limitações das gramáticas de estrutura de constituintes, Chomsky foi levado, sob influência de algumas considerações de Z. S. Harris, a formular uma nova concepção da teoria gramatical, na qual as regras de estrutura de constituintes eram suplementadas por novos mecanismos, mais poderosos, chamados *transformações*" (Postal, 1970. 104).

Chomsky pensa que certas mòdificações poderiam descrever as pressões contextuais através de regras adicionais de escrita capazes de dar conta dessa variabilidade do verbo. Por exemplo

(I) $V \rightarrow Aux + V$
(II) $V \rightarrow hit$, take, walk, read, etc.
(III) $Aux \rightarrow C(M)$ (have+en) (be+ing) (be+en)
(IV) $M \rightarrow Will$, can, may, shall, must

$$
\supset (I) \begin{cases} s \text{ no contexto } /SN \\ \qquad\qquad\qquad\quad sing \\ \phi \text{ no contexto } /SN \\ \qquad\qquad\qquad\quad pl \\ passado \end{cases}
$$

(II) $Af + V \rightarrow V + Af \#$
(III) Substituir + por # salvo no contexto V — Af
    Inserir # no início e no fim
    (# designa a ligação ou fronteira de palavras)

Tais regras mostram que o símbolo Aux (auxiliar) indica sempre um valor de C (que pode corresponder seja ao morfema do presente plural ϕ = morfema zero, seja ao morfema do passado singular ou plural), C tomado sozinho ou com outro(s) elemento(s):

M (verbo modal) "have + en", "be + ing", "be + en"

222

Esses três últimos elementos são, cada um deles, um elemento do auxiliar (cf. Arcaini, 132) já que "have" ou "be" quando são empregados como auxiliares implicam na presença do afixo (Af) "en" ou "ing". Elementos como "have... en" e "be ... ing" são *descontínuos* (morfemas descontínuos; por exemplo, "he seems to *be* sleep*ing*" "ele parece estar dormindo"). Eles não se deixam descrever por meio de uma gramática sintagmática. É uma das limitações desse tipo de gramática.

Uma outra limitação da gramática sintagmática está no seu modo de tratar as relações entre a frase ativa e a frase passiva. As frases passivas se formam, em inglês, com o elemento "be + en". Mas existem várias restrições quanto ao emprego de "be + en" para gerar frases gramaticais;

(a) o verbo que segue "be + en" deve ser transitivo (de outro modo se gerariam frases como * *it was occurred*);

(b) "be + en" não pode anteceder um SN, mesmo ocorrendo junto a um verbo transitivo (o que evita gerar frases como * *Lunch is eaten John*);

(c) quando o verbo é transitivo e é seguido de um SPrep (sintagma preposicional) "by + SN" deve-se quase sempre escolher o elemento "be + en", sob pena de se produzir frases como * *John is eating by lunch*.

Por causa de tais restrições, Chomsky pensa ser mais acertado excluir a consideração da frase passiva do âmbito da gramática de estrutura sintagmática, pois esta não pode descrever morfemas descontínuos nem lidar com inversões na ordem de colocação dos elementos — e tal inversão aparece na frase passiva (do português, por exemplo), onde o SN_1 "sujeito" da ativa correspondente se transforma no SPrep "agente da passiva", ao mesmo tempo em que SN_2 "objeto da ativa" se transforma em SN_1 "sujeito da passiva":

Frase ativa: João quebra o vaso

$$SN_1 \qquad V \qquad SN_2$$
$$\text{(suj.)} \qquad\qquad \text{(objeto)}$$

Frase passiva: O vaso é quebrado por João

$$SN_2 \qquad V \qquad SPrep$$
$$\text{(suj.)} \qquad\qquad \text{(agente)}$$

223

5.4.10. A Transformação

As limitações apresentadas pela gramática de estrutura sintagmática sugeriram a formulação de um novo tipo de regras, ditas transformacionais. Tais regras operam sobre uma cadeia terminal e a transformam em outra(s) seqüência(s) dotada(s) de uma diferente estrutura constituinte:

(1) $SN_1 + V + SN_2$, por exemplo, se transforma em (2) $SN_2 +$ is V *en* + by + SN_1

A passagem da primeira frase para a segunda faz-se mediante *regras de transformação,* as quais têm a função de relacionar os níveis da estrutura subjacente (profunda) e da estrutura superficial. *Uma transformação é o resultado da operação de uma regra que se aplica em duas etapas:*

(*a*) pelo fato de aplicar-se a uma *cadeia terminal* (ou *seqüência terminal*) que se deixa analisar numa seqüência determinada de categorias sintagmáticas, sua primeira etapa consiste em fazer a atribuição de uma certa *análise estrutural* às seqüências terminais que serão transformadas. Isto equivale a dizer que, *contrariamente ao que faz a regra de reescrita de uma gramática sintagmática, uma transformação não afeta símbolos individuais isolados; ela não afeta nem mesmo uma única seqüência; ao contrário, ela afeta todo o indicador sintagmático;*

(*b*) em segundo lugar, a transformação opera certas *mudanças estruturais* naquelas mesmas seqüências isoladas na primeira etapa.

O resultado dessa transformação aplicada a um primeiro indicador sintagmático — dito *indicador sintagmático subjacente* — é um novo indicador sintagmático (ou novos ii. ss.) — *dito indicador sintagmático derivado.* Qualquer frase, por mais simples que seja, possui vários indicadores sintagmáticos, um dos quais é *subjacente* sendo os demais *derivados.* Uma seqüência que já não sofra transformações é um *indicador sintagmático derivado final.*

Eis um exemplo da transformação passiva ($T_{passiva}$) :

$T_{passiva}$: (a) A. E. ($=$ análise estrutural)

indicador sintagmático:

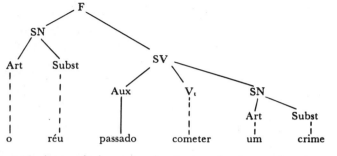

seqüência terminal: o + réu + passado + cometer + um + crime
            SN₁   Aux   V_t   SN₂
             1   2   3   4

(b) segunda etapa: M. E. (= mudança estrutural):

1 — 2 — 3 — 4→4 — 2 + ser — 3 + PP — pelo + 1 (PP=Particípio
            um crime foi cometido pelo réu   Passado

5.4.10.1. Componentes da Gramática transformacional

Uma gramática apta para incorporar tais regras deverá constar de três componentes:

(a) um componente sintagmático (que dá o indicador sintagmático subjacente);
(b) um componente transformacional (que dá os indicadores sintagmáticos derivados);
(c) um componente fonológico (que consiste de regras morfofonêmicas capazes de reescrever sob uma representação fonética apropriada as cadeias terminais).

O componente fonológico atua conformemente à fórmula X→Y.

O componente fonológico do inglês incluiria, por exemplo, regras como as seguintes:

(i) walk→/wɔk/
(ii) take + passado→/tuk/
(iii) hit + passado→/hit/
(iv) /...D/ + passado→/...D/ + /id/, onde D + /t/ ou /d/, etc.

225

5.4.10.2. Tipos de Transformação:
substituição, permuta, adição e supressão

Uma outra importante diferença entre as regras da gramática sintagmática e as regras da GT deve ser assinalada. Ao contrário das primeiras, estas últimas permitem efetuar operações muito variadas nas cadeias sobre as quais se aplicam. A $T_{passiva}$, como vimos, incide sobre vários símbolos simultaneamente e comporta operações muito diferentes. Essas operações — ou tipos de transformação — são:

(a) de *substituição* (SN_2 "objeto" da ativa substituindo SN_1 "sujeito", em nosso exemplo);

(b) de *permuta* (a + b→b + a) —. Em nosso exemplo, SN_1 vai ocupar o lugar de SN_2, o qual, por sua vez, passa para o lugar de SN_1;

(c) de *adição* (a→a + b) —. Em nosso exemplo, a adição de "2 + ser" ao constituinte Aux, bem como a adição de PP ao V_t e ainda a adição de *pelo* ao SN).

Além dessas transformações pode aparecer, ainda, a transformação de apagamento ou supressão (a + b→b ou, então, a→ϕ) de certos elementos (como quando dizemos *um crime foi cometido,* com supresão de *pelo + SN$_1$* mediante uma T_{elipse}).

5.4.10.3. Transformações Obrigatórias
e Transformações Facultativas

5.4.10.3.1. Frases Nucleares e Frases Derivadas

Tanto quanto a aplicação das regras da GS (gramática sintagmática) as regras de transformação da GT são ordenadas. No exemplo que vimos, a $T_{passiva}$ foi aplicada a uma cadeia que não havia sido, ainda, submetida à T_{afixo}. A T_{afixo}, no entanto, é uma *transformação obrigatória* no sentido de que ela é sempre exigida como condição necessária para que obtenhamos uma frase gramatical. Nenhuma frase do português pode dispensar a concordância verbal TPN (tempo, pessoa e número) do mesmo modo como não pode dispensar a concordância nominal. A concordância do Art com o N sobre o qual o Art incide, no que respeita ao *número,* por exemplo, obedece às duas regras seguintes:

N→RN + N (RN = raiz nominal; N = Número)
N→∫Sg (singular)
  ⎨Pl (plural)

Assim, Chomsky distingue dois tipos de frases:

(a) *frases nucleares* (*kernel sentences*), que se produzem pela aplicação das transformações obrigatórias às cadeias terminais do componente com estrutura sintagmática. Correspondem à *frase ativa declarativa simples,* cujo modelo de base é SN + SV, como vimos;

(b) *frases derivadas,* que são produzidas pela aplicação de uma combinação de regras de transformação obrigatórias e facultativas. Uma transformação facultativa, como a $T_{passiva}$, digamos, não é normalmente exigida por nenhuma condição interna da língua. Exemplos de frases derivadas são as frases passivas, interrogativas, complexas, etc.

5.4.10.4. *Transformações Elementares*

A mudança estrutural associada a cada transformação será representada por uma seqüência finita de *transformações elementares.* Cada transformação elementar é aplicada a n termos, cada um dos quais (i) tem uma mudança estrutural definida pela fórmula

$$T_{el} (i; s_1, \ldots, s_n) = \sigma i$$

onde "σi" representa o que se coloca no lugar de "i" na seqüência derivada.

Exemplos:

(a) em inglês, a transformação interrogativa converte

John will come

em

Will John come

através da mudança estrutural

$$s_1 - s_2 - s_3 \rightarrow s_2 - s_1 - s_3$$

que se define pela seqüência das transformações elementares

$$T_{el} (1; s_1, s_2, s_3) = s_2;$$
$$T_{el} (2; s_1, s_2, s_3) = s_1;$$
$$T_{el} (3; s_1, s_2, s_3) = s_3;$$

ou seja: s_1 é substituído por s_2, s_2 é substituído por s_1 e s_3 é substituído por s_3 mesmo (= *transformação idêntica*) (*b*) *Transformação passiva do francês*:

Para a mudança estrutural

$$s_1 - s_2 - s_3 - s_4 \to s_4 - s_2 + \text{être} + PP - s_3 - \text{par} + s_1$$

temos a seguinte seqüência de transformações elementares:

$$T_{el} (1; s_1, s_2, s_3, s_4) = s_4;$$
$$T_{el} (2; s_1, s_2, s_3, s_4) = s_2 + \text{être} + PP;$$
$$T_{el} (3; s_1, s_2, s_3, s_4) = s_3;$$
$$T_{el} (4; s_1, s_2, s_3, s_4) = \text{par} + s_1$$

É preciso aplicar cuidadosamente a seqüência das transformações elementares, da esquerda para a direita e na ordem em que aparecem, para chegar à atribuição correta de um indicador sintagmático à seqüência derivada.

5.5. Limites da Gramática Transformacional

Por várias vezes, em seus livros e artigos, Chomsky fez questão de enfatizar o seu débito pessoal para com os lingüistas do passado. Sua originalidade consistiu, por isso, menos em elaborar conceitos como o de "transformação", por exemplo, do que em ter-lhes dado uma formalização extremamente rigorosa. Assim, a observação feita por Malmberg (1968. 264, nota 1) de que a *transformação* era aplicada nas escolas européias muito antes do aparecimento de Chomsky não pode diminuir em nada o mérito da obra deste; em primeiro lugar, porque o conceito de transformação de Chomsky é formalizado, enquanto que a noção de transformação das gramáticas européias de princípios do século é *ingênua* (não-formalizada); em segundo lugar, porque Chomsky nunca fez praça de originalidade ou de pioneirismo.

De qualquer modo, as intuições, por luminosas ou engenhosas que sejam, não bastam para constituir uma ciência. Saussure, por exemplo, ao comparar a língua a um dicionário cujos exemplares tivessem sido distribuídos a cada indivíduo da mesma coletividade antecipou, de modo genial, a noção chomskyana de *competência* ("saber implícito dos falantes"), mas Saussure não quis ou não conseguiu desenvolver essa noção, nem a formalizou. Por outro lado, Chomsky é um extraordinário argumentador: as justificações epistemológicas das premissas que ele elege para fundamentar a sua teoria são irrepreensivelmente colocadas.

Malgrado a firmeza da sua argumentação, ela tem sido impugnada, aqui e ali. Isso é natural e inevitável, já que Chomsky propõe uma ruptura da *epistemé* estruturalista que veio orientando os estudos lingüísticos, ao longo do século vinte.

Muitas das objeções que se ergueram contra a sua proposta de uma "nova" teoria gramatical estão na raiz de certas correções de rumo imprimidas ao transformacionalismo; outras permanecem, tanto quanto sabemos, sem resposta. Duas ou três delas, entre as mais importantes, merecem ser conhecidas, particularmente as que tratam de noções como a da *competência,* da *intuição do falante,* da *produtividade,* e da incapacidade da teoria chomskyana para lidar com enunciados "desviados do grau zero".

Relativamente à competência, por exemplo, Chomsky contraria, deliberadamente, as severas regras "formuladas pela lingüística pós--bloomfieldiana, segundo as quais o informante deve somente fornecer enunciados, sem se pronunciar jamais sobre o que ele pensa acerca dos enunciados que forneceu" (Lepschy, 1968.176). Como Chomsky se baseia nas *intuições* do falante, Lepschy vê nisso um grave risco: "se se indaga de alguém se duas réplicas são réplicas de um mesmo enunciado ou se são réplicas de enunciados diferentes, expomo-nos ao risco de obter informações não sobre o sistema fonemático da língua em questão, mas sim sobre o grau de sofisticação cultural, sobre a inteligência filosófica, sobre a habilidade fonética, etc., do informante" (*Id., ib.*).

Ainda a propósito da competência, definida como a capacidade lingüística do informante, Richelle escreveu (Richelle, 1971. 37-39) que não é verdade que a criança "adquira uma certa competência que a torna *teoricamente* capaz de efetuar um conjunto infinito de multiplicações". Realmente, esses comportamentos inteligentes não se reduzem a regras generalizáveis independentemente do nível de complexidade dos dados com os quais se trabalha: uma coisa é efetuar 2 x 2, e outra, bem diferente, é efetuar equações mais particulares. Assim nossa *competência visual* não nos permite perceber o infinitamente pequeno e o infinitamente distanciado, e nossa *competência neuro-muscular* não nos permite erguer, manualmente, uma tonelada de peso (*Id.,* 40). Não se trata, aí, de uma imperfeição da nossa *performance,* mas como distinguir, em tais casos, entre o que deve ser atribuído à competência e o que deve ser atribuído à atuação?

Quanto ao conceito de *produtividade,* deve ser lembrado que cada enunciado (*utterance*) é único para a ocasião em que se fez: *um enunciado é um evento* (Cherry, 1971.34), e temos, por isso, de distinguir entre *palavras-evento* (*word-tokens*) e *palavras-tipo* (*word--types*). [63]

Como diz Chomsky, não compete ao lingüista preocupar-se com a palavra-evento ou com o enunciado-evento (*sentence-token*), *de um falante determinado* (*speaker-token*), mas sim com o enunciado--tipo, que é *invariante,* produzido pelo *falante-ideal,* que é também invariante. Ou seja, a gramática deve descrever não a *performance,* mas sim a *competence do falante-ideal.* [64]

Tudo isso está muito bem, porém é necessário observar que *o falante ideal de Chomsky é uma pura abstração filosófica, sem existência concreta.* Em outros termos, se se aceita o falante ideal de Chomsky, nega-se rotundamente qualquer possibilidade de formalização científica de uma *Semiótica pragmática;* e isso é difícil de aceitar.

Um outro ponto controvertido na teoria chomskyana é aquele que se refere à noção de *produtividade.* Certos enunciados, teoricamente possíveis de serem engendrados e definíveis como gramaticais, não são aceitáveis. Assim, a possibilidade de encaixar frases relativas umas nas outras, até o infinito, produz enunciados inteiramente incompreensíveis, do tipo

le rat que le chat que le chien a chassé a tué a mangé le fromage

"o rato que o gato que o cão caçou matou comeu o queijo"

No parecer do lingüista chomskyano, tais enunciados são constitutivos da língua pelo mero fato de que as gramáticas os autorizam — eles são, assim, possíveis —. Se não os encontramos jamais num

---

(63) As primeiras correspondem à *parole* (em termos chomskyanos, à *performance*) e as segundas correspondem à *langue* (*competence,* aproximadamente). Cherry (*op. cit., loc. cit.*) esclarece bem o ponto, quando lembra que uma contagem estatística feita no *Ulysses,* de James Joyce, demonstrou que o livro continha cerca de um milhão de palavras-evento, construídas sobre um vocabulário de cerca de trinta mil palavras-tipo (isto é, verbetes do dicionário).

(64) Falante ideal é aquele cuja *performance* se considera ser não--afetada por fatores lingüísticos variáveis, devidas à diferença das situações, ou às diferentes características psicológicas dos indivíduos (Katz, 1971.103).

230

corpus — tirante o *corpus* muito artificial das obras de lingüística —, é que eles são interditados por restrições pertinentes à *performance* (memória, imbricação lógica impossível de ser explicitada, etc.). A competência comportará, pois, regras que dêem conta de enunciados "teoricamente possíveis" mas praticamente excluídos. Se se pode aceitar uma competência que se atualizaria mais ou menos perfeitamente em razão de acidentes da *performance,* não se vê bem qual estatuto psicológico deve-se atribuir a uma competência que não se atualizará jamais" (Richelle, 1971.37-38).

Algumas outras ressalvas que Pottier (1972.12) faz às concepções chomskyanas são as seguintes:

(*a*) o modelo de base da frase nuclear

SN + SV

é inadequado, pois só se apoia no grupo de línguas cujo enunciado mínimo possui a forma "sintagma nominal + sintagma verbal". Teria sido melhor, talvez, postular, no nível de generalização em que se situa a GT, como modelo de base, dois elementos, $A \times N$, cuja combinatória tivesse a função constitutiva do enunciado;

(*b*) A GT é puramente sincrônica, descurando a descrição dinâmica (ou diacrônica) das línguas. Ora, para que as regras de transformação sejam aplicáveis, os gerativistas *fixam* a língua, decidindo que tal ou qual construção é gramatical / agramatical, que tal verbo pode ou não pode ter um sujeito animado, etc.. Assim eles se situam (exatamente como os taxionomistas estáticos que criticam), num outro tipo de estaticismo, ignorando a constância com que operam as forças evolutivas da língua;

(*c*) A semântica gerativa exibe uma falha de base: os transformacionalistas não possuem uma teoria do signo lingüístico;

(*d*) finalmente, os gerativistas criticam a preocupação taxionômica dos seus antecessores; apesar disso, adotam, sem a menor crítica, o resultado dos estudos taxionômicos: "advérbio", "conjunção", "auxiliar", "artigo", etc., são conceitos utilizados sem uma prévia justificação metodológica.

6. SEMÂNTICA

"The patriotic Archbishop of Canterbury found it
advisable...
— Found *what?* — said the Duck.
— Found *it* — the Mouse replied rather crossly —;
of course, you know what *it* means.
— I know what *it* means well enough when I find a
thing — said the Duck —; it's generally a frog or a
worm. The question is, what did the Archbishop find?"

Lewis CARROLL. *Alice's Adventures
in Wonderland,* Cap. III

Por "semântica" entende-se, comumente, a ciência das "significações das línguas naturais". Essa definição assinala a diferença existente entre uma semântica lingüística propriamente dita, que objetiva
estudar a forma do plano de conteúdo das "línguas naturais", e uma
semântica semiótica que estuda a significação dos sistemas sígnicos
secundários, ainda os que deixam margens para dúvidas no que tange
à participação, neles, da dupla articulação. ([65])

---

(65) Ainda que lentamente, começam a formalizar-se os dados da "semântica semiótica", através de obras dedicadas ao estudo da significação na
moda indumentária (cf. a *matriz significante,* de R. Barthes *in Le Système
de la Mode*), nos mitos (cf. "A estrutura dos mitos", de Cl. Lévi-Strauss,
in *Antropologia Estrutural* e *Jupiter, Mars, Quirinus III,* de G. Dumézil),
na narrativa folclórica (cf. *Morfologia do Conto,* de VI. Ja. Propp, *The
Morphology of the North American Indian Folktales,* de A. Dundes), no
teatro (cf. *Le Signe au Théatre,* de T. Kowzan), no cinema (cf. as obras
de Christian Metz), na psicanálise (cf. *Écrits,* de J. Lacan), etc. Um exemplo fácil de como funciona a "semântica semiótica" é o fornecido pela sistematização dos sentidos nos sinais de trânsito. Aí a *forma circular* é utilizada para indicar *proibições,* enquanto a *forma triangular* indica *advertên-
cias* e a *retangular, informações.*

Uma "semântica lingüística" deve abranger, de acordo com Alan Rey (1969. 7):

(a) o estudo do léxico;
(b) o estudo das estruturas gramaticais (morfologia e sintaxe).

Ela deve, por sua vez, ser abrangida pela Semiótica (no sentido de estudo das relações pragmáticas).

Sob o pressuposto de que o sentido constitui uma evidência, a Semântica constitui, sem dúvida, um dos mais antigos domínios da Lingüística; mas, por isso mesmo, ela se plasmou como o "menos científico" desses domínios.

Na realidade, o sentido não é nunca uma evidência, sendo, como sabemos, o plano dos significantes a única manifestação lingüística. O sentido, em si, é sempre o resultado de uma *interpretação*. De fato, atribuir tal ou qual sentido a uma mensagem significa construir uma metalinguagem parafrásica; ora, as paráfrases são ou não científicas (isto é, da ordem da "compreensão intuitiva" do homem comum para quem "as palavras dizem sempre aquilo mesmo que desejam dizer"), ou científicas (isto é, são *modelos,* construtos' mentais que objetivam descrever o funcionamento dos conteúdos lingüísticos, tal como as fórmulas matemáticas ou químicas).

São enormes os empecilhos para a construção de uma semântica lingüística que possa pretender o título de "ciência". Por causa disso, depois de produzir débeis resultados até o século passado, quando ganhou inclusive o nome que tem, a semântica foi praticamente abandonada pelos estudiosos ao longo da primeira metade do século XX.

Um exemplo claro dessa marginalização da Semântica pode ser encontrado no pudor com que a Lingüística norte-americana de inspiração bloomfieldiana tratou o tema dos significados. Bloomfield e seu discípulo Zellig Harris (bem como — na sua primeira fase — Choms-

---

Devemos precisar, neste ponto, que a nomenclatura *Semântica Semiótica,* aqui utilizada, *não se refere,* obviamente, a uma disciplina autônoma em relação à *Semântica Lingüística* (aliás, a colocação de adjetivos ao substantivo *Semântica,* quaisquer que eles sejam, "Semiótica", "Lingüística", "Estrutural", etc., é, manifestamente, uma redundância). Assim, o nome "Semântica Semiótica" expressa, unicamente, a proposta, reiteradas vezes feita por muitos lingüistas, no sentido de tratar-se separadamente os diferentes meios de expressão com que se formaliza o *universo do sentido, que é uno.* Essa colocação não tem a seu favor senão o frágil apoio das premissas didático-pedagógicas e sua menção, neste livro, não implica, de nenhum modo, numa aceitação, de nossa parte, de uma subdivisão que julgamos descabida (cf. 6.4.1.).

ky, discípulo deste último), são os elos de uma extensa cadeia de estudiosos que puseram a Semântica de quarentena, cadeia essa que vai culminar com Archibald A. Hill, para quem a "única significação propriamente lingüística é aquela que nos permite dizer se duas unidades são as "mesmas" ou se elas são "diferentes" (*apud* Todorov, 1966. 7).

Na Europa, os estudos sobre o sentido ganham adeptos depois dos trabalhos pioneiros de Saussure e Hjelmslev, e seu desenvolvimento mais acentuado pode ser localizado na década dos anos 60. Eis porque na atualidade dispomos de materiais semânticos de valor muito desigual, que não passam de ser, na maioria das vezes, meros projetos daquilo que virá a ser, um dia, a Semântica verdadeiramente científica.

Os mais importantes desses resultados constituirão o objeto de estudo das páginas a seguir. Eles devem ser conhecidos, mesmo que sumariamente, porque deles depende a construção da Semântica dos próximos anos. Podemos enfeixá-los, todos, em cinco grandes linhas de pesquisa:

(*a*) a linha semântica de Saussure e Hjelmslev;
(*b*) a linha semântica lógica (ou da "palavra" isolada);
(*c*) a linha da semântica contextual;
(*d*) a linha da semântica contexto-situacional;
(*e*) a linha da semântica transformacional.

6.1. A Linha Semântica de Saussure

> "... un mot peut être échangé contre quelque chose de dissemblable: une idée; en outre, il peut être comparé avec quelque chose de même nature: un autre mot."
>
> SAUSSURE 1972.160

Ao conceber o signo lingüístico como uma unidade de significante mais *significado,* Saussure *reintroduzia* a Semântica no corpo da Lingüística e reativava o interesse, então adormecido, pelos estudos dessa área.

No CLG, Saussure distingue as relações intra-sígnicas — relações "verticais" no interior de um mesmo signo entre o significante e o significado —, das relações intersígnicas — aquelas que cada signo mantém com os demais signos presentes no mesmo enunciado —. A *parole* se desenvolve sintagmaticamente, ao longo de um virtual eixo de sucessões onde cada elemento discreto ("palavra") ocupa uma *posição significativa*. Graças a isso, o significado desse elemento não provém da sua natureza, mas sim, por um lado, da posição que ele ocupa por referência aos outros elementos coocorrentes em seu contexto e, por outro lado, ele depende dos elementos ausentes desse mesmo contexto, mas por ele evocados, na memória implícita da *langue*. Assim, raciocinava Saussure, um elemento lingüístico é um *puro valor* e o seu significado fica determinado num duplo enquadramento: o *sintagmático*, discernível no contraste entre elementos discretos *in praesentia* na *parole*, e o *paradigmático* (ou *associativo*), discernível nas oposições instauradas entre os membros da mesma classe de palavras e memorizáveis na *langue*.

No famoso exemplo que dá daquilo a que chama "relações associativas", o autor do CLG mostra que todo e qualquer elemento da *langue* se deixa colocar no interior de uma classe onde se associa a outros membros formando sistema: "escola", "aprendizagem", "ensino", etc., são memorizáveis como membros da mesma classe de sentidos (classe da "educação", digamos), num mecanismo de "palavra-puxa-palavra" porque possuem uma mesma marca semântica na sua base (o sema "educação"). Apesar de, com base nessa mesma marca comum, eles se aproximarem uns aos outros, tais termos não se confundem, entretanto.

Essa observação sugere que no eixo das associações mnemônicas coexistem, ao lado da igualdade parcial entre os membros da mesma classe, diferenças parciais que os individualizam. Esse mecanismo institui a estrutura paradigmática no interior das línguas.

Assim, *"marido* e *mulher* não são sinônimos, mas essas duas palavras possuem uma relação semântica que não existe entre *marido* e *queijo* ou *hidrogênio; bom* e *mau* são diferentes quanto ao sentido, mas estão mais próximos do que *belo* e *vermelho* ou *redondo"*, escreve Lyons (1970.329). Tais relações entre elementos comutáveis no mesmo contexto são *relações paradigmáticas* (cf. 2.5.2.).

Mas "unidades do vocabulário podem ser, igualmente, unidas por *relações sintagmáticas*: por exemplo, *cabelos* e *loiros, latir* e *cão, bater* e *pés*, etc." (*Id., ibid.*).

Desse modo, Saussure colocava-se como o pioneiro de uma *semântica estrutural*, ao postular que uma palavra deveria ser descrita a partir do conjunto de relações que a situam, como *palavra-tipo*,

235

nas classes da língua (paradigmática) situando-a, ao mesmo tempo, como *palavra-evento,* nos enunciados da *parole* (sintagmática).

Em outra parte deste livro vimos a definição de *estrutura* no âmbito da Fonologia. É relativamente simples mostrar aí tal conceito, quando verificamos que existe uma mesma relação entre pares de fonemas como

p : b :: f : v

cuja oposição é proporcional porque se monta sobre a mesma dimensão "surda" *vs* "sonora". Esse exercício permitiu se definisse a estrutura fonológica de uma língua como a rede de oposições binárias que um poucos elementos contraem entre si ao se distribuírem sobre um número reduzido de categorias. Em tal contexto formal, os fonemas podem ser descritos como o *lugar virtual determinado pelo conjunto dos pontos de intersecção das oposições categoriais previstas na língua (código), sendo cada um desses pontos, isoladamente considerado, um traço pertinente do plano de expressão* (um *fema, merisma* ou *traço distintivo*). Nesses termos, o código fonológico de uma língua pode ser diagramatizado como se vê na Fig. 35:

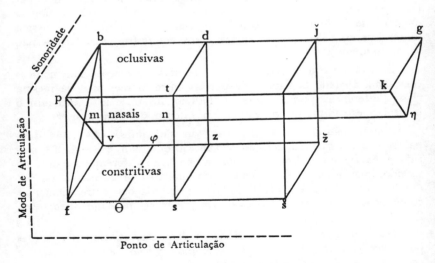

Fig. 35 — Código Fonológico
(*Apud* Kühlwein, 1973.42)

236

Por outro lado, a análise semântica de um nome como *quadro* deve incluir uma *abertura semântica* (ou *valência*) capaz de prever a sua possibilidade de combinação, em diferentes contextos-ocorrências, com predicados do tipo *pintar* ou *desenhar;* reciprocamente, tais predicados devem incluir um *traço semântico pertinente (sema),* saturável sintagmaticamente, através da sua combinação possível com o nome *quadro.*

Essa noção de interdependência sintagmática, ou de pressuposição, é de considerável importância para a análise do vocabulário de qualquer língua. É bastante vasta a sua aplicação. Há interdependência entre tais classes de verbos e tais classes de nomes, nas quais o nome é sujeito do verbo, por exemplo, *ave : voar; peixe : nadar;* entre adjetivo e substantivo, por exemplo, *cabelos : loiros; leite : coalhado;* entre verbos e "objetos normais", por exemplo, *guiar : carro;* entre verbos e substantivos ligados por uma relação instrumental, por exemplo, *morder : dentes, chutar : pé,* e assim por diante" (Lyons, 1970.337).

6.2. A Linha da Semântica
Componencial de Hjelmslev

6.2.1. Primeira Noção de Sema e de Semema

O êxito da compreensão da estrutura fonológica das línguas sugeriria a Hjelmslev, reinterpretando Saussure, postular que esse procedimento, já provado na Fonologia, fosse um princípio de aplicação universalmente válida dentro da Lingüística. Transposto para a Semântica, por exemplo, esse princípio poderia prover a condição de construtibilidade, necessária para efetuar a descrição do sentido em bases científicas.

Já em 1948, no artigo *L'analyse structurale du Langage* (*in* 1971a.34), Hjelmslev escrevia: "... Saussure afirmava que os sons de uma língua falada (...) deveriam ser descritos (...), inicialmente, não em termos de fonética (...), mas somente em termos de relações mútuas, e que, do mesmo modo, as unidades do conteúdo lingüístico (as unidades de significação) deveriam ser descritas, inicialmente, não em termos de semântica, mas somente em termos de relações mútuas. (...) as verdadeiras unidades da língua são

237

os *relata* que esses sons, esses caracteres e essas significações representam."

Daí proclamar Hjelmslev a necessidade de se localizar *figurae* (na sua terminologia, *non-signs,* atualmente: *semas*), unidades menores do que o signo, componentes do signo, como condição prévia para a formalização de uma teoria e uma técnica científica de descrição do plano de conteúdo das línguas [66].

Assim, Hjelmslev postulava um isomorfismo entre o plano do conteúdo e o plano de expressão das línguas naturais.

Essa postulação é, manifestamente, uma redução epistemológica, um conceito derivado do princípio de coerência científica exigido para a construção de uma metalinguagem unívoca e não-contraditória. Ainda que pertença ao elenco dos postulados não-provados, em relação à Semântica, esse mesmo isomorfismo foi que possibilitou a construção de inúmeras linhas morfológicas e sintáticas que se construíram à base da aplicação das técnicas utilizadas para a construção da teoria fonológica.

A justificação dela, e um exemplo explícito de como se plasmaria em técnica descritiva, foram fornecidos por Hjelmslev, num artigo de 1957 (*Pour une sémantique structurale, in* 1971a.119-120): "Uma descrição estrutural só se poderá fazer sob a condição de poder re-

---

(66) Opondo-se à teoria de Hjelmslev, A. Martinet (1946.39-40) observa que tais *figuras* não existem, porque cada unidade mínima do conteúdo é um significado em si mesma e, portanto, continua a ser um signo com dois níveis correlatos.

Se essa observação fosse pertinente, teríamos de lhe atribuir um alcance muito mais vasto do que aquele que o próprio Martinet lhe atribui, já que, com base no mesmo critério poderíamos afirmar a não-pertinência ou artificialidade da divisão das línguas em dois planos (significante / significado); pois, numa metalinguagem ou mesmo nos dêiticos mostrativos, por exemplo, o que é plano de expressão? e o que é plano de conteúdo? por outro lado, é evidente que se se afirma que a unidade do plano do conteúdo já é um significado, deve afirmar-se também que a unidade mínima do plano da expressão já é um significado em si mesma: o que são "sonoro", "surdo", "constritiva", etc., senão significados? Nisso tudo há uma lamentável confusão oriunda da não apreensão das diferenças existentes entre os termos que se empregam numa língua-objeto (a ser descrita) e os termos que se empregam na construção de uma meta-língua descritiva, que é construída com os mesmos elementos da primeira. O termo "cão", por exemplo, de uma língua-objeto, traduz-se nos termos "substantivo", "masculino", "singular", "animado", "não-humano", "canídeo", etc., provenientes da descrição metalingüística onde as relações gramaticais (ou semânticas) não se pronunciam sobre o animal "em si", ontologicamente considerado, mas, sim, sobre a "palavra" *cão,* tal como ela se comporta na estrutura da língua portuguesa.

duzir as classes abertas a classes fechadas. Na descrição estrutural do plano da expressão conseguiu-se operar essa redução, concebendo-se os signos como compostos de elementos dos quais um efetivo relativamente baixo bastava para efetuar a descrição. Trata-se de utilizar um procedimento análogo para a descrição do plano do conteúdo. Há casos evidentes, e de há muito conhecidos, em que o conteúdo de um signo é decomponível de acordo com um princípio análogo àquele que determina a decomposição da expressão. Desta forma, assim como a desinência latina — *ibus* compõe-se de quatro elementos de expressão: *i, b, u* e *s*, ela se compõe de dois elementos do conteúdo, a saber: "dativo / ablativo" e "plural". E assim como o signo inglês *am* se compõe de dois elementos da expressão, *a* e *m*, ele se compõe de cinco elementos de conteúdo: "be" (ser, estar) + "1.ª pessoa" + "singular" + "presente" + "indicativo". Esses elementos isolam-se, como se sabe, nos dois planos, através da prova da comutação. É esse procedimento que conviria generalizar."

Como se efetuaria a análise componencial do sentido, preconizada por Saussure — Hjelmslev? Seja o seguinte exemplo (adaptado de Lyons, 1970.359-361):

(1) homem	mulher	criança
(2) touro	vaca	cria
(3) galo	galinha	pintainho

Baseados na nossa compreensão intuitiva dessas palavras, podemos estabelecer fórmulas como:

homem : mulher : criança :: touro : vaca : cria

Essa equação exprime o seguinte fato: do ponto de vista semântico, *homem, mulher* e *criança*, de um lado, *touro, vaca,* e *cria,* de outro, possuem alguma coisa em comum; além disso, *touro* e *homem* possuem em comum algo que não é compartilhado nem por *vaca* e *mulher,* nem por *cria* e *criança;* da mesma forma, *vaca* e *mulher* têm algo em comum, não compartilhado pelos dois outros pares; etc. Chamaremos *componente semântico* (plerema, semema, marcador semântico, categoria semântica, *sema*) aquilo que as palavras dos diferentes grupos possuem em comum.

Façamos apelo, aqui, a algumas noções matemáticas elementares. Sendo dada uma relação numérica (o que os matemáticos e os gramáticos gregos chamavam de analogia) com a forma

a : b :: c : d

onde o primeiro dos quatro termos dividido pelo segundo é igual ao terceiro dividido pelo quarto, podemos decompor essa relação em fatores, aos quais chamaremos, num contexto lingüístico, seus componentes; podemos, então, substituir cada termo pelo *produto* dos dois componentes:

$$2 : 6 :: 10 : 30$$

O que o primeiro par opositivo tem em comum com o segundo é a *razão proporcional* "3" (pois o segundo elemento de cada par resulta da multiplicação do primeiro elemento de cada par pelo número "3"). O número 3 é, portanto, um *componente semântico--funcional* (um *classema*) comum às duas oposições.

Assim, também, em

homem : mulher : criança :: touro: vaca : cria

temos: (macho) x (humano — adulto) : (fêmea) x (humano — adulto) : (humano — não adulto) :: (macho) x (bovino — adulto) : (fêmea) x (bovino — adulto) : (bovino — não adulto), coisa que faz ressaltar o componente (razão proporcional)

/adulto/ vs /não adulto/.

Assim como podemos dividir 10 em 5 x 2, podemos supor que poderíamos decompor /humano/ ou /macho/ em componentes semânticos menores ainda.

Uma semântica estrutural só se tornaria possível, pensava Hjelmslev, na medida em que o número ilimitado de conteúdos do signo fosse reduzido a um número limitado de *figurae* — traços mínimos — dos planos do conteúdo. Tais *figurae,* que seriam, no plano do conteúdo, o correlato dos *femas* no plano da expressão, poderiam ser identificados pelo processo da comutação (mutação entre os membros de um paradigma). Essas unidades mínimas distintivas do plano do conteúdo — ou *semas* — se ordenariam em feixes para construir os *sememas* — feixe de semas hierarquizados e unificados num mesmo efeito-de-sentido, correlato semântico da unidade fonológica *fonema* (veja-se Fig. 36, abaixo):

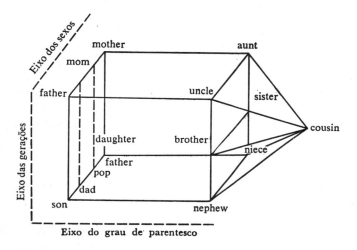

Fig. 36 — A análise componencial do sistema de parentesco, em inglês (*Apud* Kühlwein, 1973.42)

Com Saussure e Hjelmslev colocavam-se as condições prévias para a organização de uma semântica em bases científicas. Depois de isolar os semas e descrever o mecanismo de sua combinatória semêmica, essa disciplina deveria propor-se outros dois objetivos:

(*a*) descrever coerentemente a organização interna dos diferentes campos semânticos das línguas naturais;

(*b*) descrever o mecanismo através dos quais esses diferentes campos semânticos se integram formando sistema na unidade maior que forma a estrutura semântica própria a cada língua natural.

6.3. A Linha da Semântica Lógica ou da Palavra Isolada

A hipótese de base da semântica estrutural é que "os significados constituem estruturas dentro das línguas naturais. A Lexicologia forneceu a prova disso: a introdução de uma nova palavra no

241

léxico da língua "não altera a estrutura semântica global da língua" (Todorov, 1966. 6), pois cada nova unidade léxica é absorvida no interior de um campo semântico afim.

O fundador da teoria dos *campos de palavras*, J. Trier, observou que as unidades léxicas de uma língua se deixam reunir em grupos estruturados de tal modo que cada unidade fica ali definida pelo lugar que ocupa respectivamente à posição das demais.

Dito de outra forma, as palavras se agrupam em *campos semânticos*.

6.3.1. Os Campos Semânticos

6.3.1.1. A Sinestesia

Trier supunha que os sentidos organizados lingüisticamente abarcam todo o campo da realidade, ao qual se ajustam como as peças de um quebra-cabeças, sem deixar vazios (Guiraud, 1967. 72), de tal modo que cada campo semântico se forma coerentizando internamemente determinada parte do material léxico de cada língua, e, ao mesmo tempo, delimitando-se exteriormente por outros campos semânticos da mesma língua. Um exemplo de campo semântico está na Fig. 37, abaixo, organizada por G. Mounin com as palavras que designam em francês os animais domésticos.

No quadro, a primeira coluna vertical indica os traços semânticos simples que modificam o sentido lexical (macho, macho castrado, fêmea, etc.).

A concepção de Trier, no fundo inspirada no idealismo lingüístico alemão, pois suas origens remontam a Herder e Humboldt (Schaff, 1969. 302), tem o inconveniente de pressupor compartimentações estanques nas línguas. Na realidade, porém, um campo semântico deixa-se dividir em subsistemas que incluem, por sua vez, novas divisões (sub-subsistemas), formando *campos associativos*, graças ao mecanismo de produção das metonímias e das metáforas. É isso que viu Ch. Bally, ·desenvolvendo idéias de Saussure:

"O campo associativo é um halo que circunda o signo e cujas bordas exteriores se confundem com a sua ambiência... A palavra *boi* faz pensar: (1) em vaca, touro, vitelo, chifres, ruminar, mugir, etc.; (2) em lavoura, charrua, jugo, etc.; enfim, (3) ele pode suscitar, e suscita, em francês, idéias de força, resistência, trabalho pa-

Nom spécifique	ANE	CHE-VAL	MU-LET	BŒUF	CHE-VRE	MOU-TON	PORC/CO-CHON	CHIEN	CHAT	LAPIN	CANARD	DINDON	OIE	PIGEON	PINTADE	POULE
Mâle	âne	*étalon*	mulet	*taureau*	*bouc*	*bélier*	*verrat*	chien	chat	lapin	canard	dindon	jars	pigeon		coq
Mâle châtré		HONGRE		BŒUF		MOUTON			CHAT COUPÉ	LAPIN : TAILLÉ COUPÉ						chapon
Femelle	ânesse	*jument*	mule	*vache*	chèvre	*brebis*	*truie*	chien-ne	chatte	lapine	cane	dinde	oie	pigeonne	pintade	poule
Jeune	ânon	poulain		*veau*	che-vreau	*agneau*	por-celet cochon-net pour-ceau	chiot	chaton	lapereau	caneton	dindon-neau	oison	pigeon-neau	pintadeau pintadon	poulet
Nouveau-né						AGNELET										POUSSIN
Jeune mâle				TAU-BILLON BOU-VILLON												COCHET COQUELET
Jeune femelle		POU-LICHE		GÉNISSE		AGNELLE					CANETTE					POULETTE POULARDE
Portée (couvée)							cochon-née	*portée*	*portée*	*portée* nichée	*couvée*	*couvée*	*couvée*	*couvée*	*couvée*	*couvée*
Parturition		*pou-liner*		*vêler*	che-vreter	*agneler*	cochon-ner	chien-ner	cha-tonner	*lapiner*						

Fig. 37 — O campo semântico dos animais domésticos, em francês
(*Apud* Mounin, 1972.156)

ciente, e também de lentidão, peso, passividade" (*apud* Ulmann, 1964.477-487).

Além do que diz Bühler, é preciso notar que é comum estabelecermos equivalências entre diferentes paradigmas quantitativos e qualitativos, de modo que *grande* (membro de um paradigma quantitativo) pode substituir, em certos contextos, *bom* (membro de um paradigma qualitativo). Assim se diz

(fr.) *Ce vin est honnête* "é um vinho honesto" = *bom* (Pottier, 1968. 109) ;

(fr.) *Un maigre résultat* "um magro resultado" = *mau;*

(port.) *Um pobre resultado* = *mau;*

(port.) *Uma música (ou: um cantor) quente* = *bom*

Essas equivalências são responsáveis pelo fenômeno estilístico da *sinestesia*. Tal fenômeno pode ser explicado pelo paralelismo encontrado entre duas oposições, no interior dos campos semânticos, oposições essas cujos termos antonímicos passam a ser considerados equivalentes.

I) *1.ª oposição*: quente (A) vs frio (B)
II) *2.ª oposição*: bom (C) vs mau (D)

Colocando-se I e II em paralelismo, constrói-se uma *correlação* (ou *analogia,* cf. 6.2.) :

$$\text{quente : frio :: bom : mau}$$
$$\text{A} \quad : \text{B} \; :: \quad \text{C} \; : \quad \text{D}$$

Os primeiros termos de cada par opositivo (isto é, A e C) tornam-se substituíveis no mesmo contexto; e o mesmo se dá para os segundos termos, B e D. Assim, temos:

$$\textit{Um cantor quente} = \textit{bom}$$
$$\text{A} = \text{C}$$
$$\textit{Um cantor frio} = \textit{mau}$$
$$\text{B} = \text{D}$$

Outro exemplo, citado por Pottier (*op. cit.,* 119) : da correlação
$$\text{procurar : encontrar :: frio : quente}$$
obtém-se as frases do jogo de localização de objetos escondidos:

"Está frio" (= longe de ser encontrado) "está quente" (= prestes a ser encontrado).

Este mecanismo explica, também, o célebre verso (ingl.) *A grief ago* ("há um desgosto atrás...") e construções análogas, encontradiças na poesia ou nos *réclames* publicitários (*pese dez anos menos!*, etc.). Como observa Pottier, não se deve ver aí uma anomalia semântica, mas uma *transformação semântica,* obtida pela transferência de semas entre dois sememas, ou pela equivalência, arbitrariamente estabelecida, segundo o *princípio de equivalência* (Jakobson, cf. 1.12.4.7.) entre os termos simétricos de duas oposições correlacionadas.

O que se passa é, afinal, o resultado da colocação em correlação, de elementos simétricos de campos semânticos diferentes. Pois é sabido, como se viu na observação de Bühler, *retro* mencionada, que qualquer dos membros de um campo léxico-semântico participa de uma intrincada rede de associações e pode assumir, num momento dado, a condição de ponto de partida para novos campos associativos. Entre os diferentes campos instauram-se, pois, subdivisões internas, contendo referências cruzadas.

O próprio léxico pode ser considerado, em seu conjunto, como um imenso campo associativo (no dicionário as palavras definem-se umas às outras, num processo metalingüístico interminável), cujas fronteiras coincidem, a cada instante, com as fronteiras da própria cultura que a língua expressa.

Se isso se dá no léxico, considerado na sua totalidade, o que ocorre para cada unidade ("palavra") integrante do léxico? Como poderia ela ser definida semanticamente? *O que* constitui a significação de uma palavra? E como pode ser essa significação analisada?

Nas linhas que seguem, veremos: a) a resposta de Gottlob Frege à primeira pergunta; e, (b) a resposta de Bernard Pottier à segunda.

6.3.2. A Semântica Lógica de Frege

6.3.2.1. Referência, Sentido e Imagem Associada

G. Frege (1971.19 e 51) distinguia três aspectos na significação:

(*a*) a *referência* (al. *Bedeutung,* traduzida por B. Russel como *denotation* "denotação", e por Max Black como *reference* "referência"): o objeto a que se refere o signo, tomada a palavra "objeto" no seu sentido mais amplo;

245

(b) *o sentido* (al. *Sinn,* traduzido por B. Russel como *meaning* "significação" e por M. Black como *sense* "sentido") ; o modo como a palavra exprime a referência; e

(c) *a imagem associada* (correspondendo, *grosso modo,* à noção de "conotação") : é a associação subjetiva que cada pessoa faz com cada sentido.

Com isto, Frege chamava a atenção para o fato de que o sentido é algo diferente da referência. "Quando perguntamos: "Qual é a significação de "a estrela da manhã"?; "qual é a significação de "estrela vespertina"?, se temos em mente o *objeto* que essas expressões denotam (dos ·quais elas são nomes) as significações das duas expressões são idênticas pois o objeto que elas denotam é o mesmo. Mas quando consideramos o *conteúdo* dessas expressões, a maneira como elas denotam (...) então suas significações se afiguram diferentes". (Schaff, 1969. 227). De modo análogo, o enunciado

"Walter Scott é o autor de *Waverley*"

apresenta duas vezes a mesma referência ("Walter Scott" e "autor de *Waverley*"), com *sentidos* e *imagens associadas* diferentes. Já as frases

"O atual rei da França é calvo",
"Perseu matou o Minotauro",

não têm referente, mas têm sentido (= *designata*).

A colocação de Frege explicita três sentidos da palavra "significação"

(a) privilegiando a noção de *referência,* a significação mostraria *o signo relacionado com um objeto do qual esse mesmo signo é o nome;*

(b) privilegiando a noção de *sentido,* a significação mostraria *o signo relacionado com o código que o funda como signo;*

(c) privilegiando a noção de *imagem associada,* a significação mostraria *o signo relacionado com o seu destinatário.*

6.3.3. O Problema do Referente

6.3.3.1. Diferença Entre Referente (Denotatum) e Designatum

6.3.3.2. Primeira Noção de Interpretante

"Ora, pois, numa roda, dizia ele, de algum sicrano, terceiro, ausente:
— E ele é muito hiputrélico...
Ao que, o indesejável maçante, não se contendo, emitiu o veto:
— Olhe, meu amigo, essa palavra não existe.
Parou o bom português, a olhá-lo, seu tanto perplexo:
— Como?! ... Ora... Pois se eu a estou a dizer?
— É. Mas não existe.
Aí, o bom português, ainda meio enfigadado, mas no tom já feliz de descoberta, e apontando para o outro, peremptório:
— O senhor também é hiputrélico...
E ficou havendo."

J. GUIMARÃES ROSA, *Tutaméia —
Terceiras Estórias*, 3.ª ed., 1967.

É difícil decidir se a colocação feita por Frege do problema da significação foi realmente benéfica ou prejudicial para os estudos semânticos. A sua noção de referência, por exemplo (para outros autores, *referente, denotatum*), por um lado introduz no seio de um fenômeno cultural um *objeto* da *realidade fenomênica, extra-lingüística,* enquanto, por outro lado, faz a significação depender do seu *valor de verdade.* Ora, o problema da verdade / falsidade é da ordem da Lógica e da Moral: não é um problema lingüístico. As coisas se tornam mais claras quando percebemos que para apreender o *sentid*o da frase "o atual rei da França é calvo" ninguém necessita saber se a França possui ou não, atualmente, um rei. A única condição que se impõe para a intelecção desse enunciado é que o destinatário dele tenha *competência* lingüística para decodificar corretamente as frases daquela determinada língua.

De fato, é extremamente custoso apontar o *referente* de uma enorme quantidade de elementos lingüísticos com os quais lidamos diariamente. Não só palavras como "amor", "justiça", etc. são, a esse respeito, problemáticas, como determinadas classes de palavras parece prescindirem de qualquer referente:

(*a*) as *interjeições*: como "alô!", "ai", por exemplo, ou

247

(b) os *operadores pragmáticos,* do tipo "faz favor!", "com licença!", etc., que funcionam num nível semiótico que dispensa qualquer referente ou denotado. ([67])

Outros grupos de unidades léxicas em que seria difícil distinguir o *denotatum* do *designatum* (=a conceptualização de um *denotatum*) são:

(c) os *dêiticos* (palavras-mostradoras usadas para referir diretamente partes ou coisas do mundo extralingüístico): "isto", "este", "aquilo", etc.;

(d) os *quantificadores*: *um, dez, vinte e um,* etc.;

(e) os operadores profrasais: *não, sim, ou,* etc.;

(f) as *unidades relacionais*: (ingl.) *the, to,* etc.; (cf. Zgusta, 1971. 37).

Do mesmo modo, "os *limites referenciais* das unidades léxicas são indeterminados: por exemplo, é impossível precisar a qual momento, em que etapa intermediária, deve ser estabelecida a divisão entre *colina* e *montanha,* entre *pintinho* e *frango,* entre *verde* e *azul,* etc." (Lyons, 1970.327).

Por tudo isso é necessário precisar o alcance dos três aspectos do processo da significação que vimos estudando. No que se refere ao problema da *referência,* parece desde já insustentável a hipótese essencialista ou realista, que deseja colocar o objeto *extra-lingüístico* nos quadros da significação. E não poderia ser de outro modo, pois *o papel da linguagem é exatamente este: o de funcionar como uma instância de mediação entre o homem e o mundo e é essa mesma propriedade, intrínseca à função semiótica, que investe as diferentes práticas sociais do seu papel de códigos e que instaura as unidades desses códigos, os signos. Assim como o signo não é o objeto ou coisa que ele representa, a linguagem não é o mundo; ela é, apenas, um saber sobre o mundo, capaz de fazer-se intersubjetivo e de relacionar consciências.* Eis porque só tem sentido falar-se de "objeto" como

---

(67) As interjeições são sintomas da atitude do falante (função emotiva para Jakobson, *Ausdrucksfunktion* para K. Bühler), e os operadores pragmáticos do tipo "por obséquio!", "tenha a bondade!", são fórmulas utilizadas pelo falante para influenciar o comportamento do destinatário (função conativa para Jakobson, *Appellfunktion* para Bühler); de modo que qualquer tentativa de isolar *denotata* nesses elementos remeteria o analista para o psiquismo do falante e não para a mensagem em causa.

quadro de referência comum ao remetente e ao destinatário da mesma mensagem, isto é, *como designatum e não como denotatum.*

Uma situação de comunicação lingüística estabelece-se quando dois indivíduos participam do ato de fala e uma informação qualquer — um *saber* — transita de um para o outro. Esse ato de troca envolve não um *objeto* (referente ou *denotatum*) mas um saber (um *designatum*) e *a única condição para que a comunicação se realize do modo mais cabal consiste na posse, pelo destinatário da mensagem, de um prévio saber (implícito) sobre o saber em transmissão, possuído e realizado, no ato da fala, pelo destinador da mensagem.*

Esse "saber implícito" é o que constitui a *competência* do destinatário para compreender a *performance* do remetente (= "saber em transmissão"). Só compreende um determinado enunciado (*performance*) em português aquele que tem *competência* para compreender o português (*performance* e competência relevam do remetente *e também* do destinatário das frases).

No nosso modo de ver, a relação entre a performance do destinador (remetente) da mensagem e a competência do destinatário constitui a única condição para o sentido; a inteligibilidade requer um querer fazer, um poder fazer e um saber fazer (enunciados), vista da perspectiva do remetente e se corresponde com um saber (implícito) sobre o saber (explícito) do destinador, quando o encaramos da perspectiva do destinatário da mensagem.

Se se entende uma mensagem como

Perseu matou o Minotauro

essa compreensão não é devida à existência extralingüística desses seres mitológicos, mas é devida à competência (isto é, ao saber sobre esse saber que é o código); é dentro do código que "Perseu", "Minotauro", bem como a atividade designada por "matar" estão programados, como elementos de existência intralingüística. Se se entende a frase "Perseu matou o Minotauro" é porque é possível manipular tais signos e relações de um modo coerente dentro do código da língua portuguesa, traduzindo, por exemplo, "Perseu" e "Minotauro" por "seres mitológicos", etc., como acabamos de fazer.

Para efetuar tal tradução, os falantes se valem de seu saber sobre o código, isto é, *de elementos ausentes da mensagem. Os signos do código capazes de traduzir os signos da mensagem constituem o interpretante da mensagem: a essa relação é que chamamos sentido. O processo da significação, desse modo, não relaciona um signo e um "objeto": relaciona signos entre si.*

249

. Ora, o sentido dos signos é, como viram Saussure e Hjelmslev, um *sentido estrutural,* concebível como o lugar (virtual) que "ele ocupa num sistema de relações que o ligam a outras palavras do vocabulário. Notemos que, definindo desse modo essa noção pelas *relações que existem entre as unidades do vocabulário, evitamos associar-lhe a hipótese da existência dos objetos e das propriedades fora do vocabulário da língua em questão*" (Lyons, 1970.328).

É preciso, aqui, delimitar o alcance que se deve dar às palavras *denotatum* (ou *referente*) e *designatum*. Nos termos de Ch. Morris "*o designatum não é uma coisa,* mas uma espécie de objetos ou uma *classe* de objetos; ora, uma classe pode possuir muitos elementos, ou um único elemento, ou nenhum elemento. Os *denotata* são os elementos de uma classe" (*Apud* Ducrot — Todorov, 1972. 117). Assim, os *denotata* são objetos particulares, "aquilo a que se faz referência". Quando usamos palavras para indicar seres não existentes, como *unicórnio, fênix, Júlio César,* temos *designata* (isto é, classes de seres que correspondem a lembranças resultantes de leituras, etc.), mas não temos um *denotatum* ou *referente* correspondente a tais *designata* (cf. Cherry, 1971.180-181).

6.3.4. O Problema do Interpretante

6.3.4.1. *Tradução Intracódigo* : definição *e* denominação

6.3.4.2. *Tradução Entre Códigos*

"... a palavra *canguru* significa "não sei" em aborígene, resposta que o Capitão Cook obteve quando apontou um dos animais a um nativo."

Cherry, 1971. 403

Ao relacionar um *interpretante* proveniente do código e aplicá-lo sobre uma mensagem como um *operador de sentido,* a língua põe em funcionamento a sua capacidade metalingüística (= função metalingüística) ; ao relacionar um *operador de sentido* (de modo que os signos — ou partes de signos — de uma mensagem se transcodifiquem mutuamente, no interior do mesmo enunciado), a língua põe em funcionamento a sua capacidade poética (= função poética).

Em ambos os casos, o resultado dessa semiose entre signos é o surgimento do sentido; por isso, *toda significação lingüística é parafrásica.* É, aliás, o que diz, sucintamente, a fórmula de Peirce traduzida por Jakobson (1969. 31) —: "*o sentido de um signo é outro signo que o traduz mais explicitamente".* Essa noção, que é a noção de Peirce para *interpretante,* é comentada do seguinte modo por U. Eco (1971a. 34): "para localizar o que seja o interpretante de um signo, nomeamo-lo com um outro signo, o qual possui, por sua vez, um outro interpretante nomeável com outro signo, e assim por diante. Teria início, nesse ponto, um processo de *semiose ilimitada,* que, por paradoxal que seja, é a única garantia para a fundamentação de um sistema semiológico capaz de explicar-se a si próprio, valendo-se apenas de seus próprios meios. *A linguagem seria, então, um sistema que se explica por si mesmo, mediante sucessivos sistemas de convenções que se explicam umas às outras."*

A noção de interpretante está, ainda, insuficientemente explorada. Não se pode precisar, a esta altura, os limites de seu alcance. É tentadora, por exemplo, a idéia de que o conceito de interpretante poderia ser utilizado para unificar numa teoria coerente toda a problemática concernente à polissemia, à sinonímia, à antonímia, à ambigüidade, etc., de tal modo que todos esses fenômenos pudessem ser encarados, como já sugeriu Hjelmslev (1971a. 71), como manifestações particulares de um único fenômeno mais geral. De qualquer forma, tanto quanto sabemos, o interpretante é um conceito de valor relacionante que tende a repor em circulação nos quadros da moderna ciência semiótica, toda a complexa problemática das funções metalingüísticas; em segundo lugar, esse conceito permite-nos eliminar para sempre o espectro ontológico e a falácia realista dos "referentes" extralingüísticos do âmbito da semântica.

Significado (metalingüístico) de significantes de uma língua--objeto, o interpretante é um operador semântico que executa basicamente duas operações:

(I) *de tradução intracódigo:* ao traduzir mensagens de um código-objeto A por outros elementos do mesmo código A empregados em função metalingüística:

(*a*) *por expansão,* cujo resultado é a produção de uma *definição.*
Ex.: "solteiro" = "homem que ainda não se casou"

(*b*) *por condensação,* cujo resultado é a produção de uma *denominação.*

Ex.: "homem que ainda não se casou" = "solteiro"

(II) *de tradução entre códigos:* ao traduzir mensagens de um código-objeto A por elementos de um outro código metalingüístico B:

(a) *de uma língua natural para outra língua natural.*
Ex.: (fr.) *chaise* = (port.) "cadeira"

(b) *de uma língua natural* (código sígnico primário) *para qualquer outro código sígnico secundário.*
Ex.: traduzir a palavra *cruz* pelo *desenho* de uma cruz

(c) *de um código sígnico secundário para uma língua natural.*
Ex.: traduzir o *desenho* de uma cruz pela palavra *cruz, croix, croce,* etc.

A sinonímia é um fenômeno derivado desse relacionamento parafrásico entre os signos.

6.3.4.3. *O Problema da Sinonímia e da Antonímia*

6.3.4.3.1. Isomorfia e Isotopia

6.3.4.3.2. Sinônimos e Antônimos

O interpretante é um signo metalingüístico (ou um conjunto deles) capaz de propor uma equivalência entre dois códigos, um dos quais — aquele a que pertence o interpretante — é melhor conhecido do que o outro — o código objeto —, e pode, por essa razão, esclarecê-lo. Em outros termos, o interpretante evidencia a *isomorfia.* [68]

---

(68) É sedutora a possibilidade de formalizar uma teoria do interpretante a partir das afinidades existentes entre os conceitos de *isomorfia* e de *isotopia.* Poder-se-ia, por exemplo, utilizar o nome de *isomorfia* para a correspondência localizável no sistema (ou na estrutura) de dois códigos, reservando-se o nome *isotopia* para a *correspondência interpretativa,* quer dizer, localizável no seu *plano do conteúdo.* Diríamos, então, que há *isotopia* (= correspondência de sentido)

(a) entre os três níveis míticos ocupados pelas divindades romanas (o nível da *soberania,* representado por Júpiter, o nível da *força,* representado por Marte, o nível da *fecundidade,* representado por Quirino), e os três estratos em que se situavam, na sociedade de Roma, os *roles* do religioso, do militar e do agricultor (cf. Dumézil);

(b) entre as valorações "eufórico/disfórico" e os pólos "superior/inferior" do eixo vertical da espacialidade;

(c) entre a dicotomia temporal cosmológica (não-humana) "manhã/noite" e a dicotomia temporal noológica (humana) "vida/morte", etc.

A colocação que acabamos de fazer não passa, pelo menos por enquanto, de mera possibilidade de formalização de uma problemática ampla e demasiado obscura em muitos de seus pontos.

O interpretante propõe-se como um modelo que simula possuir as propriedades possuídas pelo signo ou código que ele interpreta. Se, dados dois conjuntos, A e B, os elementos integrantes do conjunto A se correspondem, *de um ou outro modo,* com outros tantos elementos do conjunto B, dizemos que existe uma isomorfia entre os conjuntos A e B. Assim, há isomorfia, por exemplo,

(a) entre o conjunto dos pontos de uma linha reta e o conjunto de todos os números reais (Reznikov, 1972.222);

(b) entre uma casa e a planta de acordo com a qual ela foi construída;

(c) entre um televisor e o seu esquema.

Como se vê dos exemplos acima, a relação entre os dois conjuntos envolvidos não é de *cópia,* mas, sim, de *analogia*: trata-se de uma *relação lógica,* portanto (cf. Langer, 1969.15).

Perceptualmente, a *isomorfia* (e a *isotopia,* nos termos da nota 68) se define como o *resultado da evidenciação das propriedades possuídas em comum por dois códigos diferentes:'* a função cognitiva da isomorfia é a de efetuar a aproximação dos dois conjuntos (códigos, signos) através de uma *operação conjuntiva,* para poder propor a sua *correspondência.*

Mas, ao estabelecer essa correspondência, a isomorfia (e, também, a isotopia), *não afirma a identidade dos dois conjuntos envolvidos.* A correspondência entre dois elementos que se comparam não é nunca perfeita, absoluta; em outros termos, *isomorfia não significa homomorfia* (e *isotopia* não significa "*homotopia*"): assim, a planta de uma casa não é uma casa, e as máquinas são construtos análogos aos seres vivos, mas não são seres vivos (elas não possuem, por exemplo, a característica biológica por excelência que é a capacidade possuída pelos seres vivos de reproduzirem-se em outros indivíduos da mesma espécie).

Essas noções nos ajudam a compreender melhor uma série de coisas ligadas ao fenômeno dos sinônimos e antônimos, nas línguas naturais. *Mirar* e *ver,* do espanhol, *guardare* e *vedere* do italiano, *senex* e *vetus,* do latim, *jovem* e *novo,* do português, *big* e *large,* do inglês, são sinônimos. Dizer que tais termos são sinonímicos *equivale a afirmar a sua isotopia, mas não implica, absolutamente, em afirmação da sua total identidade de sentido.* Os termos de cada par acima não são "sinônimos perfeitos" um de outro porque eles *não se podem substituir mutuamente no interior de qualquer contexto.* Compare-se:

253

(esp.) *mirar atentamente* vs * ver *atentamente* (agramatical)
(fr.) *voir clairement* vs * *regarder clairement* (agramatical)
(it.) *vedere attentamente* vs * *guardare attentamente* (agramatical)
(port.) *um livro novo* vs * *um livro jovem* (agramatical)
(ingl.) *a big man* vs * *a large man* (agramatical)

Desse modo, se os termos desses pares sinonímicos se correspondem é porque compartilham a propriedade de *designar o mesmo sentido no interior do mesmo código* (da *langue*), *mas não no interior de diferentes subcódigos dessa língua.* *Pé* e *pata* designam, ambos, o sentido "extremidade inferior dos membros inferiores" no código da língua portuguesa (e são, a esse título, sinônimos), mas cada um desses vocábulos especializou-se na designação exclusiva desse sentido no interior de dois diferentes subcódigos: *pé* designa "extremidade inferior dos membros inferiores" dentro dos subcódigos relativos a seres humanos e seres animais, ao passo que *pata* designa o mesmo no subcódigo relativo ao seres animais, apenas. Dizemos

1. João feriu o pé
2. O gato feriu a pata

A especialização do código lingüístico em subcódigos prevê à divisão da língua em campos semânticos comunicantes mas dominados por marcadores semânticos distintivos de subcódigos:

(lat.) *senex* vs *vetus*
(fr.) *bouche* vs *gueule*
(port.) *boca* vs *focinho*
(esp.) *joven* vs *nuevo*
/humano/ /animal/ Marcadores semânticos dos subcódigos (campos ou classes semânticas.)

Outro exemplo (Pottier, 1968. 110):

(fr.)	*an*	vs	*année*
(fr.)	*jour*	vs	*journée*
(fr.)	*soir*	vs	*soirée*
(port.)	*dia*	vs	*jornada*
(port.)	*noite*	vs	*noitada*

/visão estreita/ /visão ampla/

A inexistência de sinônimos perfeitos dentro da mesma língua (e também entre línguas diferentes), é, por um lado, uma conseqüência derivada do caráter estrutural dos signos: o sentido dos elementos lingüísticos é um sentido relacional, como já vimos; por outro lado, esse fenômeno é, também, uma decorrência lógica das limitações inerentes à quantidade de informação envolvida nos processos informacionais, a qual se expressa, em termos de *previsibilidade,* por uma taxa que oscila entre os limites de *zero* (informação totalmente imprevisível, teoricamente correspondente à *informação absolutamente nova*) e *um* (informação totalmente previsível, teoricamente correspondente à *informação absolutamente velha*). A *previsibilidade zero* e a *previsibilidade um* assinalam, ambas, as fronteiras do *universo do não-sentido,* e por isso marcam limites inatingíveis na prática lingüística. Se uma mensagem atingisse a taxa zero de previsibilidade, a informação absolutamente nova, o *código* seria destruído; mas, se uma mensagem atingisse a taxa um de previsibilidade, a da informação absolutamente velha ou da redundância absoluta, a mensagem (que é, essencialmente, produto do exercício da liberdade de escolhas do falante) seria destruída. Ora, uma redundância absoluta (que seria, além de uma impossibilidade lógica, um desperdício, em termos de economia lingüística) só seria possível se se desse o caso de existirem, nas línguas naturais, os hipotéticos sinônimos perfeitos.

Em contrapartida, as língua naturais não possuem, tão pouco, *antônimos perfeitos.* Assim, podemos transpor para a área da antonímia as observações que fizemos no tocante à sinonímia.

As gramáticas costumam apresentar extensas listas de palavras como (ingl.) *big* e *little, high* e *low,* às quais chamam de antônimos porque, segundo afirmam, possuem *sentidos opostos.* Mas o que quer dizer *possuir sentidos opostos?* Significa *oposto por contrariedade* ou *oposto por contraditoriedade?* ([69])

---

(69) Julgamos que a relação lógica da *contrariedade* é a que se estabelece entre dois termos, A e B, *quando A possui a característica semântica* (*sema*)/s/ que está ausente do outro termo, B, sendo essa ausência notada /-s/.

Já a relação lógica de *contraditoriedade* é a que se estabelece entre dois termos, A e B, quando A possui a característica /s/ e B possui a característica /não s/ (*a contraditoriedade afirma e nega, ao mesmo tempo, uma mesma característica;* a contrariedade, no entanto, afirma a presença/ausência da mesma característica). Em resumo:

/s/ vs /-s/ = relação de contrariedade
/s/ vs /não s/ = relação de contraditoriedade.

Que a formação de antônimos a partir do estabelecimento de uma relação de contrariedade ou contraditoriedade entre dois termos é bastante produtiva, nas línguas naturais, atesta-o a existência de pares como *trazer / levar, puxar / empurrar, lembrar / esquecer,* etc., as quais integram enunciados que têm como ponto de referência o espaço em que se situa o sujeito da enunciação (marco zero na orientação espacial: *"aqui"*; marco zero na orientação temporal: *"agora"*).

A partir dessas comprovações, podemos aceitar, numa primeira abordagem, as definições seguintes:

(*a*) são sinonímicos dois termos, *a* e *b,* se as frases que obtemos, comutando-os, possuírem, sob algum ponto de vista, sentidos correspondentes;

(*b*) são antonímicos dois termos, *a* e *b,* se as frases que obtemos, comutando-os, possuírem, sob algum ponto de vista, sentidos opostos (contrários ou contraditórios).

Considerando a inexistência de sinônimos ou antônimos perfeitos, trata-se, em ambos os casos, de uma *transformação do sentido original da frase-corpus,* objeto das manipulações sino-antonímicas. Em qualquer dos casos, o fenômeno da sino-antonímia empenha, como se vê, *relações lógicas,* ou seja, *relações estruturais.* Isto significa que a *sino-antonímia não é, contrariamente ao que se crê, uma propriedade das palavras em si, mas é, isto sim, uma propriedade estrutural do código, ou melhor, das relações que instauram as estruturas.*

Se os elementos lingüísticos se definem *qua* valores, como viram Saussure e Hjelmslev, é porque eles estão como que fixados pela malha das relações internas que organiza o código lingüístico: a *sinonímia é uma dessas relações* (Lyons, 1970. 329), *a antonímia é outra.* São essas relações que, aplicadas a determinadas partes do vocabulário de uma língua, reorganizam-nas como microestruturas (campos semânticos, subcódigos...) análogas à estrutura mais inclusiva do código lexical. Por isso, Lepschy (1968. 163) escreve que o elemento *a* tem um sentido diferente de *b* se, feita a troca de *a* por *b* no contexto *x - y,* o sentido do enunciado *xby* for diferente do sentido do enunciado *xay.* Mas o que nos dirá, então, se *xby* possui ou não um sentido semelhante ao sentido de *xay?* A resposta é: *um contexto mais vasto, w - z, capaz de incluir o contexto de partida, x - y, como, apenas, um de seus elementos constituintes.* O sentido é uma decorrência do contexto: o sentido de um gramema depende do seu contexto imediato, o lexema ao qual o gramema se prende, assim como o sentido das palavras depende do contexto frásico no qual elas se inserem, e o sentido das frases depende do contexto mais amplo do *texto* que as enclausura. Desse modo, uma frase como

3. *O círculo é quadrado*
   x   a   y

definida como "sem sentido" (na realidade, é uma frase cujos termos se ligam por uma relação antonímica de contraditoriedade), readquire sentido se a movemos para o interior de um contexto mais amplo:

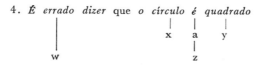

Essas operações de substituição entre elementos de códigos (ou subcódigos) diferentes, explica boa parte dos mecanismos lingüísticos produtores dos efeitos retóricos e poéticos. Seja, por exemplo, $x - y$ o seguinte contexto:

5. *João feriu-se no .... com o revólver*
   x   -   y

Sendo $a = pé$, e $b = pata$, teríamos:

5a. *João feriu-se no pé com o revólver*
    x   a   y

Comutando-se $a : b$, construiríamos a frase

5b. João feriu-se na pata com o revólver

Em 5a. temos um enunciado *mono-isotópico*, pois ele nos dá apenas uma informação sobre o que aconteceu a João; em 5b., temos um enunciado *bi-isotópico*: ele nos dá, tal como 5a., uma informação sobre *o que* aconteceu a João, mas, ao mesmo tempo, ele informa *quem é* João. Em outros termos, a troca de a de xay por b formando xby, provocou uma transformação sensível do sentido de xay, passível de levar à interpretação do termo b como antonímico do termo a, na medida em que a contém o marcador semântico

/humano/ (sendo um item léxico do subcódigo referente a pessoas), quando *b* contém o marcador semântico /animal/ (sendo um item léxico do subcódigo referente a animais). Se atualizarmos a oposição virtual entre os dois subcódigos, envolvidos, então *pé* e *pata* valem como *antônimos* e são mutuamente incompatíveis no contexto *x - y*. Situadas, contudo, no interior de um contexto maior, por exemplo,

> 6. A parte dos membros inferiores com a qual os seres animados apóiam-se no solo chama-se...

elas podem ser palavras sinonímicas. No código da língua portuguesa, *pé* e *pata,* que pertencem à mesma classe de sentido "extremidade inferior dos membros inferiores dos seres animados", são expressões sinonímicas. Em conclusão: as palavras *pé* e *pata* são sinônimas enquanto membros do mesmo código, mas são antônimas enquanto membros de diferentes subcódigos.

Quando elementos de diferentes subcódigos aparecem contextualizados na mesma frase, ocorrem *efeitos de sentido* retóricos ou poéticos. Seja o contexto *x - y* possuidor de marcadores semânticos do subcódigo da /temporalidade/:

> 7. *Há um ... atrás*
>   x   y

Se preenchermos o ponto lacunar do contexto, com um termo *a* que contenha, também, um marcador semântico /temporalidade/, o resultado é uma *frase banal, no grau zero*:

> 8. *Há um minuto atrás*
>   x   a   y

Isso se dá, entre outras razões, porque o termo *a* pertence ao mesmo subcódigo já assinalado pelo marcador semântico /temporalidade/, presente em 7. Suponhamos, no entanto, que a lacuna do contexto 7 seja ocupada por um termo pertencente a um subcódigo diferente, cujo marcador temporal seja /sentimentos disfóricos/; teríamos, então, a substituição de *a* (*minuto*), do subcódigo A, por *b* (digamos, *desgosto*), do subcódigo B:

> 9. *Há um desgosto atrás* ([70])
>   x   b   y

---

(70) É um modo de explicar o mecanismo que engendrou o célebre verso *A grief ago.*

Se entre o termo comutado, *a*, e o termo comutante, *b*, houver uma *relação de similaridade*, então *b* é uma metáfora de *a*. Assim, *b*, *pata*, na frase 5b (*João feriu-se na pata...*) é uma metáfora de *a*, *pé*.

Se, por outro lado, entre o termo comutado, *a*, e o termo comutante, *b*, existir uma *relação de contigüidade*, de tal modo que

(I) *b* é parte constituinte de *a*;
(II) *b* é *causa*, sendo *a* o *efeito* (ou vice-versa);
(III) *b* é *conteúdo* e *a* é o *continente* (ou vice-versa),
então *b* é uma metonímia de *a*. Temos metonímias em:

10. "Ganhar o *pão*..." (caso (I): *a* = *alimento*, o todo;
    b = *pão*, parte desse todo);
11. "... com o *suor*..." (caso (II): a = *cansaço*, a *causa;*
    b = *suor*, o *efeito*)
12. "Beber um *copo*" (caso (III): *a* = cerveja, água, etc.,
    o *conteúdo; b* = *copo*, o *continente*).

6.3.4.4. Metáfora e Metonímia

6.3.4.5. Sinédoque Particularizante e Sinédoque Generalizante

6.3.4.6. Polissemia

Em 6.3.1. vimos que os campos semânticos são estruturados a partir de associações mnemônicas cujo ponto de partida é aleatório. Dada uma palavra qualquer, podemos associá-la mentalmente com várias outras, através do mecanismo dos parciais semânticos iguais. É o que ocorre nos jogos de "palavra-puxa-palavra".

Seja, por exemplo, a palavra *embarcação* (as flechas indicam associação):

FIG. 38 (adaptado de Dubois, Jacques *et al.* 1970.104)

As palavras ligadas pela flecha à palavra *embarcação* pertencem, todas, a uma mesma classe de sentidos: elas formam um *paradigma semântico* (cf. 2.5.3.). Como a relação conjuntiva que as correlaciona em nossa memória da língua é um mecanismo dinâmico e aberto, qualquer das palavras dessa classe paradigmática pode converter-se, por sua vez, em novo ponto de partida para a criação de outros campos semânticos. A aplicação continuada da mesma operação associacionista pode dar-nos, por exemplo, a seguinte série de elementos (Fig. 38).

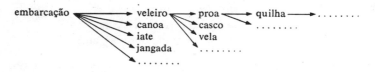

A Fig. 38 enseja as seguintes observações:

(1) uma *leitura vertical das colunas* nos proporciona elementos de dois campos semânticos diferentes (a primeira coluna resume o campo semântico das *embarcações,* e a segunda resume o campo semântico das *partes constituintes dos veleiros*), dominados cada um deles pelo termo à esquerda, de onde partem as flechas.

Em relação ao sentido, há uma importante diferença a assinalar entre as duas colunas:

(1a) Os elementos da primeira coluna podem ser descritos, de modo sumário mas compreensível, através de dois marcadores semânticos, o primeiro dos quais é, obrigatoriamente, /embarcação/, sendo o segundo um marcador que caracteriza especificamente o elemento a ser descrito. Por exemplo:

veleiro = /embarcação/ + /a vela/;
jangada = /embarcação/ + /de paus roliços/, etc.

Os elementos da primeira coluna pertencem à mesma classe paradigmática, porque qualquer um deles pode designar, por si mesmo, uma embarcação e, no tocante a essa designação, a presença de um deles, numa frase, exclui automaticamente a presença de qualquer outro membro da mesma classe; na frase

1. A embarcação era um(a) ...

a lacuna pode ser preenchida ou por "veleiro", ou por "canoa", ou por "iate", ou por "jangada", pois tais elementos são *semelhantes.* Mas eles *não são iguais*: cada um desses termos do subcódigo das *embarcações* pertence a um subsubcódigo diferente; *jangada* e *ca-*

noa são embarcações para a *pesca, veleiro* é embarcação para a prática desportiva, *iate* é uma embarcação de *recreio*. A substituição de um elemento pertencente a um desses subcódigos por outro elemento pertencente a outro subcódigo produz uma *metáfora* (cf. 6.3.4.3.3.):

2. O jangadeiro saiu a pescar no seu *iate*
3. O milionário organizou um cruzeiro no Mediterrâneo, a bordo da sua *jangada*

(1b) Já os elementos arrolados na segunda coluna, *proa, casco, vela, não são embarcações, mas partes delas*: o mecanismo pelo qual os associamos foi o da *análise* (= decomposição de um todo em suas partes constituintes), sendo o *todo*, neste caso, o *veleiro*, membro da primeira coluna. Nenhum dos membros da segunda coluna constitui, por si só, uma *embarcação* e a prova disso é que podemos defini-los através do marcador semântico /parte de uma embarcação/, seguido do marcador semântico específico. Por exemplo:

proa = /parte de uma embarcação/ + /dianteira/
casco = /parte de uma embarcação/ + /que entra em contacto com a água/

Sendo partes de uma embarcação, tais elementos podem co-ocorrer na mesma frase:

4. A embarcação se compunha de *proa, casco, vela,...*

(2) uma *leitura horizontal* da Fig. 38 põe em evidência uma série de relações (sintagmáticas) de inclusão, de duas ordens:

(2a) feita *da esquerda para a direita,* passamos de elementos generalizantes para elementos cada vez mais particularizantes: *embarcação* é o termo mais abrangente, ao passo que *quilha* é o mais abrangido (a quilha é parte da proa que, por sua vez, é parte de um veleiro, o qual por sua vez é um tipo de embarcação):

(2b) feita *da direita para a esquerda,* passamos dos elementos mais particularizantes para os elementos mais generalizantes. A metonímia, que já vimos construir-se no eixo sintagmático, diz respeito tanto a fenômenos que relevam da ordem de (2a) quanto da ordem de (2b), acima. Tal como a concebemos, aqui, a denominação *metonímia* pode ser aplicada na qualidade de palavra-cobertura para dominar dois tropos diferentes: a *sinédoque generalizante* e a *sinédoque particularizante.*

Temos sinédoque generalizante quando *b,* o termo comutante, é o *todo* em relação ao qual, *a,* o termo comutado, é ou uma *espécie* ou uma *parte constituinte,* ou seja, quando se dá o caso (2a) acima. Exemplo:

5. O jangadeiro saiu na sua *embarcação* (*a* = jangada; *b* = embarcação)

Temos sinédoque particularizante quando *b* é uma parte constituinte de *a,* o termo comutado — caso (2b), acima —:

6. Saiu o jangadeiro com sua frágil *quilha* (*a* = jangada, o todo; *b* = quilha, a parte).

Uma palavra qualquer, *iate,* por exemplo, pode assumir diferentes *valores* conforme as relações estruturais que a afetem. Esses valores podem repropor, até mesmo, uma nova convenção associativa entre o plano do conteúdo e o plano de expressão dessa palavra. Assim, a relação entre o plano de expressão (PE) e o plano do conteúdo (PC) da palavra *iate,* definida nos termos da norma lingüística (cf. 2.2.2.), ou seja, em *grau zero,* pode ser visualizada como segue (Fig. 39):

PE: ['jati]
                 ↕
PC: "iate"

Fig. 39 — O signo em grau zero

Se ao PC "iate" fizermos corresponder não o PE ['jati] mas o PE de outro membro qualquer da mesma classe paradigmática, pertencente a um subcódigo diferente (cf. a frase 3, acima), teremos uma metáfora, representada na Fig. 40:

PE   [žã'gada]
                 ↕
PC   "iate"

Fig. 40 — Metáfora

Mas o sentido "iate" pode ser dado, também, por membros de outros paradigmas, com os quais ele esteja numa relação lógica de inclusão o que dará origem a uma sinédoque generalizante, se "iate" for o termo incluído (cf. Fig. 41)

PE   [ẽjbarka'sãw]
                 ↕
PC   "iate"

Fig. 41 — Sinédoque Generalizante

ou a uma sinédoque particularizante, se se der o caso de ser "iate" o termo incluinte (cf. Fig. 42):

PE   ['kiʎa]
                 ↕
PC   "iate"

Fig. 42 — Sinédoque Particularizante

Uma representação esquemática desse conjunto de fenômenos é dada abaixo, na Fig. 43 (as letras maiúsculas usam-se para o PE, as minúsculas para o PC):

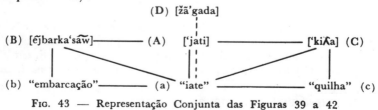

Fig. 43 — Representação Conjunta das Figuras 39 a 42

263

Temos, aí figuradas, as seguintes ocorrências:

A↔a
B↔b } signos em *grau zero* (sem "desvio")
C↔c

B↔a = sinédoque generalizante
C↔a = sinédoque particularizante } metonímias

D↔a = metáfora

todas já abordadas neste tópico; mas temos, além disso, as representações de diferentes planos de expressão (['jati], ['kiʎa], [ẽjbarka'sãw]) para o mesmo efeito de sentido (PC "iate"), o que caracteriza a sinonímia (cf. Fig. 44):

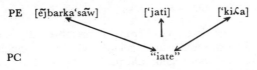

Fig. 44 — Sinonímia

e, inversamente, na mesma Fig. 43 aparece a representação de diferentes sentidos através de um mesmo PE, o que constitui o fenômeno da *polissemia,* cf. Fig. 45:

Fig. 45 — Polissemia

6.3.5. A Descrição Semântica de Pottier [71]

6.3.5.1. Sema, Semema, Semema Absoluto e Semema Relativo

Sabe-se que não existem duas cadeiras idênticas. Isso não impede que as pessoas se ponham de acordo quando falam sobre cadeiras, o que demonstra existir uma série de traços pertinentes na noção desse objeto, série essa que é conhecida pelos vários falantes

---

(71) *Apud* Baldinger, 1970. 75 ss.

da mesma língua. Quais são os traços distintivos que compõem o "objeto mental" *cadeira* e fazem de "cadeira" uma unidade léxica?

Se uma pessoa dá regularmente a resposta /x/ quando a colocamos diante de uma série de objetos (x^1, x^2...x^n), então /x/ é a *unidade léxica* (na terminologia de Pottier, *lexia*) que designa tais objetos nessa língua. Tomando vários objetos designados pela lexia "cadeira", façamos a descrição de cada um deles do modo mais completo (Fig. 46). O símbolo "q" designará as características encontradas em todos eles e os sinais ($+$) e ($-$) marcarão, respectivamente, a existência ou não dessas características em cada cadeira individualmente considerada.

	Cad. 1	Cad. 2	Cad. 3 ...	... Cadeira n
q^1 = encosto	$+$	$+$	$+$	$+$
q^2 = veludo	$+$	$-$	$-$	($+$)
q^3 = 4 pés	$+$	$-$	$+$	$+$ ($-$)
q^4 = de madeira ...	$-$	$+$	$-$	$-$ ($+$)
q^5 = para sentar-se .	$+$	$+$	$+$	$+$

FIG. 46

Esse levantamento faz surgir um certo número de problemas. Em primeiro lugar, certas características recebem sempre uma resposta "sim" ($+$), ao passo que outras recebem respostas "sim" ou "não" ($+$ / $-$). Isso se deve à presença eventual de traços adicionais em determinadas cadeiras (ser de "veludo", etc.). Tais traços *não são pertinentes porque não são constantes.* Assim, a pergunta sobre se a cadeira tem quatro pés nem sempre pode ser respondida com um "sim": há cadeiras com três pés, por exemplo. Desse modo verificamos que o número de pés é *variável,* mas o *ter pés* é uma *constante* (por isso é traço pertinente).

Consideraremos que numa série de N objetos, o traço q é pertinente (ou seja, é uma unidade mínima de plano de conteúdo — ou sema "s" —), se ele aparecer n vezes. Completando a Figura 46, temos (Fig. 46-A):

265

	Cad. 1	Cad. 2	Cad. 3	... ...	Cad. N
s_1 = encosto	+	+	+	(+)	+
s_2 = veludo	+	+	−	(+ / −)	−
s_3 = com pés	+	+	+	(+)	+
s_4 = de madeira ...	−	+	+	(+ / −)	−
s_5 = para sentar-se .	+	+	+	(+)	+
s_6 = para uma pessoa	+	+	+	(+)	+
s_7 = vermelha	+	−	−	(+ / −)	−
... .					

Fig. 46-A

Na coluna reservada à "cad. N" (súmula abstrata de todas as cadeiras) aparece um certo número de traços pertinentes (semas) que ocorrem n vezes (marcados por +):

s_1 = com encosto
s_3 = com pés
s_5 = para sentar-se
s_6 = para uma pessoa

Esse conjunto constitui o *semema* de /cadeira/. A lexia *cadeira* tem um *semema absoluto* cujos elementos (ou semas) *constantes* assim se organizam:

$$S_a \text{ (cadeira)} = s_1 + s_3 + s_5 + s_6$$

Se repetirmos a experiência com "poltrona", seu semema será:

$$S_a \text{ (poltrona)} = s_1 + s_3 + s_5 + s_6 + s_8$$

onde s_8 = com braços.

Pottier efetuou alguns testes para mostrar que o sema s_8 é o traço semântico pertinente para diferençar "cadeira" de "poltrona". Em questionários realizados em Nancy e Poitiers pediu a alunos que completassem as duas frases francesas:

1. *Je voudrais m'asseoir sur* .... "Queria assentar-me sobre..."
2. *Je voudrais m'asseoir dans* ... "Queria assentar-me numa..."

As respostas ao teste 1 indicavam, indiferentemente, "cadeira" ou "poltrona"; nesse caso era o sema "para sentar-se" que entrava em

266

jogo. Mas ao completar a questão 2, a resposta mais freqüente foi *"fauteuil"* "poltrona". Tratava-se, então, do "s_8", pois há em francês uma oposição "sur"/"dans" do tipo "não interioridade" / "interioridade". A "interioridade", traço presente em "dans", sugere o bloqueio de "cadeira" (desprovida de braços) e a aceitação de "poltrona" (contendo o sema "com braços").

A comparação entre os dois sememas, incluídos no mesmo conjunto de objetos ("móveis") capacita-nos a isolar o *semema relativo* de cada um deles. Com efeito, "cadeira" e "poltrona" possuem quatro semas em comum, tendo "poltrona", exclusivamente, além dos semas compartilhados com "cadeira" mais o sema "com braços":

$$S_a \text{ "cadeira"} = s_1 + s_3 + s_5 + _6$$
$$S_a \text{ "poltrona"} = s_1 + s_3 + s_5 + s_6 + s_8$$

Isto equivale a dizer, que, *dentro de um mesmo conjunto de objetos,* "cadeira" e "poltrona" se definem, *relativamente um a outro,* do seguinte modo:

(a) apresentam os semas comuns "$s_1 + s_3 + s_5 + s_6$";

(b) "poltrona" possui, além dos semas presentes em (a) acima, mais s_8 (o sema "com braços");

(c) "cadeira" possui, além dos semas presentes em (a) acima, mais um *sema relativo* (s_8), marcado negativamente, e que *define "cadeira" relativamente àquilo que nela falta quando a comparamos com "poltrona".* ([72]) Assim:

$$S_a \text{ absoluto "cadeira"} = s_1 + s_3 + s_5 + s_6$$

$$S_a \text{ relativo "cadeira"} = s_1 + s_3 + s_5 + s_6 + (- s_8)$$

---

(72) Por "semema relativo" compreende-se "semema relativo a um conjunto dado". Em relação a um conjunto dado, ou seja, a um mesmo *campo semântico,* o semema relativo permite isolar os parciais iguais (mercê aos quais diferentes sememas se reúnem em campos associativos) e, ao mesmo tempo, isolar os parciais diferentes (graças aos quais distinguimos, no interior do mesmo campo semântico, seus vários elementos). É esse o interesse dos *arquissememas* (= sema que domina um campo semântico).

6.3.5.2. *A Definição do Arquissemema*

6.3.5.3. *Arquissemema e Arquilexema*

O arquissemema é o sema que domina um campo semântico qualquer. Ele se define como a intersecção dos sememas componentes de um mesmo campo associativo. Seja:

s_1 = com encosto $\quad\quad\quad$; s_2 = com pé(s)
s_3 = para uma pessoa $\quad$; s_4 = para sentar-se
s_5 = com braços $\quad\quad\quad$;· s_6 = com material rígido

Um levantamento dos semas pertinentes de cinco objetos do mesmo campo (cadeira, poltrona, tamborete, canapé e "pouf"), daria o seguinte quadro (Fig. 47):

	s_1	s_2	s_3	s_4	s_5	s_6	
cadeira	+	+	+	+	−	+	= S^1
poltrona	+	+	+	+	+	+	= S^2
tamborete	−	+	+	+	−	+	= S^3
canapé	+	+	−	+	+	+	= S^4
pouf	−	+	+'	+	−	−	= S^5

Fig. 47

A leitura horizontal desse quadro, da esquerda para a direita, dá dos sememas de cada objeto considerado (S^1 = cadeira, S^2 = poltrona, S^3 = tamborete, S_4 = canapé, S^5 = "pouf") uma dupla definição. Assim:

$$S^1 \text{ absoluto de "cadeira"} = s_1 + s_2 + s_3 + s_4 + s_6$$

(ou seja, com encosto, com pés, p/ uma pessoa, p/ sentar-se, de material rígido);

$$\boxed{S^1 \text{ relativo de "cadeira"} = s_1 + s_2 + s_3 + s_4 + (-s_5) + s_6}$$

(ou seja, os mesmos semas anteriores mais um sema "negativo" ($-s_5$) : menos o sema "com braços".) *Vê-se, aqui, que a definição do semema*:

(*a*) é feita não a partir do *significante,* mas de traços mínimos do plano do conteúdo;

(*b*) *é feita diferencialmente,* como postulavam Saussure ("na língua não há senão diferenças") e Hjelmslev. Visto no interior de um mesmo campo semântico cada semema apresenta, ao mesmo tempo, *um aspecto conjuntivo* (que lhe permite integrar-se nesse campo particular) e um *aspecto disjuntivo,* sua diferença específica (que lhe permite indiduar-se frente aos demais sememas desse campo).

Mas podemos também fazer uma leitura vertical da Fig. 47, de cima para baixo. Isolaremos, então, os *semas* que se comportam como *invariantes* no interior do mesmo campo. ([73])

Dos seis semas arrolados, apenas dois (s_2 e s_4) estão presentes em todos os sememas considerados (em n objetos aparecem n vezes).

Eles constituem a intersecção dos conjuntos relativos dos seis sememas vistos (S^1, S^2, S^3, S^4, S^5, S^6) :

$$S^1 \cap S^2 \cap S^3 \cap S^4 \cap S^5 \cap S^6 = (s_2, s_4)$$

Reunidos num conjunto sêmico, s_2 ($=$ com pés) e s_4 ($=$ para sentar-se) formam o semema de uma unidade léxica da língua portuguesa: eles definem o semema de "assento" (fr. *siège,* esp. *asiento*).

O "assento" se define, aí, como um objeto que está elevado do solo (isto é, "com pés") e que serve à função de sentar-se. *Assento* é uma *cover-word* que por ser a *base comum* de um *campo semântico* ao qual *domina* (o campo semântico dos "assentos"), é um *arquilexema* (como *fruta, docentes, parentes,* etc.). Por outro lado, como os semas que compõem seu plano de conteúdo formam um *semema* que é a *base comum* invariante para qualquer outro semema do campo dos *assentos,* o semema de /assento/ é um *arquissemema.* ([74])

---

(73) Tais *semas invariantes* constituirão o *núcleo sêmico,* ou *figura sêmica* na semântica de A. J. Greimas.

(74) O arquilexema "assento" é por sua vez dominado, no interior de um campo semântico mais vasto, pelo arquilexema "móveis", sendo "móveis" dominado, num campo mais abrangente, pelo arquilexema "artefatos", etc.

Como nota Kurt Baldinger (1970. 83), o arquissemema é comum a todos os sememas do mesmo conjunto conceptual (campo) mas é traço distintivo diante de outros sistemas conceptuais (de "móveis", por exemplo). Desse modo, a relação entre arquissemema e semema, entre semema e sema, é de *implicação* (ou de englobante / englobado):

ou:
arquissemema ⊂ semema; semema ⊂ sema

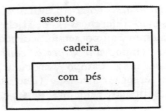

Pelo estudo de B. Pottier, vê-se que os conteúdos de uma língua natural se deixam captar dentro de um processo generalizador, segundo o qual cada traço do conteúdo (sema) é reunido em um conjunto (semema), ligando-se esse conjunto a outros, formando *campos associativos* dominados por uma mesma base comum de *semas invariantes* (*núcleos sêmicos*), os quais, se se formalizam ao nível de manifestação das línguas como unidades léxicas, são *arquilexemas* dotados, na estrutura imanente, de um semema (*arquissemema*) comum, como *núcleo sêmico,* a qualquer dos elementos do campo. Cada campo é, por sua vez, dominado por um campo mais amplo:

```
    2 caniches
+   4 perdigueiros
    ─────────────
    6 cães (arquilexema 1)

    6 cães
+   3 gatos
    ─────────────
    9 animais (arquilexema 2, mais geral do que 1)

    9 animais
+   2 homens
    ─────────────
   11 seres vivos (arquilexema 3, mais geral do que 2)

   11 seres vivos
+   2 móveis
    ─────────────
   13 "coisas" (arquilexema universal, o mais geral da língua).
```

Palavras como "coisa", "troço", "negócio", capazes de substituir todos os substantivos da língua, e, às vezes, até nomes de pessoas, ("coisa, como é que você se chama?"), constituem os arquilexemas mais gerais. "Coisa" se comporta, em português, como um arquilexema universal.

Observações:

(a) O ponto de partida do estudo de Pottier é a *lexia* "cadeira", não o objeto "cadeira";

(b) na instância de manifestação das línguas não temos "sememas", temos "lexias" (*lexia* = lexicalização memorizável de um semema; *arquilexia* = lexicalização de um arquissemema).

6.3.5.4. Classemas

6.3.5.5. Ambigüidade Classemática

Em 1963, no artigo *Recherches sur l'analyse sémantique en Linguistique et en traduction mécanique*, B. Pottier procurava definir o conteúdo da unidade léxica "cadeira". Partia, então, das unidades mínimas (semas) e se encaminhava daí para a definição de unidades mais vastas (semema, arquissemema). No decorrer de seus estudos, aquele semanticista percebia que toda unidade léxica está no cruzamento de dois movimentos semânticos:

(a) um deles, relaciona as unidades mínimas do conteúdo no interior da própria lexia (semas específicos, cujo conteúdo constitui o semema);

(b) o outro, põe esse semema em relação com classes semântico-funcionais de distribuição, pertencentes à *langue* mas selecionadas no interior de frases (classemas).

Por isso, na segunda parte daquele mesmo trabalho de 1963, Pottier inverte o procedimento que seguira na primeira parte. Ele procederá, a seguir, do mais geral (classes funcional-semânticas ou classemas) procurando identificar os elementos que sejam capazes de saturar as três primeiras classes em que divide todos os sememas da língua: a classe dos objetos, a dos animais e a das pessoas.

Se perguntarmos

1. Você viu o ...?

271

a lista de substantivos capazes de se seguir a "o" é não significativa, já que tal substantivo poderia pertencer, indiferentemente, à classe dos objetos, dos animais ou das pessoas. Mas se perguntarmos

2. Voulez-vous l'*amener* votre ...? ou
3. Voulez-vous l'*apporter* votre ...?

aparece claramente uma diferença significativa entre os substantivos capazes de saturar os predicados presentes em 2. e 3. Eles seriam assim classificados:

2. Voulez-vous l'*amener* votre...?

> objetos: *n* respostas
> animais: *n* respostas
> pessoas: *n* respostas

3. Voulez-vous l'*apporter* votre ...?

> objetos: *n* respostas
> animais: *O* respostas
> pessoas: *O* respostas

Percebe-se que *apporter* seleciona seus termos saturadores segundo um esquema de compatibilidade / incompatibilidade contextual que divide os substantivos pertencentes à classe dos objetos como elementos compatíveis (para saturar o predicado *apporter*), opondo-os aos substantivos pertencentes à classe dos animais e/ou das pessoas, como elementos imcompatíveis.

apporter $\begin{cases} + \text{ classe A de substantivos (designam objetos)} \\ - \text{ classe B de substantivos (designam animais e/ou pessoas)} \end{cases}$

amener $\{ +$ classe A ou B de substantivos

A realização de uma série maior de testes do mesmo tipo proporcionou os seguintes resultados, no que se refere às compatibilidades/incompatibilidades:

4. *Qu'est-ce qu'elle rumine, ma* ...? ("O que é que ela rumina, a minha ...?")

> objetos: *O* respostas
> animais: 3 respostas
> pessoas: 32 respostas

Ou seja:

ruminar $\begin{cases} - \text{ classe A de substantivos} \\ + \text{ classe B de substantivos} \end{cases}$

5. *Il est enrhumé, votre ...* "Está resfriado, o seu ...")

em que todas as respostas se enquadravam na classe B. Mas em

6. *Il est grippé, votre ...* ("Está gripado, o seu...")

obtiveram-se respostas da classe A e da classe B ("filho", "motor", etc.).

Uma tabulação dos testes realizados permitiu estabelecer diferentes distribuições dos substantivos, registradas no uso não metafórico da língua francesa: à classe A (dos *objetos*) pertencem todos os substantivos dotados do classema /inanimados/; à classe B (de elementos que designam pessoas ou animais) pertencem todos os substantivos dotados do classema /animados/.

Observações:

(*a*) Os substantivos podem passar de uma classe para outra. Nos testes realizados (em francês), verificou-se que se uma pessoa *viva* era enquadrada, como é natural, na classe dos seres /animados/, uma pessoa *morta* passava a ser enquadrada na classe dos seres /inanimados/.

(*b*) No interior de cada classe, tanto a dos /animados/ quanto a dos /inanimados/, é possível distinguir-se subséries através de dois sentidos diferentes. Assim, na classe dos /animados/ distinguem-se /animados humanos/ e /animados não humanos/:

7. João colocou .... na porta
7a. João colocou *Pedro* na porta = sentido I (= expulsou)

/animado humano/

7b. João colocou *o gato* na porta $\begin{cases} = \text{sentido I} & (= \text{expulsou}) \\ = \text{sentido II} & (= \text{colocou}) \end{cases}$

/animado não humano/

7c. João colocou *a cadeira* na porta = Sentido II (= "colocou")

/animado/

Em 7, 7.a, 7.b e 7.c, verifica-se que os substantivos portadores do classema /animado humano/ se opõem principalmente aos substantivos portadores do classema /inanimado/ — como o Sentido I, "expulsar" se opõe ao Sentido II, "colocar" —, opondo-se, no entanto,

273

só subsidiariamente, aos substantivos portadores do classema /animado não humano/ já que o *animal,* de acordo com o exemplo 7.b, pode funcionar ora como uma *coisa* (7.b, Sentido II), ora como uma pessoa (7.b., Sentido I).

A classe dos substantivos portadores do classema /inanimado/ pode ser dividida em duas subclasses, a dos "objetos materiais" e a dos "objetos não materiais":

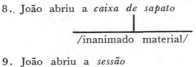

Como o verbo *abrir* contém duas valências (possibilidades de ser saturado), a de "objeto material" e a de "objeto não-material", conforme se vê nas frases 8 e 9, esse verbo pode dar origem a frases ambíguas do tipo

10. João abriu o armazém

onde, se se atualiza para "armazém" o classema /inanimado material/, obtém-se o Sentido I ("abrir o armazém com auxílio de uma chave"); se, ao contrário, se atualiza para "armazém" o classema /inanimado não material/, teremos o Sentido II ("iniciar-se num ramo de comércio").

A Fig. 48, abaixo, nos dá o resumo de quanto se viu até aqui:

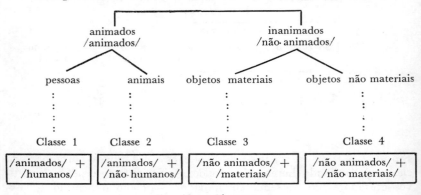

Fig. 48 — Classemas

Ou seja:

Subs. que designam	Classemas correspondentes
pessoas	Classema 1: /animados/ + /humanos/
animais	Classema 2: /animados/ + /não humanos/
objetos materiais	Classema 3: /não animados/ + /materiais/
objetos não materiais ...	Classema 4: /não animados/ + /não materiais/
pessoas e animais conjuntamente	Classema 5: /animados/
objetos materiais e objetos não materiais conjuntamente	Classema 6: /não animados/

Fig. 48-A

6.3.5.6. *Arquilexemas e Classemas*

Os arquilexemas comportam, ora classemas de determinada classe, ora classemas de várias classes tomados conjuntamente:

11. João viu *algo* — Classema das classes 2 + 3 + 4

     arquilexema

12. João viu *alguém* — Classema da classe 1

     arquilexema

13. João não viu *ninguém* — Classema da classe 1

     arquilexema

14. João não viu *nada* — Classemas das classes 5 + 6 (ou 1 + 2 + 3 + 4)

     arquilexema

6.3.5.7. *O Virtuema*

Poder-se-ia perguntar se não seria possível particularizar ainda mais a divisão das classes semântico-funcionais localizadas. Parece,

275

com efeito, que as lexias incluem várias categorias semânticas que se deixariam interpretar como subdivisões dos classemas (subclassemas). Assim os objetos materiais são "côncavos", "convexos", "planos", etc., os animais são "domésticos" ou "selvagens"... Um "líquido" seria definido, se tais subclassificações fossem exeqüíveis, como algo que não pode ser quebrado, nem cortado ou comido... Diz-se, por exemplo,

15. João bebeu um martíni

mas não se diz

16. * João comeu um martíni

Na realidade, nem sempre as coisas se passam desse modo. Diz-se, por exemplo, que um carro "come" gasolina, que um ouvinte desleal "torce" o nosso pensamento, etc.

A dificuldade para estabelecer coerentemente as subdivisões classemáticas repousa simplesmente, pensa Pottier, no fato de que elas pertencem ao domínio das *virtualidades lingüísticas*. Uma *cadeira,* de um lado, está dotada de um encosto, apóia-se sobre pés, destina-se para assento de uma única pessoa e, por outro lado, é um objeto material, dotado de *um número não finito de virtualidades*: ela pode ser quebrada, ser comprada ou vendida, etc.

Esse componente constitui o que mais tarde Pottier chamará de *virtuema* das unidades léxicas. O virtuema é uma zona instável da lexia, equivalendo às possibilidades que serão preenchidas, em cada caso particular, pelo contexto, pela situação, pela intencionalidade das pessoas que se comunicam, e assim por diante.

Tanto quanto podemos compreender, toda lexia compreende, segundo Pottier

(a) *semas* — traços mínimos pertinentes no plano do conteúdo;

(b) *semema* — um conjunto próprio de semas;

(c) *virtuema* — possibilidades abertas (aproximadamente "valências") ao nível da *langue,* a serem preenchidas por cada contexto-ocorrência em particular, ao nível da *parole;*

(d) *classema* — categorias que permitem reunir os lexemas em *classes semântico-funcionais,* à base do mecanismo das compatibilidades/incompatibilidades contextuais;

Essa lexia, enfim, pode ser dominada por um

(e) *arquilexema* — palavra-cobertura ("cover-word"), como "citro", "veículo", "móvel", etc., que coerentiza um mesmo campo semântico, promovendo a intersecção de *subconjuntos semânticos* (ou seja, dois ou três semas componentes de dois ou mais sememas ("b") diferentes.

Assim, (a) e (b), acima, definem o conteúdo da unidade léxica em si considerada, na dupla *perspectiva da parte para o todo* ("a", o *sema*), e do todo em·si ("b", o *semema*); ambas compõem a Zona I da significação; "c" é um *sema virtual* capaz de, eventualmente, surgir como um constituinte do semema "b", na dependência de cada contexto-ocorrência em particular ("c" é um *sema dependente do contexto,* que compõe a Zona II da significação); "d", o *classema,* integra o *semema* "b" nas classes de que se compõe o *sistema* da "langue" ("d" forma a Zona III da significação); finalmente o *arquissemema* "e" integra o semema "b" num *campo semântico* determinado (o dos veículos, móveis, frutas, etc.), através de dois ou mais semas "a" que pertencem, por igual, a todos os diferentes sememas desse mesmo campo.

Um resumo desses resultados é apresentado por Pottier em "La définition sémantique dans les dictionnaires" (*apud* Baldinger, 1970, 89 ss.), e também no artigo intitulado "Hacia una semántica moderna" (hoje incluído em Pottier, 1970. 99-133).

6.3.5.8. *A Definição do Semema Ocorrencial*

6.3.5.9. *Semas Invariantes: Específicos e Genéricos*

O processo da *definição* ilustra a composição de um semema. A definição inclui:

(a) um *gênero próximo* e
(b) uma *diferença específica.*

A definição é um mecanismo lógico que põe em jogo duas operações opostas: num primeiro momento aproxima-se a noção-objeto A a ser definida de uma noção-metalingüística B de compreensão

277

mais vasta e já assimilada (gênero) como *noção-afim* (próximo) da noção-objeto A. Trata-se de uma *operação de conjunção*, mediante a qual incluímos A num universo-de-discurso já conhecido. Num segundo momento executa-se a operação contrária, indicando-se na noção-objeto A a característica que a individua especificamente e graças à qual não a confundimos com nenhuma outra noção-objeto X pertencente ao mesmo universo-do-discurso.

Trata-se, agora, de uma *operação de disjunção* (especificação de A no interior do universo-do-discurso). Seja a definição de um *relógio*:

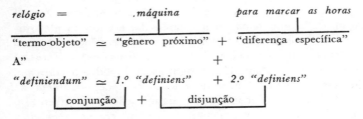

Uma definição compreende, pois, necessariamente, e ao menos, dois termos (semas). Quanto ao *virtuema,* ele é um *sema não-distintivo* de ocorrência eventual; pode, ocasionalmente, aparecer nas definições, como quando se diz de uma "cadeira" que ela é, geralmente, "de madeira", ou de um "baú", que ele tem o "tampo convexo", etc.; a "matéria" ("de madeira") e o "formato do tampo" ("convexo"), pertencem, nesses casos, ao *virtuema,* pois há cadeiras que se fazem de metal, plástico, couro, etc. e há baús de tampo plano ([75]).

Por serem dependentes do contexto, os virtuemas são *semas variáveis;* os demais são *semas constantes* e se dividem em *específicos* (quando são *diferenciadores,* como "sem braços" que permite distinguir "cadeiras" de "poltronas"), ou *genéricos* (quando indicam a inclusão numa classe — é o caso dos classemas /material/, /contínuo/, /transitivo/, etc. —).

O esquema da definição de "cadeira", abaixo, formaliza tudo isso:

---

(75) Por serem *variáveis* os virtuemas, Pottier os associa à *conotação;* para ele, os semas *constantes* pertencem à *denotação* (Pottier, 1968. 70-71).

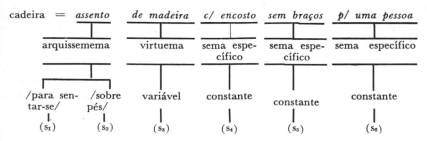

(1) $s_1, s_2, s_3, s_4, s_5, s_6$ — Compõem um semema-ocorrencial de "cadeira".

(2) s_4, s_5, s_6, — São *semas constantes* e *específicos*. Cada um deles é necessário para individuar a lexia "cadeira" dentro de um mesmo campo semântico, pois cada um deles permite distinguir "cadeira" de outra lexia pertencente ao mesmo campo. Assim, s_4 "com encosto" opõe "cadeira" a "banqueta" (que contém o sema "sem encosto"); s_5 "sem braços", opõe "cadeira" a "poltrona" (que contém o sema "com braços"); s_6 "para uma pessoa", opõe "cadeira" a "sofá" ou "banco" (que contêm o sema "para mais de uma pessoa");

(3) s_1, s_2 — Compõem o *arquissemema,* isto é, um subconjunto sêmico que está presente igualmente, em todos os sememas do campo dos "assentos". Observar que $s_1 + s_2$, ao mesmo tempo em que coerentizam o campo dos "assentos", formando como que a sua "fronteira interior", servem, também, de demarcadores de sua "fronteira exterior". Assim, no campo semântico mais amplo do "mobiliário", s_1 "para sentar-se" se opõe a "para deitar-se" (presente no subcampo que reúne "cama", "cama-turca", "saco de dormir", "cama-de-campanha", "rede", "esteira", etc.);

(4) s_3 — Compõe o *virtuema* e só entra numa definição ocorrencial de "cadeira" (porque é possível ter-se cadeiras feitas de outros materiais);

(5) /não animado/ + /material/ + /rigído/, etc., são *classemas*.

6.3.5.10. Limites da Descrição Semântica da Palavra Isolada

6.3.5.11. Denotação e Conotação

A descrição semântica efetuada por B. Pottier sobre a lexia *chaise* "cadeira", demonstra todas as virtudes e todos os limites das tentativas que se têm produzido para definir a palavra isolada. Os aspectos mais positivos dessas técnicas — que Pottier apresenta de maneira impecável —, são:

(a) ter definido a *unidade mínima do plano do conteúdo* (*sema* para Pottier, Buyssens, Greimas e outros; aproximadamente o mesmo que *semième* para Guiraud, *traços pertinentes* para Prieto, *figuras do conteúdo* para Hjelmslev);

(b) ter possibilitado a descrição congruente dos *campos semânticos,* mostrando, com inteira clareza que os significados não se apresentam de modo caótico nas línguas naturais, pois se distribuem em redes estruturais que formam a malha dos campos (o campo do mobiliário, o dos veículos, o das relações de parentesco, etc.);

(c) ter empreendido de modo sistemático a descrição do conjunto constitutivo do *semema.*

Por todas essas qualidades, o semanticista terá de partir sempre desses estudos, inevitável quadro de referência para uma semântica científica.

Mas, ao lado desses aspectos positivos, há aspectos menos seguros, que devem ser assinalados. Poderíamos resumi-los assim:

(a) a noção de "palavra" é mais intuitiva e etnocêntrica do que científica: não está provado, por exemplo, que as palavras constituam um elemento universalmente presente nas línguas naturais (cf. 4.5);

(b) por outro lado, não falamos por "palavras" ou "signos"; falamos por *textos* cujo plano de expressão possui dimensões muito variáveis. E a relação entre uma e outra não é, simplesmente, a relação metonímica (da *pars ex toto*); mais do que uma totalidade produzida pela soma linear de suas partes, os enunciados são conjuntos que não são iguais à soma dos contituintes, as palavras. "Essa *relação gestaltista,* nós a vemos funcionando em N. Trubetzkoj, V. Bröndal, e L. Hjelmslev. Dar-lhe-emos, aqui, a forma plasmada por N. Chomsky e G. A. Miller:

comp. (x) comp. (y) comp. (xy) [76]

---

(76) A abreviatura *comp.* lê-se: "compreensão".

Quer dizer: "a significação do todo é superior à soma linear das significações de suas partes" (Coquet, 1972. 28).

(c) Abstração feita das unidades de subcódigos monovalentes, do tipo "ácido clorídrico", "traqueotomia", etc., as palavras não possuem, isoladamente, um valor mono-semêmico (elas têm mais de um sentido). O termo português "manga", por exemplo, o que significa? é "fruta"?; é "peça da indumentária"?; é "chaminé de lampião"?; é "tromba d'água"?; é "corredor de curral"? ([77])

(d) Na instância da manifestação nem todas as palavras, ainda as sinonímicas, podem combinar-se com qualquer contexto. Há seleções sintagmáticas que impõem a cada unidade léxica restrições do seu *domínio de aplicação* ("*restrictions of the range of application*"). Assim, o adjetivo *baio* é aplicável a cavalos cujo pelame tenha a cor castanha, mas não a trajes dessa cor; *loiro* aplica-se a "cabelos", mas não a "sapatos", etc. Por outro lado, palavras, como (ing.) *between* e *among,* (fr.) *entre* e *parmi,* possuem o mesmo sentido (prep. "entre", em português), mas o campo de aplicação de *between* e *entre* se restringe aos casos em que se relacionam apenas dois objetos, limitando-se o uso de *among* e *parmi* para os casos em que se trate de mais de dois objetos. ([78])

(e) Quanto aos campos semânticos, eles não passam de ser, na maioria das vezes, um conjunto de termos reunidos numa área aprioristicamente delimitada, não a partir da rede de

---

(77) É o conceito saussuriano do *valor* sintagmático, onde cada termo tem um valor que se determina pela presença de outros termos com os quais o primeiro estabelece uma relação (*função,* segundo Hjelmslev), lição essa que está na base da organização de uma *semântica sintagmática.* Por outro lado, é na instância da manifestação, lugar de encontro de todos os níveis lingüísticos, que as palavras possuem um *valor conotado.* *Interpretar* significa reduzir à paráfrase denotativa as múltiplas conotações da instância da manifestação.

(78) Tais restrições podem ascender a graus de especialização dificilmente compreensíveis para quem quer que não seja falante nativo do idioma. Em hindi, por exemplo, os seguintes termos significam *amor*:

(a) *prem* — não empregado em relação a seres humanos nem a coisas;
(b) *lār* — amor que os pais têm aos filhos;
(c) *pyār* — ternura, como a que as crianças inspiram aos adultos;
(d) *sneh* — ternura;
(e) *cāh* — amor em relação a coisas diferentes;
(f) *priti* — amor de um homem e uma mulher. (cf. Zgusta, 1971.45).

relações intersígnicas de um sistema lingüístico ([79]), mas a partir da *concepção sociológica de "campo"*.

Assim, a unidade léxica "cadeira" é trabalhada por Pottier dentro de um campo sociologicamente estruturado, cujo arquissemema dominante é dado pela *cover-word assento;* mas a definição desse arquissemema é, aí, a que inclui uma *funcionalidade prática* (ou seja, da *praxis social*), não se considerando para nada a sua *funcionalidade mítica* (que aparece, por exemplo, no "assento etéreo" de que fala Camões, ou no *"assentar-se em super cadeiras"*, de que fala João Cabral de Melo Neto, no poema *"Comendadores Jantando"* (cf. Lopes, 1974. 51).

Parece imprescindível, por isso, se queremos descrever corretamente as construções idiomáticas do tipo *"estou com dor nas cadeiras"*, *"dar um chá de cadeira"*, etc., incluir dois tipos de *semas funcionais*, um *prático* e um *mítico*: *um estudo científico deve, antes de mais nada, começar pela solução provisória de problemas tais como o apresentado pela idêntica interpretação fonológica de dois ou mais sememas diferentes, de termos tais como "vela",* como "parte de navio", como "círio", como "peça que produz a ignição nos motores de explosão", como forma manifestada do verbo "velar", etc.

Tudo isso mostra que devemos distinguir entre os sentidos virtuais que uma palavra possui enquanto unidade léxica memorizável (*lexia,* na terminologia de Pottier), elemento da competência lingüística dos falantes nativos de uma língua, e *o sentido* que ela adquire ao nível manifestativo da *performance* lingüística, quando figura em determinado contexto. O maior dos retóricos latinos, Cícero, já havia observado que "as palavras têm um primeiro valor, empregadas isoladamente, e um segundo, unidas a outras" (*apud* Rey, 1970. 17), e foi em decorrência disso que J. R. Firth afirmou: "Toda palavra utilizada num contexto novo torna-se, em razão disso, uma nova palavra" (*apud* Todorov — 1966. 7). Para franquear esse fosso é certamente muito pobre a solução proposta por Pottier através dos *semas variáveis (virtuemas)*, já que eles contribuem para uma precisão maior do semema-ocorrencial, (precisando, por exemplo, a "matéria" de que é feita uma "cadeira"), mas não dão conta, absolutamente, das manipulações que levam esses sememas a produzir

---

(79) Para Saussure, *o significado não é a significação lexical*: "o significado é apenas o resumo do valor lingüístico o qual supõe o jogo dos termos entre si" (Godel, 1957. 237 e 242).

efeitos de sentido totalmente originais, quando empregados num sub-código mítico ou retórico.

Entre as linhas de descrição semântica que procuraram responder a essas e outras limitações da semântica da palavra isolada, destacaremos, a seguir, a linha da semântica contexto-situacional tal como ela é praticada, na atualidade, por um de seus mais hábeis cultores, Oswald Ducrot.

6.3.6. A SEMÂNTICA CONTEXTO-SITUACIONAL

"— En una adivinanza cuyo tema es el ajedrez, cuál es la única palabra prohibida?

Reflexioné un momento y repuse:

— La palavra *ajedrez*.

— Precisamente — dijo Alberto —. (...) Omitir *siempre* una palabra, recurrir a metáforas ineptas y a perífrases evidentes, es quizá el modo más enfático de indicarla."

JORGE LUÍS BORGES — "El Jardín de Senderos que se Bifurcan". *In: Obras Completas*, 4.ª imp., 1965, B. Aires, Emecê, Vol. II, 109.

"Esta loja só fecha aos domingos" implica "Esta loja está aberta nos demais dias da semana".

CHERRY, 1971.345

A linha da semântica contexto-situacional encontra-se, certamente, entre as correntes mais venerandas da descrição do sentido. Ela é, ao mesmo tempo, uma corrente de inspiração nitidamente européia, e, nos seus primórdios, não passou de um subproduto das especulações filosóficas dos antigos gregos sobre o sentido e a palavra.

Tendo na sua origem obras como o *Cratilo*, de Platão, pode parecer paradoxal que essa corrente, que nascera sob o signo do nominalismo, viesse a recobrar forças com o desenvolvimento de uma ciência tão vincadamente realista e positivista como foi a Sociologia dos finais do século XIX. Mas tal fato há de estranhar menos quando nos capacitamos do interesse que devotaram à relação língua-sociedade os primeiros grandes lingüistas modernos, que foram, de formação, antropólogos e sociólogos, como F. Boas, B. L. Whorf, E. Sapir e B. Malinowski. Mais do que ao estudo da língua, pode-se dizer que esses sábios dedicaram-se ao estudo da *linguagem,* na sua qualidade de atividade humana, exercida no interior de uma cultura e de uma sociedade, através da comunicação. O fundamental, em suas obras, era essa atividade (já vimos que Malinowski, por exemplo, considerava a língua como, literalmente, *um modo de agir*), sendo um sistema lingüístico inconcebível fora dos quadros da ação social, da cultura que é o seu meio: tudo o mais, palavras, níveis, mudanças, deveria ser tomado como meras funções das relações linguagem-situação. Assim, B. Malinowski podia escrever em *Coral Gardens and Their Magic*, que *as palavras isoladas* são apenas uma ficção lingüística e que "nem mesmo uma frase pode ser considerada um dado lingüístico completo. Para nós, um fato lingüístico real consiste em um enunciado completo dentro do quadro da sua situação" (*apud* Dinneen, 1970, 406).

A idéia de que aquilo que os signos designam está condicionado pelo contexto da sua utilização e pelos fins a que seu uso se destina será mais amplamente desenvolvida em Firth: "As técnicas de que aqui tratei compõem uma análise mais empírica que teórica. Ela pode ser descrita como uma contextualização em série de nossos fatos, contexto dentro de contexto, cada um dos quais dotados de uma função, de um órgão do contexto maior, ao passo que *todos os contextos encontram um posto dentro daquele que se pode definir como contexto de cultura*" (*apud* Dinneen, *op. cit.*, 417). Assim, não só o sentido de uma frase é um sentido holofrástico, mas, ainda, tal *sentido do enunciado é concebido como uma função do sentido maior da enunciação*.

Contra o fundo dessas concepções entender-se-á melhor a semântica de Oswald Ducrot.

6.3.6.1. A Semântica de Ducrot

Oswald Ducrot parte do *ato de enunciação* e não do *enunciado*: para ele o enunciado não constitui *um fato;* os únicos dados de que o semanticista dispõe, afirma ele (1969; 1972; 1972a), são as múltiplas ocorrências possíveis de um enunciado nas diversas situações em que o empregamos. Assim o sentido é algo que releva do *enunciado "hic et nunc"*. Por isso, falar sobre o sentido de um enunciado fora das circunstâncias possíveis da sua ocorrência, isto é, fora do contexto e da situação, noções às quais Ducrot se refere englobadamente através do termo *contexto* — equivale a abandonar o terreno da experiência e da comprovação, para construir uma hipótese que será sempre carente de demonstração.

Ducrot afirma que não existe na realidade nenhum enunciado que ocorra extra contexto. Um enunciado pode apresentar um contexto de dimensões extremamente reduzidas, mas ele possuirá, sempre, um contexto — aquele da situação que põe em contacto dois interlocutores —. É desses fundamentos que partem os estudos de Ducrot.

Para ele, a descrição semântica de uma língua *L* é o conjunto de conhecimentos que permite prever, tendo sido pronunciado um enunciado *A* da língua *L* dentro das circunstâncias *X*, o sentido que a ocorrência de *A* tomou nesse contexto (cf. Fig. 49, abaixo):

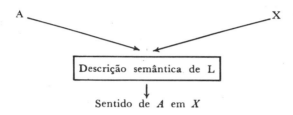

FIG. 49 — A Descrição do Sentido, Segundo Ducrot

A Fig. 49 mostra que a descrição semântica constitui um conjunto extremamente heterogêneo, pois, além de fatores lingüísticos, ela inclui fatores sociológicos e psicológicos, etc., todos os fatores, em suma, que participam das circunstâncias *X* de manifestação dos enunciados. Ducrot acredita que não podemos desprezar nenhum desses fatores pois são eles, em última instância, os responsáveis pela "leitura plural" de uma frase como

1. Que belo dia!

cujo sentido, em certas circunstâncias, equivale a

1.a. Que tempo horrível!

e, em outras, a

1.b. Não temos muita coisa para nos dizer um ao outro..., etc.

Parece-lhe que isso significa, enfim de contas, que *qualquer frase pode veicular qualquer significação*.

Essa constatação, longe de implicar a impossibilidade da descrição semântica das línguas naturais, deve conduzir o pesquisador a formular uma *hipótese descritiva* que englobe subsídios oriundos das ciências humanas. Na elaboração da sua hipótese, Ducrot retorna ao retângulo da Fig. 49 para dividi-lo em duas partes:

(a) uma primeira parte — a do *componente lingüístico* — atribui a cada enunciado A, independentemente de qualquer contexto, uma certa significação, A';

(b) uma segunda parte — a do *componente retórico* — incidindo sobre A', tem o papel de prever a significação ocorrencial efetiva de A na situação X.

Figuradamente:

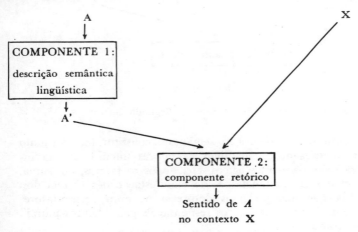

FIG. 50 — Forma Final da Descrição Semântica, Segundo Ducrot

O esquema de Ducrot, contém, imbricadas, duas hipóteses:

(a) que o CL (componente lingüístico) atribui uma significação exclusivamente lingüística aos enunciados de uma língua L, previamente a qualquer significação extra que lhe possa ser adicionada pelo contexto (e pela situação);

(b) que o CR (componente retórico), ou seja, as circunstâncias envolvidas na elocução, precisam, num segundo momento, o sentido de (a). [80]

---

(80) Na realidade, o CR (componente retórico) não se refere às circunstâncias envolvidas na situação (ato de fala): refere-se mais, como se

6.3.6.2. Pressupostos e Subentendidos

Um esboço de descrição exige uma distinção provisória entre dois tipos particulares de efeitos-de-sentido que podem ser atribuídos à distinção precedentemente efetuada entre CL e CR. Considerando:

2. Se Pedro vier, João partirá
3. João não detesta o vinho
4. João continua a fumar
5. Pedro deu pouco vinho a João

O destinatário de 2 conclui:

(a) que a vinda de Pedro é a condição *suficiente* para a partida de João;

(b) que a vinda de Pedro é a condição *necessária* para a partida de João.

Isso significa que o enunciado 2 implica

2.a. Se Pedro não vier, João não partirá.

Quanto ao enunciado 3, ele parece conter a afirmação:

3.a. João gosta muito de vinho ([81])

Já o enunciado 4, leva inevitavelmente à conclusão de que

4.a. João fumava antes, e
4.b. João fuma atualmente

Enfim, 5 indica

5.a. Pedro deu vinho a João — e, ao mesmo tempo —
5.b. Pedro deu-lhe pouco (vinho)

---

depreende dos trabalhos de Ducrot, *àquilo que o destinatário pensa que o destinador do enunciado pensa, ao emitir seu enunciado.* Trata-se, portanto, de seguir essa mesma ordem no processo da descrição: a descrição do CL será submetida à homologação dos princípios que regem a Lingüística, para a sua autenticação, e a descrição do CR será submetida aos testes de autenticação fornecidos pela Psicologia, pela Lógica, pela Crítica Literária, etc.

(81) Para evitar a interpretação 2.a ou 3.a seria necessário que o destinador da mensagem descartasse explicitamente as possibilidades 2.a e 3.a.

Para Ducrot, 2.*a*. e 3.*a*. constituem *subentendidos,* ao passo que 4.*a*. e 5.*a*. constituem *pressupostos.*

É característico do *pressuposto* resistir, no plano do conteúdo, a certas modificações e manipulações sintáticas (como a interrogação ou a negação): os pressupostos de um enunciado são sempre afirmados, ainda que os modifiquemos para a forma sintática da negação ou da interrogação:

4.*c*. João continua a fumar?
4.*d*. É falso que João continua a fumar

mantêm, uma e outra forma, que

4.*a*. João fumava antes.

Enfim, quando o pressuposto aparece numa frase complexa, tendo ali o caráter de frase elementar.

4.*e*. João continua a fumar embora o médico lho tenha proibido

a relação de subordinação não incide sobre o pressuposto mas somente sobre o restante do conteúdo de 4.*e.,* ou seja, sobre aquilo que Ducrot chama de seu *conteúdo posto* (= a afirmação de que "João fuma atualmente").

Recapitulando: o enunciado

4. João continua a fumar

se interpreta em

4.*a*. João fumava antes (conteúdo *pressuposto*) e, ao mesmo tempo,
4.*b*. João fuma atualmente (conteúdo *posto*) ([82])

Tais testes não se aplicam, por vários motivos, aos *subentendidos,* o que lhes dá uma caracterização negativa (em relação aos pressupostos). Os subentendidos possuem, no entanto, uma caracterização positiva: é que eles possuem, ao lado do *sentido subentendido,* um primeiro significado, o seu *sentido literal;*

3. João não detesta o vinho (sentido literal)
3.*a*. João gosta muito de vinho (sentido subentendido)

---

(82) A aplicação desses testes sobre
5. Pedro deu pouco vinho a João (desdobrável em

Essa duplicidade de sentido permite ao destinador (remetente) do enunciado jogar com a autenticação do sentido 3. ou 3.*a*, de acordo com a conveniência de seus propósitos: se o destinatário utiliza, em prejuízo do remetente, o *sentido subentendido*, o remetente pode sempre retorquir que o único conteúdo legítimo da sua mensagem é o dado pelo *sentido literal* — e vice-versa —. Por isso, a frase 3 apresenta uma vantagem "política", digamos, sobre a expressão direta 3.*a.*: *ela possibilita dizer alguma coisa, aparentando não a dizer.*

Já o pressuposto pertence, de pleno direito, ao *sentido literal*, pois ele é vivido como sendo inerente ao próprio enunciado, ou como uma "evidência" do universo do discurso onde a comunicação deva inscrever-se necessariamente.

Assim, o *posto* se autoriza no "eu" do destinador do enunciado, o *pressuposto* no "nós" que engloba destinador e destinatário (ambos aparecem como *aportes* próprios do enunciado), enquanto o *subentendido* se autoriza no "tu" do destinatário, nas conclusões que ele extrai do enunciado por sua conta e risco (ao contrário do posto e do pressuposto, o *subentendido está ausente* do enunciado).

Por assimilar o *posto* e o *pressuposto* como *constituintes do enunciado* (isto é, extrapolados das situações de sua ocorrência), Ducrot julga que eles devam ser tratados como *componentes lingüísticos;* quanto aos *subentendidos*, ausentes do enunciado, derivam das condições da enunciação e como tal são constituintes do *componente retórico*.

6.3.6.3. Limitações da Linha Semântica Contexto-Situacional de Ducrot

O subentendido é uma derivação conseqüente do enunciado: o seu estatuto é *lógico*. Ora, isso precisamente inclui o subentendido na semântica porque toda organização semântica das línguas naturais vem da sobreposição ao universo dos sentidos de um sistema de relações lógicas. Pois se o estatuto dos subentendidos é lógico, tam-

---

5.a. Pedro deu vinho a João (pressuposto) e
5.b. Pedro deu-lhe pouco (vinho) — (posto))
   mantém intacto o conteúdo do pressuposto "Pedro deu vinho a João":
5.c. Pedro deu pouco vinho a João?
5.d. É falso que Pedro tenha dado pouco vinho a João
5.e. Pedro deu pouco vinho a João, embora João lhe tivesse pedido mais.

bém o é o estatuto dos pressupostos e dos postos. O fato inegável de que os subentendidos derivem de uma interpretação do destinatário não faz mais do que perseverar na afirmação banal de que todo sentido é uma interpretação do destinatário; nem pode, tal fato, por esse motivo, eximir o destinador das "responsabilidades", todas implicadas em qualquer ato de fala. [83]

Afinal é o destinador quem programa o seu enunciado segundo o *modo elusivo ou litótico* da enunciação — modo esse que é objeto de uma *escolha* sua, pois implica na rejeição consciente do *modo literal ou direto*, estando ambos os modos previstos na sua *competência* lingüística.

O cerne do problema não reside, pois, no *saber* do falante, mas na sua intencionalidade, no seu *querer fazer entender, ao mesmo tempo, dois sentidos co-implicados, um ao modo do ser e outro ao modo do parecer* (bi-isotopia do ser e do parecer).

Debalde o falante argüirá de não-pertinente a interpretação do destinatário, reprovando-lhe o ter sido efetuada sobre o modo do parecer; nada pode excusar o fato de que, podendo construir sua mensagem de modo a evitar o surgimento do subentendido, não o tivesse ele feito. Assim, o subentendido não é da exclusiva responsabilidade do destinatário (e, qualquer escritor que trabalhe em épocas onde se exerça o policiamento da censura, sabe disso: essas épocas — veja-se o barroco —, costumam criar uma "literatura de entrelinhas"): por um lado, esse modo foi *programado* na mensagem, como ambigüidade multissignificacional e, por outro lado, ele está previsto dentro das possibilidades combinatórias do sistema semântico de todas as línguas, e, como tal, inevitavelmente incluído na competência dos falantes nativos.

Para que um indivíduo qualquer, B, compreenda os enunciados por outro indivíduo, A, é necessário, apenas, que ele participe, de

---

(83) Ainda que Ducrot negue que os dois exemplos que ele cita de subentendidos possam ser tomados como decorrência lógica de uma *condição necessária* colocada em jogo pelos enunciados, ele não nega que ambos os enunciados contenham uma *condição suficiente* para que deles derivem os subentendidos. (Ducrot, 1967. 37). Entretanto, como o próprio Ducrot reconhece, no mesmo artigo (33/34), que até mesmo os iniciados nas matemáticas têm dificuldade em distinguir uma *condição necessária* de uma *condição suficiente* não se pode exigir da totalidade dos falantes de uma língua que executem tal discriminação, tanto mais que ela só se justifica no interior de um metacódigo científico, restrito à compreensão de uma minoria de falantes, e não no interior do código lingüístico.

algum modo, do universo cultural de A. Não é necessário que ele perca a sua identidade nem que se transforme no indivíduo A. Portanto, problemas tais como o de saber se a compreensão que B logrou de um enunciado de A corresponde de fato ao que A desejou transmitir — isto é, se A diz a verdade ou se mente, se faz ironia ou fala a sério, se acredita no que diz ou se parodia outrem —, não são problemas lingüísticos. *Porque não se trata de compreender A, o falante, trata-se de compreender a mensagem, o enunciado.* E só o enunciado tem um significado lingüístico.

Se para compreender um enunciado de A, precisássemos compreender A, o falante, haveria entre os indivíduos uma relação tal que a nossa capacidade de compreensão das frases de um falante seria diretamente proporcional ao nosso grau de compreensão do falante; num limite, não poderíamos reconhecer enunciados produzidos por pessoas que não conhecêssemos previamente e, inversamente, o melhor intérprete das frases de A seria esse mesmo indivíduo, A, o que é, manifestamente, discutível.

Por outro lado, louvando-nos nos exemplos de Ducrot,

2.   Se Pedro vier, João partirá (literal)
2.*a*.   Se Pedro não vier, João não partirá (subentendido); e
3.   João não detesta o vinho (literal) e
3.*a*.   João gosta muito de vinho (subentendido)

os subentendidos por ele assinalados parecem ser interpretações que giram no âmbito das definições pelos contrários ou pelos contraditórios (análises por negação, à frente). Como observa Marie-José Rey Debove (*apud* Baldinger, 94-95), há as seguintes possibilidades de definição do sentido:

(*a*)   *análise positiva* (por gênero próximo + diferença específica);

(*b*)   *análise por negação* (definição por antônimos: *laisser = ne pas prendre*);

(*c*)   *análise por transformação* (definição relacional: *timide = qui manque d'audace; idéel = "de l'idée"*);

(*d*)   *definição por sinônimo* (nesse caso não se trata de análise).

Se, como pensamos, os subentendidos são um tipo de *análise pelo contrário ou pelo contraditório* então *eles se deixariam descrever no interior do componente lingüístico,* — ou, pelo menos, daqueles componentes lógico-semânticos que interessam ao semanticista e são cons-

291

tituintes dos subentendidos (isto é, relações de implicação simples ou dupla implicação, relações de inversão de valor, como passar da definição positiva à negativa ou vice-versa, etc.). Todos esses mecanismos são susceptíveis de uma descrição lingüística, nos moldes da que é utilizada por Greimas/Rastier. Assim, a frase

3. João não detesta o vinho

interpretada como uma declaração eufemística (no modo litótico) de

3.a. João gosta muito de vinho

pode ser explicada facilmente pelo *quadrado lógico* de Greimas/Rastier (cf. 6.4.8.):

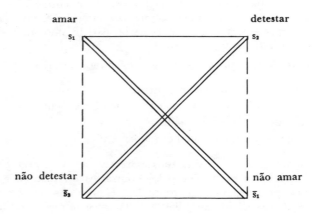

onde "não detestar" ($\bar{s}_2$) se relaciona, no eixo dos implicados ($\bar{s}_2 — s_1$) com "amar"; ("não detestar" implicado com "amar" significa "apreciar", "gostar"). Nessa ordem de idéias, a interpretação do destinatário pode atingir as raias da *hipérbole,* como quando se faz o percurso integral de $\bar{s}_2$ ("não detestar") para o seu equivalente "forte", s_1 ("amar"): "João ama o vinho", "João não pode viver sem vinho", "João é um beberrão contumaz"... Observa-se aí que essas possibilidades todas de subentendidos estão previstas na *lógica* da língua (o que não quer dizer, num sentido ingênuo, que as línguas sejam "lógicas"), exatamente como os pressupostos.

É preciso repetir que os fatores de ordem psicológica (como a intencionalidade do destinador / destinatário, o grau da acuidade perceptiva), sociológicos (diferencial de cultura, geração, educação), ambientais (ruídos), *não* pertencem ao domínio dos fatos lingüísticos, ainda que os afetem profundamente.

Por outro lado, não são muito claras, pelo menos para nós, as razões que levaram Ducrot a denominar os fatores interdecorrentes da situação de *componente retórico* — ao invés de *componente ideológico,* como julgamos que seria, talvez, mais pertinente, tendo em vista as implicações conotativas envolvidas: segundo Barthes (1970. IV, 62 *ss*), a conotação é um fragmento de ideologia; a ideologia seria a substância do conteúdo da linguagem conotada e a retórica seria a forma do conteúdo dessa linguagem. A denominação de retórico a tal componente teria sido inspirada a Ducrot pela marcada *persuasão* envolvida em tais fatores, isto é, pelo *persuadere* retórico? Neste caso, estaríamos diante de um componente centrado na função conativa, e a nomenclatura de Ducrot estaria justificada.

Mas como situar na função conativa (intenção do destinador de influenciar o comportamento do destinatário de seu enunciado) o componente retórico que é, exatamente, aquilo que inverte a direcionalidade dessa intenção? (o CR é aquilo que o destinatário pensa que o destinador da frase pensa ao construir sua frase). Poder-se-ia, do mesmo modo, perguntar: o que, finalmente, se trata de descrever? A linguagem denotada? ou a conotada? Nesse caso, como se relacionam ambas? Implícito em seu trabalho está a suposição de que a denotação se liga ao CL exclusivamente, sendo a conotação o resultado da incidência dos fatores situacionais que constituem o CR sobre a descrição do CL. Se esse entendimento não falseia o pensamento de Ducrot, então o pensamento de Ducrot falseia a realidade das coisas; *pois a conotação existe já ao nível da manifestação do enunciado, no enunciado,* como o resultado da convergência na instância da *performance* de todos os níveis lingüísticos que ali se sincretizam e recebem uma só interpretação fonológica.

Finalmente, é duvidoso que se possa identificar a *competência lingüística* dos falantes com a capacidade de compreensão da *enunciação* (ato de fala), como afirma Ducrot *in* 1972.a1, colocando como mera possibilidade — a ser discutida —, a compreensão dos *enunciados;* o contrário, realmente, é que se dá: não se pode chamar de *enunciação* o ato de interação social de dois indivíduos do qual se extrinsique o enunciado. Afinal, o enunciado é o *objeto,* a única parte exteriorizada da enunciação. Dois indivíduos isolados num comportamento autista, postos um diante do outro como entidades monológicas, não constituem uma *enunciação,* malgrado toda a sua *competência* de falantes. Sem *performance* não há enunciado

293

e sem enunciado não há falar de enunciação. A competência é um *saber* lingüístico implícito, como diz Chomsky, mas é preciso ver aí mais do que esse *saber*: a competência exige também um *poder* (falar / ouvir), e um *querer* (falar / ouvir) para projetar-se exteriormente como um *fazer lingüístico*, a *performance*. É isso tudo que o *enunciado* sincretiza.

No *fazer performancial* do falante que constrói o enunciado, o destinatário reconhece reflexivamente (porque ele se sabe capaz de assumir, por sua vez, o papel de falante), nesse enunciado, o poder, o querer e o saber que constituem o *a priori* lógico da competência de seu interlocutor. Reconhece-os como *competência*, dentro da *performance*; reconhece-os *no fato de existir um enunciado*, não na possibilidade ontológica da existência de um falante. Ou seja: a enunciação é o *todo* do qual o enunciado é uma parte, mas *a única parte manifestada lingüisticamente*; o destinador e o destinatário são o sujeito$_1$ e o sujeito$_2$ da enunciação (esquema actancial); o enunciado é o *objeto* da enunciação. Como se vê, a enunciação tem um estatuto puramente lógico: *ela é uma pressuposição* pois em nenhuma parte temos mais do que enunciados e *cada enunciado possui a sua própria enunciação como um pressuposto interno*. Já os *sujeitos ontológicos*, destinador-destinatário da enunciação, *são extra-lingüísticos*. Quando lemos um livro, a única realidade com que nos deparamos é a dos enunciados, não a dos destinadores. Estes são postulados, num segundo momento, como a *causa* (lógica) de um *efeito*, pouco importando se o sujeito da enunciação está vivo ou se já morreu, se ele é um ente físico-cosmológico ou um ente mítico-noológico. Tais problemas pertencem às áreas que se ligam interdisciplinarmente à Lingüística; mas não são lingüísticos.

Tudo isso ainda não basta para dar conta real das limitações da linha semântica de Ducrot: bastaria, no entanto, comprovar que, afinal de contas, não se trata certamente de um processo operacional de descrição.

6.3.7. A Linha da Semântica Gerativa, Na Versão KF

Na base do estudo que Jerrold J. Katz e Jerry A. Fodor publicaram em 1963 ([84]) e que constitui o primeiro esforço para criar

---

(84) "The Structure of a Semantic Theory", *in*: *Language,* 39, n.º 2, abril-junho de 1963, pp. 170-210. Utilizamos, como textos de base para este tópico, além de outros, principalmente os seguintes: Ilari (1972), Todorov (1966), Mounin (1972), Katz (1971), Weinreich (1972), Maccawley (1971).

uma semântica dentro dos quadros da Gramática Gerativa, está a mesma idéia de *produtividade* que Chomsky havia formulado como uma competência do falante nativo de uma língua natural para produzir — e reconhecer — tanto as frases velhas quanto as frases novas dessa língua.

O fato de que os diferentes falantes de uma língua possam produzir e compreender frases novas, enseja duas observações a Katz e Fodor:

(a) todo falante possui um conhecimento dos processos utilizados por sua língua; esse conhecimento, exercido nas frases que ele reconhece como gramaticais e dotadas de sentido, abstrai-se da realização das frases particulares sob a forma de *regras;*

(b) as regras assim abstraídas do conjunto finito de frases conhecidas projetam-se sobre o conjunto infinito das frases da língua. Uma descrição adequada dos mecanismos lingüísticos do falante deve, em conseqüência, permitir o estabelecimento dessas regras (problema da projeção).

Na primeira versão da Gramática Gerativa (1957), Chomsky supunha que a capacidade de combinar unidades léxicas num contexto frásico poderia ser descrita unicamente em termos sintáticos. A sintaxe, no entanto, não explica toda a capacidade combinatória do sujeito falante. Ela não explica, por exemplo, como se dá que frases diferentes pelo seu sentido

1. A porta está fechada
2. A farmácia está fechada

tenham a mesma descrição sintática, nem explica porque frases de sentido idêntico

3. Pedro golpeia Paulo
4. Paulo é golpeado por Pedro

possuem descrições sintáticas diferentes. Problemas semelhantes a esses indicam que uma descrição gramatical exaustiva deve conter uma parte sintática e uma parte semântica: é essa exigência que introduz a semântica dentro da Gramática Gerativo-Transformacional.

O nível inferior da semântica principia no interior do nível morfológico; mas tendo em vista que a *saturação* (isto é, o preenchimento do plano do conteúdo dos signos) é *progressiva,* ou seja,

295

produto das relações integrativas interníveis, tornando-se mais e mais completa à medida que 'se passa do nível inferior para um nível superior, pergunta-se: onde se localiza o limiar superior da semântica? Essa indagação coloca em evidência o problema do *contexto*.

Se se toma *contexto* no sentido limitativo, como *entourage* fônica *stricto sensu*, abandona-se a idéia de que outros sistemas semióticos (por exemplo, o dos gestos) possam concorrer para a intelecção dos enunciados. Se, por outro lado, aceitar-se que cada elemento lingüístico participa de um contexto maior (ou *situação*), no interior do qual seu sentido vem a precisar-se, então o problema de delimitar o limiar semântico superior se reduz ao problema de delimitar as dimensões do campo contextual.

Poder-se-ia pensar, num primeiro momento, que o limiar semântico superior seria dado pelo contexto extralingüístico da *situação*. Katz e Fodor julgam que as concepções anteriores em torno da semântica definiam os objetivos de uma descrição do sentido de um modo tal que, para atingi-los, uma teoria deveria prestar contas do modo como o contexto determina a compreensão de uma frase. "Mais precisamente, de acordo com tais concepções, se uma frase tem várias interpretações possíveis, é o seu contexto geral que nos permite saber qual delas é a boa interpretação; a teoria semântica deveria ser capaz de demonstrá-lo" (Todorov, 1966. 28).

A condição necessária para o estabelecimento dessa teoria repousa na construção do contexto: ela deve ser elaborada de tal modo que possa representar qualquer informação não-lingüística exigida pelo locutor para a compreensão das frases. Se uma teoria não satisfaz essa condição, ela é incompleta. Mas uma teoria desse tipo não é factível, em princípio, pois, para satisfazer aquela condição necessária, seria antes indispensável que a teoria representasse *todo o conhecimento que os falantes possuem sobre o mundo*.

Se essas considerações afirmam, por um lado, que é impossível construir-se uma *teoria completa* baseada em tal requisito, elas não afirmam, por outro lado, que não se possa construir uma *teoria limitada* das seleções contextuais. Como se trata essencialmente da problemática concernente às ambigüidades e à interpretação dos enunciados, talvez não seja inútil referir-nos, aqui, às modalidades da ambigüidade. ([85])

---

(85) Para a exemplificação e o esclarecimento das ambigüidades, baseamo-nos em Ilari (1972).

A ambigüidade pode ser: *a*) sintática; *b*) semântica; *c*) situacional.

(*a*) *ambigüidade sintática*: A ambigüidade sintática aparece quando uma frase tem mais de uma estrutura subjacente (Katz, 1971. 300);

(*b*) *ambigüidade semântica*: "A ambigüidade semântica, enquanto é algo distinto da ambigüidade sintática e da ambigüidade fonológica, tem como fonte a homonímia das palavras" (Katz, 1971. 300).

Isso se comprova em uma oração como

6. A manga é grande

que pode ser interpretada de muitos modos (manga = /fruta/, /peça de vestuário/, /chaminé de lampião/, /tromba d'água/, etc.). Qualquer que seja a interpretação que se dê a "manga", na frase acima, essa frase se deixa descrever sempre através de um único e mesmo marcador sintagmático:

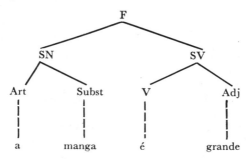

e sua ambigüidade só se resolve no interior de um contexto mais amplo:

7. A manga é grande, mas poderei chupá-la.

(*c*) *ambigüidade situacional*: surge quando temos de fazer apelo a conhecimentos extralingüísticos para interpretar corretamente a frase. Exemplo:

8. O tropeiro vendeu-me uma manta de carneiro.
9. O tropeiro vendeu-me uma manta de cavalo.

Ilari (1972.9) explica a ambigüidade das frases 8 e 9 nos seguintes termos: o nosso *conhecimento do mundo* diz-nos que em 8 a pele do carneiro é o *material* de que é feita a manta, ao passo que em 9, o cavalo é o *destinatário da manta*. Nenhuma teoria sintática ou semântica pode dar conta das "anomalias" das frases 8 e 9, supra, ou das frases 10, 11, e 12, abaixo:

10. Vamos levar o Carlinhos de volta para o zoológico
11. Vamos levar a onça de volta para o zoológico
12. O Júlio César pescou uma baleia no rio Guapeva.

É que, além de um saber puramente lingüístico, tais frases empenham um saber semiótico em torno das práticas sociais e dos eventos naturais. Desse modo, se se pode pedir à sintaxe e à semântica uma descrição correta dos fatos lingüísticos, não se lhes pode pedir uma explicação totalizante do mundo da cultura ou do mundo físico-natural.

Uma descrição semântica, pensam Katz e Fodor, deve ser apta para descrever essa capacidade que o falante tem para interpretar frases ambíguas, e reconhecer as anomalias sintáticas ou semânticas, *no interior da própria gramática* (noção de *limite inferior* da descrição semântica) *e não fora dela*. Por isso, a semântica gerativa, na versão KF, ao menos, postula a exclusão de qualquer consideração da *situação*. Não se discute, como vimos, que os fatores provenientes da situação possam contribuir — pois, de fato, contribuem — para a intelecção de enunciados, na medida mesma em que, num número *x* de sentidos possíveis que uma frase apresenta quando a tomamos isoladamente, a situação pode selecionar um deles e bloquear os demais. Ligados, consciente ou inconscientemente, à linha de pensamento de Bloomfield, Katz e Fodor não vêem como uma descrição lingüística poderia incorporar os dados provenientes do contexto situacional e descrevê-los de forma coerente: por esse motivo, tais dados se situam fora do *limite superior* para a descrição semântica.

6.3.7.1. Componentes da Teoria Semântica, Segundo Katz e Fodor

Uma teoria semântica deve incluir, segundo Katz e Fodor, dois subcomponentes [86]:

---

(86) No entanto, Katz e Fodor pensam que *a situação não adiciona sentidos à frase; se isso se desse, qualquer frase admitiria um número infinito*

(*a*) um dicionário; e

(*b*) uma série de regras de projeção

O dicionário corresponde ao saber acumulado num dicionário monolíngue (conjunto de *itens léxicos,* correspondentes à parte definicional da palavra);

O item (*b*) consta de *regras* que indicam como utilizar a informação recebida do dicionário. O dicionário é algo que se aprende unidade por unidade, memorizando-as, de tal modo que sempre se pode aprender mais. Já o conhecimento das regras deriva de uma aprendizagem feita em totalidade, e colocada em ação cada vez que o falante utiliza a sua língua. As *regras implicam* o exercício da capacidade de codificar e de decodificar a informação lingüística. É preciso conhecer tais regras para conhecer uma língua natural, mas não é preciso conhecer senão uma (relativamente) pequena parte do dicionário.

O problema central para uma teoria semântica é que o dicionário apresenta, para uma dada unidade léxica, sentidos mais numerosos do que aqueles que ela possui numa frase dada, pois um artigo de dicionário caracteriza *dado sentido* que a unidade léxica pode possuir *em qualquer frase.* Assim, o efeito das regras de projeção deve ser o de selecionar o sentido apropriado a cada unidade léxica de uma frase, a fim de permitir as interpretações corretas, de acordo com a da estrutura gramatical da frase.

O componente dicionário, julgam Katz e Fodor, é submetido às coerções das regras de projeção que escolhem, sobre cada item lexical, o sentido adequado à frase, projetando-o sobre ela. Tendo em vista que o componente dotado de propriedade gerativa é, na teoria chomskyana, o sintático, a descrição sintática é anterior à

---

de interpretações, o que não acontece (Cf. Ilari, 1972. 9). Observe-se que essa posição é rigorosamente contrária à de Ducrot (cf. 6.3.6.1.); e mais: que é uma *postulação* meramente *teórica.* Quanto ao *contexto* lingüístico, Katz e Fodor pensam que ele *não fornece dados que já não estejam contidos na frase isolada*: por isso a sua semântica é uma semântica, afirmam eles, *independente do contexto.* Katz, posteriormente (1971. 298) fala em *três* subcomponentes: o *dicionário,* que armazena a informação semântica básica acerca da língua, dando uma representação do significado de cada uma das palavras; um *sistema de regras de projeção,* que aplica essa informação semântica à interpretação dos "objetos sintáticos"; e uma *interpretação semântica* que é a representação final da estrutura semântica da frase, resultante da aplicação dos dados retirados do dicionário, mais as regras de projeção aplicáveis a essa frase.

299

descrição semântica. O componente semântico é, portanto, uma *interpretação* do arranjo sintático. Para essa interpretação, o dicionário oferece:

(a) informação sobre a classe de palavras a que pertence o item léxico;

(b) o sentido (dado através de *definições*). [87]

Para fazer a descrição de um artigo do dicionário, é preciso representá-la sob uma forma particular. Essa forma comporta quatro elementos:

(a) o primeiro (categoria gramatical), comporta a indicação da classe gramatical da palavra em questão;

(b) o segundo (categoria semântica), representa as relações semânticas que ligam entre si as unidades léxicas;

(c) o terceiro (diferenciadores), representa o que é "idiossincrásico" na significação de cada unidade;

(d) o quarto e último (restrições seletivas), indica a possibilidade que uma palavra tem de se combinar com outra(s), numa certa relação sintática (por exemplo, o adjetivo "branco" deve aplicar-se a um nome que tenha a categoria semântica "material").

A entrada léxica (ing.) *bachelor* é representada como segue (Fig. 51).

Em (1) temos a entrada (item léxico); essa entrada contém (2) uma *informação sintática* (sobre a *categoria gramatical* a que pertence a palavra, Nome, Verbo, Verbo transitivo, Verbo Intransitivo, etc.); contém, ainda, (3) e (4) *informações semânticas propriamente ditas,* sendo (3) *categorias (ou marcadores) semânticos* que são comuns a vários itens léxicos, representando as relações sistêmicas do vocabulário. Por exemplo, "solteiro", "homem", "padre", "touro", "tio", "rapaz", etc., contêm um traço semântico comum que não forma parte do significado de nenhuma das palavras "menina", "mãe", "amiga", "vaca", etc. As palavras do primeiro grupo contêm, cada

---

(87) Ilari (1972) observa que Katz e Fodor deixam de lado, além de outras informações fornecidas pelo dicionário (tal como a etimologia, a pronúncia, a cronologia, etc.), a *tradução sinonímica* do sentido.

300

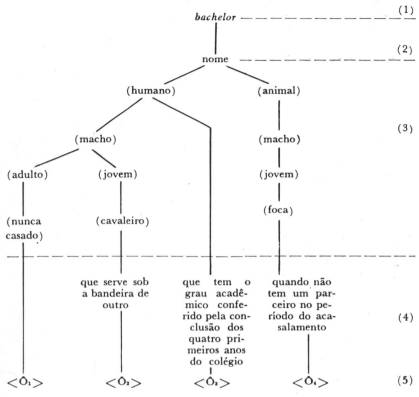

Fig. 51 — Análise Semântica de "Bachelor", Segundo KF

qual, em seu plano de conteúdo, o marcador semântico /masculino/, etc. (cf. Katz, 1971, 299). ([88])

Já, em (4) temos um conjunto de restrições para as ocorrências da palavra em questão ("diferenciadores", — *distinguishers*). Os diferenciadores são *marcadores semânticos específicos* de cada item léxico.

A combinatória da *categoria* com os *diferenciadores* permite desambigüizar frases do tipo

---

(88) A explicação de Katz autoriza-nos a assimilar o conceito de *marcador semântico categorial* ao conceito de *classema,* segundo Pottier.

301

13. *The old bachelor finally died* ("o velho ... finalmente morreu") porque a marca categorial (adulto) do sentido 1 já está contida em *old* "velho", sendo o sentido 2 dotado da marca categorial (jovem), incompatível com o elemento *old* "velho" da frase 13.

Em (5), finalmente, temos o nível das *restrições seletivas,* aptas para desambigüizar os quatro sentidos possíveis da entrada léxica *bachelor.*

Já vimos que a ambigüidade semântica aparece nos casos de homonímia, quando uma estrutura subjacente contém uma palavra com dois ou mais sentidos. Mas o significado de outros elementos da construção pode desambigüizar os sentidos que ali se contrapõem.

14. Agora não há escola

é uma frase ambígua porque "escola" tem ao menos dois sentidos: o de "aulas" e o de "edifício". Mas

15. A escola se incendiou

não é uma frase semanticamente ambígua porque o verbo-predicado *incendiar-se* só pode ser saturado por um nome-sujeito que contenha em si o marcador /objeto físico/. Esta seleção de um sentido com exclusão de outros se faz pelo componente semântico que ali exerce *restrições seletivas.* Tais restrições permitem às leituras isoladas de cada palavra combinarem-se entre si para coerentizar o "sentido" da frase. O mecanismo que atualiza as restrições seletivas de modo a diluir, na leitura do sentido da frase, as ambigüidades apresentadas pela leitura do sentido das palavras, constitui o componente *regras de projeção.*

6.3.7.2. O Componente Regras de Projeção

As regras de projeção dão conta das relações semânticas entre os morfemas e da interação entre a significação e a estrutura sintática, determinando a interpretação correta de todas as frases que a gramática engendra e que são em número infinito.

Imaginemos uma frase composta das "palavras" A + B + C. O dicionário dá dois sentidos para A, três para B e três para C. Multiplicando 2 x 3 x 3, calculamos que a frase deveria ser ambígua em dezoito diferentes modos. Acontece, no entanto, que a frase será ambígua em apenas três modos. A função principal das regras de projeção é a de encarregar-se da redução das dezoito ambigüidades possíveis para unicamente três (Weinreich. 1972. 17). Assim, a leitura do verbo-predicado *incendiar-se,* na frase 15, contém a restrição seletiva </Objeto Físico/>, a qual exige que o nome-sujeito capaz de combinar-se com *incendiar-se* contenha o marcador semântico /objeto físico/.

As regras de projeção se aplicam em três etapas (Ilari, 1972. 14):

(*a*) inicialmente, associa-se a cada palavra de uma frase dada os sentidos compatíveis com a categoria gramatical em que se utiliza a palavra nessa frase. Por exemplo, na frase

16. O guarda carrega uma arma

descrita pelo indicador sintagmático

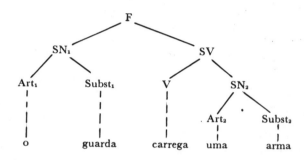

retém-se, para *guarda* e para *arma,* somente os sentidos que essas palavras têm como *substantivos,* excluindo-se os sentidos que teriam se fossem empregadas como verbos.

(*b*) Na segunda etapa — aplicação das regras de projeção propriamente ditas —, realiza-se a operação de amálgama sobre o indicador sintagmático. Tal operação efetua-se a partir do nível inferior da árvore, para o superior, ou seja, do nível das palavras para o nível dos símbolos terminais e destes para as cadeias terminais que dominam tais símbolos:

Art_1 + $Subst_1$ determinam o sentido de SN_1;
Art_2 + $Subst_2$ determinam o sentido de SN_2;
V + SN_2 determinam o sentido de SV;
SN_1 + SV determinam o sentido de F.

Para que se possa levar a cabo a operação de amálgama, é necessário que as restrições seletivas colocadas por um dos dois termos a serem amalgamados sejam satisfeitas por marcadores semânticos contidos no segundo termo e vice-versa. Em

17. uma nota aguda

a leitura de "nota" evoca os marcadores: (a) dinheiro, (b) anotação, (c) som musical, etc., ao passo que a leitura de "aguda" evoca os marcadores (d) perspicaz, (e) de alta freqüência, (f) pontuda, etc. As possíveis interpretações

18. Dinheiro perspicaz (ou seja: (a) + (d))
19. Dinheiro de alta freqüência (ou seja: (a) + (e))
20. Dinheiro pontudo (ou seja: (a) + (f))
21. Anotação perspicaz (ou seja: (b) + (d))
22. Anotação de alta freqüência (ou seja: (b) + (e))
23. Anotação pontuda (ou seja: (b) + (f))
24. Som musical perspicaz (ou seja: (c) + (d))
25. Som musical de alta freqüência (ou seja: (c) + (e))
26. Som musical pontudo (ou seja: (c) + (f))

não têm, todas, as mesmas possibilidades de ocorrência: as frases 18, 19, 22, 23, 24 serão normalmente consideradas "sem sentido", ao passo que as frases 20 e 26 não têm um estatuto claramente definível: em alguns contextos elas poderiam ser definidas como "aceitáveis" ou "dotadas de sentido", em outros, não. Já as frases 21 e 25 seriam sempre consideradas como "dotadas de sentido", pois há compatibilidade entre os marcadores (b) e (d) por um lado, e entre os marcadores (c) e (e), por outro lado. (Ou seja: as demais combinações ficam bloqueadas pelas restrições seletivas.)

(c) a terceira e última etapa consiste na *avaliação semântica* da frase. Se as restrições seletivas impedem efetuar-se a operação de amálgama, bloqueando o percurso retrospectivo da árvore antes de alcançar-se o axioma inicial F, então a frase será considerada *anômala* (ou seja, sem interpretação possível). Isto permite a Katz e Fodor elaborar a seguinte classificação semântica das frases:

— *frase anômala* — aquela cujo número de interpretações é igual a *zero;*

— *frase unívoca* — aquela cujo número de interpretações é igual a *um;*

— *frase ambígua* — aquela cuja número de interpretações é igual a *dois* (ou superior a *dois*).

6.3.7.3. Limitações da Semântica Gerativa na Versão KF

Todorov (1966, 33) lembra que o aspecto mais positivo da colocação da semântica nos quadros da gramática gerativa consistiu na proposta de se efetuar a descrição do sentido sob o aspecto dinâmico do seu funcionamento e não nos quadros de uma *descrição estática* do vocabulário. Do mesmo modo, e em decorrência disso, é positiva a tentativa de descrever os processos combinatórios das relações sintáticas, através do mecanismo das restrições seletivas.

Uma leitura de sentido supõe, na árvore K F, a escolha de uma ramificação e, portanto, de um *percurso do sentido* (Eco, 1971a. 68-69), sentido esse que se precisa através de *escolhas binárias* efetuadas pelo destinatário do enunciado dentro das várias possibilidades ramificacionais da árvore.

Na realidade, tal como Langendoen (1969, 36) aponta, os elementos básicos formalmente envolvidos, *não são traços semânticos enquanto tais, mas sim, especificações dos traços semânticos.* No caso dos traços binários, tais como /masculino/, podemos indicar a especificação por meio de signos de mais ($+$) ou menos ($-$): digamos que /$+$ masculino/ é a especificação encontrada na representação semântica de nomes como *rapaz, homem, touro,* enquanto /$-$ masculino/ é o que ocorre nas representações de nomes como *moça, mulher, vaca.* Pares de palavras do tipo *rapaz / moça* poderiam ser consideradas antônimas no que respeita ao traço binário /masculino/. Assim, se *rapaz* fosse representado pelas especificações /$+$ humano/ $+$ /$+$ masculino/, *criança,* por ser não-especificado em relação ao marcador semântico do gênero, poderia ser representado sem qualquer sinal de mais ou de menos antes do traço /masculino/, ou seja: /$+$ humano/ $+$ /masculino/.

Por outro lado, como observam Mounin (1972, 168), e Ilari (1972, 19), a semântica gerativa na versão KF retorna à mais tradicional das descrições lexicográficas, a da *definição* aristotélica (já examinada por Pottier), segundo a qual um termo a ser definido (*definiendum*) se deixa analisar num *definiens* que contém um *genum proximum* mais uma *differentiam specificam.*

O gênero próximo e a diferença específica se localizam no percurso do nível (2) "categoria gramatical" ao nível (5) "restrições seletivas", nessa ordem, dentro do diagrama arbóreo KF. Por aí, pelo menos, não há novidades e parece-nos, no fundo, que a análise proposta por Pottier, dentro dessa mesma concepção de "gênero próximo" mais "diferença específica" é melhor construída, melhor formalizada.

305

Assim, a combinatória proposta para "solteirão", por exemplo (sentido 1 de *bachelor*)

/humano/ + /macho/ + /adulto/ + /nunca casado/ = solteirão

nada acrescenta de importante às postulações teóricas que Hjelmslev já havia formulado com anterioridade, para a construção de uma semântica realmente científica. Se alguma diferença há, ela representa, na versão KF, um empobrecimento da teoria hjelmsleviana, pois, apesar de a versão KF solicitar, com veemência, o abandono de qualquer consideração sobre a *situação,* os únicos semas realmente importantes para definir "solteirão", a saber, /nunca casado/, provêm da área extralingüística. Conforme salienta Mounin (1972, 168) a respeito da definição do sentido n.º 4 de *Bachelor* KF descrevem, aí, "o conhecimento não lingüístico que eles possuem sobre o *referente,* no caso a foca no período do acasalamento". Isso significa que uma análise puramente lingüística localizaria, é claro, marcadores como /humano/, /animado/, /macho/, etc., mas seria incapaz de fazer localizar categorias como /nunca casado/, /cavaleiro/, /foca/, etc. (cf. Todorov, 1966, 34): ora, isso já se viu em Hjelmslev (e antes, em Saussure) e disso se dá a melhor demonstração em Pottier, a propósito da noção de *classema.*

A comprovação da ineficácia da demarcação entre os níveis dos marcadores e dos diferenciadores semânticos levou Bolinger a eliminar as fronteiras entre essas marcas semânticas, elaborando o diagrama abaixo (Fig. 52) que contém unicamente *marcadores* (*apud* Ilari, 1972, 21-22).

No tocante às noções de *entrada de dicionário* e *item léxico,* Katz e Fodor utilizam a unidade polissêmica *bachelor* como *um único item léxico,* de *entrada única no dicionário,* comportando, ali, quatro subentradas, uma para cada um dos quatro sentidos que localizam em *bachelor.* Procedem, assim fazendo, como a maior parte dos dicionaristas que agrupam numa única entrada do dicionário todas as leituras que possam ser associadas com uma dada forma fonológica e pertençam a uma única classe sintática. Entretanto, como viu McCawley (1970, 125-126), "não há nenhuma razão *a priori* pela qual deva agrupar-se a informação no dicionário à base da identidade fonológica, de preferência à base de qualquer outra identidade, da identidade da representação semântica digamos, ou (para ficar num caso absurdo), a identidade das listas das regras de tranformação e das regras fonológicas em relação às quais o item seja uma exceção. Mais do que isso, não existe, *a priori,* nenhuma razão, absolutamente, para agrupar itens no dicionário: pode-se perfeitamente bem tomar

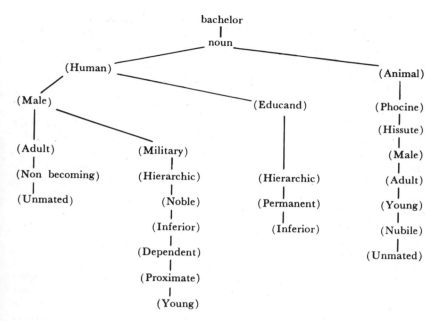

Fig. 52 — O Diagrama de Bolinger (*apud* Ilari, 1972. 22)

a noção "item léxico" no sentido de combinação de uma única leitura semântica com uma única forma fonológica subjacente, uma única categoria sintática e um único conjunto de especificações de comportamentos de exceção no que diz respeito às regras. Sob tal concepção de "item léxico", a qual foi proposta por Weinreich(1966), haveria simplesmente quatro itens léxicos pronunciados *bachelor* e não um único item léxico quadruplamente ambíguo.

Há bom número de fortes motivos para acreditar que a língua opera nos termos em que Weinreich concebe os itens léxicos de Katz-Fodor; o principal deles é que as transformações, requeridas pela identidade de um par de itens léxicos, requerem não somente uma identidade nas entradas de dicionário segundo Katz-Fodor, mas, no fundo, a identidade das leituras especificamente implicadas. Um bom exemplo para ilustrar tal coisa é dado pelo problema que segue, inconclusivamente debatido por Chomsky (1965); qual é a fonte da anomalia da seguinte frase (Chomsky, 1965. 183):

1. **John is as sad as the book he read yesterday,* "João está tão triste quando o livro que ontem leu"?

Se se considera que as diferentes leituras associadas com a mesma forma fonológica são de itens léxicos diferentes, o problema se resolve imediatamente. Há, aí, dois diferentes itens léxicos: sad_1, significando "que se sente triste, dito de um ser vivo" e sad_2, significando "que evoca a tristeza, dito de um objeto estético".

Quanto ao componente semântico, Katz-Fodor afastam de suas considerações sobre o "sentido" a sua tradução *sinonímica,* para se circunscrever, alegam, às *definições.* É, no entanto, um princípio básico da função metalingüística que unidades de dimensões diferentes possam ser reconhecidas como equivalentes: uma "palavra" pode ser interpretada por várias outras (processo de *expansão*), e várias palavras, por outro lado, uma perífrase digamos, pode ser interpretada por uma única palavra (processo da *condensação*) (cf. 6.3.4. Ia e Ib):

solteiro = homem que nunca se casou

A esse mecanismo se reduz todo o problema da sinonímia: a leitura da esquerda para direita (*expansão*) nos dá a *definição* de uma *palavra* ao passo que a leitura no sentido inverso (condensação), nos dá a *denominação.* Ao contrário do que Katz-Fodor supõem, a *definição* não é algo diferente da sinonímia: ela é uma das formas de manifestação da sinonímia. A sua própria definição de "solteirão" se faz mediante uma *definição por negação* (= homem que nunca se casou, definição antonímica), que nem mesmo escamoteia o seu implícito ponto de referência, "homem casado". Assim, a sua teoria dos diferenciadores não faz mais do que insistir sobre o *papel das redundâncias* como fatores da fixação da isotopia num contexto frasal e isso é algo de há muito sabido pelos semanticistas.

No tocante ao problema da ambigüidade, Katz e Fodor afirmam que frases que possuam a mesma estrutura profunda são idênticas quanto ao sentido, e que duas frases com a mesma pronunciação ou a mesma forma escrita, mas possuidoras de diferentes estruturas profundas — o que se chama frases ambíguas —, possuem sentidos diferentes. Segundo Langendoen (1969. 35, nota 2), isto é uma simplificação, pois, por um lado é possível que duas frases de mesmo sentido tenham diferentes estruturas profundas; por outro lado, a possibilidade oposta, isto é, a de que duas frases com a mesma estrutura profunda possam ter sentidos diferentes, é objeto de considerável desacordo entre os lingüistas; é do mesmo modo controvertida a possibilidade de que as estruturas profundas não determinem inteiramente o sentido dos enunciados. Isto sem falar-se no problema, entre todos agudo, das conotações derivadas de subcódigos, responsáveis pelas *definições ideológicas*: *bachelor₁*, por exemplo, ideologicamente definido como "boêmio, libertino", "bom partido para o casamento", etc. Ainda mais: recorde-se que na versão KF da semântica gerativa para que se desambigüize a palavra *bachelor* numa frase, deve-se recorrer aos diferenciadores; mas para saber qual dos vários diferenciadores possíveis de aplicar-se a *bachelor* deve ser escolhido como o apropriado para aquela frase, deve-se conhecer antecipadamente os vários sentidos possíveis de *bachelor* e sua utilização numa frase — isto é, deve-se conhecer por antecipação precisamente aquilo que queríamos saber —; pois, se esses sentidos já são conhecidos de antemão, não vemos para que serviria lançar mão desses diferenciadores. Parece difícil, nesse particular, fugir às limitações do círculo vicioso.

Outro problema que a leitura de Katz-Fodor deixa intocado é o da dominância entre os marcadores semânticos. Existe ou não uma *hierarquia* regulando a participação desses semas no interior do conjunto sêmico de que são constituintes? Encontram-se eles em relações de exclusão/inclusão — pergunta Todorov, 1966, 35 —, como, por exemplo, nas noções de *arquissemema* e *sema* (diferencial, relativo) em Pottier? E no caso de existirem, tais oposições são ou não binárias?

Várias outras restrições poderiam ser colocadas no tocante ao alcance da teoria semântica gerativa na versão KF ([89]). Entre elas, a que nos parece da maior importância, dizendo respeito à desconsideração, por aqueles autores, da construção de "figuras" retóricas das conotações. Weinreich colocou essa deficiência — que é de toda a gramática gerativa — em seus justos termos, ao apontá-los em 1965 (Labov, 1972. 8). E é na "abordagem formal das expressões desviatórias que *Explorations* ... (de Weinreich) apresenta uma nova e surpreendente abertura" (Labov, *id., ibid*).

---

(89) Para conhecê-las é indispensável consultar o Cap. 2 das *Explorations in Semantic Theory*, de Uriel Weinreich (Weinreich, 1972).

6.4. A Semântica Estrutural de Greimas

"Il y a encore des gens pour dire que les questions de
sens n'ont pas de sens pour eux, mais, quand ils disent
"pas de sens", de deux choses l'une: ou bien ils savent
ce qu'ils veulent dire, et par le fait même la question du
sens prend un sens, ou bien ils ne le savent pas, et alors
leur formule n'a plus de sens du tout."

JAKOBSON, 1963.38-39

São *significantes*, para Greimas, "os elementos que tornam possível o surgimento da significação, ao nível da percepção e que são reconhecíveis como exteriores ao homem"; correspondentemente, pertencem ao plano do conteúdo "as significações cobertas pelo significante e por ele manifestadas". Entre significante e significado há pressuposição recíproca: a existência de um deles pressupõe, necessariamente, a existência do outro. O signo é um *conjunto significante* (= significante + significado).

6.4.1. CLASSIFICAÇÃO DOS SIGNIFICANTES

Do ponto de vista da percepção, os significantes podem ser:

(a) *de ordem visual* (mímica, gesticulação, escrita, sinais de tráfego, artes plásticas, etc.);

(b) *de ordem auditiva* (línguas naturais, música, linguagens percutidas, etc.);

(c) *de ordem táctil* (línguagem dos cegos, carícias, etc.).

Podem ser estabelecidas diferentes correlações entre significantes /significado: por um lado, significantes de diferente categoria perceptiva podem comportar significados idênticos (por exemplo, a música e as línguas naturais); mas, por outro lado, significantes de diferente categoria perceptiva podem coexistir lado a lado numa só linguagem (por exemplo, a fala e os gestos que a acompanham). Isso quer dizer que *a significação é independente da natureza do significante que a manifesta*. Daí que não se possa elaborar uma classificação dos significados tomando os significantes como base de classificação: não tem sentido, assim, falar que a pintura comporta uma *significação pictórica* ou a música comporta uma *significação musical* (cf. 6, nota 65, *in fine*).

6.4.2. Níveis Hierárquicos da Linguagem

6.4.2.1. Língua-Objeto e Metalíngua

O objeto da semântica é o de descrever as línguas naturais na sua qualidade de conjuntos significantes. A primeira dificuldade com que se depara o semanticista reside no fato de que as línguas naturais só se deixam traduzir em si mesmas ou por outra língua natural. A tradução da língua portuguesa, por exemplo, pode ser feita em português (caso dos dicionários monolíngues) ou em inglês, francês, etc.; em outros termos, *o universo semântico se fecha sobre si mesmo (clausura do universo semântico)*.

O reconhecimento dessa clausura do universo semântico exige que se abandone a definição da significação como a relação entre os signos e as coisas, e exige, principalmente, o *abandono da dimensão suplementar do referente*, tão cara aos semanticistas "realistas" (cf. 6.3.3.1.). Tomar-se as "coisas" para a explicação dos signos equivale a tentar transpor as significações contidas nas línguas naturais para o interior de conjuntos significantes não-lingüísticos. É necessário, isto sim, estabelecer a hierarquia da linguagem, ou seja, a relação de pressuposição lógica existente entre dois *conteúdos* ou *sentidos*: assim como o aparecimento de um elemento determinante, na língua, pressupõe o aparecimento de um elemento determinado, a percepção de um sentido pressupõe a percepção de outros sentidos que o definam. Surgem, assim, dois níveis de significação no interior de um único conjunto significante: o da *língua--objeto* (objeto do nosso estudo) e o da *metalíngua* — língua de que nos valemos para estudar a língua-objeto (cf. 1.3.1.).

Toda e qualquer tradução de sentidos é um exercício metalingüístico: falar sobre "música" é pressupor a existência da música. Desse modo, *qualquer que seja a natureza do significante, o estudo da sua significação se encontra num nível metalingüístico. A semântica, como se vê, é uma metalinguagem.* Mas, diferentemente das línguas naturais, que constituem metalinguagens não-científicas, ou *ingênuas* (no sentido de não-formalizadas), a matemática e a química, por exemplo, elaboram-se como metalinguagens científicas: elas são *construídas*, afastando-se, nesse particular, das línguas naturais. A semântica deve aproximar-se desse ideal: formalizar-se numa metalinguagem científica.

311

6.4.3. A Estrutura Elementar da Significação

Greimas adota, na sua semântica, (Greimas, 1966), o ponto de vista da sincronia, adequando-se, assim, ao pensámento de Saussure, para quem a língua é feita de *oposições*. Sincronicamente, isto é, *no ato da percepção*, a apreensão das significações do real é feita através da afirmação de *descontinuidades*: se a "realidade", o "mundo", o *objeto do conhecimento*, enfim, se apresentasse sob a forma de um *continuum* homogêneo, aos olhos do sujeito conhecente, esse objeto não teria nenhum sentido: a significação manifesta-se, pois, a partir da percepção de descontinuidades, ou desvios diferenciais (Lévi-Strauss).

Perceber é, pois, apreender diferenças; é através das diferenças que o mundo organiza-se em formas, à nossa frente. As formas são, precisamente por serem formas, *redundantes e, ao mesmo tempo, diferenciais.* Assim, "perceber formas" significa:

(*a*) apreender pelo menos dois termos-objetos como sendo simultaneamente dados (não há *estrutura de um elemento isolado*) — sob o aspecto dos seus *parciais iguais* (operação de conjunção) —, e

(*b*) apreendê-los, ao mesmo tempo, sob o aspecto de seus *parciais diferentes* (operação de disjunção).

O vínculo entre esses dois termos-objetos que se requerem mutuamente constitui uma *relação*. Daí a primeira definição de Greimas para *estrutura*: *"presença de dois termos vinculados por uma relação".*

Da definição acima segue-se que

(*a*) um único termo-objeto não comporta nenhum tipo de significação;

(*b*) a significação pressupõe a interveniência de uma relação: sem relação não há significação. Mas, o que constitui a *relação?* A relação é um mecanismo perceptual conjuntivo e disjuntivo:

(1) Para que possamos apreender conjuntamente dois termos-objetos, é necessário que eles tenham alguma coisa em comum (é o problema da redundância, da semelhança e, no limite, da identidade);

(2) Para que dois termos-objetos possam ser distinguidos, é necessário que eles sejam de algum modo difirentes (é o

312

problema das variantes, da diferença e, no limite, da não-identidade).

A relação tem, pois, uma dupla natureza: ela é simultaneamente *conjunção* (de *invariantes*) e *disjunção* (de *variáveis*).

A natureza ambígua da relação manifesta-se em todos os níveis lingüísticos:

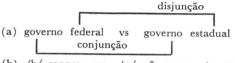

(b) /b/ sonoro vs /p/ não-sonoro (= surdo)
(c) grande vs pequeno

Cada termo da relação possui dois elementos, sendo um deles conjuntivo e sendo o outro disjuntivo. Greimas denomina de *estrutura elementar* um tal tipo de relação. Já que *os termos-objetos não comportam, isoladamente, nenhuma significação, é ao nível dessas estruturas e não ao nível dos termos objetos (os elementos dela) que devem ser procuradas as unidades significativas elementares.*

Os termos-objetos, sejam eles signos, ou monemas, são secundários nos quadros da significação: a língua não é um sistema de signos, mas uma reunião de estruturas de significação.

6.4.4. Os Eixos Semânticos

A estrutura elementar deve ser pesquisada não ao nível da oposição entre signos (paio / baio, pata / bata, etc.), mas sim, ao nível da oposição /p/ : /b/. Admite-se, comumente, que essa oposição consiste no caráter "não-sonoro" vs "sonoro" dos dois fonemas. No entanto, subjacente a isso está o fato de que possamos comparar /p/ e /b/, distinguindo um de outro; isso só é possível porque *a sua oposição se situa sobre um único e mesmo eixo, o da sonoridade,* eixo este no interior do qual essa oposição se explicita sob a forma de dois polos extremos.

A mesma observação é válida para o plano semântico, no qual as oposições *branco / preto, grande / pequeno* discriminam-se dentro de um eixo comum a cada par de termos opostos, o da *coloração,* no primeiro caso, e o da *medida de grandeza de um continuum,* no segundo caso. *Para esse denominador comum a dois termos-objetos oponíveis, lugar virtual em que se articulam os polos opostos criadores da significação,* Greimas propõe o nome de *eixo semântico.* A função do eixo semântico é a de totalizar as articulações (opostas) que lhe são inerentes, implicitando-as.

6.4.5. A Relação

A descrição estrutural da relação pode ser indicada mediante uma notação simbólica (construída) com letras, uma para cada um dos termos-objetos apreendidos, indicando-se, ao mesmo tempo, o conteúdo semântico de que essa relação se investe. Desse modo, utilizando A e B para designar os dois termos-objetos e S para indicar o conteúdo semântico, posso exprimir a relação, escrevendo

$$A \ / \ \text{está em relação (S) com} \ / \ B$$

Essa notação se decompõe em:

1. Uma seqüência "está em relação com", que é uma afirmação abstrata da existência da relação (r) entre os dois termos;
2. O conteúdo semântico da relação (S), a que já chamamos de *eixo semântico.* A relação pode ser transcrita, mais simplesmente, como

$$A \ / \ r \ (S) \ / \ B$$

A e B transcrevem metalingüisticamente, na fórmula supra, a estrutura elementar dos termos pertencentes à língua-objeto, os quais se apreendem no ato da percepção. O eixo semântico S é o resultado da descrição totalizadora, que reúne, simultaneadas e como que "suspendidas", as semelhanças e as diferenças que opõem A e B. *S pertence, assim, à metalinguagem descritiva.* Quanto à relação (r) é ela um pressuposto da interpretação : (r) pertence à linguagem metodológica (ou seja, a linguagem que estabelece as condições de validade da descrição semântica aqui proposta).

6.4.6. As Articulações Sêmicas

6.4.6.1. Noção de Sema

Uma vez que o conteúdo da relação (S), o eixo semântico, é metalingüístico, pode-se conceber a expressão operacional do eixo semântico como sendo portadora de tantos elementos de significação quantos sejam os diferentes termos-objetos implicados na relação, considerando tais elementos como propriedades desses termos. No exemplo já citado, /p/ : /b/, o eixo da sonoridade (S) pode ser interpretado como a relação (r) entre o elemento sonoro (s_1) e o elemento não-sonoro (s_2). Nesse caso, o termo-objeto B (/b/) possuirá a propriedade s_1 (sonoro), ao passo que o termo-objeto A (/p/) terá a propriedade s_2 (não-sonoro):

$$/p/ \text{ (não-sonoro)} \quad vs \quad /b/ \text{ (sonoro)}$$

ou, numa transcrição mais genérica,

$$A(s_2) \quad r \quad B(s_1)$$

Essa fórmula pode ser àplicada à análise de qualquer relação:

$$\text{moça } r(\text{sexo}) \text{ moço}$$

traduzível, ainda, em

$$\text{moça (feminilidade) } r \text{ moço (masculinidade)}$$

A s_1 e s_2, elementos mínimos da significação, assim depreendidos, Greimas chama, com a terminologia de Pottier, *semas*. Em conclusão, uma estrutura elementar da significação, *pode ser concebida e descrita quer sob a forma de um eixo semântico, quer sob a forma de uma articulação sêmica* (isto é, de traços distintivos, semas). A primeira descrição privilegia o que os termos-objetos A e B possuem em comum: ela é *conjuntiva;* a segunda descrição privilegia as qualidades polares que, situadas sobre o mesmo eixo semântico, distinguem A de B: ela é *disjuntiva.* Em termos de rendimento prático-operacional, a *descrição sêmica* é superior à descrição do eixo semântico e deve, por isso, ser a preferida.

6.4.7. Modos de Articulação Sêmica

Os lingüistas divergem, freqüentemente, no tocante aos modos pelos quais se deve descrever a combinatória das articulações sêmicas. Para os partidários do binarismo lógico ou operacional, como Jakobson, um eixo semântico articula-se em dois semas, um dos quais é *marcado,* sendo o outro *não-marcado* (cf. 3.3.10.). Este modo de conceber as coisas mostra-se eficiente quando lidamos com termos-objetos contendo unidades distintivas do tipo

$$\text{sonoro} \quad vs \quad \text{não-sonoro}$$

capazes de serem descritos como a relação entre um elemento marcado (isto é, um fema/sema presente num dos polos), e um ele-

315

mento não-marcado (isto é, o mesmo fema/sema está ausente no outro polo):

$$/+s/ \text{ vs } /-s/$$

Essa técnica descrita não se aplica, porém, à oposição

moço (masculinidade)   vs   moça (feminilidade)

pois não é suficiente, se queremos caracterizar com exatidão a natureza do termo-objeto "moça", registrar a ausência, nele, do sema (masculinidade): esse termo possui, por sua própria natureza, ao lado dessa *definição negativa,* uma *definição positiva,* dada pelo sema (feminilidade). A articulação exprime-se, neste caso, por

$$/s/ \text{ vs } /\text{não-s}/$$

No que se refere à oposição

grande   vs   pequeno

registra-se a existência de um terceiro termo-objeto, que é "médio". Bröndal interpreta esse fato assim: os dois semas polares

s vs não-s

(aos quais Bröndal denomina *positivo vs negativo*), podem aceitar um *terceiro sema* que *não é nem s nem não-s,* ou seja, que é um *sema neutro.* A articulação seria, nesse caso,

positivo   vs   neutro   vs   negativo
(grande)   (médio)   (pequeno)

Em outros casos, o sema intercalar pode significar, ao mesmo tempo, *et s et não-s,* "tanto s quanto não-s": ele tomará, então, o nome de *sema complexo.* Desse modo, a articulação

ele vs que vs isso

pode ser interpretada como

positivo   vs   complexo   vs   negativo
(pessoal)   (pessoal e   (impessoal)
                    impessoal)

No fundo, a posição de Bröndal, apesar de ser mais matizada, continua a ser tão binarista quanto a posição de Jakobson. Quanto a

Greimas, considera ele que a *estrutura elementar,* fora de qualquer contexto significante, *só pode ser binária, pois ele se articula em dois semas, /s/ vs /não-s/.* O seguinte quadro esclarece quanto vimos:

Termos Sêmicos	Representação	Conteúdo Sêmico Correspondente
Positivo	s	(presença do sema *s*)
Negativo	não-s	(presença do sema *não-s*)
Neutro	—s	(ausência de *s* e de *não-s*)
Complexo	s + não-s	(presença do eixo semântico *S*)

6.4.8. O "Quadrado Lógico" (Semiótico) de Greimas e Rastier

As unidades 6.4.1. a 6.4.7. esboçam os contornos gerais da teoria semântica apresentada por Greimas, em 1966, no livro *Sémantique Structurale*. A presente unidade focalizará um outro estudo, que Greimas publicou, com a colaboração de François Rastier, em 1968, no *Yale French Studies,* n.º 41, sob o título *The Interaction of Semiotic Constraints* e que foi reunido, posteriormente, ao volume *Du Sens — Essais Sémiotiques,* Éditions du Seuil, 1970, 135-154, traduzido com o nome de *Les Jeux des Contraintes Sémiotiques.*

Retomando, inicialmente, o modelo proposto para a estrutura elementar da significação, na *Sémantique Structurale,* Greimas e Rastier situam-no na *estrutura profunda* das línguas naturais. O estatuto lógico definidor dessa estrutura profunda é descrito do seguinte modo:

(a) O eixo semântico, S, que representa a substância do conteúdo, articula-se, ao nível da forma do conteúdo, em dois semas contrários, s₁ e s₂:

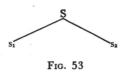

Fig. 53

Entre s₁ (ou s₂) de um lado, e S, de outro lado, estabelece-se uma *relação hierárquica hiponímica*: *s₁ e s₂ são partes (constituintes) complementares de S,* que os *totaliza, como o todo às partes.* Aí, na Fig. 53, S representa a *substância* do conteúdo; s₁ e s₂, ao mesmo tempo. (Num texto qualquer, pode-se dizer — hipoteticamente —,

317

que S, enquanto *sema complexo,* nos dá o *universo do sentido textual* e o seu contraditório, $\overline{S}$, nos dá o *universo do não-sentido textual.*)

Se redefinirmos s_1 e s_2 através das suas articulações no eixo dos contraditórios, teremos formado o *quadrado semiótico* da Fig. 54.

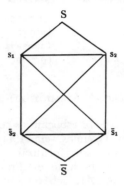

Fig. 54

Do mesmo modo que $/s_1/$ e $/s_2/$, enquanto partes, explicitam hiponimicamente a articulação do sema complexo $/S/$, totalidade que os reabsorve, também os semas contraditórios a $/s_1/$ e $/s_2/$, respectivamente, $/\bar{s}_1/$ e $/\bar{s}_2/$, são explicitações hiponímicas de $/\overline{S}/$, o *sema neutro,* que os engloba. Desse modo, $S - \overline{S}$ é o eixo vertical que marca a relação entre a *significação* (universo do sentido) e a não-significação (universo do *não-sentido*). ([90])

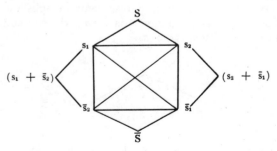

Fig. 55

---

(90) Além dos quatro termos fundamentais ($/s_1/$, $/s_2/$, $/\bar{s}_1/$ e $/\bar{s}_2/$), há derivações do tipo da Fig. 55 que marcam *termos complementares* e transformam o quadrado em um *octógono semântico.*

Tendo em vista que as *relações* marcam somente a *pertinência* dos valores, mas não dos termos envolvidos, e que o exemplo abaixo (Fig. 56) visa tão-somente ilustrar uma técnica descritiva sem que seus resultados infirmem ou confirmem, por si sós, a teoria aqui considerada, seja, ao nível da manifestação lingüística, s_1 = amor, s_2 = ódio:

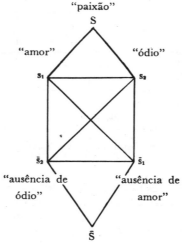

Fig. 56

O modelo lógico da Fig. 54, comporta:

(a) *dois eixos,* S e S̄. S é o eixo do complexo: ele subsoma s_1 e s_2. O seu contraditório é S̄, *o eixo do neutro*: este subsoma s̄$_1$ e s̄$_2$ (isto é, tal como o saturamos, *nem amor* (s̄$_1$) *nem ódio* (s̄$_2$);

(b) *dois esquemas* de contradição: /s_1/ + /s̄$_1$/ (esquema 1); e /s_2/ + /s̄$_2$/ (esquema) 2);

(c) *duas dêixis* [91] de implicação: s_1 — s̄$_2$ (dêixis 1); e s̄$_2$ — s̄$_1$ (dêixis 2).

---

(91) As dêixis 1 e 2 podem, eventualmente, receber uma cobertura lexemática, nas línguas naturais. Assim, os termos *simpatia* e *antipatia* interpretam, em português, respectivamente, as conjunções de dêixis 1 ("simpatia" = "ausência de ódio" (/s̄$_2$/) implicada com "amor" (/s_1/)) e da dêixis 2 — "antipatia" = "ausência de amor" (/s̄$_1$/) implicada com "ódio" (/s_2/) —:

319

O quadro abaixo (Fig. 58) resume, numa forma clara, essas diferentes relações constitutivas da contrariedade, da contraditoriedade e da implicação, com respeito às articulações sêmicas que as constituem:

Relações Constitutivas	Dimensões Estruturais	Estruturas Sêmicas
Contrariedade	eixo S (complexo)	$s_1 + s_2$
	eixo $\bar{S}$ (neutro)	$\bar{s}_1 + \bar{s}_2$
Contraditoriedade	esquema 1	$s_1 + \bar{s}_1$
	esquema 2	$s_2 + \bar{s}_2$
Implicação	dêixis 1	$s_1 + \bar{s}_2$
	dêixis 2	$s_2 + \bar{s}_1$

FIG. 58 — Relações Constitutivas do Quadrado Semiótico
(cf. Greimas-Rastier, 1970, 140)

As regras que definem positivamente um sistema semiótico, convencionando o que ele *deve ser* e, ao mesmo tempo, definindo-o negativamente, por aquilo que ele *não deve ser, situam-se no lugar do termo complexo*, S. *S marca, portanto, as injunções da regra*. Essas injun-

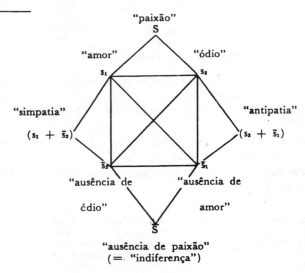

FIG. 57

320

ções se explicitam em *injunções positivas* ("prescrições" ou "ordens"), no ponto s_1, e em *injunções negativas* (interdições" ou "proibições"), no ponto s_2. O termo contraditório do S, isto é, $\bar{S}$, marca, por isso, o conjunto das *ausências de injunções*. Em $\bar{S}$ situa-se, por isso, a *opção*, isto é, o domínio da liberdade vigiada (porque *está prevista* no código) que se concede ao comportamento de cada indivíduo, na sociedade.

O quadrado semiótico de Greimas-Rastier fornece, assim, um modelo possível para a leitura do sentido de que se reveste o comportamento dos indivíduos dentro das práticas sociais — aí incluído o exercício da fala —, cujo conjunto organiza a cultura de uma sociedade.

Como vimos em 1.1., as práticas sociais expressam-se como linguagem, no sentido semiótico; e tais linguagens *possuem sentido*. Eis, por exemplo, a leitura do semáforo, tal como pode ela ser efetivada a partir da utilização do quadrado como matriz produtora do significado: seja s_1 = sinal verde; s_2 = sinal vermelho (Fig. 59):

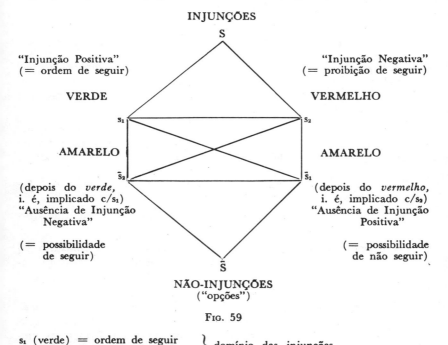

Fig. 59

s_1 (verde) = ordem de seguir   } domínio das injunções
s_2 (vermelho) = proibição de seguir}

$\bar{s}_1$ (amarelo) = ausência da ordem de seguir } domínio das opções (não-
$\bar{s}_2$ (amarelo) = ausência da proibição de seguir} -injunções)

321

O amarelo significa ora *não-proibição* ($\bar{s}_2$) — quando vem após o verde, isto é, quando se situa na dêixis 1 —, ora *não-ordem* ($\bar{s}_1$) — quando vem após o vermelho, ou seja, quando se situa na dêixis 2, e por isso pode ser totalizado, *como não-proibição + não-ordem simultaneamente* ($\bar{s}_1 + \bar{s}_2$), *isto é, neutro* (quando funciona sozinho).

Esse modelo propõe, como se vê, os princípios básicos de uma semiótica gerativa, no sentido dedutivo, pois ele passa do simples ao complexo, e no seu interior a *criatividade* se situa como algo oposto ao *histórico,* já que tal criatividade pode ser concebida como *operações* de conjunção / disjunção, operadas por um sujeito transformador. Assim, Greimas não tenta descrever a criatividade nos mesmos termos em que Chomsky a coloca: a criatividade, para Greimas, não pode ser confundida com aquilo que é anterior à manifestação da linguagem, com aquilo que é de ordem psicológica: ela deriva, apenas, das pressões exercidas por coações semióticas e pode, assim, ser descrita no interior do quadrado.

6.4.9. A Semântica das Línguas Naturais, Segundo Greimas

Em diferentes passagens de suas obras (*Sémantique Struturale e Du Sens*), Greimas retorna à consideração da estrutura elementar, $s_1 - s_2$, para descrever os modos pelos quais o *sentido* emerge, nos usos metalingüísticos das línguas naturais.

A totalidade S articula-se em s_1 e s_2, como vimos: esses semas constituem, assim, suas *partes constituintes.* Do ponto de vista da *pressuposição lógica* e da *orientação,* temos as seguintes relações:

(*a*) partindo dos semas s_1, s_2, para o todo, S = *relação hiponímica;*

(*b*) partindo do todo, S, para os semas s_1, ou s_2 = *relação hiperonímica;*

(*c*) partindo de um sema (s_1 ou s_2) para o sema contrário (s_2 ou s_1), pertencentes, ambos, à categoria· S = *relação antonímica.*

É no ato concreto da comunicação, na *instância da manifestação lingüística,* que o significante se encontra com o significado. Mas esse encontro *não é o encontro de duas unidades isomórficas*: as unidades dos dois planos, *os femas e os semas, os fonemas e os morfemas;* não são eqüidimensionais. Assim, em *baixa* e *faixa,* por exemplo, não temos uma estrutura de significação, temos, apenas, uma estrutura

322

de discriminação de sentidos; a diferença no plano dos significantes designa, apenas, outro *sentido*, e não um sentido determinado e constante: *baixa* não se opõe, semanticamente, a *faixa*, opõe-se a *alta*.

Isto significa que as diferenças de conteúdo não se deduzem das diferenças de significantes, mas sim das diferenças observáveis no modelo das articulações lógico-lingüísticas que constituem a estrutura profunda das línguas naturais.

Semanticamente, a oposição *alto / baixo* pode ser interpretada com a ajuda da categoria (S) "quantidade relativa de uma grandeza", articulada em dois semas "grande quantidade" vs "pequena quantidade". É o que explica termos como *longo / curto, amplo / estreito*, etc.:

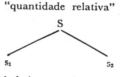

/grande quantidade/ vs /pequena quantidade/

LEXICALIZAÇÕES
- alto vs baixo (refer. à dimensão *vertical*)
- longo   curto (refer. à dimensão *horizontal*)
- largo   estreito (ref. à dimensão *lateral*)
- grosso fino (ref. ao *volume*)

Esses termos todos se totalizam no eixo semântico de *espacialidade*, [92] do qual especializam um sentido articulado.

Um modo claro de formalizar as relações que compõem o campo semântico da espacialidade, dando conta do agenciamento das articulações sêmicas aí implicadas, é assim apresentado por Greimas: uma primeira divisão do eixo semântico "espacialidade" daria:

---

[92] A *espacialidade* é um conceito mais vasto que o do *espaço*, pois compreende, além das três dimensões que o conceito de espaço congloba (a saber, a verticalidade, a horizontalidade, e a perspectividade), o conceito mais abstrato da *extensionalidade*.

O sema /dimensionalidade/ deixa-se descrever em duas articulações primárias, /verticalidade/ vs /horizontalidade/:

verticalidade vs horizontalidade
(*alto*)   (*longo* vs *largo*)

A /horizontalidade/ encarada como eixo, rearticula-se, como /perspectividade/ (*longo*) vs /lateralidade/ (*largo*).

O diagrama abaixo (Fig. 60) ordena todo esse conjunto:

FIG. 60 — A Espacialidade

Greimas insiste no fato de que o resultado obtido por essa ordenação de unidades diferenciais é puramente descritiva ou metalingüística: nenhum sema, nenhuma categoria sêmica pode ser tomada como idêntica a uma unidade léxica manifestada no discurso. /Espacialidade/, dimensionalidade/, /verticalidade/, /horizontalidade/, /perspectividade/, /lateralidade/ são *semas* (unidades metalingüísticas), de cuja combinatória resulta um conjunto sêmico provisório capaz de descrever o plano de conteúdo (*semema*) que pode assumir diferentes coberturas lexemáticas na instância de manifestação das línguas naturais.

Eis um modo de visualizar a combinatória sêmica que integra diferentes *sememas lexicalizados* (Fig. 61) (*sememas lexicalizados = lexemas,* na terminologia de Greimas);

LEXEMAS	SEMAS					
	Espacia-lidade	Dimensio-nalidade	Verticali-dade	Horizon-talidade	Perspecti-vidade	Laterali-dade
alto	+	+	+	−	−	−
baixo	+	+	+	−	−	−
longo	+	+	−	+	+	−
curto	+	+	−	+	+	−
largo	+	+	−	+	−	+
estreito	+	+	−	+	−	+
vasto	+	−		+	−	
espesso	+	−				

Fig. 61

A Fig. 61 mostra:

(*a*) que cada lexema caracteriza-se pela presença de alguns semas e pela ausência de outros. A ausência manifesta existir uma oposição sêmica disjuntiva, a partir de uma base sêmica comum. Assim, a base sêmica comum para os lexemas "alto" / "baixo" é o sema /verticalidade/, e é o sema /horizontalidade/ a base sêmica comum para os lexemas "longo" / "curto". *As oposições sêmicas operam as disjunções entre os diferentes lexemas;*

(*b*) se lermos a Fig. 61 da esquerda para a direita, cada lexema aparece analisado num certo número de seus semas constituintes; sendo o lexema o todo do qual cada sema, à sua direita, é parte, efetuamos, aí, uma interpretação do lexema segundo suas *relações hiperonímicas;*

(*c*) se invertermos a direcionalidade da leitura, indo da direita para a esquerda, passamos de semas individualmente considerados como partes componentes de uma totalidade à totalidade, que é o lexema; temos, aí, uma interpretação do lexema segundo suas *relações hiponímicas* (das partes para o todo).

Desse modo, a Fig. 61 permite fazer-se a descrição do lexema (= semema) não mais como um conjunto não-ordenado de semas, mas, sim, como um conjunto de semas ligados entre si por relações hierárquicas. ([93])

---

(93) Categorialmente, o lexema é um lugar de convergência de semas provindos de categorias e de sistemas sêmicos diferentes.

Mas o lexema é, também, um lugar de encontro histórico: o lexema é da ordem do *acontecimento* (ele pertence à *parole*) e, por isso, está submetido à história e à cultura. No célebre exemplo fornecido por Lévi-Strauss (*in Le Cru et le Cuit*), temos:

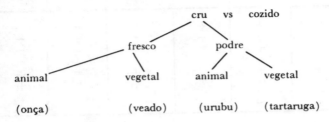

O consumidor da combinatória formada por "cru" + "fresco" + "animal" *consome,* por assim dizer, em qualquer parte do mundo, o mesmo semema; mas esse mesmo semema se interpreta, fonologicamente, de modo muito diferente (ora como *onça* ou *jaguar,* ora como *tigre* ou *leão,* etc.), dependendo, a interpretação fonológica desse semema, do investimento semântico, nas diferentes línguas, dos contextos míticos, sociais, econômicos; culturais, numa palavra (cf. Peñuela Cañizal, 1972. 47).

Se passamos para o caso das narrativas, as estruturas lexemáticas fixam um nível da isotopia discursiva (instância da manifestação), ao passo que a interpretação dos semas fixam a *isotopia do código* dessa narrativa. No primeiro nível de análise, *onça* é diferente de *leão,* ou de *tigre,* na medida mesma em que esses diferentes *lexemas actoriais* prendem-se a acontecimentos culturais distintos historicamente; ao nível da *isotopia do código* sememático, no entanto, esses diferentes atores deixam-se descrever como manifestações de um único actante, pois são, todos, o produto da combinatória (/consumidor/ + /do cru/ + /fresco/ + /animal/). Foi essa busca de invariantes limitadas dentro da variabilidade ilimitada das realizações narrativas em particular que permitiu a Propp estabelecer o sentido das lexemas-atores da narrativa popular russa, através do isolamento, neles, dos invariantes *qualificacionais* (o que Propp chama de *atributos*), e dos invariantes *funcionais* (o que Propp chama de *funções*).

Como efeitos-de-sentido unificado, os sememas recebem uma interpretação fonológica de diferentes dimensões já que os semas podem se situar no interior de unidades de comunicação maiores ou menores:

lexema	→	*paralexema*	→	*sintagma*
"damasco"		"batata inglesa"		"pão de centeio"

apresentam diferentes graus de amálgama, devidos às condições históricas, mas as relações intersêmicas no interior dessas unidades de diferentes dimensões são de natureza idêntica e podem ser tratadas da mesma maneira.

6.4.10. O Semema

6.4.10.1. Núcleo Sêmico

6.4.10.2. Semas Contextuais

O semema é o lugar (virtual) de encontro de semas hierarquizados, provenientes de diferentes sistemas sêmicos. Há dois modos básicos de definição do semema.

(a) podemos partir do sema, como já fizemos (6.4.9.) ao estudar o sistema sêmico da *espacialidade;*

(b) podemos partir do lexema, isto é, da unidade lingüística mediante a qual os sememas se manifestam, na instância da *parole.*

Trata-se, agora, de estudar o semema a partir do processo (b). Seja o lexema (fr.) *tête* "cabeça".

Supondo que um dicionário defina tal lexema dentro do código (código lexical, evidentemente), vejamos a definição de *tête* fornecida pelo Littré: *"parte (do corpo) ... unida ao corpo pelo pescoço ..."*

Dessa definição derivam todos os *sentidos figurados* que a palavra *cabeça* assume nos diferentes contextos em que possa aparecer. Sempre de acordo com Littré o lexema *cabeça* designa:

(a) a parte recoberta pela pele e pelos cabelos, ou, então,

(b) unicamente a parte óssea.

No primeiro caso (a), *tête* designa:

— a parte recoberta pelos cabelos:

la tête nue "com a cabeça descoberta", "sem chapéu";
tête de fou ne blanchit pas "cabeças airadas não encanecem"

327

— ou a parte não coberta pelos cabelos (o rosto):

faire une tête de circonstance "fazer uma cara de sexta-feira"
tu en fais une tête "que cara!" (= você está com uma cara de
quem comeu e não gostou)

No segundo caso, (b), *tête* designa a parte óssea:

fendre la tête à quelqu'un "quebrar a cabeça de alguém"
se casser la tête "quebrar(-se) a cabeça", etc.

Pelo fato de designar uma *parte do corpo,* a palavra *tête* pode,
igualmente, por um processo de translação metonímica, referir-se ao
corpo com um todo:

(*a*) tomando um organismo como unidade discreta:
ce troupeau est composé de cent têtes "este rebanho se compõe de
cem cabeças"
vous aurez à payer tant par tête "pagarás tanto por cabeça"

(*b*) designando ser vivo (ou vida):
mettre la tête de quelqu'un à prix "pôr a preço a cabeça de alguém"
il paya de sa tête "ele o pagou com a sua própria cabeça"

(*c*) designando uma pessoa humana:
une tête couronnée "uma cabeça coroada",
etc.

Se, situado em diferentes contextos, o lexema *tête* possui uma
constelação de sentidos diferentes, é porque existe uma correlação
entre as variações do contexto e as variações do sentido de *tête*. De
qualquer forma, qualquer que seja a diferença perceptível em relação
ao sentido contextualizado, é evidente que *parte do sentido de "tête"*
permanece invariável através de todas as frases, pois, de outro modo,
não caberia usar o lexema *tête* nesses contextos. A esse *conteúdo*
positivo invariável de um lexema (semema), Greimas chama de
núcleo sêmico (*Ns*).

De outro lado, sendo o núcleo sêmico um subconjunto de semas
invariantes, *as variações de "sentido"* que observamos nos exemplos
de frases integradas por *tête só podem provir do contexto;* em
outras palavras, o contexto deve comportar *semas variáveis* responsáveis pelas mudanças do sentido holofrástico. Essas variáveis sêmicas constituem, por isso, *semas contextuais* (Cs).

328

Se compararmos as seguintes frases do português

1. quebrar a cabeça (= meditar intensamente sobre um problema)
2. ser um cabeça dura (= teimoso)
3. não caber na cabeça (= ser inadmissível)
4. bater a cabeça (= cometer tolices)

verificamos que existe, em todas elas, um único "efeito de sentido", capaz de ser traduzido por *parte óssea da cabeça* (já que *óssea* contém os traços semânticos /objeto/ + /material/ + /rígido/ e pode combinar-se, portanto, na mesma frase, com *quebrar* (um objeto material rígido), *caber* (no interior de um objeto material rígido), *dura* (= objeto material rígido), *bater* (contra um objeto material rígido). Comprovamos, aqui, que o número dos *semas contextuais* é sempre mais reduzido do que o número de contextos em que um lexema pode aparecer. Parece, pois, possível, agrupar os contextos em classes contextuais, a partir do critério de apreensão do mesmo efeito-de-sentido. Desse modo, o sema contextual seria o denominador comum de toda uma classe de contextos.

Daí podermos conceber o semema como um *efeito de sentido resultante da combinatória de um núcleo sêmico mais semas contextuais*:

$$\text{Semema Sm} = \text{Ns} + \text{Cs}$$

6.4.10.3. A Figura Nuclear

Voltemos a analisar o núcleo sêmico. Para tanto, partamos de uma nova amostra de contextos em que ocorra a palavra "cabeça", agrupando-os de acordo com os conjuntos de semas comuns a todos esses contextos-ocorrenciais:

(a) extremidade + superioridade + verticalidade + continuidade:

5. curar uma cabeça de prego (= furúnculo)
6. andar de cabeça erguida (= ser consciente do próprio valor)
7. levantar a cabeça (= recuperar-se moralmente)

(b) extremidade + superioridade + verticalidade + descontinuidade:

8. cabeça do casal (= o marido)
9. encabeçamento (de material de arquivo, impressos, etc.)
10. cabeçalho (de carta, por ex.)

329

(c) extremidade + anterioridade + horizontalidade + continuidade

11. ganhar por uma cabeça (= ganhar uma disputa por pequena diferença)

12. a cabeceira do rio

(d) extremidade + anterioridade + horizontalidade + descontinuidade:

13. ir à cabeça de uma procissão

14. firmar uma cabeça de praia

Os exemplos de 5 a 14 demonstram que:

(1) *cabeça* não significa, nesses contextos, "parte do corpo humano", ao contrário da definição do Littré;

(2) as disjunções "continuidade" / "descontinuidade", "verticalidade" / "horizontalidade", "superioridade" / "anterioridade" são responsáveis pelos diferentes efeitos de sentido dessas frases;

(3) o sema "extremidade", no entanto, *permanece invariável* em todos os contextos em que figura o lexema *cabeça*.

Há, na língua portuguesa, um grande número de locuções idiomáticas em que o sema "extremidade" entra em combinação ora com "verticalidade", ora com "horizontalidade", para produzir figuras de linguagem antropomórficas ou zoomórficas:

Exemplos da combinatória "extremidade" + "verticalidade"

15. limpar-se dos pés à cabeça (= inteiramente)

16. não ter pés nem cabeça (= não ter nenhum sentido)

Exemplos da combinatória "extremidade" + "horizontalidade":

17. ler um livro de cabo a rabo (= do começo ao fim)

18. ir para as cabeças (= decidir-se a agir resolutamente)

Vê-se, por essas frases, que *cabeça* opõe-se, enquanto *extremidade*, ou a *pés* (no eixo da "verticalidade"), ou a *cauda* (no eixo da "horizontalidade"); isso permite concluir que lidamos, aqui, com um único sema "primeira extremidade", cuja significação é infletida pela articulação sêmica "verticalidade" / "horizontalidade". Podemos, pois, substituir os dois termos denominativos dessa inflexão pelo termo único "superatividade", eixo que designa conjuntamente, *et*

/*verticalidade*/ et /*horizontalidade*/, previamente a toda e qualquer manifestação da espacialidade na instância discursiva. Efetuada essa neutralização, passamos a contar com dois semas invariantes, a saber: "extremidade" + "superatividade" para compor o núcleo sêmico dos sememas constituintes do campo semântico da espacialidade:

Ns (espacialidade) $= s_1$ /extremidade/ $+ s_2$ /superatividade/,

ficando entendido que, para cada semema-construído ($=$ lexema) na instância de manifestação, a variabilidade "verticalidade" / "horizontalidade" latente no eixo /superatividade/, deverá explicitar-se, forçosamente, em um ou outro sentido, na dependência dos lexemas contextuais.

A atualização de s_3 /verticalidade/ bloqueia, evidentemente, a atualização de s_4 /horizontalidade/, o que se marcará, na transcrição, com o símbolo "/". Assim, o terceiro sema de um semema do campo da espacialidade será a explicitação contextualizada da distinção sincretizada ou suspendida em s_2 /superatividade/.

Uma análise cuidadosa de um contexto em particular nos dirá se s_3, que é um *sema contextual,* constitutivo dos sememas com os quais o semema da espacialidade forma sintagma, designa uma ou outra topia. Por exemplo:

19. cabeço de *morro*

↑

/verticalidade/; então, $s_2 = $ /verticalidade/

20. cabeceira de *rio*

↑

/horizontalidade/; então, $s_2 = $ /horizontalidade/

Explica-se: s_3, que é um sema contextual, deve pertencer, forçosamente, ao núcleo sêmico de outros sememas que formam sintagma com o semema que desejamos descrever. Daí a fórmula sintagmática dos sememas terminais:

$$Sq = N_1 (s_1 + s_2) + C [N_2 (s_3/s_4) + (s_5/s_6)] + \ldots$$

onde:

$N_1 = $ 1.º núcleo sêmico;

$N_2 = $ 2.º núcleo sêmico;

$s_1 = $ sema invariante /extremidade/

$s_2 = $ sema invariante /superatividade/ que deve explicitar-se, no 2.º núcleo, ou como

s_3 = /verticalidade/ ou como
s_4 = /horizontalidade/, assim como o quarto sema, igualmente proveniente dos núcleos sêmicos do contexto, deve explicitar-se ou como
s_5 = /continuidade/ ou, sob sua forma disjunta, como
s_6 = /descontinuidade/

É importante notar, nessa fórmula, que um mesmo sema funciona tanto como um sema nuclear, s_2 /superatividade/, quanto como um sema contextual, s_3 /verticalidade/ : /horizontalidade/. Assim, teríamos:

cabeça de praia = Ns "cabeça" s_1 + s_2) + C[Ns "praia" (s_4) + (s_6)]

ou seja: Ns "cabeça" (s_1/extremidade/ + s_2/superatividade/)

+ C[Ns "praia" (s_4/horizontalidade/) + (s_6/descontinuidade/] [94]

Outro exemplo:

cabeça de preço: Ns "cabeça" (s_1 + s_2) + C[Ns "prego" (s_3) + (s_5)]
/extrem./ + /superativ./ + /vertical./ + /continuid./ ou seja:

Semema "cabeça de prego" = Ns "cabeça" $\begin{cases} s_1 = \text{/extremidade/} \\ s_2 = \text{/superatividade/} \end{cases}$

Cs (Ns "prego") $\begin{cases} s_3 = \text{/verticalidade/ (forma manifestada de } s_2) \\ s_5 = \text{/continuidade/} \end{cases}$

6.4.10.4. Os Classemas

Se excetuarmos o núcleo sêmico, que significam os elementos do contexto que entram na constituição do semema? A análise contextual de *latir*, numa frase como

21. o cão late

permite separar o núcleo sêmico como sendo constituído do marcador semântico "uma espécie de voz". Esse núcleo sêmico pode

---

(94) /continuidade/ vs /descontinuidade/ referem-se a um eixo sêmico *articulado em linha* (/continuidade/) vs *não-articulado em linha,* ou "composto de pontos" (/descontinuidade/), cujos semas realizam-se, do mesmo modo que /verticalidade/ : /horizontalidade/, no interior dos núcleos sêmicos contíguos a *cabeça.* Assim, "cabeça de *procissão*" vs "cabeça de
↑
/descontinuidade/

prego".
↑
/continuidade/

332

combinar-se, em diferentes contextos, com diferentes *classes contextuais* de "sujeito": ou com a classe dos "animais"

o cão
a raposa $\Big\}$ late
o cachorro-do-mato

ou com a classe dos "humanos":

o orador
Diógenes $\Big\}$ late
o imitador

O sema comum à classe toda chama-se *classema;* assim, *latir* pode combinar-se, nos contextos frásicos do português, ou com o classema "animal" ou com o classema "humano", permitindo engendrar efeitos--de-sentido (= sememas) diferentes:

latir $\begin{cases} Sm_1 = Ns_1 \text{ (produção de voz} + Cs_1 \text{ ("animal")} \\ Sm_2 = Ns_1 \text{ (produção de voz)} + Cs_2 \text{ ("humana")} \end{cases}$

Os resultados desse tipo de análise podem ser formalizados de dois modos ligeiramente diferentes. Um desses modos consiste em tomar as figuras (núcleo sêmico) de cada lexema como *invariantes,* acrescentando-lhes todos os semas contextuais com os quais essas figuras poderiam combinar-se. "Late" e "cão" teriam, dessa forma, duas formulações [95]:

$L_1 = N_1 + C(s_1/s_2) = $ late $ = N_1$ "produção de voz" $ + C(s_1$ "animal" $/s_2$ "humano")

$L_2 = N_2 + C(s_1/s_2) = $ cão $ = N_2$ "ser animado" $ + C(s_1$ "animal" $/s_2$ "humano")

---

(95) Isto explica a "frase normal" (a) *o burro zurrou* e a "frase figurada" (metáfora, no caso), (b) *o orador zurrou.*

(*a*) *o burro zurrou* =
N_1 "burro" $+ N_1$ "ser animado" $+ C(s_1)$ "animal" $+ N_2$ "produção de voz" $ = C(s_1)$ "animal (ou: burro "animal" $+$ produção de voz "animal")

(*b*) *o orador zurrou* =
N_1 "ser animado" $+ C(s_2)$ "humano" $+ N_2$ "produção de voz" $C(s_1)$ "animal" (ou: orador "humano" $+$ produção de voz "animal"; mas, tendo em vista que *zurrar,* introduz no sema /produção de voz/ uma subcategorização /produção de voz do burro/, o classema /humano/, de "orador", entra em comutação com o classema "animal", de "zurrar".

Os semas contextuais (ou *classemas*) reduzem-se, por efeito das relações de disjunção (simbolizadas na transcrição "/"), a categorias sêmicas do tipo

animais vs humanos
animais vs objetos

A partir daí, pode-se redefinir o *lexema* como sendo "um modelo virtual integrando em seu seio todo o funcionamento de uma figura de significação recoberta por um dado formante, mas anterior a qualquer manifestação no plano da fala (discurso)", já que esse plano da fala só pode produzir sememas particulares.

Em outros termos, os semas invariantes possuem o estatuto paradigmático (eles se definem no interior de um código ou subcódigo: da *espacialidade,* da *temporalidade,* etc.) e por isso são invariantes, membros do núcleo sêmico; mas os semas variáveis (semas contextuais ou classemas) possuem o estatuto sintagmático (por isso o classema /humano/ que pertence, paradigmaticamente, a "orador", pode ser apagado ou substituído pelo classema /animal/, numa frase como *o orador zurrou*: os classemas estão submetidos às pressões sintagmáticas).

Se, ao invés de definir cada lexema separadamente, considerarmos a seqüência do discurso como sendo o lugar do encontro de dois sememas, colocamo-nos imediatamente no plano da significação manifestada, onde já se fez a escolha entre os semas disjuntos, possíveis de ser atualizados. Para construir-se como semema, *late,* por exemplo, incorporou-se o sema s_1, contido no contexto *cão;* e, inversamente, a presença do contexto *late* só se tornou possível a partir da escolha obrigatória do sema s_1 para o aparecimento do semema *"cão — animal".* A seqüência *o cão late* manifesta, pois, apenas os semas contextuais s_1 "animal", com exclusão dos outros semas s_2 "humano", tornando possível a apreensão do sentido "cão-animal" + "latir-animal". ([96])

$$Sq = [N_2 + Cs_1] + [N_1 + Cs_1] = [(cão) + (animal)] + [(latir) + (animal)]$$

Se substituirmos um dos lexemas da seqüência *o cão late,* para obter, digamos,

---

(96) Para maiores detalhes, e tendo em vista os resultados que se podem obter com a aplicação destas noções à semântica do texto poético, consulte-se o artigo de Tieko Yamaguchi intitulado "Classemas" (Yamaguchi, 1972).

o orador late

percebemos que, com o novo contexto de *latir,* que contém, agora, o sema s_2 "humano", o sema contextual do novo núcleo N_3 ("orador"), será, necessariamente, o sema s_2 "humano":

$$Sq = [N_3 + Cs_2] + [N_1 + Cs_2] = [(orador + humano)] + [(latir + humano)]$$

6.4.10.4.1. Os Classemas Constituem uma Unidade do Discurso Superior aos Lexemas

Em 6.4.9. vimos que os efeitos de sentido possuem planos de expressão de diferentes dimensões (lexemas, paralexemas, sintagmas). Isto significa que o contexto constitui uma unidade discursiva superior aos lexemas que o compõem — daí as transações intracontextuais de semas —. Assim, o contexto é um nível superior para uma nova articulação do plano do conteúdo, pois ele funciona como um mecanismo regulador de compatibilidades / incompatibilidades [97] entre as figuras (núcleos sêmicos) dos diferentes lexemas, as quais o contexto pode ou não aceitar reunir.

Sempre que temos, na instância de manifestação da fala, mais de um núcleo sêmico, ocorre, automaticamente, a repetição de um ou mais semas contextuais. Em conseqüência, a frase *"o cão late",* que já descrevemos como a combinatória de dois sememas, pode também ser descrita como a união de dois núcleos sêmicos com um único e mesmo sema contextual:

$$Sq = (N_2 + N_1) \ Cs_1 = Sq = (cão + late) \ animal$$

Duas mensagens — ou duas seqüências do discurso — são *isotópicas* quando possuem um ou mais classemas em comum. Essa observação permite dar conta tanto do fato da permanência do sentido nas operações repetidas de transcodificação (ou de tradução), quanto do fato análogo da relativa invariância do sentido diegético dos textos. Os classemas pertencem a um nível semântico superior e, assim, homogeneizando os sentidos intrafrásicos e interfrásicos, asseguram a coerência do sentido textual (sentido holofrástico), mantendo, através das redundâncias (cuja função é a de evitar a emergência do *ruído* semântico), a *isotopia textual.*

---

(97) Por compatibilidade contextual entende-se a possibilidade que dois núcleos sêmicos possuem de entrar em combinação com um mesmo sema contextual — ou um classema —.

BIBLIOGRAFIA

ABERCROMBIE, David *et al.*
(1964) *In Honour of Daniel Jones* (Londres, Longmans, Green & Co. Ltd.)

ADRADOS, Francisco Rodríguez
(1969) *Lingüística Estructural*, 2 vols. (Madrid, Gredos)

ALARCOS LLORACH, Emilio
(1969) *Gramática Estructural (Según la Escuela de Copenhague y con especial atención a la lengua española)* (Madrid, Gredos)

ARCAINI, Enrico
(1972) *Principes de Linguistique Appliquée* (Paris, Payot)

BACH, Emmon
(1970) A Lingüística Estrutural e a Filosofia da Ciência. *In*: CHOMSKY, Noam, *et al.* (1970)
(1973) *Introduction aux Grammaires Transformationnelles* (Paris, A. Colin)

BALDINGER, Kurt
(1970) *Teoría Semántica. Hacia una semántica moderna* (Madrid, Romania)

BAR-HILLEL, Yehoshua
(1954) Logical Syntax and Semantics. *In*: *Language*, 30:230-237
(1972) Una Demonstración de la Impracticabilidad de Traducciones Completamente Automaticas y de Alta Calidad. *In* BAR-HILLEL, Y. *et al* (1972).

BAR-HILLEL, Y. *et al.*
(1972) *Presentación del Lenguaje* (Madrid, Taurus)

BARTHES, Roland
(1970) Elementos de Semiología. *In*: *La Semiología* (Buenos Aires, Tiempo Contemporáneo) [Trad. bras.: *Elementos de Semiologia*, S. Paulo, Cultrix-Editora da USP, 1971]
————— *et al.*
(1973) *L'Express va plus loin avec...* (Paris, Laffont)

BENVENISTE, Emile
(1966a) *Problèmes de Linguistique Générale* (Paris, Gallimard)
————— *et al.*
(1966) *Problèmes du Langage* (Paris, Gallimard)

336

BIERWISCH, Manfred
    (1970)   On Classifying Semantic Features. *In*: BIERWISCH, M. — HEIDOLPH, K. E. (1970)
BIERWISCH, Manfred — HEIDOLPH, Karl Erich
    (1970)   *Progress in Linguistics. A collection of papers* (The Hague--Paris, Mouton)
BIRDWHISTELL, Ray L.
    (1968)   Cinese e Comunicação. *In*: CARPENTER, E. e MCLUHAN, M. (1968b)
BLOOMFIELD, Leonard
    (1957)   *Language* (London, Allen and Unwin)
    (1970)   *Scienza del Linguaggio e Linguaggio della Scienza* (Padova, Marsilio)
BODMER, F.
    (1960)   *O Homem e as Línguas* (P. Alegre, Globo)
BORBA, Francisco da Silva
    (1970)   *Introdução aos Estudos Lingüísticos*, 2.ª ed. (São Paulo, Nacional)
    (1971)   *Pequeno Vocabulário de Lingüística Moderna* (São Paulo, Nacional)
BRIGHT, William
    (1971)   Introduction: the dimensions of Sociolinguistics. In: BRIGHT, W. *et al.* 1971a)
BRIGHT, W. *et al.* (1971a) *Sociolinguistics-Proceedings of the UCLA Sociolinguistics Conference 1964*, 2.ª edição (The Hague, Paris--Mouton)
BÜHLER, Karl
    (1966)   *Teoría del Lenguaje* (Madrid, Gredos)
CÂMARA JÚNIOR, Joaquim Mattoso
    (1964)   *Dicionário de Filologia e Gramática* — 2.ª ed. (Rio, Ozon)
    (1965)   *Introdução às Línguas Indígenas Brasileiras*, 2.ª ed. (Rio, Acadêmica)
    (1969a) *Princípios de Lingüística Geral*, 4.ª ed. (Rio, Acadêmica)
    (1969b) *Problemas de Lingüística Descritiva* (Petrópolis, Vozes)
    (1969c) *Estrutura da Língua Portuguesa* (Petrópolis, Vozes)
CARPENTER, Edmund, e MCLUHAN, Marshall
    (1968a) Espaço Acústico. *In*: CARPENTER, E. e MCLUHAN, M. (1968b)
    (1968b) *Revolução na Comunicação* (Rio, Zahar)
CARVALHO, José G. Herculano de
    (1970)   *Teoria da Linguagem. Natureza do Fenómeno lingüístico e a análise das línguas.* Tomo I, reed. (Coimbra, Atlântida)
CHERRY, Colin
    (1971)   *A Comunicação Humana. Uma recapitulação, uma vista de conjunto e uma crítica* (São Paulo, Cultrix-Editora da USP)
CHOMSKY, Noam Avram
    (1969a) *Structures Syntaxiques* (Paris, du Seuil)
    (1969b) *Lingüística Cartesiana. Un capítulo de la historia del pensamiento racionalista* (Madrid, Gredos)

337

(1970a) *La Grammatica Generativa Trasformazionale* (Turim, Boringhieri)
(1970b) *Aspectos de la Teoría de la Sintaxis* (Madrid, Aguilar)
(1970c) A Linguagem e a Mente. *In*: CHOMSKY, N. *et al.* (1970)

—————— *et al.*

(1970) *Novas Perspectivas Lingüísticas* (Petrópolis, Vozes)
(1971) *Linguagem e Pensamento* (Petrópolis, Vozes)
(1972) Deep Structure, Surface Structure and Semantic Interpretation. *In*: STEINBERG, D. D. & JAKOBOVITS, L. A. (1971)

CLASSE, André
(1964) Redundancy. *In*: ABERCROMBIE, D. *et al.* (1964)

CONTRERAS, Heles
(1971) *Los Fundamentos de la Gramática Transformacional* (México, Siglo Veintiuno)

COQUET, Jean-Claude
(1972) *Sémiotique Littéraire. Contribution à l'analyse sémantique du discours* (Paris, Mame).

COSERIU, Eugenio
(1967) *Teoría del Lenguaje y Lingüística General* (Madrid, Gredos)

COYAUD, Maurice
(1972) *Linguistique et Documentation. Les articulations logiques du discours* (Paris, Larousse)

DAHL, Ivar
(1964) The pronunciation of Brazilian Portuguese. *In*: ABERCROMBIE, D. *et al.* (1964)

DINNEEN, Francis P.
(1970) *Introduzione alla Linguistica Generale* (Bolonha, Il Mulino)

DE MAURO, Tullio
(1972) Notes Biographiques et Critiques sur F. Saussure. *In*: SAUSSURE (1972)

DOMERC, Jean
(1969) La Glossématique et l'Esthétique. *In*: *Langue Française — La Stylistique*, 3: 102-105

DORFLES, Gillo
(1967) *Símbolo, Comunicación y Consumo* (Barcelona, Lumen)

DUBOIS, Jacques *et. al.*
(1970) *Rhétorique Générale* (Paris, Larousse) [Trad. bras.: *Retórica Geral*, S. Paulo, Cultrix-Editora da USP., 1974]

DUBOIS, Jean
(1969) *Grammaire Structurale du Français: la phrase et ses transformations* (Paris, Larousse)
(1965) *Grammaire Structurale du Français: nom et pronom* (Paris, Larousse)

DUCROT, Oswald
(1969) Présupposés et Sous-Entendus. *In*: *Langue Française*, 4:30-43
(1972) *La Description Sémantique des Langues* (cópia xerográfica)

(1972a) *Dire et ne pas Dire* — *Principes de Sémantique Linguistique* (Paris, Hermann)

————— e Todorov, Tzvetan

(1972) *Dictionnaire Encyclopédique des Sciences du Langage* (Paris, Seuil)

Dumézil, Georges

(1947) *Tarpeia-Essais de Philologie Comparative Indo-Européenne* (Paris, Gallimard)

Eco, Umberto

(1971) *A Estrutura Ausente* — *Introdução à pesquisa semiológica* (São Paulo, Perspectiva)

(1971a) *Le Forme del Contenuto* (Milão, Bompiano)

Fages, J.-B.

(1968) *Le Structuralisme en Procés* (Paris, Payot)

Faure, G.

(1964) Le Rôle du Rendement Fonctionnel dans la Perception des Oppositions Vocaliques Distinctives du Français. *In*: Abercrombie, David *et al.* (1964)

Fillmore, Charles J.

(1971) Hacia una Teoría Moderna de los Casos. *In*: Contreras, Heles, *et. al.* (1971)

François, Frédéric,

(1969) Paradigmatique et Syntagmatique. *In*: *La Linguistique*, 2.

Frege, Gottlob

(1971) *Estudios Sobre Semántica* (Barcelona, Ariel)

Foucault, H. *et al.*

(1968) *Estruturalismo* — *Antologia de Textos Teóricos* (Lisboa, Portugalia)

Garvin, Paul L.

(1972) A Escola Lingüística de Praga. *In*: Hill, Archibald A. (1972)

Gleason, H. A.

(1961) *An Introduction to Descriptive Linguistics* (Nova Iorque, Holt, Rinehart, Winston)

Godel, R.

(1957) *Les Sources Manuscrites du Cours de Linguistique Générale de F. de Saussure* (Genebra-Paris, Droz-Minard)

Gracia, Francisco

(1972) La Teoría de la Información. *In*: Bar-Hillel, Y. *et al.* (1972)

Grammont, Maurice

(1956) *Traité de Phonétique* (Paris, Delagrave)

Greimas, Algirdas Julien

(1966) *Sémantique Structurale* — *Recherche de ·Méthode* (Paris, Larousse) [Trad. bras.: *Semântica Estrutural,* S. Paulo, Cultrix- -Editora da USP., 1973]

(1970) *Du Sens* — *Essais Sémiotiques* ·(Paris, Seuil)

339

GRUNIG, Blanche
(1966)   Les Théories Transformationnelles. Exposé Critique. II. Grammaires Génératives. Les Fondements Logiques de la Théorie Chomskienne. *In: La Linguistique*, 1: 31-101.

GUIRAUD, Pierre
(1965)   Les Structures Élémentaires de la Signification. *In: Bulletin de la Société de Linquistique de Paris*, t. 60ème, fasc. I.
(1967)   *La Semántica*, 2.ª ed. (México, F. C. E.)

HAAS, W.
(1972)   La Teoría de la Traducción. *In:* BAR-HILLEL, Y. *et al.* (1972)

HALLE, Morris
(1970)   Conceitos Básicos de Fonologia. *In:* CHOMSKY, Noam *et al.* (1970)
(1971)   La Fonología en una Gramática Gerativa. *In:* CONTRERAS, Heles, *et al.* (1971)

HARRIS, Zellig Sabbatthei
(1969)   *Structural Linguistics* (Chicago — Londres, Phoenix)

HARRIS, James W.
(1971)   Aspectos del Consonantismo Español. *In:* CONTRERAS, Heles, *et al.* (1971)

HAUGEN, Einar
(1971)   Linguistics and Language Planning. *In:* BRIGHT (1971a)

HAYES, Curtis W.
(1972)   Lingüística e Literatura. *In:* HILL, Archibald A. *et al.* (1972)

HILL, Archibald A. *et al.*
(1972)   Aspectos da Lingüística Moderna (São Paulo, Cultrix).

HJELMSLEV, Louis
(1963)   *Prolegomena to a Theory of Language* (Madison, The University of Wisconsin Press)
(1966)   *Le Langage* (Paris, Minuit)
(1971a) *Essais Linguistiques* (Paris, Minuit)
(1971b) *Prolégomènes à une Théorie du Langage* (Paris, Minuit)

HOCKETT, Charles F.
(1971)   Curso de Lingüística Moderna (Buenos Aires, Eudeba)

HODGE, Carleton T.
(1972)   Morfologia e Sintaxe. *In:* HILL, Archibald A. *et al.* (1972)

HÖRMANN, Hans
(1972)   *Introduction à la Psycholinguistique* (Paris, Larousse)

ILARI, Rodolfo
(1972)   *Para uma Leitura Crítica de "Structure of a Semantic Theory" de Katz e Fodor* (cópia xerográfica)

IVANOV, V. V.,
(1969)   Ruolo della Semiotica nella Indagine Cibernetica dell' uomo e della Colletività. *In:* IVANOV, V. V. *et al.* (1969a), 41-54.

340

IVANOV, V. V., *et al.*

(1969a) *I Sistemi di Segni e lo Strutturalismo Sovietico* (Milão, Bompiani).

JAKOBSON, Roman

(1963) *Essais de Linguistique Générale* (Paris, Minuit)

(1966) *A la Recherche de l'Essence du Langage. In* BENVENISTE, E. *et al.* (1966)

(1967a) *Fonema e Fonologia* (Rio de Janeiro, Acadêmica)

(1969) *Lingüística e Comunicação* (São Paulo, Cultrix-Editora da USP)

(1970) A Afasia como Problema Lingüístico. *In:* CHOMSKY, N. *et al.* (1970)

(1970a) *Lingüística, Poética, Cinema* (São Paulo, Perspectiva)

— — — — e HALLE, *Morris*

(1967b) *Fundamentos del Lenguaje* (Madrid, Ciencia Nueva)

KATZ, Chaim S., DÓRIA, Francisco A., LIMA, Luiz C.

(1971) *Dicionário Crítico de Comunicação* (Rio, Paz e Terra)

KATZ, Jerrold J.

(1971) El Mentalismo en la Lingüística. *In:* CONTRERAS, Heles *et al.* (1971)

(1971a) *Filosofía del Lengaje* (Barcelona, Martínez Roca)

(1963) The Structure of a Semantic Theory. *In: Language,* 39, n.º 2.

KMITA, JERZY e LAWNICZAK, Wlodzimierz

(1973) Signe, Symbole, Allégorie. *In:* REY-DEBOVE, J., (1973)

KOWZAN, Tadeusz

(1968) Le Signe au Théâtre: *In: Diogène,* 61: 59-90

KRISTEVA, Julia

(1971) Introduction: le Lieu Sémiotique. *In:* KRISTEVA, J. *et al.,* (1971a), 1-7.

KRISTEVA, J. *et al.*

(1971a) *Essays in Semiotics, Essais de Sémiotique* (The Hague — Paris, Mouton)

KRISTEVA, Julia

(1971b) L'Expansion de la Sémiotique. *In:* KRISTEVA, J. *et al.* (1971a). 31-45.

KÜHLWEIN, W.

(1973) Die Komponentenanalyse in der Semantik. *In Linguistics,* 96: 33-55.

KURYLOWICZ, Jerzi

(1966) L'évolution des Catégories Grammaticales. *In* BENVENISTE, E., *et al.* (1966)

LABOV, William

(1972) Preface. *In:* WEINREICH, U. (1972)

LAMB, Sydney M.

(1972) Lexicologia e Semântica. *In:* HILL, Archibald A. *et al.* (1972)

LANGACKER, Ronald W.

(1967) *Language and its Structure. Some Fundamental Linguistic Concepts* (Nova Iorque, Harcourt, Brace & World)

LANGENDOEN, Terence D.
- (1969) *The Study of Syntax. The Generative — Transformational Approach to the Structure of American English* (Nova Iorque, Holt, Rinehart and Winston)
- (1971) La Naturaleza de la Semántica. *In*: CONTRERAS, Heles, *et al.* (1971)

LEE, Dorothy
- (1968) Codificações Lineares e Não-Lineares da Realidade. *In*: CARPENTER, E. e MCLUHAN, M. (1968)

LENNEBERG, Eric H.
- (1970) A Capacidade de Aquisição da Linguagem. *In*: CHOMSKY, N. *et al.* (1970)

LEPSCHY, Giulio Césare
- (1968) *La Linguistique Structurale* (Paris, Payot)

LEROY, M.
- (1971) *As Grandes Correntes da Lingüística Moderna* (São Paulo, Cultrix- -Editora da USP)

LIMA, Alceu Dias
- (1972) Denotação e Conotação. *In*: *Revista de Cultura Vozes*, 2: 35-40

LOPES, Edward
- (1974) Interpretação do Interpretante. *In*: *Significação. Revista Brasileira de Semiótica*, n.º 1.

LOTMAN, Yuri M.,
- (1971) Problèmes de la Typologie des Cultures. *In*: KRISTEVA, J. (1971a), 45-56.

LYONS, John
- (1970) *Linguistique Générale* (Paris, Larousse)
- (1971) *Chomsky* (Paris, Seghers) [Trad. bras.: *As Idéias de Chomsky*, S. Paulo, Cultrix-Editora da USP, 1973]
- (1972) New Horizons in Linguistics (Harmondsworth, Middlesex, Inglaterra, Penguin)

MACLENNAN, L. Jenaro
- (1962) *El Problema del Aspecto Verbal* (Madrid, Gredos)

MADONIA, Giovanna
- (1969) Les Diphtongues Décroissantes et les Voyelles Nasales du Portugais. *In*: *La Linguistique*, n.º 1.

MALMBERG, Bertil
- (1968) *Les Nouvelles Tendances de la Linguistique* (Paris — PUF)
- (1969) *Lingüística Estructural y Comunicación Humana* (Madrid, Gredos)
- (1970) *La Phonétique*, 8.ª ed. (Paris, PUF)
- (1972) *La Lengua y el Hombre — Introducción a los Problemas Generales de la Lingüística* (Madrid, Istmo)

MARTINET, André
- (1946) Au Sujet des Fondements de la Théorie Linguistique de L. Hjelmslev. *In*: *Bull. Soc. Ling.*, 42: 39-40.
- (1964) *Éléments . de Linguistique Générale*. 4.ª ed. (Paris, Armand Colin)

(1965)   Les Voyelles Nasales du Français. *In*: *La Linguistique*, n.º 2
(1965a) *La Linguistique Synchronique* (Paris, PUF)
(1966)   Le Mot. *In*: BENVENISTE, E. *et al.* (1966)
(1967)   Syntagme et Synthème. *In*: *La Linguistique*, n.º 2
(1968a) *Elementos de Lingüística General*, 2.ª ed. rev. (Madrid, Gredos)
(1968b) *La Lingüística Sincrónica* (Madrid, Gredos)
(1969)   *Langue et Fonction* (Paris, Gonthier)
(1972)   *La Fonología como Fonética Funcional* (Buenos Aires, R. Alonso)

MATHESIUS, Vilém
(1972)   Sobre algunos Problemas del Análisis Sistemático de la Gramatica. *In*: TRNKA, B. *et al.* (1972a)

MATTHEWS, P. H.
(1972)   Recent Developments in Morphology. *In*: LYONS, J. (1972)

MCCAWLEY, James
(1971)   Where do Noun Phrases Come From? *In*: STEINBERG, Danny D. , JAKOBOVITS, Leon A. (1971)

MCQUOWN, Norman A.
(1972)   A Lingüística e a Antropologia. *In*: HILL, Archibald A. *et al.* (1972)

MOLES, Abraham
(1969)   *Teoria da Informação e Percepção Estética* (Rio, Tempo Brasileiro)

MOUNIN, Georges,
(1972) *Clefs pour la Sémantique* (Paris, Seghers)

MORRIS, Charles W.
(1972)   Fundamentos de la Teoría de los Signos. *In*: BAR-HILLEL, Y. *et al.* (1972)
(1955)   *Segni, Linguaggio e Comportamento* (Milão, Longanesi)

MOULTON, William Ganwell
(1972)   Natureza e História da Lingüística. *In*: HILL, Archibald A., *et al.* (1972)

NAUTA, JR., Doede
(1972)   *The Meaning of Information* (The Hague-Paris, Mouton)

NICOLAS, Anne
(1969)   R. Jakobson et la Critique Formelle. *In*: *Langue Française-La Stylistique*, n.º 3.

PEÑUELA CAÑIZAL, Eduardo
(1972)   As Estruturas Elementares da Significação no Mito. *In*: *Revista de Cultura Vozes*, n.º 2: 41-50

PETERFALVI, Jean-Michel
(1970)   *Introduction à la Psycholinguistique* (Paris, PUF) [Trad. bras.: *Introdução à Psicolingüística*, S. Paulo, Cultrix-Editora da USP, 1973]

PERROT, J.
(1970)   *A Lingüística* (São Paulo, D.E.L.)

343

PEYTARD, Jean
(1971) *Syntagmes.* (*Linguistique Française et Structures du Texte Littéraire*) (Paris, Les Belles Lettres).

PIKE, Kenneth L.
(1972) El Lenguaje como Conducta. *In*: BAR-HILLEL, Y *et al.* (1972)

POSTAL, Paul M.
(1970) Limitações das Gramáticas de Constituintes Imediatos. *In*: CHOMSKY, N. *et al.* (1970)

POTTIER, Bernard
(1968) *Presentación de la Lingüística* (Madrid, Romania)
(1970) *Lingüística Moderna y Filología Hispánica* (Madrid, Gredos)
(1972)(?) *La Grammaire Générative et la Linguistique* (separata)
— — — —, AUDUBERT, Albert, e PAIS, Cidmar Teodoro
(1972) *Estruturas Lingüísticas do Português* (São Paulo, Difusão Européia do Livro)

PRADO COELHO, Eduardo
(1968) Introdução a um Pensamento Cruel: Estruturas, Estruturalidade e Estruturalismo. *In.*: FOUCAULT, *et al.* (1968)

PRIETO, Luis J.
(1966) *Messages et Signaux* (Paris, PUF) [Trad. bras.: *Mensagens e Sinais*, São Paulo, Cultrix-Editora da USP., 1973]

QUILIS, A. e FERNÁNDEZ, J. A.
(1966) *Curso de Fonética y Fonología Españolas.* 2.ª ed. (Madrid, C. S. I. C.)

REY, Alain
(1969) Remarques Sémantiques. *In*: *Langue Française,* n.º 4, Déc. 1969.
(1970) *La Lexicologie — Lectures* (Paris, Klincksieck)

REY-DEBOVE, J. *et al.*
(1973) *Recherches sur les Systèmes Signifiantes — Symposium de Varsovie 1968* (The Hague — Paris, Mouton)

REVZIN, I. I.
(1969) Dalla Linguistica Strutturale alla Semiotica. *In*: IVANOV, V V. *et ·al.* (1969a), 55-72.

REZNIKOV
(1972)(?) *Semiotica y Teoría del Conocimiento* (Madrid, A. Corazón)

RICHELLE, Marc
(1971) *L'Aquisition du Langage* (Bruxelles, Ch. Dessart)

RICCOEUR, Paul
(1967) La Structure, le Mot, l'Evénement. *In*: *Esprit,* 5.

RIVIÈRE, Philippe e DANCHIN, Laurent
(1971) *Linguistique et Culture Nouvelle* (Paris, Eds. Universitaires)

ROBINS, R. H.
(1969) *Manuale di Linguistica Generale* (Bari, Laterza)

ROCA PONS, José
(1972) *Introducción a la Gramática,* 2.ª. ed. (Barcelona, Teide)

344

ROSETTI, A.
   (1962)   *Introdução à Fonética*, 2.ª ed. (Lisboa).
RUWET, Nicolas
   (1968)   *Introduction a la Grammaire Générative* (Paris, Plon)
SAINT-JACQUES, Bernard
   (1967)   Some Observations about Transformational Grammar.   *In*: *La Linguistique*, n.º 2
SAPIR, Edward
   (1954)   *A Linguagem* (Rio, I. N. L.)
   (1969)   *Lingüística como Ciência. Ensaios.*   (Rio, Acadêmica)
ŠAUMJAN, Sebastian Konstantinovski
   (1969)   Semiotica delle Lingue Naturale.   *In*: IVANOV, V. V. *et al.* (1969a), 73-82.
   (1970)   Cibernética e Linguagem.   *In*: CHOMSKY, N. *et al* (1970)
SAUSSURE, Ferdinand de
   (1972)   *Cours de Linquistique Générale* (Paris, Payot) [Trad. bras.: *Curso de Lingüística Geral*, S. Paulo, Cultrix-Editora da USP, 1969)
SCHAFF, Adam
   (1969)   Introdução à Semântica (Rio, Civilização Brasileira).
SILVA, Ignácio Assis
   (1972)   Diversificação Semolexêmica e Sinonímia.   *In*: *Revista de Cultura Vozes*, n.º 2: 51-60
SLAMA-CAZACU, Tatiana
   (1970)   Lenguaje y Contexto (Madrid, Grijalbo)
SCHICK, Carla
   (1960)   *Il Linguaggio*, 5.ª ed. (Turim, Einaudi)
SCTRICK, Robert
   (1973)   Avant-Propos du Traducteur.   *In*: Bach, E. (1973)
SMITH, Henry Lee
   (1972)   A Língua e o Sistema Total de Comunicação.   *In*: HILL, Archibal A. *et al.* (1972)
SNELL, Bruno
   (1966)   *La Estructura del Lenguaje* (Madrid, Gredos)
SPA, Jaap
   (1970)   Quelques Problèmes Concernant la Composante Sémantique de la Grammaire Transformationnelle.   *In*: *La Linguistique*, vol. 6, fasc. 1 (1970)
STEINBERG, Danny D. — JAKOBOVITS, Leon A.
   (1971)   *Semantics — An Interdisciplinary Reader in Philosophy, Linguistics and Psychology* (Cambridge, University Press)
SUMPF, Joseph
   (1971)   *Introduction à la Stylistique du Français* (Paris, Larousse)
SWADESH, Mauricio
   (1966)   *El Lenguaje y la Vida Humana* (México, F. C. E.)

TITONE, Renzo
  (1971) *Psicolinguistica Applicata. Introduzione Psicologica alla Didatica delle Lingue* (Roma, Armando Armando)

TODOROV, Tzvetan
  (1966) Recherches Sémantiques. *In: Langages,* n.º 1:5-43

TOGEBY, Knud
  (1965) *Structure Inmanente de la Langue Française* (Paris, Larousse)

TRNKA, B.
  (1972) Algunas Reflexiones sobre la Morfología Estructural *In: TRNKA, B. et al.* (1972a)
— — — — *et al.*
  (1972a) *El Círculo de Praga* (Barcelona, Anagrama)
  (1972b) La Lingüística Estrutural del Círculo de Praga. *In: TRNKA, B. et. al* (1972a)
  (1972c) La Tesis de 1929. *In: TRNKA, B. et al.* (1972a)

ULLMANN, Stephen
  (1964) *Semântica: uma Introdução à Ciência do Significado* (Lisboa, Fundação Calouste Gulbenkian)

URBAN, Wilbur Marshall
  (1939) *Language and Reality-The Philosophy of Language and the Principles of Symbolism* (Londres — Allen & Unwin — Nova Iorque — MacMillan)

VACHEK, Joseph
  (1972) Fonemas y Unidades Fonológicas. *In: TRNKA, B. et al.* (1972a)

WATZLAWICK, Paul — BEAVIN, Janet Helmick — JACKSON, Don D.
  (1972) *Une Logique de la Communication* (Paris, Seuil) [Trad. bras.: *Pragmática da Comunicação Humana,* S. Paulo, Cultrix, 1973]

WEINREICH, Uriel
  (1971) Explorations in Semantic Theory. *In: STEINBERG, Danny D. — JAKOBOVITS, Leon A.* (1971)

YAMAGUCHI, Tieko
  (1972) Classemas. *In: Revista de Cultura Vozes,* n.º 2: 21-28

ZGUSTA, Ladislav
  (1971) *Manual of Lexicography* (The Hague-Paris, Mouton)

ZINOVYEV, A. A.
  (1973) General Theory of Signs. *In: REY-DEBOVE, J. et al.* (1973)